江西省商贸物流业发展报告

（2019）

江西省商务厅

江西省物流与采购联合会　编

中国财富出版社有限公司

图书在版编目（CIP）数据

江西省商贸物流业发展报告．2019／江西省商务厅，江西省物流与采购联合会编．—北京：中国财富出版社有限公司，2020.12

ISBN 978－7－5047－7358－6

Ⅰ．①江…　Ⅱ．①江…　②江…　Ⅲ．①贸易—物流—经济发展—研究报告—江西—2019　Ⅳ．①F259.275.6

中国版本图书馆 CIP 数据核字（2020）第 228563 号

策划编辑　晏　青　　**责任编辑**　邢有涛　晏　青
责任印制　梁　凡　　**责任校对**　杨小静　　**责任发行**　敬　东

出版发行	中国财富出版社有限公司		
社　　址	北京市丰台区南四环西路 188 号 5 区 20 楼	**邮政编码**	100070
电　　话	010－52227588 转 2098（发行部）		010－52227588 转 321（总编室）
	010－52227588 转 100（读者服务部）		010－52227588 转 305（质检部）
网　　址	http：//www. cfpress. com. cn	**排　　版**	宝蕾元
经　　销	新华书店	**印　　刷**	天津市仁浩印刷有限公司
书　　号	ISBN 978－7－5047－7358－6/F・3248		
开　　本	787mm×1092mm　1/16	**版　　次**	2020 年 12 月第 1 版
印　　张	24.25	**印　　次**	2020 年 12 月第 1 次印刷
字　　数	531 千字	**定　　价**	98.00 元

江西省商贸物流业发展报告（2019）

编辑委员会

江西省商贸物流业发展报告（2019）
编校人员及支持单位

主　　任：饶芝新

副 主 任：傅　南　罗良军

顾　　问：甘卫华　钟群英

撰稿人员：杨大玮　敬　洋　蔡金伟　熊贻辉
胡　田　熊远江　熊　伟　刘小蓉
刘新宇　胡　冲　高　扬　徐武新
罗小亮　肖鹏翔　胡　薇　占来金
瞿　婷　俞方林　刘澍生　吴国安
幸寥坚　何德顺　刘冬根

核　　稿：胡　冲　朱博文　罗　伟　高　雯
洪梦娜　谈　天　龙艳兰　姜　珊
彭国余　张　超

支持单位：江西省发展和改革委员会
江西省交通运输厅
江西省工业和信息化厅
江西省教育厅
江西省人力资源和社会保障厅
江西省统计局
江西省邮政管理局
中国铁路南昌局集团有限公司
江西省机场集团公司

编者按

2019 年，江西省以贯彻落实习近平总书记视察江西重要讲话精神和推动江西高质量跨越式发展为主线，以中华人民共和国成立 70 周年大庆为契机，以描绘好新时代江西改革发展新画卷为目的，全省经济呈现稳中求进的良好态势。在推进高质量跨越式发展中，江西省商贸物流业的发展稳中趋好，各项指标形势喜人。2019 年江西省商贸物流总额 1.88 万亿元，同比增长 12.4%，占全省社会物流总额的 24.1%，比上年增加 1.1 个百分点；商贸物流总费用 1341.85 亿元，同比增长 18.5%；商贸物流总收入 1056.04 亿元，同比增长 19.6%；50 个物流产业集群实现主营收入 2880.8 亿元，同比增长 7.1%。A 级物流企业 220 家，新增 1 家 5A 级物流企业。鹰潭、宜春、赣州被列为全国首批城乡高效配送试点城市，抚州被列为省级城乡高效配送试点城市。

2019 年，《江西省物流业发展报告》正式更名为《江西省商贸物流业发展报告》（以下简称《报告（2019）》），《报告（2019）》主要反映 2019 年江西省商贸物流业发展状况，以及 2019 年全省各设区市、赣江新区、各行各业物流发展方向与趋势。《报告（2019）》致力于总结、宣传和反映江西省商贸物流业发展实际，宣传、推广江西省商贸物流先进典型、模式和经验。《报告（2019）》信息量大、内容丰富、涉及面广、数据翔实，是读者全面、深入了解江西省商贸物流业发展的重要参考资料。

《报告（2019）》的编写得到了江西省发展和改革委员会、江西省交通运输厅、江西省工业和信息化厅、江西省教育厅、江西省人力资源和社会保障厅、江西省统计局、江西省邮政管理局、中国铁路南昌局集团有限公司、江西省机场集团公司、各设区市物流牵头部门、行业协会、高等院校等单位的大力支持。

由于时间较为仓促和编者水平有限，书中难免存在失误错漏之处，恳请各位读者批评指正，也欢迎各位读者对本书的编写提出相关意见和建议。对积极参与本书编写的单位（个人），我们在此表示衷心感谢！

编　者

2019 年 9 月

目　录

第一部分　综合专题

第二部分　区域发展

第三部分　专题调研

第四部分　典型案例

第五部分　政策资料

附 录

第一部分 综合专题

第一章　2019 年江西省物流业发展环境报告

2019 年，在江西省委、省政府的坚强领导下，全省上下坚持以习近平新时代中国特色社会主义思想为指导，深入贯彻党的十九大和十九届二中、三中、四中全会精神，全面落实习近平总书记视察江西重要讲话精神，坚持稳中求进工作总基调，坚持新发展理念，坚持高质量跨越式发展首要战略，坚持以供给侧结构性改革为主线，统筹稳增长、促改革、调结构、优生态、惠民生、防风险、保稳定，扎实做好稳就业、稳金融、稳外贸、稳外资、稳投资、稳预期工作，全省经济总量稳步增加，经济结构持续优化，动力活力持续释放，质量效益持续改善。

经国家统计局统一核算，2019 年江西省实现生产总值（GDP）24757.5 亿元，同比增长 8.0%。其中，第一产业增加值 2057.6 亿元，同比增长 3.0%；第二产业增加值 10939.8 亿元，同比增长 8.0%；第三产业增加值 11760.1 亿元，同比增长 9.0%。三次产业结构为 8.3 : 44.2 : 47.5（见图 1－1－1），三次产业对 GDP 增长的贡献率分别为 3.4%、49.9% 和 46.7%。人均生产总值 53164 元，同比增长 7.4%。

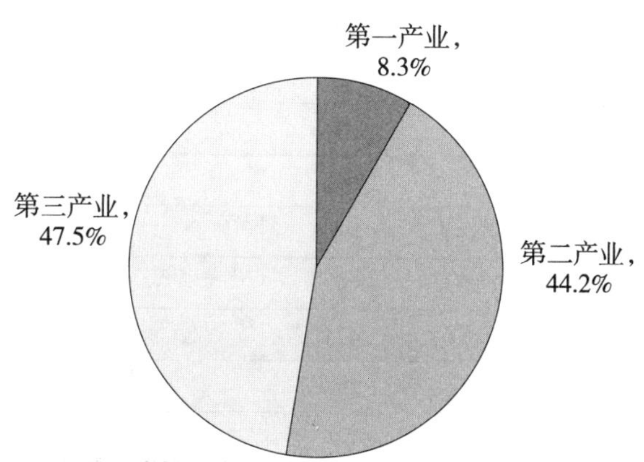

图 1－1－1　2019 年江西省三次产业增加值结构

资料来源：江西省统计局。下同。

注：报告中数据均为初步统计数，部分数据合计数或相对数由于单位取舍不同而产生的计算误差，均未作机械调整。下同。

一、2019 年江西省农业生产环境

2019 年，全省农林牧渔业总产值 3481.3 亿元，同比增长 3.1%。粮食种植面积

3665.1千公顷，同比下降1.5%。其中，谷物种植面积3413.2千公顷，同比下降2.2%。油料种植面积677.1千公顷，同比下降0.4%。其中，油菜籽482.3千公顷，同比下降0.1%。蔬菜种植面积644.4千公顷，同比增长1.8%。棉花种植面积42.7千公顷，同比下降8.5%。甘蔗种植面积14.0千公顷，同比下降2.7%。全年全省粮食产量2157.4万吨，同比下降1.5%。油料产量120.8万吨，同比下降0.02%。蔬菜及食用菌产量1581.8万吨，同比增长2.9%。棉花产量6.6万吨，同比下降8.9%。甘蔗产量62.4万吨，同比下降3.3%。烟叶产量2.3万吨，同比下降37.5%。茶叶产量6.7万吨，同比增长2.2%。园林水果产量474.3万吨，同比增长0.9%。

全年全省猪牛羊禽肉产量298.1万吨，同比下降8.0%。其中，猪肉产量206.8万吨，同比下降16.1%；牛肉产量13.1万吨，同比增长5.5%；羊肉产量2.3万吨，同比增长10.0%；禽肉产量75.9万吨，同比增长20.2%。禽蛋产量57.2万吨，同比增长21.7%。牛奶产量7.3万吨，同比下降24.4%。水产品产量258.8万吨，同比增长1.1%。年末生猪存栏1006.3万头，同比下降36.6%；生猪出栏2546.8万头，同比下降18.5%。2019年江西省主要农产品产量及增长速度如表1－1－1所示。

表1－1－1　　2019年江西省主要农产品产量及增长速度

产品名称	产量（万吨）	比上年增长（%）
粮食	2157.4	－1.5
其中：谷物	2072.2	－1.9
油料	120.8	0.02
其中：油菜籽	68.9	－0.3
蔬菜及食用菌	1581.8	2.9
棉花	6.6	－8.9
甘蔗	62.4	－3.3
烟叶	2.3	－37.5
茶叶	6.7	2.2
园林水果	474.3	0.9
猪牛羊禽肉	298.1	－8.0
水产品	258.8	1.1

二、2019年江西省工业生产环境

2019年，江西省全部工业增加值8965.8亿元，同比增长8.4%；规模以上工业增加值增长8.5%（见图1－1－2）。

规模以上工业增加值中，分轻重工业看，轻工业同比增长4.3%，重工业同比增长10.6%。分经济类型看，国有企业同比增长18.8%，集体企业同比增长13.8%，股份合作企业同比增长2.7%，股份制企业同比增长9.0%，外商及港澳台商投资企业同比增长4.0%，其他经济类型企业同比增长4.4%。高质量发展成效显著。全省38个工业大类行业中，26个大类行业增加值实现增长，增长面为68.4%，其中11个行业实现两位数增长。高新技术产业增加值同比增长13.4%，高于全省平均4.9个百分点，占规模以上工业增加值的比重为36.1%，比上年提高2.3个百分点。装备制造业增加值同比增长18.2%，高于全省平均9.7个百分点，占比为27.7%，比上年提高1.4个百分点。战略性新兴产业增加值同比增长11.4%，高于全省平均2.9个百分点，占比为21.2%，比上年提高4.1个百分点。高耗能行业增加值同比增长6.0%，占比为38.7%，比上年下降0.7个百分点。非公有制工业贡献突出。非公有制工业增加值同比增长9.8%，占规模以上工业增加值的81.2%，对规模以上工业增长的贡献率为92.7%。其中，私营企业同比增长11.9%，占规模以上工业增加值的44.0%，对规模以上工业增长的贡献率为59.7%。

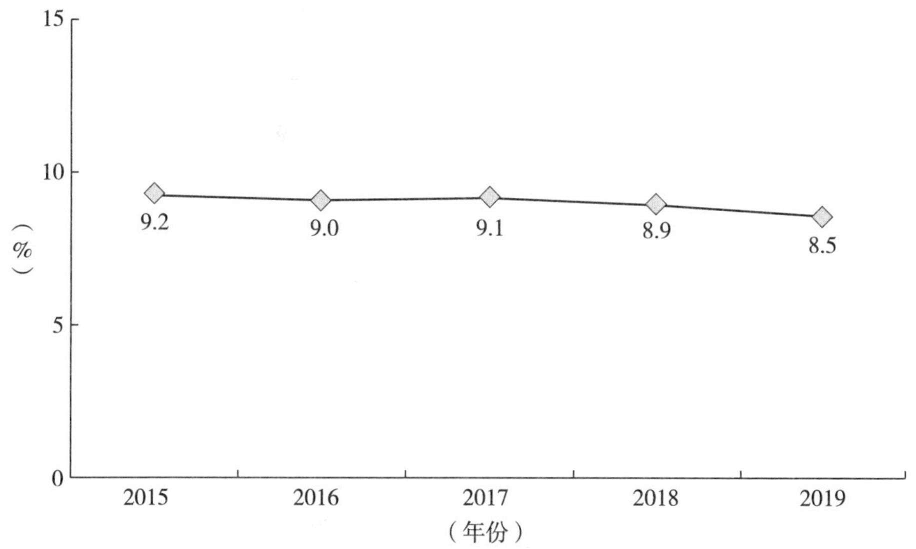

图1-1-2　2015—2019年江西省规模以上工业增加值同比增长率

2019年，重点监测的394种主要工业产品中，有237种产量同比实现增长，增长面达60.2%。其中，化学原料药同比增长20.0%，白酒同比增长15.8%，铜材同比增长15.0%，化学纤维同比增长11.9%，瓷质砖同比增长11.6%。2019年江西省规模以上工业主要产品产量及其增长速度如表1-1-2所示。

表1-1-2　2019年江西省规模以上工业主要产品产量及其增长速度

产品名称	单位	产量	比上年增长（%）
白酒（折65度，商品量）	万千升	13.1	15.8
啤酒	万千升	71.3	-1.8

续 表

产品名称	单位	产量	比上年增长（%）
精制茶	吨	69327.5	-3.8
卷烟	亿支	637.9	0.0
化学纤维	万吨	62.9	11.9
布	万米	103052.4	-14.6
服装	万件	122491.9	4.8
机制纸及纸板	万吨	276.2	11.5
饲料	万吨	1828.0	-7.4
硫酸（折100%）	万吨	288.7	-8.1
农用氮、磷、钾化学肥料	万吨	29.2	-56.2
化学农药	吨	36828.7	-11.3
化学原料药	吨	77132.0	20.0
水泥	万吨	9625.1	4.3
瓷质砖	万平方米	102091.2	11.6
粗钢	万吨	2524.5	1.0
钢材	万吨	2795.7	4.2
十种有色金属	万吨	186.6	7.9
精炼铜（电解铜）	万吨	142.4	4.9
铜材	万吨	393.4	15.0
多晶硅	万千克	1185.0	-18.3
单一稀土金属	万千克	1484.6	9.2
中成药	万吨	17.3	10.2
汽车	万辆	49.1	-11.0
家用电冰箱	万台	93.3	3.2
太阳能电池	万千瓦	794.4	8.2
房间空气调节器	万台	631.7	8.4

2019年，江西省规模以上工业企业实现主营业务收入34590.6亿元，同比增长6.5%；实现利润总额2158.8亿元，同比下降0.3%；每百元主营业务收入中的成本为86.5元，比上年减少0.13元。年末规模以上工业资产负债率为52.6%，比上年末提高0.6个百分点。

2019年，江西省开发区投产工业企业13014家，比上年末增加1323家；实际开发面积673.7平方公里，完成基础设施投入1505.5亿元。全年开发区工业增加值同比增长9.2%，增速高于规模以上工业0.7个百分点；实现出口交货值1935.8亿元，同比增长 11. 8% 。招商签约资金 8490. 2 亿元，同比下降 0. 8% ；招商实际到位资金 5794. 0 亿元，招商资金实际到位率为 68. 2% 。实现主营业务收入 28591. 4 亿元，同比增长 7. 9% ；实现利润总额 1945. 1 亿元，同比增长 3. 0% 。主营业务收入过百亿元的开发区 66 个。其中，主营业务收入超 200 亿元的开发区 48 个，超 500 亿元的开发区 17 个。

2019 年，江西省规模以上工业生产原煤 441. 2 万吨，同比下降 4. 5% ；原煤库存量 13. 5 万吨，同比增长 227. 2% 。原油加工量 786. 6 万吨，同比增长 2. 6% 。其中，汽油产量 244. 4 万吨，同比增长 2. 6% ；煤油产量 70. 7 万吨，同比增长 5. 3% ；柴油产量 293. 8 万吨，同比增长 1. 5% 。发电量 1241. 9 亿千瓦时，同比增长 4. 0% 。其中，火力发电量 1095. 0 亿千瓦时，同比增长 2. 4% ；水力发电量 80. 5 亿千瓦时，同比增长 20. 7% ；风力、太阳能、垃圾焚烧等新能源发电量 77. 0 亿千瓦时，同比增长 12. 4% 。

三、2019 年江西省国内贸易环境情况

2019 年，江西省实现社会消费品零售总额 8421. 6 亿元，同比增长 11. 3% ，同比上升 0. 3 个百分点（见图 1 －1 －3），高于全国平均水平 3. 3 个百分点。其中，限额以上消费品零售额 3097. 1 亿元，同比增长 10. 8% 。按经营单位所在地分，城镇消费品零售额 7120. 7 亿元，同比增长 11. 3% 。其中，城区 4195. 4 亿元，同比增长 13. 6% ；乡村消费品零售额 1300. 9 亿元，同比增长 11. 5% 。按消费类型分，商品零售额 7326. 2 亿元，同比增长 10. 7% ；餐饮收入 1095. 4 亿元，同比增长 15. 5% 。按行业分，零售业实现零售额 6242. 1 亿元，同比增长 10. 6% ；批发业实现零售额 1083. 1 亿元，同比增长 11. 1% ；餐饮业实现零售额 997. 5 亿元，同比增长 16. 0% ；住宿业实现零售额 99. 0 亿元，同比增长 11. 1% 。

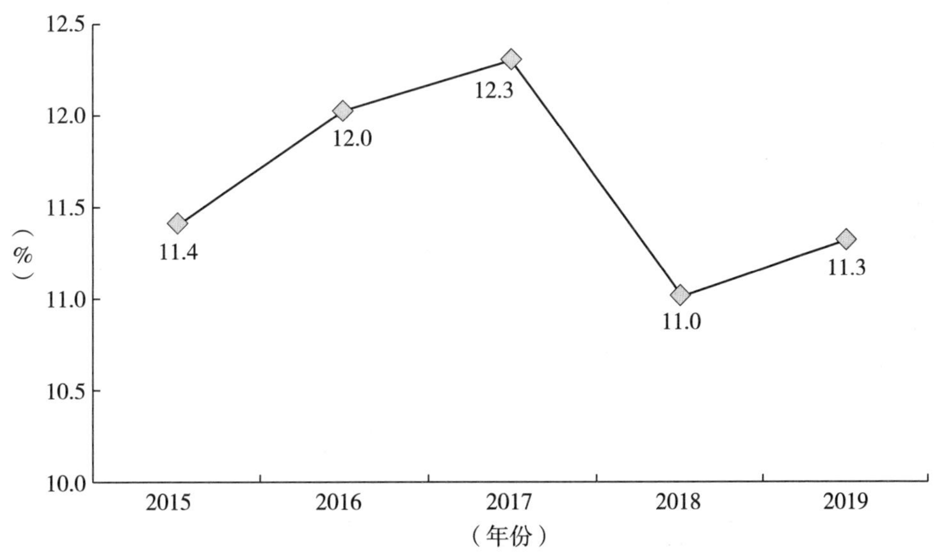

图 1 －1 －3　2015—2019 年江西省社会消费品零售总额同比增长率

限额以上单位按商品分类的零售额中，吃、穿、用类商品中粮油、食品类受生猪价格上涨影响快速增长，同比增长20.7%，高于限额以上单位商品零售额同比增速9.7个百分点，其中肉禽蛋类商品零售额同比增长32.4%，增速较上年上升19.3个百分点；服装、鞋帽、针纺织品类同比增长9.3%；日用品类同比增长17.0%。大宗商品汽车类同比增长5.8%；石油及制品类同比增长8.8%。消费升级类商品中西药品类、化妆品类、建筑及装潢材料类、文化办公用品类商品零售额分别同比增长24.6%、23.6%、15.4%和14.7%（见表1－1－3）。

表1－1－3　2019年江西省限额以上单位按商品分类零售额及其增长速度

类　别	零售额（亿元）	比上年增长（%）
合计	2942.3	11.0
通过公共网络实现的商品销售	226.0	20.7
粮油、食品类	374.5	20.7
饮料类	45.0	14.9
烟酒类	67.2	16.1
服装、鞋帽、针纺织品类	180.4	9.3
化妆品类	28.9	23.6
金银珠宝类	43.9	14.7
日用品类	105.4	17.0
五金、电料类	15.4	10.8
体育、娱乐用品类	4.2	－1.9
书报杂志类	48.3	13.8
电子出版物及音像制品类	3.6	－10.0
家用电器和音像器材类	144.9	5.8
中西药品类	118.9	24.6
文化办公用品类	33.5	14.7
家具类	54.3	11.2
通信器材类	30.6	19.6
煤炭及制品类	8.0	17.6
石油及制品类	518.4	8.8
建筑及装潢材料类	58.1	15.4
机电产品及设备类	14.1	－0.8
汽车类	946.6	5.8
棉麻类	0.5	21.7
其他类	97.6	19.2

四、2019 年江西省进出口贸易环境情况

2019 年，江西省货物贸易进出口总值 3511. 9 亿元，同比增长 11. 1%。其中，出口值 2496. 5 亿元，同比增长 12. 3%；进口值 1015. 5 亿元，同比增长 8. 2%（见图 1－1－4）。

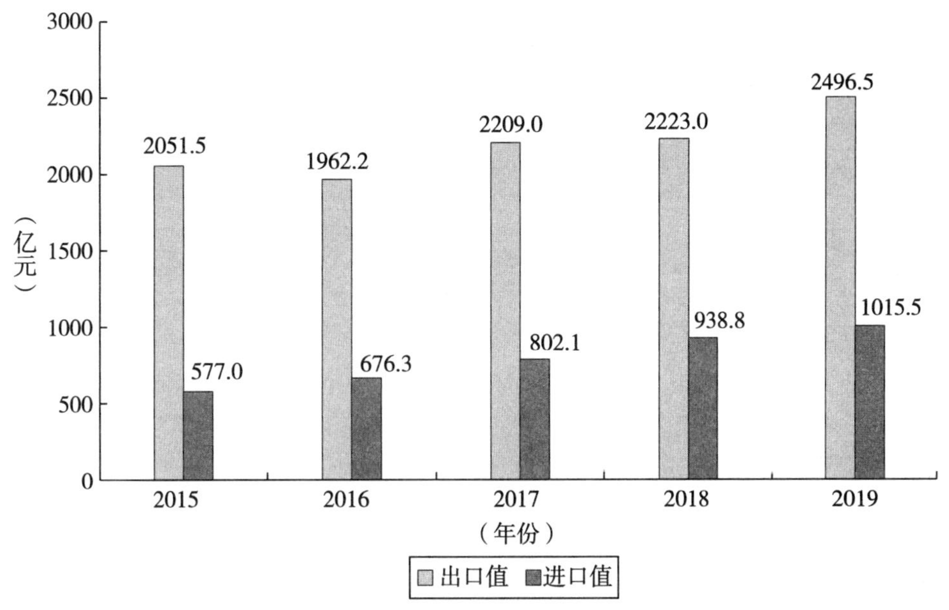

图 1－1－4　2015—2019 年江西省货物贸易进出口总值

分贸易方式看，一般贸易出口 2010. 1 亿元，同比增长 3. 6%；加工贸易出口 460. 5 亿元，同比增长 76. 1%。分重点商品看，机电产品出口 1264. 4 亿元，同比增长 36. 4%；高新技术产品出口 709. 3 亿元，同比增长 98. 7%（见表 1－1－4）。分国别（地区）看，对东盟出口 487. 8 亿元，列第 1 位，同比增长 20. 7%；对欧盟出口 406. 4 亿元，列第 2 位，同比增长 32. 4%，对美国出口 356. 1 亿元，列第 3 位，下降 3. 7%（见表 1－1－5）；对“一带一路”沿线国家出口 903. 5 亿元，同比增长 15. 1%，高于全省平均增幅 2. 8 个百分点。

表 1－1－4　　2019 年江西省货物贸易进出口总值及其增长速度

指　标	金额（亿元）	比上年增长（%）
货物进出口总值	3511. 9	11. 1
出口值	2496. 5	12. 3
其中：一般贸易	2010. 1	3. 6
加工贸易	460. 5	76. 1
其中：机电产品	1264. 4	36. 4
高新技术产品	709. 3	98. 7

续 表

指　标	金额（亿元）	比上年增长（%）
进口值	1015.5	8.2
其中：一般贸易	574.9	-2.9
加工贸易	429.5	30.0
其中：机电产品	540.4	34.3
高新技术产品	453.9	51.4

表 1-1-5　2019 年江西省对主要国家（地区）出口值及其增长速度

国家（地区）	出口值（亿元）	比上年增长（%）
东盟	487.8	20.7
欧盟	406.4	32.4
美国	356.1	-3.7
中国香港	271.1	31.0
韩国	111.2	-6.6
日本	105.0	14.5
马来西亚	103.5	21.9
越南	94.2	24.0
印度	76.7	-3.2
印度尼西亚	65.6	-0.6
中国台湾	36.9	-8.7

五、2019 年江西省固定资产投资环境情况

全年全省固定资产投资同比增长 9.2%。分产业看，第一产业投资同比下降 22.5%，占全部投资的 1.9%；第二产业投资同比增长 10.7%，占全部投资的 49.7%；第三产业投资同比增长 9.5%，占全部投资的 48.4%（见表 1-1-6）。分经济类型看，国有投资同比增长 14.1%，占全部投资的 24.2%；非国有投资同比增长 7.8%，占全部投资的 75.8%，其中，民间投资同比增长 9.6%，占全部投资的 68.1%。从投资主要构成看，基础设施投资同比增长 8.9%，占全部投资的 17.2%；工业投资同比增长 10.9%，占全部投资的 49.7%，其中，工业技改投资同比增长 45.6%，占全部投资的 36.3%。

全年全省施工项目 18786 个，比上年增加 4019 个，完成投资同比增长 10.4%。其中，新开工项目 8833 个，比上年增加 1445 个，完成投资占全部固定资产投资的 24.8%。施工项目中，亿元以上施工项目 6819 个；10 亿元以上施工项目 816 个，比上年增加 71 个；20 亿元以上施工项目 302 个，比上年增加 30 个；50 亿元以上施工项目 59 个，比上年增加 2 个。民生类项目共 1285 个，增加 309 个，完成投资同比增长

24.2%。其中，教育投资同比增长46.5%，增速比上年提高4.3个百分点，初等教育和高等教育分别同比增长97.4%和76.1%；卫生和社会工作投资同比增长32.8%，比上年提高44.0个百分点，老年人及残疾人养护服务业和孤残儿童收养庇护服务业投资增长均超过5倍，医院和专业公共卫生服务业投资分别同比增长32.8%和38.9%。

全年全省房地产开发投资同比增长3.0%，其中住宅投资同比增长6.1%。商品房销售面积6458.9万平方米，同比增长4.2%，其中住宅销售面积5679.0万平方米，同比增长5.4%，增幅分别回落1.9个和3.1个百分点。商品房销售额4710.4亿元，同比增长11.6%，其中，住宅销售额4038.0亿元，同比增长14.6%。年末商品房待售面积818.3万平方米，同比下降13.9%。其中，住宅待售面积397.6万平方米，同比下降20.1%。

表1-1-6　2019年江西省按行业类别统计固定资产投资增长速度及构成

行　业	比上年增长（%）	构成（%）
总计	9.2	100.0
第一产业	-22.5	1.9
第二产业	10.7	49.7
工业	10.9	49.7
采矿业	22.1	0.8
制造业	10.9	45.8
电力、热力、燃气及水生产和供应业	8.5	3.1
建筑业	-51.4	0.0
第三产业	9.5	48.4
批发和零售业	18.3	2.0
交通运输、仓储和邮政业	10.0	4.0
住宿和餐饮业	-1.3	0.5
信息传输、软件和信息技术服务业	43.8	0.6
金融业	-9.8	0.2
房地产业	8.0	18.7
租赁和商务服务业	14.8	2.4
科学研究和技术服务业	-1.8	0.6
水利、环境和公共设施管理业	8.0	13.3
居民服务、修理和其他服务业	86.1	0.3
教育	46.5	1.7
卫生和社会工作业	32.8	1.0
文化、体育和娱乐业	-3.1	1.2
公共管理、社会保障和社会组织	-9.4	1.9

（江西省统计局　敬洋）

第二章　2019 年江西省物流业发展情况报告

2019 年，江西省认真贯彻党中央、国务院及省委、省政府的决策部署，积极推进国家物流枢纽建设和物流产业集群加快发展，实施城乡高效配送试点，构建城乡配送网络，开展商贸消费升级“捷运”行动，促进电子商务与快递物流协同发展，全省物流需求保持旺盛，运行效率和服务质量得到提升，对全省经济高质量发展发挥了重要作用。

一、2019 年江西省物流业总体运行情况

（一）社会物流

1. 社会物流需求平稳增长

2019 年，江西省经济保持平稳增长，有效拉动了物流需求，促进了全省物流业的较快发展。据统计，全省社会物流总额 63557 亿元，同比增长 5.4%。

（1）工业品物流总额增速加快。2019 年，全省工业品物流总额 43396 亿元，同比增长 10.3%，增速较上年提高 7.2 个百分点，占全省物流总额的 68.3%，较上年提高 9.4 个百分点。

（2）区域外流入货物物流总额平稳增长。2019 年，全省区域外流入货物物流总额为 16774 亿元，同比增长 9.6%，增速较上年提高 1.9 个百分点，占全省物流总额的 26.4%，较上年增加 1 个百分点。

（3）农产品物流总额较快增长。2019 年，全省农产品物流总额 2524 亿元，同比增长 10.5%，增速较上年提高 6.7 个百分点，占全省社会物流总额的 4.0%，较上年提高 0.2 个百分点（见表 1－2－1）。

表 1－2－1　　2019 年江西省社会物流总额构成及其增长速度

指标名称	绝对值（亿元）	增速（%）	构成（%）
社会物流总额	63557	5.4	100
其中：工业品物流总额	43396	10.3	68.3
区域外流入货物物流总额	16774	9.6	26.4
农产品物流总额	2524	10.5	4.0
再生资源物流总额	632	33.6	0.9
单位与居民物品物流总额	231	30.5	0.4

2. 社会物流运行效率有所提高

2019 年，江西省社会物流总费用 4036 亿元，同比增长 7.6%，增速较上年提高 2.5 个百分点；社会物流总费用与 GDP 比率为 16.3%，较上年下降 0.2 个百分点，物流运行效率有所提高（见表 1-2-2）。从全省社会物流费用构成的情况来看：

（1）运输费用增长。2019 年，全省运输费用 2546 亿元，同比增长 7.8%，增速较上年提高 4.2 个百分点，占社会物流总费用的 63.1%，占比较上年提高 0.1 个百分点。

（2）保管费用增长。2019 年，全省保管费用为 1070 亿元，同比增长 10.0%，增速较上年提高 0.5 个百分点，占社会物流总费用的 26.5%，占比较上年回落 0.5 个百分点。

（3）管理费用增长。2019 年，全省管理费用 420 亿元，同比增长 13.6%，增速较上年提高 9.1 个百分点，占社会物流总费用的 10.4%，占比较上年提高 0.4 个百分点。

表 1-2-2　2019 年江西省社会物流总费用构成及其增长速度

指标名称	绝对值（亿元）	同比增速（%）	构成（%）
社会物流总费用	4036	7.6	100.0
其中：运输费	2546	7.8	63.1
保管费	1070	10.0	26.5
管理费	420	13.6	10.4

2019 年，江西省社会物流总费用与 GDP 的比率为 16.3%，比上年下降 0.2 个百分点（见图 1-2-1）。

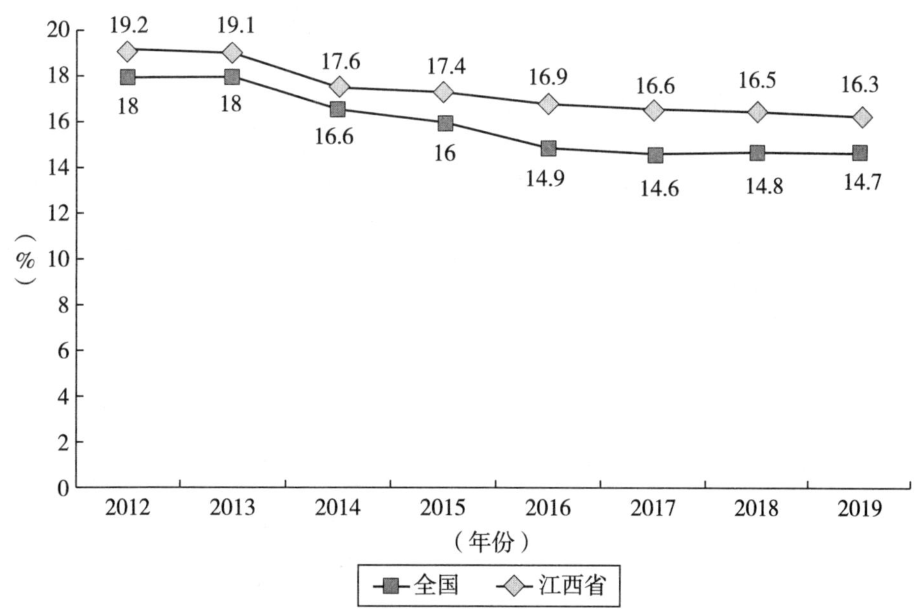

图 1-2-1　2012—2019 年全国、江西省社会物流总费用与 GDP 比率

3. 物流业增加值保持稳定增长

2019 年，江西省物流业增加值 1730 亿元，同比增长 11.9%。占全省服务业增加值的 14.7%，占全省 GDP 的 7.0%，物流业对社会经济发展贡献较大。

（二）货物运输

2019 年，江西省货运量完成 18.7 亿吨，同比增长 6.9%，增速较上年回落 5.9 个百分点；货物周转量 4965 亿吨公里，同比增长 9.6%，增速较上年提高 2.2 个百分点，货物周转量增长保持稳定。

1. 公路货运量保持增长

2019 年，江西省公路货运量 17 亿吨，同比增长 7.9%，增速较上年回落 6.3 个百分点；公路货物周转量 4065 亿吨公里，同比增长 8.1%，增速较上年回落 1.4 个百分点。

2. 铁路货运量保持平稳增长

2019 年，江西省铁路货运量 0.5 亿吨；铁路货物周转量 563 亿吨公里，同比增长 6.2%，增速较上年提高 6.6 个百分点。

3. 口岸货运量增长强劲

2019 年全省共开行中欧班列 553 列，同比增长 173.76%。铁海联运班列开行 1605 列，同比增长 50.84%。水运口岸完成进出口货运量 343.42 万吨、21.73 万标准箱（TEU），分别同比增长 11.12%、5.33%。铁路国际集装箱吞吐量 3.87 万标准箱，同比增长 195%。

4. 水路货运量保持平稳增长

2019 年，江西省水路货运量 1.03 亿吨，同比下降 10%；货物周转量 255 亿吨公里，同比增长 7.3%。其中，内河运输完成货运量 9967.4 万吨、货物周转量 207.9 亿吨公里；沿海运输完成货运量 363.2 万吨、货物周转量 47.5 亿吨公里。全省规模以上港口完成货物吞吐量 1.9 亿吨，同比增长 64.1%。其中，九江港完成货物吞吐量 15274.53 万吨，同比增长 11%，较上年提高 5.8 个百分点；南昌港完成货物吞吐量 3826.62 万吨，同比增长 32.7%，较上年提高 44.8 个百分点。全省规模以上港口完成集装箱吞吐量 71 万标准箱，同比增长 13.5%。其中，九江港完成集装箱吞吐量 52.14 万标准箱，同比增长 21.4%。南昌港完成集装箱吞吐量 18.88 万标准箱，同比下降 2.2%（见表 1－2－3）。

表 1－2－3　2019 年江西省规模以上港口货物吞吐量和集装箱吞吐量及同比增速

统计指标	单位	货物吞吐量	集装箱吞吐量	同比增速（%）
九江港	万吨	15274.53	—	11
	TEU	—	52.14 万	21.4
南昌港	万吨	3826.62	—	32.7
	TEU	—	18.88 万	－2.2

5. 航空货邮吞吐量高速增长

2019 年，江西省民用航空机场货邮吞吐量 12.99 万吨，同比增长 42.1%，增幅位居全国第 1，其中南昌昌北机场货邮吞吐量 12.25 万吨，同比增长 48.3%，增幅位居全国第 1（见表 1－2－4）。

表 1－2－4　　2019 年江西省民用航空机场货邮吞吐量及同比增速

机场	货邮吞吐量（吨）		
	本期完成	上年同期	同比增速（%）
南昌昌北	122517.3	82604.4	48.3
赣州黄金	5664.9	5063.1	11.9
吉安井冈山	413.6	2534.9	－83.7
景德镇罗家	792.9	647.4	22.5
宜春明月山	343.9	409.8	－16.1
上饶三清山	153.8	121.1	27.0
总计	129886.4	91380.7	42.1

6. 快递业务保持快速增长

2019 年，江西省快递业务量完成 7.77 亿件，列全国第 15 位，同比增长 25.50%，增幅列中部地区第 4 位；快递业务收入 84.3 亿元，列全国第 16 位，同比增长 25.66%，增幅列中部地区第 2 位。在快递业务量前 50 位城市中，南昌市以 3.27 亿件排名第 39 位。在快递业务收入前 50 位城市中，南昌市以 41.8 亿元排名第 37 位，上升 2 位。

（三）物流企业

1. A 级物流企业

2019 年，江西省 A 级物流企业保有量 220 家，其中 5A 级 3 家，4A 级 88 家，3A 级 75 家，2A 级 52 家，1A 级 2 家（见表 1－2－5）。江西省 A 级物流企业总数在中部六省中位居第 3（见表 1－2－6）。新进入 5A 级物流企业 1 家，为江西正广通供应链管理有限公司。

表 1－2－5　　各设区市 A 级物流企业分布情况　　单位：家

序号	设区市	5A	4A	3A	2A	1A	总计
1	南昌市	2	15	10	2	0	29
2	九江市	0	3	2	8	0	13
3	景德镇市	0	3	7	0	0	10
4	萍乡市	0	3	0	2	0	5
5	新余市	0	3	1	0	0	4

续 表

序号	设区市	5A	4A	3A	2A	1A	总计
6	鹰潭市	0	4	0	4	0	8
7	赣州市	0	6	31	29	2	68
8	宜春市	0	36	3	0	0	39
9	上饶市	0	2	2	5	0	9
10	吉安市	0	5	9	1	0	15
11	抚州市	1	8	10	1	0	20
总计		3	88	75	52	2	220

表 1-2-6　　中部六省 A 级物流企业对比　　单位：家

省份	5A	4A	3A	2A	1A	合计
湖北	17	224	242	92	2	577
湖南	17	113	96	6	0	232
江西	3	88	75	52	2	220
安徽	3	97	90	24	0	214
河南	11	70	86	9	0	176
山西	3	45	19	3	0	70
总计	54	637	608	186	4	1489

2. 行业龙头企业

2019 年，江西三志物流有限公司进入全国零担 30 强，以营业收入 42 亿元列第 6 位。江西玉丰实业有限公司、江西鲜配物流有限公司进入全国冷链百强，分列第 36 位、第 70 位。

3. 无车承运人试点企业

2019 年，江西省全国无车承运人试点企业 2 家，分别是江西正广通供应链管理有限公司、江西万佶物流有限公司。

4. 重点商贸物流企业

2019 年，江西省重点商贸物流企业保有量 91 家，其中第七批认定重点商贸物流企业 12 家。

（四）国家物流枢纽

1. 承载城市

2019 年，江西省南昌、九江、赣州、鹰潭列入全国物流枢纽承载城市，其中南昌为陆港型、生产服务型、商贸服务型国家物流枢纽承载城市，九江为港口型国家物流枢纽承载城市，赣州为商贸服务型国家物流枢纽承载城市，鹰潭为陆港型国家物流枢纽承载城市。

2. **建设名单**

2019 年，赣州列入全国首批 23 个国家物流枢纽建设名单。

二、2019 年江西省物流业运行存在的问题

（一）基础设施较为薄弱

江西省投入运营的物流园区只有 45 个，其中，国家级示范物流园区 1 个，省级示范物流园区 7 个，重点商贸物流园区 20 个。物流园区功能不完善，选址不合理，普遍不具备两种以上运输方式。部分城市缺乏规范的配送中心，1/3 的市（县）尚未建设物流园区或物流中心。农村物流体系还不够完善。多式联运设施不足，全省多式联运示范项目少。仓储设施现代化水平不高，高标仓比例只占全省仓储面积总量的 15% 左右。

（二）物流信息化水平仍然较低

全省物流公共信息平台发展较为缓慢，虽然建立了省级物流公共信息平台，但未发挥较好的作用，尚未实现引领全省。市（县）建设物流公共信息平台的积极性不高，对信息化建设重视程度不同。铁路、公路、水路、航空等各种运输方式之间的信息尚未打通，还没有实现多式联运信息化，未形成全省统一的物流大数据中心。企业信息化自身建设比较缓慢，特别是在公路运输领域，物流园区的信息化推进效果不理想。

（三）物流企业实力不强

2019 年全省 5A 级物流企业只有 3 家，在中部省份中数量居最后 1 位，与湖南、湖北相差较大。还没有一家企业进入全国物流 50 强。物流企业普遍不具备供应链管理能力，货、仓、配、销一体化运营模式还没有得到广泛普及。

（四）物流业与产业融合不够

全省 99 个开发区中有 23 个开发区建有物流园区，占总数的 23%。其中，21 个国家级开发区中建有物流园区的有 13 个，78 个省级开发区中建有物流园区的只有 10 个。开发区制造业企业物流业务外包程度较低，当地物流园区入驻企业多数是零担专线企业，仅提供单一的仓储和运输服务，并没有延伸到工厂内，多数制造业的场内物流还是企业自己在解决，导致其物流成本过高。全省 62 家规模以上农产品批发市场，建有冷库的只有 8 家。全省商业连锁企业自建或租赁仓储配送中心，共同配送率和统一配送率较低，主要满足于自身配送需求，社会化配送份额占比较小。

（五）物流业营商环境有待优化

江西省各地区普遍重外来企业，轻本土企业培育，对外来企业往往主动供地，而本土企业申请用地难。普遍存在对物流企业投资项目税收强度要求过高，城市配送车辆通行便利程度还有提升空间。

三、2020 年促进江西省物流业发展的措施

（一）全面扩大对外开放

主动对接“一带一路”倡议、长江经济带发展、长三角一体化发展和粤港澳大湾区建设，推动南昌、九江、赣州、鹰潭国家物流枢纽建设，构建完善的城乡高效配送体系，强力推动物流产业集群发展，把江西省打造成全国区域性物流中心。推进汽车、肉类、水果、粮食等进境指定监管场地建设和运营。

（二）推进物流业与产业融合发展

加快全省开发区物流体系建设，推动制造业企业物流外包。积极发展供应链物流，为企业提供集中采购、统一库存、“线边物流”、运输和配送等一体化供应链服务。增加开行面向开发区内大型制造业企业的“点对点”直达货运列车。加快航空货运发展，推动南昌昌北国际机场、赣州黄金机场开辟全货运航线，支持新开国际、国内定期、包机货运航线。围绕农产品流通“最先一公里”，加强重点农产品产地预冷基础设施建设，鼓励企业利用产地现有常温仓储设施改造或就近新建产后预冷、贮藏保鲜、分级包装等冷链物流基础设施，开展分拣、包装等流通加工业务。鼓励企业创新冷链物流经营模式，开展多品种经营和“产销双向合作”，提高淡季设施利用率。推动农产品流通企业、农业示范（产业）园通过冷链物流中心对大型超市、便利店、社区店等末端网点进行配送，满足高品质农产品消费需求。创新冷链配送模式，重点发展“生鲜+冷链宅配”“中央厨房+食材冷链配送”等冷链物流新模式，改善消费者体验。重点推广团餐配送、餐饮代工等中央厨房模式。

（三）补齐基础设施短板

落实国家物流枢纽布局和建设规划，构建“通道+枢纽+网络”物流基础设施体系。加快重点水运港口和内陆无水港建设，使集疏运和多式联运体系畅通，打造融入国际物流和供应链体系的基础平台。推进国家级、省级示范物流园区建设，打造具有全国影响力的示范物流园区。推动城乡冷链骨干网建设，加快全省大型冷链物流中心、县（乡、村）冷链转运设施及网点建设。提高高标仓建设比例，提高仓储配送中心功能。改建、新建一批现代化物流园区，建设多式联运中心和示范项目。加强快递园区

建设，推进快递业与现代农业、制造业、电子商务等联动发展，促进邮政、快递网络开放共享，提升城市末端、农村配送能力。

（四）积极引进物流业重大项目

积极开展物流业招商引资，各地组织赴沿海发达地区举办招商引资专题推介会，围绕全省物流业高质量发展主题，结合国家物流枢纽建设、区域性配送中心建设、城乡高效配送网络体系构建、电子商务与快递协同发展等实际，引进国内外知名企业在江西省投资重大项目。

（五）不断调整运输结构

加大公转铁、公转水力度，加快集疏运体系建设，推动年货运量500万吨以上港区引进铁路专用线，打通公铁水联运衔接“最后一公里”。加快九江港城西港区铁路专用线一期项目建设，推动南昌龙头岗码头铁路专用线的规划、建设，实现水铁无缝衔接。推动大型物流园区引进铁路专用线，使铁路货场与园区仓储、堆场相互衔接。加快推进南昌铁路口岸专用线建设，实现陆路口岸和向塘铁路一级物流基地无缝衔接。加快推动上饶坑口铁路专用线建设，将铁路专用线接入上饶无水港，完成抚州海西综合物流园铁路专用线建设。

（六）加快物流信息化建设

加快省交通运输物流公共信息平台建设，逐步实现与铁路、民航、市场监管、公安、海关、商务、口岸、保险等相关部门跨行业数据交换与共享，与国家交通运输物流公共信息平台有效对接并投入使用。推动省级物流公共信息平台与大型市场主体的物流公共数据互联互通和开放共享，优化查询、下单、支付、开票等一站式服务功能。鼓励城乡配送、冷链物流、医药物流等大数据平台发展。推动省内有条件的物流园区与国家百家骨干物流园区“互联互通”工程对接，促进信息匹配、交易撮合、资源协同。

（七）实施城乡高效配送专项行动

根据商务部等五部门要求，全面实施城乡高效配送专项行动，构建物流园区、城市物流中心、仓储配送中心、县级物流中心、乡镇服务站和村（社区）服务网点城乡高效配送体系。推动鹰潭、宜春、赣州、南昌全国城乡高效配送试点建设，抚州、上饶省级城乡高效配送试点建设，加强与供销、邮政等部门的合作，整合末端配送网点资源。加强与交管、运输、城管等部门的协调，为城市配送车辆通行、停靠、装卸提供便利。

（八）大力培育龙头企业

扩大全省 A 级物流企业规模，新增一批 A 级物流企业。积极推荐符合条件的物流园区申报国家级示范物流园区，开展省级示范物流园区评定工作。开展第八批重点商贸物流园区（中心）和重点商贸物流企业认定工作。对第 1～4 批重点商贸物流园区（中心）和重点商贸物流企业进行复核。

（九）加强物流基础性工作

积极开展社会物流统计，逐步推动设区市开展社会物流统计工作。开展商贸物流统计，将物流产业集群、城乡配送纳入商贸物流统计范围。开展物流景气指数、仓储景气指数统计，每月发布统计数据。开展物流领域产学研工作，做好相关理论研究工作，加强产学研基地建设。加大物流人才培养力度，引导毕业生在江西省就业。开展政策研究和宣传，围绕行业发展热点开展专题调研，举办业务培训、高峰论坛、研讨会和专题推介会，组织行业间相互交流和学习。组织编写《江西省商贸物流业发展报告（2019）》。

（江西省商务厅　傅南）

第三章　2019 年江西省道路运输发展情况报告

一、2019 年江西省道路货物运输发展现状

（一）道路货物运输量

2019 年，江西省完成货运量 18.7 亿吨，货物周转量 4965 亿吨公里，其中公路运输完成货运量 17 亿吨，货物周转量 4065 亿吨公里。公路货运量和货物周转量在多种运输方式中所占比重分别为 90% 和 78.8%，说明全省综合运输服务的结构性矛盾仍然突出，公路不合理地承担了过多的中长距离大宗物资运输，铁路、水路等长距离、大运量和低排放、高能效的技术经济优势未能充分发挥。

（二）道路货物运输市场构成

1. 道路货物运输经营业户

2019 年，全省共有道路货物运输经营户 8.3 万户，同比下降 30.7%。其中企业 9558 户，同比增长 1.2%；个体户 7.3 万户，同比下降 33.6%。从经营范围看，普通货物运输经营户 8.2 万户、货物专用运输经营户 260 户，分别同比下降 28.3% 和 11.6%；大件运输经营户 116 户、危险货物运输经营户 365 户，分别同比增长 1.8% 和 5.2%。2019 年，道路货物运输从业人员 48.4 万人，同比下降 6.5%。其中持证上岗从业人员 43.9 万人，同比下降 8.7%；道路货物运输驾驶员 38.5 万人，同比降低 10.6%，如表 1－3－1 所示。

表 1－3－1　　2019 年江西省道路货运经营业户统计

序号	地市	普通货物运输（户）	货物专用运输（户）	大件运输（户）	危险货物（户）	其他（户）
1	南昌	8450	51	1	15	1
2	景德镇	2343	22	7	24	
3	萍乡	1117	0	0	23	
4	九江	7587	0	0	39	
5	新余	7126	0	0	23	

续 表

序号	地市	普通货物运输（户）	货物专用运输（户）	大件运输（户）	危险货物（户）	其他（户）
6	鹰潭	8212	0	0	12	
7	赣州	16178	4	0	37	
8	吉安	5029	139	97	27	
9	宜春	8633	38	11	89	
10	抚州	3928	5	0	35	1
11	上饶	13855	1	0	41	1

2. 道路货物运输车辆

2019 年，全省拥有载货汽车 31.9 万辆，同比下降 12%，吨位数 407.4 万吨，同比增长 0.4%。其中货车 16.2 万辆，吨位数 169.7 万吨，同比分别下降 24%、4%；牵引车 6.77 万辆，同比增长 2.9%；挂车 8.9 万辆、吨位数 237.8 万吨，同比分别增长 6%、3.7%。按标记吨位分，大型载货汽车 19.7 万辆，吨位数 396.8 万吨，分别占比 61.8%、97.4%；中型载货汽车 1.5 万辆，吨位数 4.7 万吨，分别占比 4.7%、1.2%；小型载货汽车 4.0 万辆，吨位数 6.0 万吨，分别占比 12.5%、1.5%，如表 1-3-2 所示。

表 1-3-2　2019 年江西省营运载货汽车统计

	南昌	景德镇	萍乡	九江	新余	鹰潭	赣州	吉安	宜春	抚州	上饶
车辆数（辆）	27320	14654	8938	23843	26021	16967	23652	30317	82063	34640	30267
吨位数（吨）	335354	145795	151679	259732	414612	288022	254663	449133	894972	543914	336591

3. 道路危险货物运输

2019 年，全省营业性道路危险货物运输业户 365 户，非营业性道路危险货物运输业户 14 户，分别同比增长 5.2%、16.7%；危险货物运输驾驶员 24463 人，危险货物运输押运员 16652 人，危险货物运输装卸管理员 4889 人，分别同比下降 2.6%、同比增长 22.6% 以及同比增长 35%；道路危险货物运输车辆 15103 辆，吨位数为 278089 吨，分别同比增长 20.1%、42%，其中载货汽车 9889 辆（115047 吨），挂车 5214 辆（163042 吨）（见表 1-3-3）。

表 1-3-3　2019 年江西省危险货物运输车辆统计

	南昌	景德镇	萍乡	九江	新余	鹰潭	赣州	吉安	宜春	抚州	上饶
车辆数（辆）	502	185	956	425	395	130	341	1850	7870	1186	1263

续　表

	南昌	景德镇	萍乡	九江	新余	鹰潭	赣州	吉安	宜春	抚州	上饶
吨位数（吨）	10528	6056	19480	8655	6813	1918	7355	22987	151662	24014	18621

4. 道路货物运输站场

2019 年，全省道路货物运输站场共有 59 个，其中二级站 2 个，三级站 16 个，四级站 41 个。全省道路货运站场经营业户主要集中在赣州、宜春、吉安三市，其中赣州 45 户、宜春 11 户、吉安 3 户。

二、2019 年道路货物运输重点工作推进情况

（一）推进运输结构调整工作

由江西省交通运输厅牵头起草，经江西省人民政府同意，江西省人民政府办公厅印发了《江西省人民政府办公厅关于印发贯彻落实推进运输结构调整三年行动计划（2018—2020 年）实施方案的通知》（赣府厅发〔2019〕7 号），2019 年全省全年铁路货运发送量 4963 万吨，与运输结构调整基数年 2018 年同期相比，全省铁路货运量增加 178 万吨，同比增长 3.7%，实现公转铁运量 636.8 万吨。

（二）加快推进全省多式联运建设

继续推动赣州港“一带一路”多式联运示范工程建设，赣州港全年共开行中欧班列 267 列，同比增加 155 列，发送集装箱 23440 TEU，同比增加 13784 TEU。积极推进多式联运发展试点，联合省直有关部门印发了全省多式联运示范工程建设方案有关文件，对 3 ~5 家多式联运运营主体给予资金补助。

（三）推动司机之家试点建设

为落实促进道路货运行业降本减负政策，切实提升货车司机的生活品质，江西省交通运输厅会同江西省总工会印发《江西省交通运输厅 江西省总工会关于印发江西省道路货运“司机之家”建设试点工作方案的通知》，并择优选择赣州传化南北公路港、G45 大广高速横市服务区等 4 个对象进行建设试点。同时为探索项目试点、验收和运营的闭环管理，制定江西省“司机之家”建设试点验收工作方案，对验收程序和评分进行量化。2019 年 4 个试点项目已全部建成并投入运营。

（四）深入推进蓝天保卫战，严格车辆燃油消耗量准入

从源头上把好道路运输车辆的节能减排技术关口，结合柴油货物污染防治攻坚战，

采取限制使用、加强监管执法等措施，加快淘汰国三及以下排放标准的柴油货车等老旧燃气车辆，2019 年全省共淘汰营运老旧车 16571 辆，其中国三及以下排放标准的柴油货车 11048 辆。

（五）推广“互联网 +”运输服务模式

加快推进全省网络平台道路货运发展，促进货运企业走集约化发展道路。2019 年，江西万佶物流有限公司和江西正广通供应链管理有限公司两家交通运输部无车承运人试点企业整合社会运力 7611 辆，运单规模为 30475 单，货运总量达 74 万吨，无车承运业务营运收入达 4 亿元。

（六）加快推进智慧物流建设

推进江西省交通运输物流公共信息平台项目建设，进一步提升交通运输物流行业的信息服务和数据共享水平。同时为进一步强化对网络平台道路货运经营监测管理，依托交通运输物流公共信息平台建设全省网络平台道路货运监测系统。

（七）全面落实取消总质量 4.5 吨及以下普通货运车辆道路运输证和驾驶员从业资格证政策

按照《交通运输部办公厅关于取消总质量 4.5 吨及以下普通货运车辆道路运输证和驾驶员从业资格证的通知》，从 2019 年 1 月 1 日起，落实货运车辆认证许可，对未改变关键结构参数的车型实行备案管理，依法取消总质量 4.5 吨及以下普通货运驾驶员从业资格证和车辆道路运输证等政策；全省 80982 辆 4.5 吨及以下普通货运车辆已取消车辆道路运输证和驾驶员从业资格证。

（八）推动普通货运车辆“三检合一”

在全省具备条件的综检机构已全面实现“二检合一”的基础上，鼓励综检机构同时申请开展环保检验业务，积极配合有关单位推进普通货运车辆“三检合一”，最终实现普通货运车辆“一次上线、一次检测、一次收费”。2019 年，全省 176 家综检机构全部取得安全技术检验、综合性能检测和环保检验业务计量认证证书，具备了“三检合一”的检测资质。

（九）推动普通货运车辆网上年审

按照道路运输车辆综合性能检测联网和实现普通货运车辆全国异地检测工作时间节点的要求，推进全省运政数据大集中、综检系统全国联网、江西省道路运政管理信息系统与互联网道路运输综合服务系统互联，实现了普通货运车辆全国网上年审。

三、2019 年江西省道路运输发展问题

（一）车型标准化程度低

全省货运车型标准化程度低，厢式化、专业化、清洁化得不到广泛应用，高效低耗的货运车辆所占比重较低，道路货运市场高端运输供给不足，先进运输组织模式难以推广，运输效率相对较低，老旧柴油货车淘汰任务依旧艰巨。

（二）运输结构不平衡

运输供给高度零散，缺乏集约化的组织，大型龙头骨干企业的引领带动作用不强；各种运输方式结构不合理，缺乏有效衔接，甩挂运输、多式联运、冷链物流等先进运输组织方式发展相对滞后。公路运输在多种运输方式中仍占主导地位，疏港公路、疏港铁路建设的滞后以及铁路综合运价的不具竞争性等在一定程度上影响了“公转铁”“公转水”。

（三）市场秩序亟待优化

一方面要“放管服”，降低行业企业负担，创造良好的市场营商环境；另一方面要创新监管手段来创造公平公正的环境。依托移动互联网、新技术的货运物流的新业态、新模式不断创新发展，无车承运、大车队、挂车共享等各种模式不断涌现，行业治理能力与治理水平仍待提升。

四、2020 年江西省道路运输发展意见和建议

（一）深入推进货运转型升级，加快推进网络货运等新模式发展

网络货运将作为下一步转型发展的重要方向，《交通运输部 国家税务总局关于印发〈网络平台道路货物运输经营管理暂行办法〉的通知》正式将无车承运人确认为网络货运经营者。2020 年起将放开网络货运经营市场，符合条件的平台企业均可获得许可。江西省交通运输厅也在制定相关细则，积极指导江西省网络货运发展，做好相关企业的培育工作，到 2020 年年底培育 3 ~ 5 家网络货运龙头企业，积极推广宣传网络货运龙头企业典型案例，使更多行业企业创新企业经营模式，更好地整合资源。同时加快交通运输物流公共信息平台建设，促进物流信息互联共享。

（二）继续推进运输结构调整

运输结构调整对打赢蓝天保卫战、打好污染防治攻坚战等具有重大促进作用，要继续不断完善综合运输网络，切实提高运输组织水平，减少公路运输量，增加铁路运

输量，加快调整运输结构体系，确保到2020年，全省货物运输结构明显优化，铁路承担的大宗货物运输量显著提高，港口铁路集疏运量和集装箱多式联运量大幅增长，基本形成与全省经济发展相适应的水运网络，航空货运持续快速发展，重点区域运输结构调整取得突破性进展。江西省交通运输厅将进一步提升全省汽车维修电子健康档案系统覆盖率、加快推进营运老旧柴油车辆淘汰、严格执行运输船舶强制报废制度等。

（三）推进多式联运示范工程建设

多式联运能够提高运输效率30%左右、降低运输成本20%左右、减少公路交通拥堵50%以上、节能减排30%以上。为进一步推进多式联运发展，江西省交通运输厅将重点支持3～5家龙头骨干多式联运经营企业发展，以点带面，推广应用多式联运服务模式。

（四）推进农村物流节点体系建设

按照“多站合一、功能集约、便利高效”原则，鼓励利用现有农村综合服务站、电商点、邮政所、基层供销社、农技服务中心等布局全省农村物流网络节点，增强农村物流覆盖率和通达率。以江西省政府与阿里巴巴集团合作为契机，积极支持阿里巴巴集团参与全省农村物流体系建设。

（五）推进“司机之家”建设

作业环境艰苦和职业健康问题，是道路运输行业从业人员面临的较为突出的现实问题。为改善货车司机的工作和生活环境，鼓励在高速公路服务区、货运枢纽（物流园区）或其他公路沿线建设“司机之家”，让广大货车司机“吃口热饭，喝口热水，洗个热水澡，睡个安稳觉”，改善其停车休息条件。2020年计划完成4个“司机之家”建设，进一步保障道路运输行业健康稳定发展。

（江西省交通运输厅　熊贻辉）

第四章　2019 年江西省铁路运输发展情况报告

一、2019 年江西省铁路运输发展现状

（一）铁路货物运输量

2019 年，江西省铁路货运量 4961.4 万吨，同比减少 82.9 万吨，下降 1.6%；铁路货运总周转量 563 亿吨公里，同比增加 32.8 亿吨公里，增长 6.2%；铁路货运总到达量 7951.1 万吨，同比增加 512.4 万吨，增长 6.9%。2019 年江西省铁路主要品类货运量及同比变化如表 1－4－1 所示。

表 1－4－1　　2019 年江西省铁路主要品类货运量及同比变化

统计指标	发送量（万吨）	同比增运（万吨）	同比增长（%）
煤炭	1277.08	－51.85	－3.90
矿建	739.24	－295.77	－28.58
金属矿	655.07	146.37	28.77
钢铁	571.32	51.92	10.0
集装箱	545.24	83.13	17.99
焦炭	407.07	25.05	6.56
非金矿	212.07	－10.07	－4.53
石油	148.55	－12.68	－7.87
化工	139.96	－21.50	－13.32
盐	107.27	8.07	8.13
水泥	64.45	2.31	3.72

（二）铁路货运基础设施

1. 铁路物流基地

新建向塘物流基地（一级）、赣州南康物流基地（二级）二期工程建设完成，已经开通运营；南昌昌北物流基地（二级）铁路线路、仓库、集装箱门吊等设备基本建设完成，待地方配套道路通车后整体运营。

2. 铁路货运站

2019 年，中国铁路南昌局集团有限公司在江西省境内的铁路货运营业办理站有 108 个，其中特等站 1 个，一等站 5 个，二等站 14 个，三等站 34 个，四等站 44 个，五等站 8 个，无等级站 2 个。

3. 铁路装卸机械

装卸机械总台数 256 台，其中桥吊 1 台，门吊 45 台，内燃叉车 64 台，电瓶叉车 57 台，装载机 85 台，汽车吊 3 台，抓料机 1 台。

4. 企业铁路专用线

既有企业铁路专用线 217 条（不含军专线）。在建铁路专用线情况如下。

（1）完成开通项目（2 条）。

①江西鑫盛石油化工有限公司铁路专用线。接轨站为赣龙线罗坳站，专用线内有 2 条装卸线，主要用于柴汽油运输。2019 年 1 月竣工。

②余干县城投铁路货运有限公司铁路专用线（改扩建）。接轨黄金埠电厂专用铁路，接轨站为鹰厦线画桥站，专用线内有 2 条装卸线，主要用于柴汽油运输。2019 年 5 月竣工。

（2）开工建设项目。

①九江城西港铁路专用线。接轨站为沙浔线七里湖站，线路全长 4.5 公里。城西港区运量近期（2020 年）、远期（2030 年）目标分别为 1075 万吨、1575 万吨。其中集装箱运量分别为 660 万吨、1050 万吨，件杂货运量分别为 240 万吨、350 万吨。小汽车运量分别为 175 万吨、175 万吨。2019 年 8 月开工建设。

②上饶坑口铁路专用线。专用线一期（2025 年）预计到发总运量 116 万吨，其中到达 51 万吨，发送 65 万吨，2018 年 6 月开工建设。

③抚州中物宝特物流有限公司铁路专用线。接轨站为昌福线抚州北站，该项目位于抚州海西物流园区，铁路专用线自抚州北站与白露山油库铁路专用线接轨，自接轨点引出后向西北走行引至装卸站，与抚州北站呈横列式布置，专用线正线自接轨点至装卸站存车线车挡尾部总长 1.66 公里，2019 年 7 月开工建设。

（三）2019 年铁路货物运输重点工作情况

1. 加大运输结构调整力度，推动“公转铁”项目落实

深入贯彻落实党中央“调整运输结构，减少公路运输量，增加铁路运输量”的决策部署，多次与江西省政府协调寻求政策支持，2019 年 2 月 19 日，江西省人民政府办公厅正式印发《江西省人民政府办公厅关于印发贯彻落实推进运输结构调整三年行动计划（2018—2020 年）实施方案的通知》（赣府厅发〔2019〕7 号），确定至 2020 年江西省“公转铁”运量为 780 万吨，并将增量方案分解细化到南昌市、宜春市、上饶市、新余市、萍乡市、景德镇市、赣州市 7 个地市 11 家重点企业。2019 年，江西省 11

个“公转铁”项目实现铁路运输增量636.8万吨，完成780万吨任务目标值的81.6%。

2. 抓好互保企业运量兑现，实现大宗货物稳中有增

积极应对国家政策变化，稳步推进国铁集团增量行动方案，确保大宗货物运量实现新提升。一是实时掌握互保企业运量兑现情况，密切关注企业“产销运”变化，尤其是物流通道的改变，主动帮助企业设计、策划铁路物流通道方案，把运力保障、价格政策导向钢厂、电厂等重点企业，确保运量兑现。二是优化港口分工。根据新港、新线、新厂运营情况，重新设计大宗货物运输方案，以衢九线开通为契机，进一步优化九江港装车组织方案，拓展景德镇、黄金埠电厂煤炭运量。2019年，江西省大宗货物（煤炭、金属矿、焦炭、石油）运量2487.78万吨，同比增加106.9万吨、增长4.5%。其中九江港发送煤炭、金属矿、集装箱等货物1216.7万吨，同比增加96.2万吨、增长8.6%。

3. 大力发展集装箱运输，拓展特色物流运输

一是克服国家、地方政府逐年10%补贴减少影响，加强与中铁集装箱运输有限责任公司合作，依托赣州港二期、乐化物流园、向塘物流园二期开通运营及新图线条优势，中欧（亚）班列稳定开行。二是做大入箱货源。发挥长江经济带地域及海铁联运政策优势，积极开发赣州至厦门港、深圳港出口项目，同时加强港铁合作，做大赣州进口木材、东北玉米返程货源，实现重去重回运输。三是与物流商签订“量价互保协议”，通过“量价挂钩”方式，吸引公路运量往铁路转移，同时运用新装备JSQ5改型车，拓展商用车市场。2019年，江西省铁路特色物流推进工作取得了显著效果。其中，中欧、中亚班列共开行440列，同比增开276列、增长168.3%；海铁联运货物共发送109万吨，同比增加27.6万吨、增长33.9%；商品车发送10.8万台，同比增加3.6万台、增长49.4%。

4. 严格落实减税降费政策，优化经营环境

为贯彻落实国家减税降费措施，降低企业物流成本，提高铁路运输竞争力，根据《中国铁路总公司关于贯彻落实国家减税降费措施的指导意见》要求，中国铁路南昌局集团有限公司明确责任部门分工，周密部署、扎实推进、注重实效，确保减税降费各项措施切实落地见效。江西省铁路实施减税降费合计73526.5万元。

（1）增值税税率由10%降至9%，2019年江西省内铁路货物运输企业累计减税4218.9万元。

（2）实施运价优惠政策。2019年江西省境内共批复210个铁路运价优惠项目，平均运价下降幅度26.5%，共为企业降低物流成本62055.9万元。

（3）取消或降低部分铁路运输杂费。其中，取消D型长大货物车使用费、货车篷布使用费、翻卸车作业服务费、机械冷藏车制冷费、清扫除污费、验关手续费6项铁路货运杂费，共免收2176.4万元；降低货车延期占用费、装载加固材料使用服务费、接取送达费、取送车费4项货运杂费项目收费标准，共减收2436.5万元。2019年江西省减免铁路杂费共 4612.9 万元，降幅 20.2%。

（4）降低铁路专用线代运营代维护服务收费。按国铁集团统一部署，对江西省内铁路专用线产权企业代营代维服务实施优惠。2019 年降费 2638.8 万元，降幅 41.6%。

二、2019 年江西省铁路运输发展问题

近年，国家大力推进运输结构调整，但江西省铁路运输份额逐年减少，发展环境不容乐观，各种运输方式竞争激烈，铁路运输在速度方面不如航空运输，灵活便捷方面不如公路运输，价格低廉方面不如水路和管道运输，在以产品定向和以客户定向的服务方面，都不能满足日益增长的现代物流需求。

（一）货物运输结构不平衡

江西省社会货运量中铁路运输占比逐年下降，2019 年占比仅为 2.7%，同比下降 0.2%，公路占比则高达 91.8%，同比增长 1.7%，可见江西省货物运输仍以公路运输为主，铁路在综合交通运输中的优势未得到充分发挥，大量本应通过铁路运输的中长距离运输由公路运输承担。

（二）铁路货场基础设施建设不足

近年来，铁路运输业的客户需求发生了重大变化，消费市场客户需求已从“少品种、大批量、少批次、长周期”转变为“多品种、小批量、多批次、短周期”，传统的铁路货场的储存、配送、包装等服务已远远不能满足市场需求。江西省铁路货场共有 74 个，大部分都是小型货场，设备陈旧落后，仓储、配送及装卸作业能力低下，货物周转率低。在以集装箱为主的现代物流运输方式的现今，江西省开办集装箱业务的铁路货场仅有 25 个，占货场总数 21.4%，货场总运量逐年萎缩，目前约 70% 的货物运量来源于各港口及企业的专用线。

（三）“最后一公里”仍是铁路货物运输的难点

铁路运输还不能够从真正意义上实现“接取送达”，门到门全程物流服务起步较晚，很多地区受异地性、环节复杂性、站场条件制约以及客户仓库原因等条件限制，不能无缝接驳，仍是“站到站”运输模式。有些车站货场与货源距离太远，导致短驳运输成本增加，铁路运输低成本、高环保等竞争优势不能有效发挥，是较为发达城市或货源较为集中地区所要面临的难题。

（四）江西省境内新建码头分流影响

2019 年，随着樟树、吉安等地新建码头的开通运营，江西省境内部分铁路运量将被水运分流。一是分流新余市、萍乡市钢厂及樟树市煤炭、焦炭、钢材、瓷砖板材等

部分货源。二是吉安电厂、瑞金电厂近年一直依托铁路运输，吉安码头的开通将改变两家电厂现有运输方式，电煤铁路到达量将大幅减少。

三、2020年江西省铁路运输发展意见和建议

（一）协调地方政府加大运输结构调整推进力度

2020年是打赢蓝天保卫战和运输结构调整三年行动计划收官之年，积极争取协调地方政府落实《推进运输结构调整三年行动计划（2018—2020）年》相关政策，大力推动“公转铁”，把地方铁路份额提升作为主要目标，有针对性地制定“公转铁”方案，按调整运输结构三年增量780万吨目标倒排进度，压实责任，提高江西省铁路运输比重，力争2020年实现铁路货运量较2017年增长27.5%的目标，铁路货运量在全省社会物流总量占比由2018年的2.9%提高到6%。

（二）加快铁路货场功能完善和推进新建铁路、专用线建设

完善货场物流服务功能和推进专用线基础设施建设。一是整合现有资源，开展综合性服务。发挥货运站作为物流节点的功能，重点改革传统货运站和货场的管理，利用现有货场、仓储资源，逐步向货运集中化方向发展。二是推进新建铁路和专用线建设。重点做好衢宁铁路2020年9月开通和完成新昌电厂专用线改造，南昌铁路口岸、江西萍实铁路发展股份有限公司、江西鑫盛石油化工有限公司等铁路专用线建设完工，尽早投入运营。三是提升冷链承运基础设备水平，加快推进光泽等地物流基地新建冷链集装箱充电桩等设备设施。四是认真做好点线能力的调查，根据调查结果做好增运增收“短平快”项目建设。

（三）大力发展敞顶箱运输

积极倡导绿色环保运输，大力推广“散改集”敞顶箱运输。一是全面调查货场办理散堆装货物情况，对环保因素影响货场办理散堆装条件的，积极采取“散改集”措施。二是抓住江西省七部门联合发布的《关于促进机制砂推广应用的意见》（赣自然资字〔2019〕65号）中提出2020年实现2000万吨机制砂年产能的有利契机，开发江西省境内机制砂运输项目。

（四）积极拓展多式联运和中欧中亚班列运输

（1）大力拓展多式联运项目。利用九江港、赣州港、南昌港、樟树港等江西省境内港口优势，积极推介水铁、公铁联运服务模式，深化与船公司、集装箱港口的合作，精心设计多式联运运输路径，发挥铁路企业政策优势，加强铁路运输、货运组织，共同打造多式联运品牌。

（2）积极推动中欧、中亚班列运输。认真贯彻国家“一带一路”倡议部署，突出全球互联互通新思路，立足江西实际，大力发展中欧、中亚班列运输，按照“政府推动、企业运作、关检合作、铁路保通”的原则，以点带面，实现赣州市、南昌市、上饶市、鹰潭市等地中欧、中亚班列常态化开行。

（中国铁路南昌局集团有限公司　刘小蓉）

第五章　2019 年江西省水路运输发展情况报告

一、2019 年江西省水路运输发展现状

（一）水运企业及运输船舶数

1. 水运企业

2019 年，江西省共有水路运输经营户 206 家，其中水运企业 174 家，个体经营户 32 家。运输辅助业企业 68 家，其中，省际危险品水运企业 16 家（南昌市 1 家，赣州市 1 家，宜春市 4 家，丰城市 2 家，九江市 3 家，抚州市 5 家），省际普货水运企业 125 家（内河企业 117 家，沿海企业 8 家），省内普货水运企业 14 家，省内旅客运输企业 19 家。

2. 运输船舶

2019 年，江西省共有运输船舶 1946 艘，比上年增加 29 艘（见表 1－5－1），净载重量 317.7 万吨，12553 个客位，5003 标准箱。2019 年运输船舶平均载重吨位 1633 吨，比上年增加 319 吨。运输船舶向大型化、专业化、标准化方向发展。

表 1－5－1　　江西省水路运输行业基本情况

项目＼年份	2013	2014	2015	2016	2017	2018	2019
水路运输经营户数（家）	306	251	248	244	201	193	206
运输船舶数（艘）	2135	2010	2087	2061	1902	1917	1946
运输船舶平均载重（吨）	1016	1041	1068	1120	1221	1314	1633

（二）水路货物运输量

2019 年，江西省水路货运量 1.03 亿吨，同比下降 10%；货物周转量 255 亿吨公里，同比增长 7.3%。全省已初步形成以长江、赣江和信江高等级航道为基础，九江港、南昌港等现代化、专业化码头为支撑，以及日益完善的集疏运体系、修造船工业、通信导航、船舶检验、救助打捞、水上交通安全设施等支持保障系统为补充的水运体系。

水路货物运输与2018年相比出现一定程度下降，主要原因有三：一是赣州市受砂石禁采、限采政策影响，全市水路货运量大幅下降。二是2019年全省出现了历史罕见的夏秋冬连旱，导致赣江水位持续下降，船舶航行受到了不同程度的影响。尤其是南昌赣江段航行受限较大，千吨级以上船舶无法如往常一样到达赣江丰城段以上港口码头。三是自2018年以来，赣江、信江及鄱阳湖沿岸，共拆除105座非法码头，码头整体通过能力有所下降。

（三）港航基础设施

全省以赣江及鄱阳湖航道为主，连通抚河、信江、饶河、修水等101条主要通航河流，全省航道通航总里程5716公里，其中Ⅰ级航道156公里（长江江西段），Ⅱ级航道175公里，Ⅲ级航道357公里，Ⅳ级航道87公里，Ⅴ级航道110公里，Ⅵ级航道382公里，Ⅶ级航道1160公里，等外级航道3289公里。2000吨级船舶可从长江直达南昌港，全省高等级航道里程达688公里。沿江环湖有南昌港、九江港两个全国内河主要港口和一批区域性重要港口。2019年，全省有内河港口生产用码头泊位574个，千吨以上深水泊位178个，集装箱码头泊位7个；全省港口吞吐能力达到1.65亿吨、集装箱63.5万标准箱。基本形成了大中小结合、内外沟通的港口群体。2019年，全省完成港口货物吞吐量1.9亿吨，集装箱吞吐量71万标准箱。其中，九江港完成货物吞吐量15274.53万吨，继续保持在亿吨大港行列；完成集装箱吞吐量52.14万标准箱，同比增长21.4%。南昌港完成货物吞吐量3827万吨；完成集装箱吞吐量18.9万标准箱，同比下降2.2%。

二、2019年水路运输重点工作推进情况

（一）不断完善规划体系

赣江、信江主要港口和区域性重要港口规划工作取得新进展，《景德镇港总体规划》已获批，《鹰潭港总体规划》报江西省政府待批，《南昌港总体规划（修订）》《赣州港总体规划》《吉安港总体规划》《宜春港总体规划（修订）》《上饶港总体规划》编制完成，待环评通过后报江西省政府待批。

（二）加快推进项目实施

1. 在建项目

赣江方面，新干航电枢纽船闸已通航，7台机组全部并网发电，2019年交工验收；井冈山航电枢纽船闸工程左岸船闸通航；万安二线船闸工程正进行三期围堰填筑和大临设施建设；龙头山枢纽船闸已建成，具备通航条件；石虎塘至神岗山航道整治工程基本完工。赣江在建项目进展顺利，2019年赣江三级通航目标已实现。信江方面，信

江八字嘴航电枢纽二枯围堰填筑及初期排水已完成，东大河主体工程完成50%；双港航运枢纽完成围堰填筑、大临设施建设，正在进行基坑开挖；界牌枢纽船闸改建工程船闸主体土建工程完成89%；界牌至双港渠化航道配套整治工程、双港至褚溪河口Ⅲ级航道整治工程正进行大临设施建设。港口方面，红光码头一期工程水工建筑部分完成80%，基本完成陆域、地基和港池；九江港城西港区赤湖公用码头开工建设。集疏运方面，九江港城西港区疏港铁路开工建设；九江港彭泽港区等4条疏港公路开工建设。

2. **前期工作**

鹰潭港余江港区中童码头、吉安港泰和港区沿溪综合货运码头初步设计已获批。南昌龙头岗综合码头二期工程完成工程项目可行性研究报告初稿，赣州港综合枢纽五云码头一期工程正在编制工程项目可行性研究报告，鹰潭港贵溪港区九牛滩综合码头一期已取得工程项目可行性研究报告（工程项目可行性）备案，南昌龙头岗综合枢纽物流园工程完成工程项目可行性研究报告和相关专题招标。九江港湖口港区银砂湾作业区至彭湖高速大垅出口等3个项目已完成前期工作，九江港湖口港区银砂湾作业区等9条疏港公路正在开展前期工作。

（三）港口资源整合取得进展

制定《江西省港口资源整合工作方案》和《江西省港口资源整合工作实施细则》，组建港口改革工作领导小组办公室，组织召开港口改革工作领导小组第一次全体会议和全省港口资源整合工作推进会。2019年江西省港航建设投资集团有限公司（以下简称“港投集团”）与九江彭诚港务有限公司等4家企业签订协议，与九江华亿石油化工有限公司等7家企业基本达成合作意向，与南昌水利投资发展有限公司等20余家企业进行了接洽，港口资源整合初见成效。

（四）持续开展非法码头整治工作

督促沿江各设区市深入开展赣江、信江高等级航道和鄱阳湖沿岸的非法码头专项整治工作。列入整治的137座非法码头，其中86座取缔类码头已全部拆除，51座规范提升类码头中24座已完善手续，19座已拆除，8座暂定为民生通道。

（五）全力支持九江区域航运中心建设

结合九江市政府实施的相关奖励政策，港航部门为外省籍企业落户九江市开辟绿色通道，采取有效措施，简化办事流程，最大限度满足业户需求。2019年，九江市共新增企业9家，新增船舶运力24万载重吨，全省共新增运力达到约50万载重吨。大力推进江海直达、江海联运集装箱运输发展，进一步加大国家政策宣贯力度，鼓励和支持企业发展江海直达、江海联运、集装箱运输，2019年4月九江港实现了江海直达运输，5 月九江港实现了集装箱“天天班”；九江市已出台了《九江市以“直航”促“三同”扶持政策实施细则》以支持开通九江港“天天班”相关企业。进一步优化运输组织方式，大力推进集装箱运输发展，集装箱船舶运力同比增长 9.19%。扶持全省唯一的国有航运企业江西省港航运输有限公司，尽早开辟九江港至上海洋山港、宁波舟山港的江海直达集装箱运输航线，该航线为江海直达联运航线，可减少中转环节，大大缩短集装箱运输周期。

九江振鑫船务有限公司已完成对湖南省衡阳市、安徽省池州市、江苏省苏州市的三家省际危险品运输企业的收购，获交通运输部长江航务管理局新增危化品运力和扩大经营范围（增加长江上游危化品运输）的批文，大大提升了企业市场竞争力；江西省天宜航运有限公司收购星子县新池航运公司（成品油运输），取得长江航务管理局两艘计 12000 吨散装化学品船运力批文，这两艘危化品运输船舶将于 2020 年 7 月建成投入营运，为企业健康平稳发展打下了基础。

（六）扶持重点企业发展

根据港航企业生产规模、经营业绩、安全管理等状况，遴选了 7 家港航经营企业作为第一批重点扶持发展企业，管理部门给予重点帮扶。这 7 家企业为：南昌鄱阳湖航运有限公司、江西东港航运有限公司、九江振兴轮船有限公司、抚州市长江实业集团有限公司、抚州市盛达航运有限公司、江西国际集装箱码头有限责任公司、上港集团九江港务有限公司。

（七）支持水路集装箱运输业务发展，构建全省集装箱内支线班轮运输网络

支持内外贸集装箱同船运输，提高船舶运行效率。2019 年，全省从事长江干线及支流的集装箱班轮运输企业有 7 家，有集装箱运输船舶 35 艘，运力 4182 TEU；目前的主要内支线集装箱班轮运输航线有：南昌至九江、南昌至上海外高桥（不定期挂靠芜湖、南京、张家港、南通、太仓）、九江至上海外高桥（定期挂靠芜湖、南京、太仓）。

（八）优化发展环境提升服务质量

由中国港口协会与相关金融保险公司签订船舶保险战略合同，在降低船舶保险费用的同时，帮助企业提高防风险能力；与中石化、中石油建立船舶供油价格机制，帮助企业降本增效，为企业和行业发展储力。

（九）落实“放管服”，深化审批改革提高办事效率

认真贯彻落实江西省委、省政府、省交通运输厅部署，继续加大简政放权力度，最大限度便民利民。一是配合江西省人民政府办公厅、江西省行政审批制度改革工作

领导小组办公室，继续做好港航行政权限项目的下放和规范工作，继续跟进国家新取消、下放权力项目的落实与衔接工作；二是组织局属各分局推进行政许可标准化工作，完成编制行政许可事项服务指南，改进服务水平；三是协助地方交通运输局完成设区市港航政务服务事项清单标准化工作。

（十）积极推进与实施国家内河船型标准化政策

2011—2019 年，全省累计完成老旧船舶拆解 502 艘，完成现有 400 总吨以上运输船舶生活污水防污染改造 1081 艘，完成 100～400 总吨运输船舶加装生活污水储存装置 154 艘。

三、2019 年江西省水路运输发展问题

（一）港口建设环保问题突出

部分港口总体规划的环评问题突出，涉及占用基本农田、湿地、保护区、森林公园、生态红线等问题，规划环评若未能如期获批，将造成港口总体规划批复的滞后。

（二）港口集疏运体系建设仍滞后

各地对疏港公路、疏港铁路建设的重要性以及当前全省水运发展形势缺乏充分的认识，在疏港公路、铁路建设工作上不够积极主动，尤其是一些疏港铁路的项目，未能有效落实建设单位，致使前期工作迟迟不能开展；一些地方在上报项目时考虑不够周全，对土地指标是否落实、配套资金是否能够及时落实等影响项目实施的关键因素评估不足。

（三）铁水联运衔接不畅

全省铁水联运设施较落后，能力有限。全省只有九江港进行了铁水联运，虽有煤炭、矿石等散货中转为主的进港铁路专用线，但仅有上港集团九江港务有限公司外贸码头、江西省煤炭储运中心等为数不多的码头能满足铁水联运条件，铁水联运量在港口货物吞吐量总量中占比偏低。

四、2020 年江西省水路运输发展意见和建议

（一）推进集疏运体系建设

加快南昌、赣州、吉安、宜春、上饶、鹰潭等港口总体规划编制（修编）的报批工作。推进龙头港综合码头二期工程等 6 个项目的前期工作，力争 2020 年年底前开工建设。推动地方政府加快各地公用码头项目和重要港区疏港公路前期工作。开展江西

省内河航道和港口布局规划、江西省“十四五”水运发展规划、赣粤运河规划等水运系列规划工作。

加快“两江两港”重点项目建设，完成11个水运续建项目年度建设任务，确保2020年实现信江三级通航。推进红光码头一期工程全面完工并投入试运营；九江红光综合枢纽物流园道路工程完工。

（二）引导企业兼并重组，跨界联合

抓住国家战略机遇，充分利用省、市政策，积极申请项目建设补助资金，争取信江双港枢纽、双港至褚溪河口渠化航道整治等项目获得交通运输部项目建设资金，确保万安二线船闸等3个项目中央预算内资金2020年全部到位。通过项目银团贷款、跨境贷款等方式加大项目资金筹措力度，落实中国进出口银行、欧洲投资银行转贷提款。拓宽港投集团融资渠道，扩大直接债务融资比例，为助力水运建设注入金融活水。加强江西省港口集团内部整合，大力盘活存量资产，积极引进社会资本或战略投资者，推动港口项目建设资本金筹集。

按照江西省委、省政府的决策部署，紧扣“一省一港一主体”总体目标，推进港口资源整合工作。组建江西省港口集团，2020年6月底前基本实现实质性运营。同步推进港口码头的清产核资、审计和资产评估工作；完成省内国有独资、国有全资公用货运码头股权、资产的依法划拨，省内国有控股、国有参股公用货运码头的国有股权和相关国有资产依法变更；2020年5月底基本完成公用货运码头整合工作。

（三）优化水路运输结构，促进水运企业转型升级

狠抓科研创新，继续做好科技项目立项和研究工作，加快推进在研重点科技项目进展。依托工程项目建设，同步推进CCTV、VHF、AIS等配套信息化项目建设。推进数字化航道图的建设与应用，加强浅滩、桥区、河口、库尾等重点航段观测，及时准确掌握航道的变迁、演变等情况。

全力打造九江江海直达航运中心，实现水、铁、公等多式联运，水水联运辐射长江沿线、中西部地区、沿海等地；通过与上海港、宁波舟山港等沿海港口群合作，实现“借港出海”。优化运输组织，引导企业建造大型化、专业化、标准化船舶，推动江海直达散货船、集装箱船等船型的应用，提升江海直达、江海联运在水路运输中的占比率。完善港口集疏运体系，加快铁路、高等级公路等与重要港区的连接线建设，有效解决“最后一公里”问题。

以市场为导向，资产为纽带，资源优化配置为重点，加快港口和运输资源整合，培育若干个龙头水运企业，引导全省航运、港口企业兼并重组、做优做大做强。江西省港口集团组建后，深入调研运输市场，明确市场定位，拓展主营业务，推动资源整合，不断做大做强。加快发展旅游客运，重点推进鄱阳湖区、枢纽库区、水库等主要

景点旅游码头服务能力提档升级，促进水上旅游客运业规范、安全发展。

（四）深化“放管服”改革，推进绿色航运发展

根据机构改革、交通运输综合执法改革后的单位职能，及时调整权力清单。继续推行“证照分离”改革，推进相关许可事项网上办理、并联审批。深入推进投资审批制度改革，推动自建系统与在线平台的互联互通。持续开展减税降费，优化航运营商环境。加快推进“一网通办”，继续做好自有业务系统与全省电子政务共享数据统一交换平台的对接工作。推进线上线下融合服务，提升政务服务一站式功能。

推进绿色航道、绿色港口建设，加大智能化航标及航标新材料、新能源、新光源的应用与推广，高标准建设绿色港口码头，因地制宜制定老旧码头升级改造方案。持续提升船舶节能环保水平，加快淘汰高污染高耗能的客船、老旧运输船舶、单壳化学品船和单壳油船等，继续推进运输船舶生活污水改造工作。鼓励和引导企业及船主新建标准化船舶，2020 年全省内河船型标准化率达到 75%。推动节能技术和清洁能源应用，加快推进老旧码头开展岸电技术改造、新建码头全部使用岸电技术，积极引导电力推进船舶和 LNG（液化天然气）动力船舶的发展，加快推进水上 LNG 加注站点的建设及前期工作。

（江西省交通运输厅　熊贻辉）

第六章　2019 年江西省航空运输发展情况报告

一、2019 年江西省航空运输发展现状

（一）2019 年江西省民航机场总体情况

中国民用航空局《2019 年民航机场生产统计公报》显示，2019 年江西省民用航空机场货邮吞吐量 12.99 万吨，同比增长 42.1%，机场货邮吞吐量增速位列全国第一。

境内民用航空（颁证）机场共有 6 座，其中 2 座机场货邮吞吐量进入全国前 100 名，南昌昌北国际机场（以下简称“南昌机场”）排名第 26 位，赣州黄金机场排名第 80 位。其中南昌机场货邮吞吐量同比增速最高，达到 48.3%（见表 1－6－1）。南昌机场起降架次全国排名第 35 位，是省内唯一航班起降架次进入全国前 100 名的机场。

表 1－6－1　　2019 年江西机场货邮吞吐量及起降架次

机场	货邮吞吐量（吨）				起降架次（架次）			
	全国排名	本期完成	上年同期	同比增速（%）	全国排名	本期完成	上年同期	同比增速（%）
南昌昌北	26	122517.3	82604.4	48.3	35	108036	108614	－0.5
赣州黄金	80	5664.9	5063.1	11.9	102	17789	14998	18.6
吉安井冈山	152	413.6	2534.9	－83.7	131	8864	6990	26.8
宜春明月山	163	343.9	409.8	－16.1	138	8148	7014	16.2
景德镇罗家	135	792.9	647.4	22.5	150	6204	5065	22.5
上饶三清山	181	153.8	121.1	27.0	154	5982	4558	31.2

注：九江庐山机场于 2016 年 5 月被注销。

资料来源：中国民用航空局。

（二）航空物流基础设施

1. 南昌昌北国际机场

2019 年南昌机场全年完成货邮吞吐量 12.25 万吨，同比增长 48.3%，增速连续两年位列全国千万级机场第 1 位，创造了全国省会机场两年货邮吞吐量翻一番的“江西

速度”。其中，国内货邮吞吐量完成10.25万吨，同比增长25%；国际货邮吞吐量完成2万吨。

南昌机场借政策“东风”，内优外扩，用实际行动切实提升南昌机场航空物流竞争力。2019年，南昌机场累计开通全货机航线达到8条，加密南昌至列日洲际货运航线，新开南昌至天津、郑州、温州货运航线，稳定南昌至香港，南昌至深圳，南昌至南京、南宁原有货运航线。大力引进全货机航线，南昌机场协商多家航空公司更换大型宽体飞机执飞客运航线，增加腹舱资源；引进大型物流企业，加强营销力度，注入市场活力；合并东航货站业务，统一发展战线，整合资源，高效发展。单日货邮量从200余吨增至常态的400余吨，再到创历史的820吨，南昌机场航空货运发展正达到前所未有的新高度。

为适应南昌机场货运快速发展的新形式，进一步完善机场口岸功能，不断提升货运综合竞争力，尽快满足“2020年实现20万吨货运吞吐量”的发展需要，根据江西省政府办公厅下发的《江西省人民政府办公厅关于依托南昌昌北国际机场建设区域性智慧空港物流中心的实施意见》（赣府厅发〔2018〕35号）及《支持南昌航空货运发展联席会议第二次会议纪要》文件精神，持续推进“国际货站及三个中心”的建设，配合各方高效完成快件监管中心、邮件互换局、通关中心等项目开通运营工作。“国际新货站”项目的动工建设和食用冰鲜水产品、食用水生动物、水果三类指定商品口岸资质的批复将加快推动南昌航空物流发展速度。

2019年，南昌机场同南昌市政府、赣江新区管委会与多家基地航空公司、货代企业、快递企业接洽，协调设立航空货运总部，搭建南昌往返五大洲腹地的航空货运平台。已吸引顺丰、韵达、德邦、中通快递、圆通快递等快递企业在赣江新区设立江西区域总部并投产运营。

2. 赣州黄金机场

2019年，赣州黄金机场旅客吞吐量达208.8万人次，同比增长28.5%。2019年，赣州黄金机场积极开拓新航线，成功引进大连航空、奥凯航空、江西快线等航空公司，经营航线共32条，其中国际航线1条（至泰国芭提雅），通航34个城市（北京、深圳、广州、常州、成都、厦门、福州、重庆、丽江、南昌、上海、青岛、郑州、桂林、哈尔滨、三亚、海口、杭州、昆明、南宁、济南、珠海、西安、宁波、湛江、南京、贵阳、遵义、长沙、武汉、天津、温州、延安、泰国芭提雅），新增9个通航点（南京、贵阳、遵义、长沙、武汉、天津、温州、延安、泰国芭提雅），减少1个通航点（绵阳）；平均周航班运输量335架次，同比增长28.4%；进出港旅客平均客座率80.1%，平均载运率62.4%。运营的航空公司有14家（南航、大连航空、东航、四川航空、祥鹏航空、北部湾航空、厦门航空、江西航空、天津航空、青岛航空、长龙航空、福州航空、奥凯航空、江西快线）。

2019年9月29日，赣州黄金机场T2航站楼正式转场并启用。2019年12月16日，赣州黄金机场年旅客吞吐量首次突破 200 万人次大关，成为江西省内首家迈入全国中型机场行列的支线机场。2019 年 12 月 30 日，赣州黄金机场航空口岸临时开放，暨“中国赣州—泰国芭提雅”国际航班首航仪式在赣州黄金机场 T1 航站楼站前广场举行，实现了赣州民航史上具有里程碑意义的重大跨越。

赣州黄金机场货站货运办公区面积为 85 平方米；货运处理区面积为 189 平方米；货物储存区面积 189 平方米；重要物品库 1 个；货运安检通道 1 条；货物地磅秤 2 台，散货平板车 22 台；货物传送车 2 台。主要货源为以脐橙、莲蓬、柚子为代表的地方特产水果，以线路板、钕铁硼、显示屏、偏光片等为代表的电子工艺设备，服装、装饰等服装类物品等。

3. 吉安井冈山机场

2019 年，吉安井冈山机场（以下简称“吉安机场”）完成旅客吞吐量 87 万人次，货邮吞吐量 413.6 吨，起降航班 8864 架次。吉安机场航线开通至北京、广州、长沙、上海、海口、西安、深圳、成都、厦门、南京、南宁、宁波、重庆、无锡、贵阳、福州、珠海、济南、昆明共计 19 个城市，执飞航线为 13 条，2019 年新增三条航线分别为“重庆—井冈山”“珠海—井冈山—济南”“北京大兴—井冈山”，冬春换季当日（10 月 27 日）将“重庆—井冈山”航线延伸为“重庆—井冈山—福州”航线。运营航空公司共 10 家，分别有国航、南航、幸福航空、东航、成都航空、春秋航空、九元航空、厦门航空、金鹏航空、河北航空。

吉安机场二期扩建工程是民航“十三五”规划中的重点建设项目，是吉安市、江西省重点工程。二期扩建工程均按照 2020 年近期规划的规模一次建成，按照满足年旅客吞吐量 100 万人次扩建，扩建后站坪及联络道面积 2.98 万平方米，站坪机位为 9 个，扩建后航站楼总面积为 13640 平方米，于 2019 年 9 月 19 日正式启用，扩建社会停车场和出租车停车场 10500 平方米。吉安机场货站货运办公区面积为 18 平方米；货运处理区面积为 85 平方米；货物储存区面积 85 平方米；重要物品库 2 个；货运安检通道 1 条；货物磅秤 2 台，散货平板车 12 台；货物传送车 2 台。主要货源为以鱼苗为代表的地方水产，以线路板、线材、显示屏等为代表的电子工艺设备，以及服装类物品等。

4. 景德镇罗家机场

景德镇罗家机场（以下简称“景德镇机场”）全年累计完成航班起降 6204 架次，同比增长 22.5%；旅客吞吐量 58.3 万人次，同比增长 13.5%；货邮吞吐量 792.9 吨，同比增长 22.5%。2019 年，景德镇机场组织参加“景德镇国际陶瓷博览会暨航班 + 旅游”推介会，协调新增大连—景德镇—重庆航线，目前景德镇机场已开通航线 8 条，通航城市 14 个，进一步优化景德镇机场“米”字形航空网络布局。

2019 年，景德镇机场航空货邮运输主要是来往北京、广州、深圳、昆明、西安地区。本地出港货以陶瓷、电子产品为主，以及航空配件、茶叶、花纸等。其中陶瓷产品约占 50%，航空配件、电子产品约占 25%；进港货以广州、深圳唯品会产品为主，同时西安机场中转货物、本地鲜花市场需求空运量逐步增多。

5. 宜春明月山机场

2019 年，宜春明月山机场完成起降架次 8148 架次（其中运输架次 8114 架次，通用航空 34 架次），同比增长 16.2%；完成旅客吞吐量 77.8 万人次，同比增长 21.6%；完成货邮吞吐量 343.9 吨，同比下降 16.1%。积极开拓新航线，成功引进天津航空，新增天津—宜春—珠海航线。2019 年共运营航线 8 条，同比增加 1 条航线；通航 16 个城市（昆明、上海、北京、深圳、成都、厦门、西安、三亚、广州、青岛、南京、海口、重庆、宁波、天津、珠海），同比新增 2 个通航点（天津、珠海）。运营航空公司 6 家（祥鹏航空、深圳航空、四川航空、首都航空、重庆航空、天津航空），其中新增运营航空公司 1 家（天津航空）。平均周航班运输量 156 架次，同比增长 16.4%。旅客吞吐量占比中，进港 28.7%、出港 28%、过站 43.3%。近年来，每逢冬春旅游旺季，乘机而来的外地旅客络绎不绝，黄金周等节假日旅客量更是屡创新高峰。

2019 年，宜春明月山机场站坪扩建工程正在紧锣密鼓地进行中。机场出港货物以邮政快递货物为主，电子配件、鲜蔬等散货为辅。其中快递货物约占 75%，其他散货约占 25%。进港货以邮政快递货物为主，其他普货为辅。

6. 上饶三清山机场

2019 年，上饶三清山机场共完成航班起降 5982 架次（其中运输架次 5933 架次，通用航空 49 架次），完成旅客吞吐量 50 万人次，完成货邮吞吐量 153.8 吨。

2019 年，上饶三清山机场积极开拓新航线，成功引进长龙航空，经营航线共 7 条，通航 14 个城市（北京、深圳、惠州、成都、舟山、厦门、重庆、青岛、哈尔滨、三亚、昆明、济南、宁波、贵阳），其中同比新增 4 个通航点（贵阳、宁波、重庆、厦门），运营的航空公司有 6 家（山东航空、东航、长龙航空、中国联合航空、四川航空、成都航空）。

上饶三清山机场货站中包括重要物品库 1 个，货运安检通道 1 条，货物地磅秤 2 台，散货平板车 4 台。主要货源为线路板、光学镜片、菌菇类、贵重物品等，由于上饶市的“两光一车”产业链飞速发展，且努力在打造世界光伏城，所以科技类产品在出港货物中占比很大，且由于昆明航线的开通，鲜花成为上饶三清山机场重要的进港货物，随着成都和重庆航线的开通，生鲜食品也逐步成为进港货物的主要货源。

（三）重点物流企业

1. 东航货站主要业务移交机场货运

2019 年 8 月，东航货站业务正式移交江西空港航空地面服务有限公司货运部。为统一发展“一盘棋”，南昌机场组织东航物流、东航江西分公司多次会谈，通过资源整合，优化发运流程，提高货物运输效率，缩短货物转运时间。东航江西分公司作为南昌机场第一个基地航司，对南昌机场航空物流的发展贡献巨大，自 2013 年运营以来，连续 5 年业务量占据南昌机场第 1 位。货站转场后，货邮发运效率和运量显著提升。

2. 北京宏远物流有限公司、上海腾隆物流有限公司加密洲际全货机航线

自南昌—比利时列日货运航线通航以来，北京宏远物流有限公司加快南昌发展步伐，稳定每周三班的航线班次，推进南昌机场航空物流跨越式发展。同时，南昌机场以“走出去，引进来”的姿态持续引进国内各大物流公司，宣传江西航空货运政策优势。继北京宏远物流有限公司后，上海腾隆物流有限公司进驻南昌机场，加密南昌至比利时列日货运航线，使南昌成为“中欧”航空货运市场新选择。自南昌—列日航线开通以来，航班保持较高载运率，单班载货量平均 200 吨以上。

3. 南昌国际邮件互换局正式开通运营

南昌国际邮件互换局位于南昌机场国际货站二级库房内，是南昌国际快件监管中心的重要组成部分。占地面积约 27.5 亩，规划建设面积约 9500 平方米，建成区域划分为报关区、查验区、分区存储及待处理仓库等。进口分拣线配备 CT 智能机检设备 1 台、核辐射探测设备 1 台、邮件自动化分拣流水线 1 条；出口分拣线配备 X 光机 3 台、邮件自动化分拣流水线 1 条。南昌国际邮件互换局的开通运营标志着江西省国际邮快件中心系统工程全面建设完成，更标志着江西省在提升国际服务能力、培育外贸竞争优势、优化营商环境，促进消费升级方面迈出了新的步伐。

正式运营后，可以直接办理江西省进出口邮件通关，国际邮件处理时限将全面加快，为江西省国际邮件节约在途时间 2～5 天，能有效提升通关、报关效率，提升跨境电商竞争优势。同时，将有效满足江西省人民国际化消费需求并提高企业通关便利性，成为江西省“走出去，引进来”的重要平台。

（四）南昌昌北国际机场国际监管仓情况

经过各方努力，南昌机场获批建设进境食用水生动物、冰鲜水产品、水果的指定商品口岸资质，预示着南昌航空货运在“买全球、卖全球”发展道路上更进一步。配套设计的新国际货站项目建设已经基本完成，预计 2020 年夏天正式投入使用。新国际货站项目位于机场货运区内，项目总用地面积约 82671.4 平方米，总建筑面积 36576.2 平方米，包括 6 个建筑单体，包含国际货站、熏蒸室、海关卡口等配套设施。新国际货站融合了进境水果、进境食用水生动物、进境冰鲜水产品等海关指定监管场地，丰富了南昌航空口岸功能，增加了运输作业面积，提升了货运综合竞争力，助力江西省加快实现“航空梦”步伐。

二、2019 年江西省航空运输发展问题

（一）国内外发展环境持续面临挑战

从国际形势来看，受中美贸易战与国际经济增速放缓等因素影响，相关产业生产

降幅直接导致货运量减少；从产业链的角度来看，航空物流、海运等跨境物流业受到直接冲击较大，国内与出口行业有合作的物流企业也受到较大影响。

从行业政策来看，民航局从2018年冬春航季开始，为了确保民航行业安全万无一失以及大力提升航班正常性，开始实施史上最严“控总量，调结构”政策，主要包括严把千万级机场的容量标准，降低千万级机场航班增量，航班增量受到“控总量，调结构”政策的约束且增速被控制在每年5%的范围以内。航空货运经过近两年的快速发展，虽然南昌机场航班总量增长约20.8%，但客机腹货舱载运量增长超过80%，客机腹货舱载运量持续增加的空间较小。同时，货机开通洲际航线需要航权与时刻、市场供求以及奖励政策等多方面因素支持，因此客观上南昌机场国际、国内航空货运航班增量空间有限。

（二）南昌机场空域资源严重不足，亟待释放

南昌机场当前仅有一条跑道，高峰小时起降23架次，南昌机场白天时段起降小时容量已趋于饱和，如不实现进离场分离，即使行业限制千万级机场增量的政策松绑，南昌机场也会因小时容量偏低，无法有效地引进运力、增加航班。同时，据民航江西空管分局反映，瑶湖机场与南昌机场空域存在冲突，如果瑶湖机场启动试飞，新的空域资源又打不开，南昌机场现有航班量或将被压缩。

（三）区位优势较弱，经济欠发达，货源支持不够

从地理区位看，江西省地处中部地区，不像沿海发达省会城市有着高频率、数量多的货物交换需求，自然资源与地理区位优势较弱。

从外部环境来看，江西省周边省会机场，如湖北武汉机场，湖南长沙机场航空货邮吞吐量均为南昌机场的2～3倍。近两年南昌机场虽实现超高速发展态势，但发展基础“底子差”，与周边省会机场尚存不小差距，短期内将持续受江西省临近区域吸附效应影响，分噬江西省航空货源。

从内部环境看，江西省经济发展水平在国内处于相对落后水平，第二产业经济总量和规模较弱，南昌机场目前的出港货物中60%以上为快递货物，高附加值货物占比不足5%，内生动力明显不足。

目前南昌机场货量结构主要以普货为主，邮件为辅，普货占比近九成（见表1-6-2）。

表1-6-2　　2013—2019年南昌机场货邮吞吐量结构

年份	货邮总计（吨）	货物						邮件总计（吨）
		普货总计（吨）	普货占比（%）	国内普货（吨）	国内普货占比（%）	国际普货（吨）	国际普货占比（%）	
2013	40389	33735.6	83.53	32419.7	96.10	1315.9	3.90	6653.4
2014	46066.4	37202.5	80.76	35490.0	95.40	1712.5	4.60	8863.9

续 表

年份	货邮总计（吨）	货物						邮件总计（吨）
		普货总计（吨）	普货占比（%）	国内普货（吨）	国内普货占比（%）	国际普货（吨）	国际普货占比（%）	
2015	51080.5	41343.8	80.94	39725.0	96.08	1618.8	3.92	9736.7
2016	50607.7	42948.2	84.86	41264.9	96.08	1683.3	3.92	7659.5
2017	52262.4	43179.2	82.62	41773.9	96.75	1405.3	3.25	9083.2
2018	82604.5	71926.4	87.07	70367.6	97.83	1558.8	2.17	10678.1
2019	122517.3	109866	89.67	92144.8	83.87	17721.2	16.13	12651.3

三、2020 年江西省航空运输发展建议

作为江西省委、省政府制定的“航空强省”战略的重要环节，江西省乃至长江经济带中综合交通体系中的重要一环，江西省机场集团公司的战略定位将继续围绕“航空产业大起来、航空研发强起来、江西飞机飞起来、航空小镇兴起来、航空市场旺起来”的航空梦，继续深入贯彻落实《江西省航空产业高质量跨越式发展行动方案》，为江西省实现“一带一路”倡议、实现中部腾飞的国家战略，持续作出贡献。

（一）加快航空物流基础设施建设

完善仓储、配送、流通加工、增值服务等功能；加快大通关基地建设，统筹优化口岸通关环境；协同空港、口岸联检单位，运输企业，货代企业建立大通关信息服务平台，实现空港进出境航空物流信息一体化。

（二）推进完善航空口岸功能

加快南昌口岸建设，完善国际口岸功能建设，积极申建赣州黄金机场指定口岸，为冷链物流发展提供支撑，从而带动进出口贸易、物流等产业发展。争取邮政口岸具备进出境邮件总包汇集转关功能，以邮政口岸、机场口岸为依托，建设跨境电商中心。大力发展临空临港经济园区，全方位打造开放门户，增添口岸经济的新动能。充分利用国际航线、中亚班列的运能，增强口岸的国际物流集散功能，为指定口岸入境产品辐射中国东南部地区乃至全国市场提供坚实基础，扩大与周边省份竞争优势。加快电子口岸建设步伐，尽快构建集通关、物流、商贸于一体的信息化平台，切实提升口岸信息化水平。

（三）探索航空货运腹地市场

将现有异地候机楼在满足客运需要的同时作为货运的临时场站，进行货物集散，

实现以客带货、客货共享、功能延伸、高效利用。研究探讨在空港陆路车程5小时范围内选取物流集散地、高新技术产业集聚区，设立远程货站，与航空公司、物流服务商通力合作打造“无跑道机场”，拓展腹地市场。

（四）把握跨境电商发展机遇

发挥跨境电商综合试验区优势，推动跨境电商服务平台建设，吸引国内外跨境电商龙头企业入驻，深挖航空物流新兴市场潜力。推进跨境电商通关、检验检疫、结汇等关键环节的“单一窗口”综合服务体系建设，提高目的港的提货效率。推动建立与跨境电商相适应的海关监管体系，形成机场、货代、海关监管联动机制。

（五）推动航空物流产业集群化

利用航空物流区建设契机，以建立航空物流综合产业体系为主导，吸引邮件快递、电子商务、航空金融、商务服务、教育培训、综合服务等各类临空指向性显著的企业资源集聚，促进航空物流企业向规模化、全链式发展，拓展高端服务和增值服务。

（六）培育航空货运市场热度

吸引更多有实力的货运企业进驻南昌航空货运市场，打造“中—欧”航空货物运输市场高地，利用航班高频次优势，不断提升南昌国际货运市场热度，推进区域性航空货运国际枢纽建设步伐。

（江西空港航空地面服务有限公司　刘新宇）

第七章　2019 年江西省物流产业集群发展情况报告

一、2019 年江西省物流产业集群总体运行情况

（一）物流产业集群规模持续增强

1. 物流收入平稳增长

2019 年全省物流产业集群主营收入总体保持平稳增长，但增速有所趋缓，进入中高速发展阶段。从规模总量看，2019 年全省物流产业集群实现物流主营收入 2880.8 亿元。从增速看，全年物流产业集群主营收入同比增长 7.1%，增速比上年回落 1.5 个百分点。从年内走势看，上半年同比增速仍维持 5.8%，下半年提升至 8.4%。2019 年江西省各设区市物流产业集群主营收入如图 1－7－1 所示。

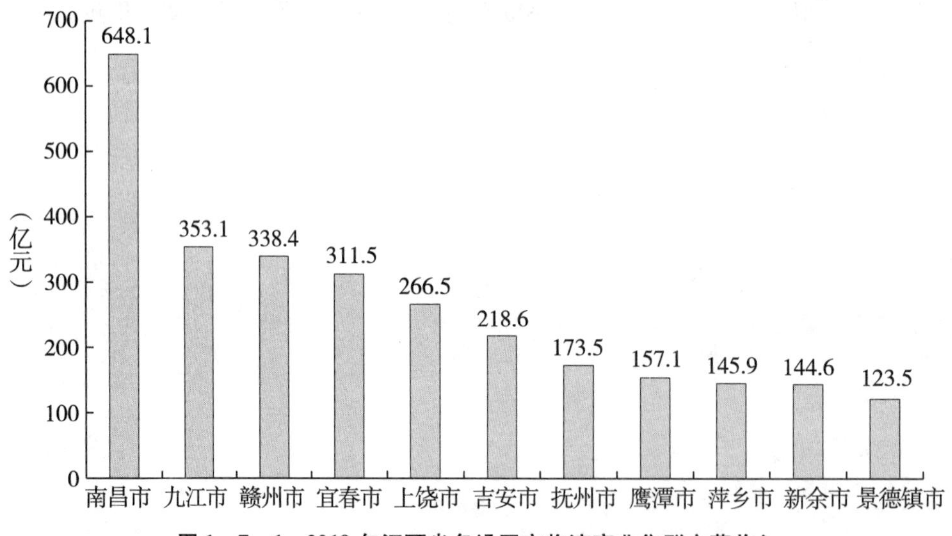

图 1－7－1　2019 年江西省各设区市物流产业集群主营收入

2. 物流需求持续扩大

2019 年，物流产业集群的产业集聚效应明显，传统产业加快转型升级，推动物流需求结构继续优化。全省 50 个物流产业集群内工业、批发和零售业企业销售总额同比增长 9.3%，增速较上年回落 0.1 个百分点。其中，工业企业销售总额同比增长 8.1%，增速较上年回落 0.4 个百分点；批发和零售业企业销售总额同比增长 11.9%。增速较

上年上升 0.7 个百分点。

3. 基础设施建设扩容提档

2019 年，全省物流产业集群内重点物流企业拥有仓库面积共计 1841.3 万平方米，同比增长 2.7%，增速较上年回落 0.6 个百分点，其中自有仓储比例接近 70%。2019 年全省物流产业集群内货运车辆保有量 51.4 万辆，同比增长 0.7%，增速较上年回落 2.8 个百分点。

4. 市场主体平稳发展

2019 年，全省物流产业集群内物流企业共 19560 家，占全省总量的 84.4%，较上年上升 0.8 个百分点；2019 年，全省 A 级物流企业总数 220 家，其中 193 家在产业集群内，占比 87.7%。传统运输、仓储企业加速向现代物流企业转型，形成一批服务专业化和管理现代化的物流企业。在 2019 年中国民营物流企业 50 强中，抚州综合物流产业集群内江西正广通供应链管理有限公司，作为江西省代表性企业首次入围。

5. 吸纳就业能力不断增强

全省物流产业集群内物流从业人员数量快速增长。全省 50 个物流产业集群内物流企业从业人员总数为 106.6 万人，占全省就业人口 4%，同比增长 2.9%，高于同期城镇就业人员增速 1.3 个百分点。数据显示物流从业人员保持增长，行业吸纳就业力度依然较强。从 2019 年物流业景气指数来看，物流从业人员指数平均在 50.4，保持在扩张区间，上半年物流从业人员水平有所趋缓，但第三季度以来指数持续回升，行业吸纳就业能力持续回暖。分行业来看，航空运输业和邮政业用工需求较为旺盛。

（二）物流信息化、标准化水平有所提高

2019 年在物流需求和市场模式不断变化的大背景下，很多企业抓住政策机遇，探索市场机遇，彰显企业活力，物流标准化、信息化水平有所提高。2019 年，全省物流产业集群内重点物流企业标准化托盘使用率达到 22%，较 2018 年提高 2 个百分点；全省物流产业集群内重点物流企业信息化投入同比增长 12.0%。其中仓储型、运输型、综合型物流企业信息化投入分别同比增长 13.8%、11.5%、12.3%。

（三）物流降本增效效果趋缓

1. 从企业物流成本来看

2019 年，全省 50 个物流产业集群内工业、批发和零售业企业物流成本同比增长 5.7%，增幅较上年回落 0.4 个百分点，连续四年增速回落。

2. 物流费用率有所回落

2019 年，全省物流产业集群内工业、批发和零售业企业物流费用率（物流费用占销售额的比重）为 8.6%，较上年下降 0.1 个百分点。其中，工业企业物流费用率为 9.3%，与上年持平，批发和零售业企业物流费用率为 7.6%，较上年回落 0.2 个百分点。

3. **工业企业购销比率稳中有降**

2019 年，全省物流产业集群内工业企业购销比率为 82.3%，较上半年下降 0.4 个百分点，工业企业原材料库存及资金占用成本有所下降。

（四）重点物流产业集群发展情况

1. **向塘综合物流产业集群**

向塘作为陆港型国家物流枢纽建设所在地，口岸二期建设正在抓紧推进；向塘—莫斯科中欧班列调整为图定班列（运行号：X8218），5 条国际外贸班列、4 条铁海联运班列开行列数、进出口标准箱数、货值均实现“翻番”的目标，增幅位居全省第一；商品汽车铁路运输量接近 11 万台，位居全省第一，总量占全省 67%。集群内现有 7 家世界 500 强企业，12 家上市公司，30 余家知名物流企业，实现百亿元的主营业务收入。有铁路一类物流基地、姚湾港水运码头、密布的高速公路，还有向塘机场，具备四种运输方式。物流要素齐全，产业竞争力强。2019 年，集群内实现物流主营收入 46.0 亿元，同比增长 2.4%。

2. **南昌汽车物流产业集群**

2019 年，集群内实现物流主营收入 107.9 亿元，同比增长 5.0%。汽车产业主要集中在南昌县小蓝经济技术开发区和南昌经济技术开发区。

2019 年 4 月 15 日，江西省政府办公厅发文同意在南昌县设立省级产业园，定名为南昌县汽车及零部件产业园。总体规划面积为 569.02 公顷，重点发展汽车及零部件产业智能制造和半导体新材料产业。目前，园区聚集了 6 家整车生产企业和 200 余家零部件生产制造企业，已形成 80 万辆汽车年产能布局，产品涵盖轻卡、轻客、越野车、轿车和专用车多个种类。拥有汽车行业国家级工程技术中心 2 家、国家级检测中心 3 家、院士工作站 1 家、省级工程技术中心 7 家。江铃股份富山新能源汽车基地 30 万辆整车项目正在有序推进，预计 2020 年第一季度投产，届时，南昌小蓝经济技术开发区将实现年产百万辆的汽车产能。

新能源汽车产业是南昌经济技术开发区的优势产业，现有江铃新能源、百路佳客车等一大批新能源及零部件企业 40 多家，其中规模以上工业企业 25 家，形成了以卡耐电池、恒动电池为主的电池配套，以格特拉克为主的传动系统配套，以辉门零部件、保捷锻压为主的车身构件配套，以欧菲光为主的智能车联配套，拥有了汽车整车、变速箱、齿轮及相关零部件为一体的新能源汽车产业。力争近期形成 500 亿级新能源汽车及汽车零部件产业集群。

3. **九江水运口岸物流产业集群**

2019 年，九江市着力打造百里长江“最美岸线”，沿江县（市、区）实施生态治理项目 131 个，总投资超过 200 亿元。九江港完成货物吞吐量 1.23 亿吨，同比增长 5.5%；集装箱吞吐量 52.14 万标准箱，同比增长 21.4%。在长江中部地区 5 个港口中由第 4 位升至第 2 位，在长江 22 个港口中由第 12 位升至第 8 位。2019 年，集群内实现物流主营收入 98.1 亿元，同比增长 9.2%。

4. **南康家具物流产业集群**

南康区拥有物流企业 572 家（其中，家具物流企业 490 家；规模以上物流企业 39 家），营运线路 1650 多条，运输车辆 11000 多辆，可直达全国所有地级市和大部分县级城市。建成中部国际物流商贸城、红土地物流园、申通物流园、家具城货物配送中心、臻顺智慧物流园、爱康物流园、尚祐保税仓储中心等物流园区，入驻园区物流企业 300 余家，仓储面积达 53 万平方米。成功引进顺丰、德邦、“三通一达”（圆通、申通、中通、韵达）等物流巨头企业，和龙泰安（香港）集团在赣州国际陆港建设省级区域中心，加快构建综合立体物流体系。建成运营全国首个京东家具无人仓和菜鸟家具产地仓，实现 24 小时直达全国、72 小时直通全球。为解决“木材进来难、进来贵”问题，2015 年南康区“无中生有”建成了全国首个进境木材检验检疫监管区（赣州国际陆港前身）。在此基础上，2019 年 9 月，以赣州国际陆港为核心，赣州成功获批商贸服务型国家物流枢纽；建成运营全省第二个进口肉类口岸和全省第一个汽车整车进口口岸，成为全国拥有指定口岸数量最多的内陆口岸之一。短短 5 年时间，赣州国际陆港已从最初仅有木材进口、家具出口的单一通道，发展成集外贸、物流、仓储、金融等多元口岸经济于一体的综合性开放口岸。2019 年赣州港开通了 370 列中欧（亚）班列，同比增长 1.7 倍，促进了赣州市与“丝绸之路经济带”沿线十多个国家 24 个城市建立贸易往来。南康家具物流产业集群连续 9 年被中国家具协会评为“全国优秀家具产业集群”。2019 年家具产业实现产值突破 1800 亿元。集群内实现物流主营收入 108.6 亿元，同比增长 7.2%。

5. **赣南脐橙物流产业集群**

2019 年，赣州市建设标准化生态果园 163 个，面积 24127 亩，完成灾毁果园恢复种植和新开发基地面积 11 万亩。脐橙种植面积达到 162 万亩，产量 122 万吨，产值 129 亿元，赣南脐橙产区入选首批中国特色农产品优势区、全国区域性良种繁育基地。品牌价值达 675 亿元，位列中国地理标志产品区域品牌榜第 6 名，较上年进位 1 名，连续 6 年位居全国初级农产品（水果）类地理标志产品价值榜榜首。2019 年，集群内实现物流主营收入 43.4 亿元，同比增长 10.5%。

6. **高安建筑陶瓷物流产业集群**

2019 年，集群内拥有陶瓷生产企业 54 家、配套企业 55 家，陶瓷生产线 180 条，从业人员超过 20 万人，陶瓷年产能 8.5 亿平方米，产业规模超过 300 亿元，年创利税超 5 亿元。纳税 1000 万元以上的陶瓷企业有 17 家，纳税 500 万元以上的陶瓷企业 29 家，纳税 100 万元以上的陶瓷及陶机化工配套企业 60 家。其中，江西新明珠建材有限公司纳税在 1 亿元以上。在高安工业企业纳税 15 强中，陶瓷企业占比超过一半，达到 8 席；除了陶瓷及陶机化工配套企业，高安纳税 100 万元以上的企业中，还有大量的汽运物流、纸箱包装、煤炭矿产等与陶瓷紧密相关的行业与企业，充分说明了陶瓷产业对高安经济发展的带动作用。2019 年，集群内实现物流主营收入 156.1 亿元，同比增长 10.6%。

7. 樟树医药物流产业集群

樟树市形成了包括中药材种植、研发生产、医药流通等在内的比较完整的产业链条。全市中药材种植面积达 39 万亩，有百亩以上基地 134 个、千亩以上基地 24 个、万亩以上基地 1 个，种植面积居全省各县、市首位。全市有医药企业 245 家，规模以上工业企业 69 家，其中中西成药及原料药生产企业 13 家，中药饮片生产企业 24 家，中药保健品（食品）、消杀、器械生产企业 109 家，中药材初加工企业 3 家，药品流通企业 38 家，中药保健品、器械销售企业 34 家，中药材种植、销售企业及合作社 17 家，医药研发、包装等企业（机构）7 家。2019 年，集群内实现物流主营收入 91.3 亿元，同比增长 8.0%。仁和药业进入 2019 中国最具影响力医药集团 100 强。

8. 新余市光伏钢铁物流产业集群

2019 年以来，新余市充分发挥新余钢铁有限公司龙头优势，以钢铁产业地图为指引，瞄准产业中的重点企业及重点招商区域，开展补链强链招商，着重引进装备制造、冷轧钢带、汽车零部件、特钢精深加工等配套项目，使传统产业焕发新生机。2019 年，全市新引进钢铁产业及相关项目 52 个，其中投资总额 20 亿元以上项目 3 个，投资总额 50 亿元以上项目 1 个；新引进产业项目投资总额达 155.6 亿元。2019 年，集群内实现物流主营收入 66.6 亿元，同比增长 3.2%。

二、2019 年江西省物流产业集群发展问题

（一）物流服务与产业融合不足

2019 年，全省实施“2+6+N”产业高质量跨越式发展行动计划，大力实施新兴产业倍增、传统产业优化升级和新经济新动能培育“三大工程”，瞄准优势产业链和新兴产业链，加大力度促进产业链延伸扩张，打造有竞争力的优势产业集群。在产业升级的背景下，物流需求规模也由单一的规模化、数量化转向系统化、多样化，对于物流企业而言，多数企业物流服务功能单一，多是由功能单一的运输企业、仓储企业转型而来，经营规模小，综合化程度较低，在管理、技术及服务范围上整体水平不高，不能为企业提供完整的供应链服务，导致物流与产业联动不足，制约了产业发展。物流需求增长呈现波动中趋缓的走势，数据显示，2019 年全省物流产业集群实现物流主营收入 2880.8 亿元，从增速看，较上年回落 1.5 个百分点。

（二）物流成本压力不容忽视

在需求放缓的同时，物流行业业务量有所回落，企业运行成本持续上涨，部分领域盈利能力偏弱。从宏观物流费用来看，2019 年全省社会物流费用 4036 亿元，同比增长 7.6%，占 GDP 的 16.3%，与全国同期水平相比，仍然高 1.6 个百分点；同比下降

0.2 个百分点。从物流业景气指数来看，2019 年主营业务成本指数平均值为 56.8%，分月来看，除 5 月以外，其他月份均维持在 55% 以上。而主营业务利润指数全年均值为 49.9%，较上年同期回落 0.4 个百分点。显示物流企业运行成本持续上涨，盈利能力偏弱的问题依然较为突出，行业发展的困难与压力依然较大。

（三）物流运行效率依然偏低

从物流费用率来看，2019 年，工业企业物流费用率为 9.3%，低于全国水平 0.7 个百分点；批发和零售业企业物流费用率为 7.6%，低于全国水平 0.2 个百分点。分行业来看，大宗商品行业合计物流费用率为 11.6%，仍处于较高水平；在工业行业中，造纸及纸制品业、非金属矿物制品业、农副食品加工业、黑色金属冶炼及压延加工业的物流费用率较高。从资金周转率来看，2019 年，工业流动资金周转次数在 2.03 左右，与上年基本持平，但比 2017 年下降了 0.1 次。工业企业资金周转次数下降导致运转的必要货币需求量有所增加，企业生产经营的流动资金压力也有所增加，直接导致物流运行中的资金周转效率下降。从标准化托盘使用率来看，2019 年，全省物流产业集群内重点物流企业标准化托盘使用率达到 22%，低于全国同期水平 6 个百分点，除南昌、九江部分试点企业外，大部分企业物流标准化水平不高，在各环节运营过程中，采用标准化托盘的比例非常低。

（四）物流社会化程度有待提高

从物流外包率来看，2019 年，全省物流产业集群内工业、批发和零售业企业对外支付的物流成本占企业物流成本的 58.2%，低于全国同期水平 10 个百分点；工业、批发和零售业企业委托代理货运量占总货运量的比重为 60.3%，低于全国同期水平近 15 个百分点。反映出物流企业多数只是提供单一仓储和运输物流服务，并没有延伸到“工厂内”，多数生产制造业的场内物流还是企业自己解决，仓储等资源共享率较低，资产投入较大，一定程度上增加企业成本。

三、2020 年江西省物流产业集群发展建议

（一）推动物流与产业协同发展

一是促进物流业与制造业融合。鼓励全省有色金属、建材、矿产能源、装备制造、汽车、生物医药、食品等重点产业引进供应链企业，为制造业企业提供集中采购、统一库存、“线边物流”、运输和配送等一体化服务。

二是推动物流供应链创新。充分发挥物流供应链系统化组织、专业化分工、协同化合作和敏捷化调整的优势，发展符合江西省特色的供应链企业，提高生产、流通资源的配置效率，提升企业综合运行效率、效益。

三是发挥物流业对农业的支撑作用。围绕农产品流通“最先一公里”，加强农产品产地预冷物流基础设施建设，鼓励企业利用产地现有常温仓储设施改造或就近新建产后预冷、贮藏保鲜、分级包装等冷链物流基础设施，开展分拣、包装等流通加工业务。

（二）加快物流基础设施网络建设

一是引导全省深入实施城乡高效配送专项行动。加快推进首批全国城乡高效配送试点城市赣州、宜春、鹰潭试点工作，推动抚州省级城乡高效配送试点工作，推动南昌列入第二批城乡高效配送试点城市，认定上饶为省级城乡高效配送试点城市。培育重点企业，优化试点模式，打造一批具有现代化水平的城市物流中心、县域物流中心、乡镇配送站、村级配送网点等标准化设施，构建三级网络城乡配送体系；鼓励各地市根据需求建设相对集中的公共配送（分拨）中心，支持仓储、零担运输、电商快递等各类企业共建共用。二是深入推进多种运输方式相互衔接。进一步开放铁路市场，建立更加灵活贴近市场的铁路定价机制。鼓励物流龙头企业在铁路物流基地周边投资建设铁路物流港、公路港、铁路口岸作业区及大型仓储基础设施，发展铁路“最先一公里”和“最后一公里”的接驳与集散服务。鼓励铁路、水路运输企业与公路物流企业进行合作，在重要的工业园区、开发区、物流园区建立揽货点，利用信息平台等现代化手段，提供门到门揽货和配送服务。

（三）加强物流标准化建设

一是加强物流标准宣贯。发挥江西省物流标准化技术委员会的作用，宣传贯彻国家物流相关标准，并结合全省实际，在城乡配送、冷链物流、单元化设备等领域开展标准制修订。二是推广应用标准化托盘。在全省商贸流通业、物流业广泛推广应用1200mm×1000mm标准托盘、600mm×400mm系列包装模数周转箱（筐）、货笼等单元化载器具，推动物流企业与供应商之间开展带托运输。

（四）提升物流企业服务水平

一是鼓励物流龙头企业做大做强，向上下游延伸服务，拓展服务功能，加强与商贸服务业协同衔接，发展专业化、网络化、全流程的物流服务。二是鼓励中小企业加强合作，创新物流合作方式和服务模式，实现资源整合优化，提升集约化发展水平。三是鼓励民间资本进入全省物流服务市场，引进国内外大型现代物流企业，带动全省物流企业提高服务质量和水平。四是支持物流企业申报国家认证，重点培育一批4A级以上物流企业。五是推动“互联网+供应链”发展。鼓励物流企业依托互联网向供应链上下游提供延伸服务，推进物流与制造、商贸、金融等产业互动融合、协同发展。

（江西省物流与采购联合会　胡冲）

第八章　2019 年江西省快递业发展情况报告

一、2019 年江西省快递业发展现状

2019 年是中华人民共和国成立 70 周年，是江西省邮政体制改革活力迸发的奋进之年，是新时代全省快递业蓬勃发展的收获之年。全行业认真贯彻落实习近平总书记对邮政业重要指示批示和视察江西重要讲话精神，按照江西省委、省政府决策部署，锐意进取，担当实干，以推动快递业高质量发展为中心，深化供给侧结构性改革，在服务江西经济社会发展和助力打好三大攻坚战方面取得了积极的成效，保持了总体平稳、稳中有进的良好发展态势。

（一）行业快速发展

1. 市场规模

2019 年，全年快递服务企业业务量 7.8 亿件，同比增长 25.5%；快递业务收入 84.3 亿元，同比增长 25.7%。快递业务量排名前 5 位的设区市依次是南昌市、赣州市、九江市、上饶市和吉安市，其快递业务量合计占全省总快递业务量的 77.7%。快递业务收入排名前 5 位的依次是南昌市、赣州市、九江市、上饶市和吉安市，其快递业务收入合计占全省总快递业务收入的 81%（见图 1－8－1 至图 1－8－4）。

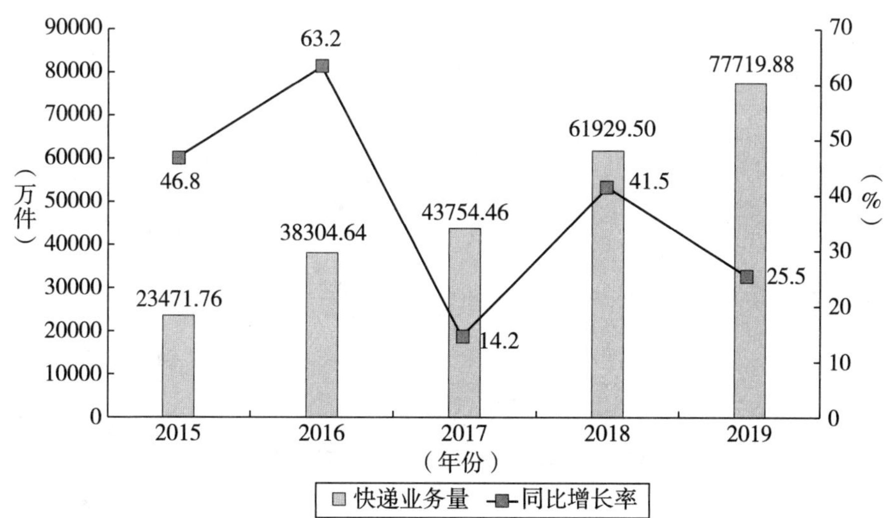

图 1－8－1　2015—2019 年江西省快递业务量及增长情况

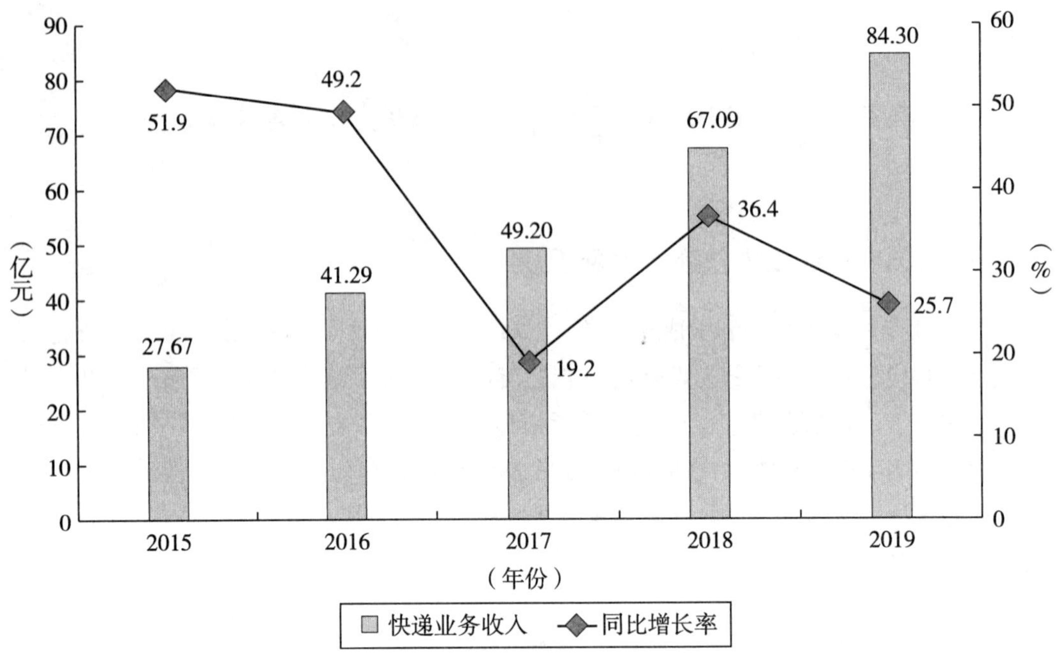

图 1－8－2　2015—2019 年江西省快递业务收入及增长情况

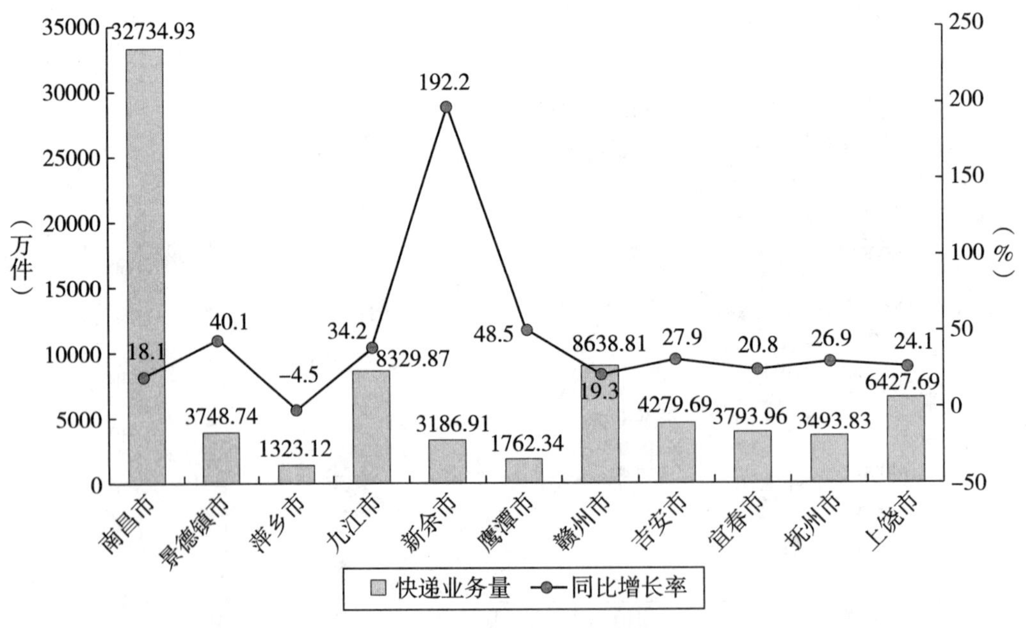

图 1－8－3　设区市快递业务量情况对比

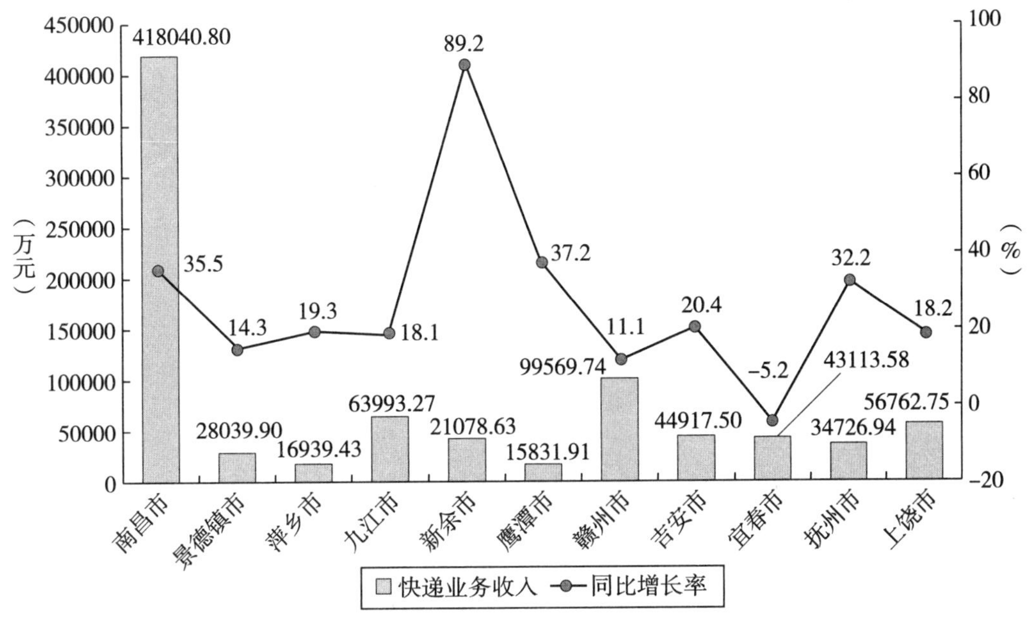

图 1－8－4　设区市快递业务收入情况对比

全省获得快递业务经营许可证的企业共计 734 家，获得快递业务经营许可证的备案分支机构共计 1992 家，获得快递业务经营许可证的末端网点共计 6517 家。

2. **产品结构**

快递业务收入在行业中占比持续提升。快递业务收入占行业总收入的 60. 6%，同比增长 2. 9%。

异地快递业务保持中高速增长。全年异地快递业务量 67757. 2 万件，同比增长 30. 8%；实现业务收入 53. 5 亿元，同比增长 27%。

国际及港澳台快递业务平稳增长。全年国际及港澳台快递业务量 530. 1 万件，同比增长 8. 6%；实现业务收入 3 亿元，同比增长 13. 5%。

同城快递业务小幅下降。全年同城快递业务量 9432. 6 万件，同比下降 2. 4%；实现业务收入 7. 3 亿元，同比下降 10. 5%。

异地快递业务量占比提升。同城、异地、国际及港澳台快递业务量分别占全部快递业务量的 12. 14%、87. 18% 和 0. 68%；较 2018 年，同城快递业务量占比同比下降 3. 5%，异地快递业务量占比同比增长 3. 6%，国际及港澳台业务量占比同比下降 0. 1%（见图 1－8－5）。

国有、民营、外资企业业务量分别占全部快递与包裹市场的 21. 1%、78. 2%、0. 7%，国有、民营、外资企业业务收入分别占全部快递与包裹市场的 17. 8%、80. 6%、1. 6%。

3. **服务能力**

2019 年，江西省快递企业拥有快递服务汽车 0. 34 万辆，全省快递（快运）服务线

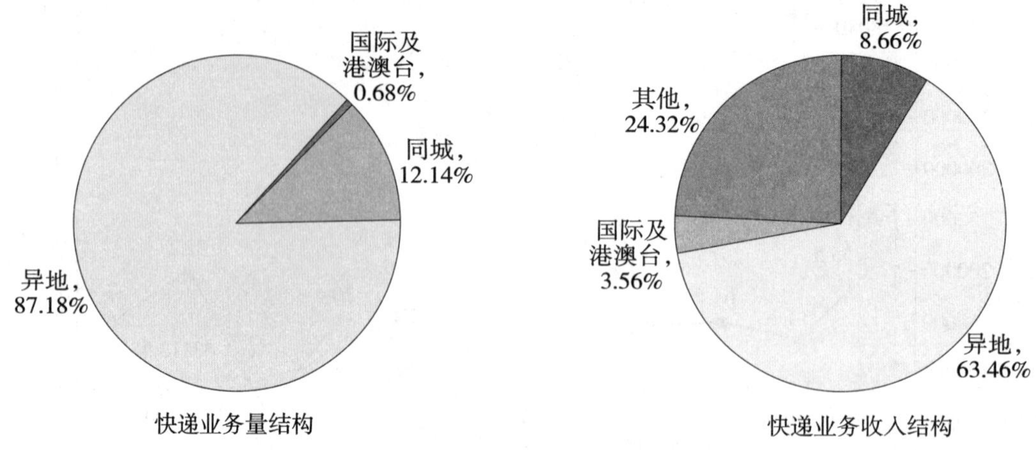

图1－8－5　2019年江西省快递业务量和业务收入结构

路共0.25万条，总长度（单程）31万公里。顺丰、中通、中国邮政累计在江西省开通5条全货机专运航线，其中国际货运航线1条、国内货运航线4条。共有7家品牌快递公司与航空货运公司签订了航空货物运输代理协议。中铁快运南昌分公司与顺丰、京东以及中国邮政等公司开展业务合作，共开通高铁快递运送线路42余条，业务规模持续扩大。

（二）政策环境

1. 出台专项政策

江西省政府出台的《江西省人民政府办公厅关于印发支持邮政业高质量发展的若干措施的通知》（赣府厅字〔2019〕89号，以下简称“89号文件”），为行业发展提供了强有力的政策支持。各设区市积极宣贯89号文件精神，推动落实有关政策措施。南昌市率先成立市邮政业安全中心；景德镇市、上饶市出台了规范快递电动三轮车通行管理办法，实现了快递电动三轮车通行政策设区市全覆盖；九江市、上饶市推动快递服务车辆和设施以地方立法的形式纳入城市管理范畴。

2. 强化政策协同

江西省邮政管理局宣贯支持民营经济健康发展政策，制定《江西省邮政管理局关于加强政企联系构建新型政商关系的实施意见》，打造政策最优、成本最低、服务最好、办事最快的“四最”营商环境。邮政、商务、海关等部门制定《江西省邮政管理局 江西省商务厅 南昌海关关于促进跨境电子商务寄递服务高质量发展的若干意见》（赣邮管〔2019〕61号），推进跨境电商寄递服务高质量发展。鹰潭、抚州等地推动城乡高效配送试点工作，邮政快递综合配送能力和水平不断提升。

3. 深化“放管服”改革

全面落实“双随机一公开”制度，修订完善随机抽查工作细则，梳理发布权力清单和责任清单。持续优化快递业务经营许可审批流程，简化分支机构备案程序，常态化开展快递末端网点备案，审批时限压缩一半，许可办理实现了“一次不跑”。助力政务事项“一网通办”，邮政企业入驻各级行政服务中心，实现了“线上办事＋线下寄递”。

（三）发展质效

1. 加强基础能力建设

2019 年，邮政快递企业总部在赣投资项目 17 个，投资总额 80.5 亿元，其中外资 2 亿美元，创历史新高。中国邮政综合邮件处理中心、京东“亚洲一号”、韵达南昌分拨中心等一批重大项目进展顺利。南昌国际快件监管中心和国际邮件互换局设立运营，实现跨境寄递体系建设的“江西速度”，得到了江西省委、省政府主要领导的充分肯定。实施快递网点标准化水平提升工程，城市自营快递网点标准化率达到 93%，高校快递规范化服务覆盖率达到 100%。

2. 推动产业融合发展

持续推进末端综合服务体系建设，打造了以吉安市、瑞昌市、分宜市及寻乌县等为代表的邮快、快快、交邮、邮供合作共享模式。实施“两进一出”工程，培育出赣南脐橙、景德镇陶瓷、进贤文港毛笔、九江理文纸业、红星羽绒服、新余万商红鞋业 6 个千万级的“寄递＋”金牌项目。2019 年共打造邮政快递服务现代农业“一地一品”项目 52 个，寄递量 8000 多万件。打造服务制造业项目 34 个，寄递量 1.8 亿件。巩固与电商协同发展成果，服务 11 万家电商企业，为“赣品网上行”提供优质高效寄递服务，全年支撑网上零售额 1200 亿元。跨境寄递业务量达到 1197 万件，支撑跨境网购零售额 25 亿元。

3. 促进科技创新应用

推进行业科技创新，广泛应用手持智能终端、网络下单系统、实名收寄系统、智能分拣系统、智能取件系统、X 射线安检机等，行业信息化水平不断提高，服务效率和用户体验大幅提升。主要品牌快递企业均实现了自动化分拣作业，全省配置自动化（半自动化）分拣设备 346 套，新增流水线 312 条，顺丰无人机配送业务试点初显成效。

4. 实施从业人员关爱工程

江西省邮政管理局贯彻习近平总书记关于“快递小哥”系列重要指示精神，联合省委扎实开展快递青年服务月活动。组织开展“冬日递暖”“夏送清凉”等慰问活动。全省建立快递员爱心驿站 302 家，邮爱驿站 50 家，为快递员等户外工作者提供便利。推进非公快递企业群团组织建设，在宜春市、新余市、景德镇市、吉安市、鹰潭市及赣州市 6 个设区市成立行业工会，鼓励引导企业建立员工文化活动室，开展文体活动，提高员工归属感和认同感。成功举办全省邮政行业职业技能竞赛，以高规格、高标准承办全国邮政行业职业技能竞赛并取得优异成绩。联合人社部门开展快递工程技术人员职称评审，867 人取得职称资格。

（四）绿色发展

2019 年，全省快递业认真贯彻落实国家邮政局行业生态环保工作部署，积极推进“9571”工程各项指标，取得较好成效。

1. 健全工作体系

江西省邮政管理局下发了《2019 年行业生态环境保护工作要点》，明确工作任务。细化“9571”工程各项指标，列入江西省邮政管理局《关于贯彻落实国家邮政局 2019 年邮政业更贴近民生七件实事的实施意见》和 2019 年全省市场监管工作要点。联合江西省发展改革委、江西省科技厅、江西省住房和城乡建设厅等八部门出台了《关于协同推进快递业绿色包装工作的贯彻实施意见》，明确八部门职责分工，形成快递业绿色包装工作多部门协同推动、共同治理的格局，进一步巩固了行业绿色发展的制度保障。

2. 抓好试点引领

借助新余“绿色邮政”示范城市试点建设，先行先试，探索行业绿色发展更多可行方案。新余市邮政管理局联合市发展改革、商务部门印发了《新余市邮政业绿色发展实施方案》，从工作目标、主要任务、具体措施等方面对试点工作进行了部署安排，联合市生态环境部门印发了《新余市快递包装物回收利用实施方案》，将行业生态环保纳入新余城市环保治理总体格局。2019 年，新余市邮政业生态环保综合试点工作取得初步成效，各项指标提前完成。

3. 创新工作方法

网点标准化与绿色化“两化”融合推进，江西省邮政管理局联合江西省快递行业协会实施“快递网点标准化提升工程”，将落实《快递业绿色包装指南（试行）》、设置快递包装废弃物回收装置纳入其中，使得行业绿色发展与快递网点标准化建设工作同研究、同部署、同落实，一体推进、相互促进、确保实效。在 1310 个邮政快递网点设置了快递包装废弃物回收装置，新建绿色标准化快递网点 606 处。

（五）行业治理

江西省邮政管理局各部门依法履职，规范快递市场经营秩序。深入开展违规实施快递业务经营许可专项治理，注销企业 374 家，规范档案 734 份，实行许可动态管理。加强快递服务质量监管，强化集邮市场和邮政用品用具监管，巩固“三不”专项治理成果。开展乡镇快递服务乱收费专项治理行动，乡镇快递乱收费现象得到有效遏制。2019 年共下发检查通报 5 份、责令整改通知书 191 份，约谈告诫 22 次，立案处罚 222 起。推进快递行业信用体系建设，开展“诚信快递、你我同行”3·15 主题宣传活动，指导 6 家企业参与江西省消费者协会“投诉和解示范单位”创建。强化申诉调解，为消费者挽回经济损失 87.6 万元。加强行业自律，全省设立县级协会 59 个，覆盖率 81%，九江市、吉安市、新余市、南昌市、鹰潭市、宜春市及萍乡市 7 个设区市实现了县级协会全覆盖。

二、2019 年江西省快递业发展问题

2019 年，江西省快递业改革发展取得显著成绩，但也存在制约持续健康发展的问题和瓶颈。

（一）末端服务体系建设滞后

快递企业资本要素高度集中在品牌企业总部，相较于大型分拣中心、运输干线等短、平、快的投资支出项目，末端体系建设周期长、回报慢、利润低，企业总部投资意愿不强。末端企业多为小微企业，抗风险能力和融资能力低，无法开展长线投资的基础项目建设。基层政府部门对于快递业的公共服务属性认知仍有待加强，对于末端公共服务设施资金投入有待提升。

（二）行业发展结构单一

目前，全省快递业务量八到九成是电商快件，这部分业务中快递企业议价能力低，常常是低价跑量，通过价格来换取市场份额。长期的低价同质化竞争，导致行业利润水平偏低，经过多次分配以后，末端企业利润微薄，甚至出现无法抵消成本的极端情况。同时，在外卖、闪送等即时配送企业的发展冲击下，同城快递业务占比持续走低，而这块业务恰恰是未来最具成长价值的细分市场。

三、2020 年江西省快递业发展建议

以习近平新时代中国特色社会主义思想为指导，全面贯彻党的十九大，十九届二中、三中、四中全会精神和中央、省委经济工作会议精神以及全国邮政管理工作会议精神，贯彻落实习近平总书记关于邮政快递业指示批示精神和视察江西重要讲话精神，聚焦“作示范、勇争先”的目标定位和“五个推进”的更高要求，紧扣与全面建成小康社会相适应的现代邮政业目标任务，贯彻落实新发展理念，以落实“89 号文件”为主要抓手，加快推进“两进一出”工程，坚决打赢三大攻坚战，不断提升全省邮政快递业治理体系和治理能力现代化水平，全力推进全省邮政快递业高质量跨越式发展，为与全面建成小康社会相适应的现代邮政快递业、开启邮政强国建设新征程贡献江西力量。预计全年快递业务量完成 9.5 亿件，同比增长 23%左右；快递业务收入完成 100 亿元，同比增长 21%左右。

（一）巩固行业稳中有进的发展态势

1. 发挥规划引领作用

贯彻落实《交通强国建设纲要》和《邮政强国建设行动纲要》，编制江西省、市

邮政快递业发展“十四五”规划，做好与全省国民经济和社会发展规划纲要、综合交通运输规划等重点规划的衔接。开展省邮政业发展“十三五”规划评估与总结。抓好规划实施，推动重大政策、重大工程、重大项目落地。

2. 优化行业营商环境

抢抓政策机遇期，全面推进省政府“89 号文件”落地实施。落实好电商与快递物流协同发展和建设城乡高效配送体系有关政策。继续推进“放管服”改革，深入推进邮政行政审批制度和“证照分离”改革，加强许可规范化标准化建设，全面实施电子证照。

3. 提升统计工作质量

落实邮政业高质量发展统计指标体系，推进行业新业态统计。加强统计工作管理，加大统计数据质量监督抽查和执法力度，推进行业数据资源开发和调查研究，充分发挥行业统计数据服务决策、服务经济社会发展的功能。

（二）推动邮政快递业高质量跨越式发展

1. 完善基础设施建设

继续推进邮政基础设施网点改造，实施快递网点标准化水平提升工程，全年新增 500 个绿色标准化快递网点，提升行业整体服务形象。推进快递物流园区和电商园区协同建设，协调解决用地难、融资难等问题，提升园区服务功能和信息化水平。推动将智能投递设施建设纳入城镇老旧小区改造，新增快递公共服务站 1000 处，智能快件箱 2500 组，提高快递末端服务公共化、平台化、集约化水平。鼓励和引导县以下快递企业抱团发展、资源共享，提高快递服务质效，力争两年内实现全覆盖目标。继续推进快递“上机上车”，推动航空快件绿色通道建设，扩大航空邮路和高铁快递通达范围。进一步规范快递末端配送车辆管理。扎实开展南昌“中国快递示范城市”创建工作。

2. 推进“两进一出”工程

启动“快递进村”等工程，推进快递下乡换挡升级，利用好电子商务进农村和城乡高效配送政策，总结推广新余市交邮合作和吉安市快邮合作经验，深化快邮、快快、快交、快商等合作。继续打造快递服务现代农业金银牌项目，助力乡村振兴战略。加快“快递进厂”工程，打造一批入厂物流、仓配一体化、订单末端配送、区域性供应链服务、嵌入式电子商务等模式的快递服务先进制造业项目。鼓励邮政快递企业在快运、医药配送、冷链物流等领域扩大市场份额。推动“快递出海”工程，加强南昌国际快件监管中心和国际邮件互换局运行保障，提高跨境寄递服务能力，更好地服务南昌市、赣州市跨境电子商务综合试验区建设，实现跨境寄递业务量规模增长，促进跨境电商寄递服务高质量跨越式发展。

3. 强化行业人才支撑保障

深入实施国家邮政局快递从业人员职业技能培训“246”工程。继续开展快递工程技术人员职称评审，推动中、高级快递工程师人数稳步上升。做好第三批全国邮政行业人才培养基地遴选推荐工作。扎实推进快递小哥权益保障和关心关爱工作，开展快递从业青年服务月活动，建设运行好各类爱心服务阵地。做好行业群团组织建设，力争年底前实现设区市行业工会全覆盖。

（三）坚决打好打赢三大攻坚战

1. 防范化解重大风险

推动落实中央和地方安全监管共同事权，完善行业安全监管支撑体系建设，江西省邮政业安全中心全面履职，市级邮政业安全中心全部设立。压实企业主体责任，继续推进安全生产标准化建设，狠抓寄递安全三项制度。做好邮政业反恐、禁毒、打击侵权假冒、野生动植物保护、“扫黄打非”等工作，强化芬太尼类物质寄递管控。加强行业应急管理体系建设，推动融入地方应急管理体系，提升行业风险防范和应急处置能力。加快“绿盾”工程建设，推动寄递安全监管信息化建设，进一步加强行业运行监测预警。做好重大活动期间和生产旺季寄递渠道安全服务保障工作。全力做好行业网络安全和信息安全工作，加强信访工作，强化舆情引导，防范化解各类风险。

2. 决战决胜脱贫攻坚

大力开展产业扶贫，打造更多邮政快递服务现代农业特色项目，实现农特产品年寄递量破亿件，为稳定脱贫成效、推动持续发展奠定基础。继续发挥“邮政在乡”“快递下乡”优势，推广“寄递 + 电商 + 农特产品 + 农户”脱贫模式，巩固提升邮政电商扶贫工程成效，带动贫困地区人口返乡创业、脱贫增收。

3. 加快行业绿色发展

加强部门协同治理，促进电商企业、快递企业共同落实环保责任。强化源头治理，开展黑色包装袋等特定物质超标包装专项整治，推动可循环快递包装产品研发应用，推广应用免胶带纸箱和绿色环保包装袋。开展绿色网点、绿色分拨中心创建，加大行业新能源和清洁能源车辆推广使用力度，抓好邮政快递业与江铃汽车集团全面合作协议的落地实施。实施“9791”工程，力争年底实现“瘦身胶带”封装比例达 90%，电商快件不再二次包装率达 70%，循环中转袋使用率达 90%，新增 1000 个设置标准包装废弃物回收装置的邮政快递网点。

（江西省邮政管理局　陈国彪　熊伟）

第九章 2019年江西省物流人才教育发展情况报告

2019年，江西省教育主管部门不断强化对物流业发展的思想认识，加强相关专业人才培养，助推全省物流业进一步高质量规模化发展。一方面鼓励研究生阶段教育、普通本科教育和职业教育相关院校积极建设物流相关专业，扩大专业布点，优化专业结构。另一方面大力增加物流相关专业人才培养数量，夯实人才基础。取得了明显成效，为江西省现代化物流业发展和整体经济建设提供了有力的人才支撑和智力保障。

一、2019年江西省物流人才教育培养概况

（一）人才培养规模

据统计，2019年全省开设物流相关专业的院校共计83所，在校学生13249人，毕业生4412人，在校学生规模较2018年略有下降（见表1－9－1）。

表1－9－1　　江西省2018—2019年物流人才培养情况

开设物流专业院校数量（所）		在校生人数（人）		招生人数（人）		毕业生人数（人）	
2019年	2018年	2019年	2018年	2019年	2018年	2019年	2018年
83	81	13249	13862	3578	3398	4412	4366

1. 普通教育

（1）研究生教育。

据统计，2019年全省具有招收物流方向硕士研究生资格的普通高校为江西财经大学，在校学生33人，具体情况如表1－9－2所示。

表1－9－2　　江西省2019年物流相关专业硕士研究生培养情况

开设物流专业院校数量（所）	专业大类	专业名称	在校生人数（人）		招生人数（人）		毕业生人数（人）	
			2019年	2018年	2019年	2018年	2019年	2018年
1	管理学	物流管理	3	3	3	3	3	0
		物流工程	30	10	20	8	0	0
合计			33	13	23	11	3	0

全省目前物流相关专业领域尚未开展博士研究生培养。硕士研究生招生人数和在校生人数较 2018 年均有较大提高，增量主要集中在物流工程专业。

（2）普通本科教育。

2019 年，全省共有 21 所普通本科高校开设物流管理、物流工程等相关本科专业，在校学生 5218 人。全省 2019 年普通本科物流相关专业人才培养与 2018 年总体持平，具体情况如表 1－9－3 所示。

表 1－9－3　　江西省 2019 年物流专业普通本科培养情况

开设物流专业院校数量（所）	专业大类	专业名称	在校生人数（人）		招生人数（人）		毕业生人数（人）	
			2019 年	2018 年	2019 年	2018 年	2019 年	2018 年
21	管理学	物流管理	4840	4835	1306	1186	1366	1410
		物流工程	295	296	89	80	87	67
		物流管理与工程	83	183	0	84	0	0
合计			5218	5314	1395	1350	1453	1477

2. **职业教育**

（1）职业教育本科层次。

2019 年，南昌职业大学开设有职业教育本科层的物流管理本科专业，该专业于 2019 年招生，在校学生 78 人。

（2）高职高专教育。

2019 年，全省共有 52 所高职高专院校开设了物流管理、物流工程技术、物流金融管理等高等职业教育（专科）专业，在校学生 5950 人。其中 33 所为独立设置的高等职业院校、高等专科学校（含五年一贯制），2 所为职业教育本科层次试点院校，17 所为普通本科院校。全省 2019 年高职高专物流相关专业人才培养规模较 2018 年略有下降，具体情况如表 1－9－4 所示。

表 1－9－4　　江西省 2019 年高等职业教育（专科）物流专业培养情况

开设物流专业院校数量（所）	专业大类	专业名称	在校生人数（人）		招生人数（人）		毕业生人数（人）	
			2019 年	2018 年	2019 年	2018 年	2019 年	2018 年
52	财经商贸大类	物流管理	5778	6445	1925	1886	2553	2550
		物流工程技术	0	8	0	0	8	7
		物流金融管理	92	55	43	31	0	0
		物流信息技术	0	10	0	10	0	0

续 表

开设物流专业院校数量（所）	专业大类	专业名称	在校生人数（人）		招生人数（人）		毕业生人数（人）	
			2019 年	2018 年	2019 年	2018 年	2019 年	2018 年
52	交通运输大类	航空物流	46	10	37	10	0	0
		民航运输	34	0	34	0	0	0
	邮政类	快递运营管理	0	0	7	0	0	0
合计			5950	6528	2046	1937	2561	2557

（3）中等职业教育（技工院校）。

2019 年，全省共有 20 所独立设置的中等职业学校（技工院校）开设物流服务与管理和现代物流专业，在校学生 1947 人，具体情况如表 1－9－5 所示。

表 1－9－5　　江西省 2019 年中职物流专业培养情况

开设物流专业院校数量（所）	专业大类	专业名称	在校生人数（人）		招生人数（人）		毕业生人数（人）	
			2019 年	2018 年	2019 年	2018 年	2019 年	2018 年
8	财经商贸大类	物流服务与管理	1572	1480	405	818	257	170
12	交通类	现代物流	375	342	155	100	71	93
合计			1947	1822	560	918	328	263

全省 2019 年中职物流相关专业人才培养规模较 2018 年总体持平。在校生人数和毕业生人数略有上升，招生人数有所下降。

（二）教育教学情况

全省各院校都在物流相关专业人才培养上，通过积极探索校企合作产教融合、开展教育教学改革等措施，不断提高人才培养质量。如全省有 3 所院校开展了物流相关专业的现代学徒制试点，有 24 所院校开展了物流管理“1＋X”证书试点。各级各类院校也积极探索了项目教学、案例教学、情景教学和工作过程导向教学等符合职教特点的教学方法。

二、2019 年江西省物流人才教育与培养存在的问题

（一）校企合作产教融合有待提高

从全省物流行业发展来看，全省物流业发展趋势是规模不断扩大、基础设施初具

规模、物流聚集效应逐步显现、消费服务能力不断提升、市场主体不断壮大。同时，航空、铁路、水路运输和快递业、仓储业、冷链物流发展迅速。目前，全省各级各类院校与省内相关行业企业的校企合作产教融合程度不深，没有根据行业主体设置相关专业，与相关企业合作开展的现代学徒制试点、“1＋X”证书试点较少；省内物流相关行业企业也未被纳入产教融合型企业进行培育发展。

（二）专业结构有待优化

从全省物流教育专业结构来看，目前各类院校开设有物流管理、航空物流、物流金融管理、物流工程技术等物流相关专业，较 2018 年的种类有所增加，但从各专业在校学生数上来看，主要集中在物流管理专业方向上，而与全省物流行业发展趋势相匹配的专业发展滞后，各级各类学校物流专业人数数据显示：较为单一的专业结构，使得学生选择余地小，吸引力不足，物流相关专业在校生总体规模较 2018 年有所下降。

（三）人才培养改革有待深化

各类院校基本根据传统模式组织教学，在国家专业教学标准、课程标准、顶岗实习标准、实训条件建设标准（仪器设备配备规范）等标准落实方面有待提高；教师、教材、教法建设，深化专业课程改革等方面有待深化，线上教学资源有待丰富。

三、2020 年江西省物流人才教育与培养建议

（一）创造良好产教融合政策环境

江西省出台了《江西省职业教育改革实施方案》《江西省深化产教融合实施方案》等系列政策文件，明确提出了给予相关院校更大的办学自主权、人事权，积极鼓励相关院校和企业建立健全自主聘任企业工程技术人员、高技能人才兼任教师的办法，推动相关院校通过校企合作、技术服务、社会培训等所得收入，可按一定比例作为绩效工资来源；同时，建立产教融合型企业认证制度，对进入目录的产教融合型企业给予“金融＋财政＋土地＋信用”的组合式激励，按规定落实相关税收优惠政策。

（二）优化专业结构

各类院校应贯彻落实《江西省职业教育改革实施方案》《江西省深化产教融合实施方案》等系列政策文件，在加强与全省物流相关行业企业校企合作产教融合的基础上，与企业合作开设工程物流管理、采购与供应链管理、铁路物流管理、港口物流管理等与江西省经济社会发展和行业发展趋势高度契合的相关专业，同时加强物流金融管理、快递运营管理等专业的招生宣传力度。

（三）深化人才培养模式改革

各类学校要全面落实国家专业教学标准、课程标准、顶岗实习标准、实训条件建设标准（仪器设备配备规范），发挥标准在人才质量提升中的基础性作用。根据国家专业目录，对接江西省产业需求，引导职业院校合理设置专业，规范和完善江西省职业院校专业建设和管理。鼓励院校对接企业生产过程，按照标准自主制订人才培养方案，建立校级人才培养方案周期性审核制度。调整课程结构，保证实践性教学课时占总课时一半以上，鼓励职业院校在国家教学标准的基础上，建设具有本校特色的课程标准。实施教师和校长专业标准，提升职业院校教学管理和教学实践能力。鼓励师生基于全省教育资源公共服务平台网络学习空间进行教学。加强教师、教材、教法建设，深化专业课程改革，健全教材选用制度，推动职业院校优先选用国家规划教材，启动省级规划教材建设，倡导使用新型活页式、工作手册式教材并配套信息化资源。

（江西省教育厅　胡田　胡维钦　江西省人力资源和社会保障厅　熊远江）

第二部分 区域发展

第一章　2019 年南昌市物流业发展情况报告

一、2019 年南昌市物流业发展总体情况

（一）物流业总体运行情况

1. 货物运输

（1）公路运输情况。2019 年，全市公路货运量 15350 万吨，同比增长 8.1%；货物周转量 3128799 万吨公里，同比增长 8.1%。

（2）铁路运输情况。2019 年，全市铁路货运量 318.2 万吨，同比下降 2.8%。

（3）水路运输情况。2019 年，全市水路货运量 1231.8 万吨，同比增长 9.7%；水路货物周转量 465105 万吨公里，同比增长 9.7%；南昌港口吞吐量完成 3826.6 万吨，同比增长 32.7%；集装箱吞吐量 188811 标准箱，同比下降 2.2%。

（4）航空运输情况。2019 年，南昌昌北国际机场货邮吞吐量 122517.3 吨，全国排名 26 位；同比增长 48.3%，全省排名第 1 位。

（5）邮政快递情况。2019 年，全市邮政寄递服务业务量完成 12760 万件，同比下降 0.93%；邮政寄递服务业务收入达到 2.7 亿元，同比增长 10%；全市快递服务企业业务量累计完成 32734.9 万件，同比增长 18.1%；业务收入完成 41.8 亿元，同比增长 35.5%。

2. 物流企业

2019 年，全市物流行业企业总数超过 1900 家，从业人员达 17.9 万人。全市物流业务收入亿元以上物流企业达到 20 家。南昌市共 29 家物流企业获得 A 级物流企业资质，其中 5A 级 2 家，4A 级 15 家，3A 级 10 家，2A 级 2 家；四星级冷链物流企业 1 家；省级重点商贸物流企业 15 家，重点商贸物流园区（中心）5 家；五星级仓库 2 家，四星级仓库 1 家，三星级仓库 2 家；仓储服务质量金牌企业 1 家。江西鲜配物流有限公司入选中国冷链物流百强企业。江西玉丰实业有限公司、江西新太好实业投资有限公司获中国冷链物流行业年会组委会“2019 年度冷链物流综合能力企业”。代表性物流企业如下。

（1）江西国储物流有限公司（以下简称“国储物流”），是一家国有大型综合性物流公司，公司仓储面积 12 万平方米，露天货场面积 7.5 万平方米，仓储能力 80 万吨，

场站拥有3条铁路专用线，年吞吐能力260万吨。国储物流建设的南昌铁路口岸（一期）已封关运行，目前在场站内已开行5条中欧班列线路，4条铁海联运外贸班列线路，初步形成了对接国家“一带一路”倡议的双通道格局。

（2）江西国磊供应链集团有限公司（以下简称“国磊集团”），是一家立足于南昌市、植根江西省、辐射全国的供应链一体化解决方案综合服务商，已在全省11个地级市自建服务租赁网点。国磊集团作为南昌市唯一一家标准化托盘运营服务商，充分整合托盘资源，逐步推进带板运输及托盘共用。2019年使用标准化托盘18000余片，引入基于GIS的托盘跟踪信息机制，经统计，各部门运作效率提升5倍以上，运作成本降低60%以上。

（3）江西玉丰实业有限公司（以下简称“玉丰实业”），注册资本3500万元，现总资产5.3亿元，玉丰实业高新冷链物流园项目占地130亩，其中冷库面积6.8万平方米，配送中心面积1.2万平方米。玉丰实业建有WMS、GPS、CIS等信息化管理系统，利用自有冷库及冷链运输的优势，结合标准化设备，进行全程带托运输，有效提升运输效率。通过采用全程冷链运输，减少农产品在流通环节中质量事故的发生，实现每年减少直接经济损失800余万元。

（二）物流基础设施情况

南昌市综合交通枢纽建设逐步推进，多种运输方式一体衔接的现代枢纽站场相继投入使用，服务保障能力明显增强。南昌昌北国际机场基本实现覆盖国内主要城市，连接东南亚、东欧等地区的航空网络。交通运输体系逐步完善，运载能力不断增强，为物流业提供良好的运输环境。

1. 公路建设情况

2019年，全市普通国省干线公路29条，总里程达到987.5公里（含匝道17.6公里），其中国道6条，里程285.4公里，省道23条，里程684.5公里，国道二级及上比例达到100%；全市普通国省干线公路路网密度13.3公里/百平方公里。全市列入“十三五”交通运输部部库及省级项目储备库项目共18个，里程共计305公里，建设完成后，全市国道、省道二级以上公路比例提升至81%，省道二级以上公路比例提升至76%。路网结构转型升级，续建S416乔乐至西山段、S218安义古村大道等3个升级改造工程，新建S517幽兰马游村至江陂村段升级改造工程，完成建设投资额6.3亿元，国道二级及以上等级公路比例达100%，列全省第1。农村公路建设方面，新建区、进贤县和南昌县、安义县分别获得省级第二、第三批“四好农村路”示范县，占全市县区比率的1/3，提前达到省级要求。全年完成农村公路建设投资9.8亿元，完成村级组组通公路87公里；完成农村公路提升改造172公里；完成危桥改造19座。干线公路改造已完工15.4公里。南昌市规划的“十纵十横”干线网络已初步成形：中心城区环状的外环高速已建成，完全新建或正在实施提升改造的干线道路共占规划骨干路网总规模的41%，约230公里，原有的干线道路，总里程为356公里，占规划骨干路网总规模的63%。

2. **铁路建设情况**

南昌市衔接沪昆高铁、昌九城际铁路，既有沪昆铁路、京九铁路、向莆铁路及枢纽西环线，昌景黄铁路也在建设中，是重要的铁路交通枢纽。南昌将规划建成南昌、南昌西、南昌东站“三主”客运站布局，逐步形成衔接长沙、杭州、福州、九江、赣州、黄山6个方向，沪昆铁路、昌吉赣铁路、昌景黄铁路、昌九高铁、昌九城际铁路、向莆铁路、京九铁路干线引入的环形放射状铁路枢纽。2019年，昌赣高铁顺利通过验收并正式通车运营，昌景黄高铁、昌九客专南昌段、高铁南昌东站建设有序进行，以南昌为中心的“米”字形快速铁路网络不断完善。新开通全省首条“点对点”中欧双向班列，实现南昌—白俄罗斯中欧班列双向对开，全年共开行中欧班列120列。南昌铁路口岸专用线预计2020年完成建设，实现陆地口岸和向塘铁路一级物流基地的无缝衔接。

3. **水路建设情况**

2019年，全市共有省际、省内运输船舶和省内客船共143艘，运力（载重吨）达31.04万吨，其中普通货运船舶89艘，船舶运力211654.5吨；集装箱船32艘，船舶运力75515吨（3734 TEU）；化学品船18艘，船舶运力21354吨；液货船4艘，船舶运力1895吨。南昌港是赣江最大的港口，是水运中转和水陆联运的重要枢纽，《南昌港总体规划》修编工作积极推进，2019年7月，《南昌港总体规划（修订）》（送审稿）经市政府第12次常务会议审议通过。2019年9月，编制完成《南昌港总体规划（修订）环境影响评价报告》初稿，环评单位邀请部级专家对报告进行了函审，并形成函审意见。龙头港综合码头二期工程项目前期工作已全面启动。

4. **航空建设情况**

2019年，全市先后加密至南京、北京、兰州、南宁、珠海、青岛、昆明、济南、海口、三亚的航线航班，巩固了赣台航线；开通了全市第五条全货机航线——南昌至天津货运航线；新开南昌至柬埔寨西哈努克、越南岘港、缅甸曼德勒等地航线，并正在筹划西欧航线和日本航线。南昌昌北国际机场新国际货站、国际快件监管中心、国际邮件互换局、海关通关中心等“一货站三中心”的建设，正在有序推进。2019年，南昌昌北机场货邮吞吐量12.3万吨，同比增长48.3%，其中国际货量突破400吨大关，开通国际（地区）航线19条，国际贸易“单一窗口”整体通关时效位居全国前列。

（三）物流园区情况

2019年，全市已建物流园区21个，新、扩建物流园区8个，全市加快中国智能骨干网南昌核心节点、铁路口岸二期、传化智能公路港等项目建设。

南昌向塘国际陆港。南昌向塘国际陆港是向塘以“打造国际陆港，建设口岸新城”为目标高标准构筑的国际陆港。向塘铁路物流基地一期已全面建成并投入运营，年商品汽车运输量达109700台，总量占全省67%，现已成为全省最大商品汽车铁路运输基地。南昌（向塘）铁路口岸一期已正式封关运行，口岸二期建设正在抓紧推进，口岸大门、口岸大楼、口岸服务中心已完成主体结构，项目完工后将具备海关查验区、集装箱中心、B型保税物流中心、监管仓等配套功能。园区现有物流企业30余家，国际标准物流仓面积超过30万平方米，占全市的51%。基础设施日臻完善，基本建成丽湖大道、工业大道、物流大道、向西大道、星城大道等“五纵五横”路网格局，莲溪大道、河滨路等EPC路网项目正在加快推进，城西污水处理厂一期先期工程、园区污水管网等一大批基础设施基本完工，即将投入使用。

（四）物流产业集群发展情况

2019年，全市积极推动物流产业集群建设，8个物流产业集群运行情况总体良好，物流规模进一步扩大，运行效率和服务质量稳步提升，重点产业集群发展呈现新活力，对全省经济高质量发展发挥了重要作用。

全市8个物流产业集群内物流企业2249家，占全省物流企业的11.5%；物流主营收入648.1亿元，占全省物流产业集群物流主营收入的22.5%。其中，昌西南商贸物流产业集群实现物流主营收入130.5亿元，占全市物流产业集群物流主营收入的20.1%；南昌城市配送物流产业集群实现物流主营收入101.8亿元，占全市物流产业集群物流主营收入的15.7%；向塘综合物流产业集群实现物流主营收入46.0亿元，占全市物流产业集群物流主营收入的7.1%；南昌汽车物流产业集群实现物流主营收入107.9亿元，占全市物流产业集群物流主营收入的16.6%。

1. 向塘综合物流产业集群

向塘作为陆港型国家物流枢纽建设所在地，口岸二期建设正在抓紧推进；向塘—莫斯科中欧班列调整为图定班列（运行号：X8218），5条国际外贸班列、4条铁海联运班列开行列数、进出口标准箱数、货值均实现“翻番”的目标，增幅位居全省第1；商品汽车铁路运输量接近11万台，位居全省第1，总量占全省67%。园区现有7家世界500强企业，12家上市公司，30余家知名物流企业，实现百亿元的主营业务收入；有铁路一类物流基地、姚湾港水运码头、密布的高速公路、向塘机场，具备四种运输方式。物流要素越齐全，产业竞争力越强。向塘拥有3所高校，江西服装学院、江西科技职业学院、江西工商学院，为向塘物流产业发展提供了有力的人才保障。2019年，集群内实现物流主营收入46.0亿元，同比增长2.4%。

2. 南昌汽车物流产业集群

“十二五”以来南昌市汽车和新能源汽车产业主营业务收入年平均增速达到20%左右。2019年，集群内实现物流主营收入107.9亿元，同比增长5.0%。汽车产业主要集中在南昌县小蓝经济技术开发区和南昌经济技术开发区。

2019 年 4 月 15 日，江西省政府办公厅发文同意在南昌县设立省级产业园，定名为南昌县汽车及零部件产业园。总体规划面积为 569.02 公顷，重点发展汽车及零部件产业智能制造和半导体新材料产业。目前，园区聚集了 6 家整车生产企业和 200 余家零部件生产制造企业，已形成 80 万辆汽车年产能布局，产品涵盖轻卡、轻客、越野车、轿车和专用车多个种类。拥有汽车行业国家级工程技术中心 2 家、国家检测中心 3 家、院士工作站 1 家、省级工程技术中心 7 家。江铃股份富山新能源汽车基地 30 万辆整车项目正在有序推进，预计 2020 年第一季度投产，届时，南昌小蓝经济技术开发区将形成年产百万辆的汽车产能。

新能源汽车产业是南昌经济技术开发区的优势产业，现有江铃新能源、百路佳客车等一大批新能源及零部件企业 40 多家，其中规模以上工业企业 25 家，形成了卡耐电池、恒动电池为主的电池配套，以格特拉克为主的传动系统配套，以辉门零部件、保捷锻压为主的车身构件配套，以欧菲光为主的智能车联配套，拥有了汽车整车、变速箱、齿轮及相关零部件为一体的新能源汽车产业。力争 2020 年，形成 500 亿级新能源汽车及汽车零部件产业集群。

（五）重点物流领域发展情况

1. 物流标准化

南昌市物流标准化试点通过绩效评价，2019 年上半年，南昌市顺利通过江西省商务厅对全市全国物流标准化试点绩效评价。其中 14 家企业承担的试点项目通过了验收，核定奖补资金共计 4367.8 万元。试点前后社会物流总费用占城市 GDP 的比率由 2018 年的 15.1% 降低到 2019 年的 15.0%，降低了 0.1 个百分点。

2. 城乡高效配送

南昌市在省级城市配送试点经验基础上，开展城乡高效配送专项调研，并结合南昌市城乡配送体系建设实际情况，由市商务局牵头，市交通运输局、市交通运输管理局、市邮政管理局、市供销社联合向江西省对口五部门呈报《南昌市申报第二批全国城乡高效配送试点城市实施方案》（洪商务字〔2019〕165 号），积极申报第二批全国城乡高效试点。

3. 智慧物流

南昌市积极推进智慧商贸物流领域“03 专项”成果转移转化试点示范工作，在现代商贸物流领域不断探索智慧物流配送等应用，坚持“以‘03 专项’为手段，以智慧平台为核心，以物流园区为依托，以物流企业为支撑”的宗旨，重点协调、调度在智慧冷链物流、智慧物流仓储、智慧物流园区、城乡高效配送智慧信息平台、智慧图书物流配送、智慧医药物流配送六大领域的“03 专项”成果转移转化试点示范工作的推进，按月上报全市六大领域智慧物流“03 专项”工作推进情况。通过多次召开宣讲会、组建全市智慧物流专项工作微信群等方式，进一步引导物流企业应用互联网、物联网、云计算、大数据等技术，整合物流配送资源，积极推广集中配送、统一配送、共同配送、仓储一体化等先进的物流配送服务模式，应用货物跟踪定位、RFID、电子数据交换、可视化技术、移动信息技术、智能交通及定位服务等先进信息技术，打造全市智慧物流配送体系。

4. 电商物流

南昌市积极推进电子商务与快递物流协同发展，2019 年 2 月市商务局牵头，市邮政管理局、市发展改革委等多部门配合，代市政府办草拟并出台了《关于推进电子商务与快递物流协同发展的实施意见》，文件明确了政策、基础建设、规范通行、加强服务能力、提升协同运行效率、推动安全绿色发展方面的目标，进一步推动电子商务与快递物流协同发展，推进现代物流向专业化和价值链高端延伸。2019 年，全市 1000 余个社区、商区、高校等快递末端已投放智能快件箱 5820 组，提供投递隔口 55 万余个，占全省总数近 90%，重点解决快递末端投递服务难题。

二、2019 年南昌市物流业发展存在的问题

（一）物流基础设施滞后

全市物流园区规模较小、信息化程度低、集聚功能不强，加工包装能力不够，未能形成有效的辐射能力；部分园区距离货运枢纽较远，周边道路设备不匹配，集疏运通道不畅，运输效率低下；缺乏多式联运物流园区，货运集散效应不明显。南昌市通用仓储面积 277 万平方米，高标仓面积占全市仓储面积的 27%，与中西部省会城市相比，仓储设施标准化程度较低。公共设施投入不足，全市大型零售企业自建配送中心，不具有公共配送中心属性；沃尔玛、家乐福、欧尚、麦德龙、大润发等大型商超在南昌均未建自营配送中心，配送频率较高给全市交通增加了很大的压力。

（二）第三方物流和供应链服务发展不足

全市大多数物流企业物流服务功能单一，市场意识不强，不能满足客户多方位服务需求，多是由功能单一的运输企业、仓储企业转型而来，经营规模小，综合化程度较低，在管理、技术及服务范围上整体水平不高，不能为企业提供完整的供应链服务，导致物流与产业联动不足，制约了产业发展。全市 A 级物流企业 29 家，在全省排名第 3，其中 5A 级物流企业 2 家，尚无物流企业进入全国物流 50 强企业。

（三）物流标准化体系不完善

托盘循环共用体系有待完善。多数试点企业标准化托盘（或周转箱）在企业内部使用较多，在外部物流或上下游产业间的循环共用较少。南昌市托盘运营主体只有 1

家，托盘服务网点有待健全。除试点企业外，全市多数企业标准化意识淡薄，缺乏对物流标准化的认识，导致企业在各环节运营过程中，使用标准化托盘的比例较低。

（四）物流信息化水平不高

公共物流信息平台建设滞后，对全市物流资源整合能力不足，形成了大大小小的“信息孤岛”，无法实现在一个平台上实现物流领域的市场服务和政务服务功能。物流企业信息化建设投入不足，认识不够，导致物流企业信息化水平不高，全市物流企业信息化率不足40%，物流园区信息化率不足50%。

三、2020年南昌市促进物流业发展的措施

（一）大力发展城乡高效配送体系建设

积极协调市公安局、市交通运输局、市邮政管理局、市供销社，联合开展全国城乡高效配送试点工作，大力推进全市城乡高效配送体系建设，着力在2021年年底前，重点抓好“352”工程，推动建设市级城市集配枢纽，加快建设县区公共配送中心，配套建设城区、乡镇末端公共服务点三级城乡配送网络；发展连锁企业统一配送、零担运输“落地配”、线上线下统一配送、中央厨房冷链配送、农村末端配送整合五种城乡配送模式；简化城市配送车辆出行限制及推进配送车辆标准化两项配套政策，逐步建立高效集约、协同共享、融合开放、绿色环保的城乡高效配送体系，降低物流成本，提高流通效率。

（二）大力推动物流信息化建设及应用

积极推进智慧物流领域“03专项”其他相关工作，继续以智慧冷链物流、智慧物流仓储等六大板块为重点，引导全市物流企业加强与三大运营商对接、合作，加大互联网、物联网、云计算、大数据等先进技术的应用。

（三）持续推进商贸物流标准化建设

加强企业宣传，推动以“贯标”为核心，大力加强试点物流企业贯标、立标活动。力争在绿色果品塑料周转筐技术规范、标准化托盘循环共用体系运营规范、农产品冷链物流服务规范、江西省配送中心建设运营规范方向形成地方标准或团体标准。积极参加全省组织的物流标准化示范工作，创建省级物流标准化示范企业不少于1个。

（南昌市商务局 高扬）

第二章　2019 年九江市物流业发展情况报告

一、2019 年九江市物流业发展总体情况

（一）物流业总体运行情况

1. 社会物流运行

（1）社会物流总额情况。2019 年，全市社会物流总额 8065.96 亿元，按可比价格计算，同比增长 7.9%。从物流总额构成看，工业品物流总额 6167.53 亿元，同比增长 9.2%，占全市社会物流总额的 76.5%；农产品物流总额 258.45 亿元，同比增长 8.6%，占全市社会物流总额的 3.2%；进口货物物流总额 58.53 亿元，同比下降 13.2%，占全市社会物流总额的 0.7%；外市流入物品物流总额 1534.10 亿元，同比增长 3.5%，占全市社会物流总额的 19.0%；再生资源物流总额 24.31 亿元，同比增长 7.2%，占全市社会物流总额的 0.3%；单位与居民物品物流总额 23.04 亿元，同比增长 26.8%。

（2）社会物流总费用与 GDP 比率情况。2019 年，全市社会物流总费用 452.03 亿元，同比增长 14.4%，社会物流总费用与 GDP 比率为 14.48%，同比下降 0.15 个百分点。其中，运输费用 273.56 亿元，同比增长 14.5%，占全市社会物流总费用的 60.5%；保管费用 127.37 亿元，同比增长 15.3%，占全市社会物流总费用的 28.2%；管理费用 51.10 亿元，同比增长 11.5%，占全市社会物流总费用的 11.3%。

（3）物流业增加值情况。2019 年，全市物流业增加值 226.31 亿元，同比增长 9.1%，占第三产业增加值的 16.17%，占全市 GDP 的 7.25%。

（4）物流业总收入情况。2019 年，全市物流业总收入 353.13 亿元，同比增长 4.5%。

2. 货物运输

（1）公路运输情况。2019 年，全市公路货运量 14939 万吨，同比增长 8.1%；货物周转量 304.79 亿吨公里，同比增长 8.1%。

（2）铁路运输情况。2019 年，全市铁路货运量 1406 万吨，同比增长 5.4%；货物周转量 47.08 亿吨公里，同比下降 6.2%。

（3）水路运输情况。2019 年，全市水路货运量 1194 万吨，同比增长 7.4%；货物

周转量48.77亿吨公里，同比增长10.6%。九江港货物吞吐量15274.53万吨，其中，鄱阳湖区货物吞吐量2941.19万吨，占总量的19.26%；瑞昌港区货物吞吐量3330.45万吨，占总量的21.80%；城西港区货物吞吐量2228.65万吨，占总量的14.59%；城东港区货物吞吐量1956.25万吨，占总量的12.81%；湖口港区货物吞吐量3504.25万吨，占总量的22.94%；彭泽港区货物吞吐量1313.74万吨，占总量的8.60%。集装箱吞吐量52.14万标准箱，首次突破50万标准箱大关。

（4）邮政快递情况。全市邮政寄递服务业务量累计完成7497.46万件，同比下降6.24%；邮政寄递服务业务收入累计完成10411.49万元，同比增长2.38%；全市快递服务企业业务量累计完成8329.87万件，同比增长34.16%；业务收入累计完成6.4亿元，同比增长18.09%。

3. 物流企业

2019年，全市物流行业企业总数超过1500家，A级物流企业13家，其中4A级3家，3A级2家，2A级8家。四星级冷链物流企业1家，省级重点商贸物流企业5家，重点商贸物流园区（中心）3家。代表性物流企业如下。

（1）九江市新雪域置业有限公司。九江新雪域物流园坐落于九江市浔阳区城东工业基地1号园内，由九江市新雪域置业有限公司（以下简称“新雪域”）开发，是浔阳区重点招商引资项目，是赣北目前唯一一家“二库三A四星”专业冷链物流园。九江进口肉类指定监管场地位于新雪域物流园内，是江西省唯一的水运进口肉类平台，于2019年6月通过海关总署正式验收，并于2019年9月全面投入运营，按照“一个口岸，一个产业链”的发展战略，加速推动“1+10+3+N+1”产业集群的形成，力争在五年内将九江口岸打造成为中部地区规模化冷链产业集群中心、一流化进口肉类仓储中心、现代化食品产业加工中心和国际化中转集散分拨中心。

（2）九江礼涞生物科技有限公司。九江礼涞生物科技有限公司（以下简称“礼涞”）自2010年落户九江县工业园区起，深入推进第一、第二、第三产业融合发展，围绕“养殖—生物发酵—种植—农产品电商”生态农业产业链稳步推进。2019年，礼涞积极打造仓储配送标准化管理体系，运用“移动互联网+二维码”结合技术，以农产品电商平台为主，配套了农产品文化展示、农产品冷链配送、农产品检测、农产品保鲜、物流配送等功能建设，实现城乡配送农产品库存商品品种达540个左右，设施设备标准化率从8%提高到60%，仓储空间及设施利用率提高30%以上；自动化的仓库管理作业，提高工作效率30%，提高出库准确率40%，实现仓储智能化、可视化管理，实现精确的进、销、存控制，企业物流成本下降18.6%。

（二）物流基础设施情况

1. 公路建设情况

2019年，全市公路总里程达24466.96公里（含高速公路688.93公里），其中国道

1217.50 公里、省道 1288.77 公里、县道 2509.39 公里、乡道 5250.44 公里、专用公路 248.21 公里、村道 13952.65 公里。按公路技术等级分，各等级公路里程分别为：高速公路 688.93 公里，一级公路 357.88 公里，二级公路 1368.64 公里，三级公路 1682.49 公里，四级公路 17986.05 公里，等级外公路 2382.98 公里。二级及以上公路里程 1726.52 公里。全市总优良路率为 90.4%。2019 年全市启动普通国省干线公路升级改造建设项目，年度目标任务 33.58 公里，项目 7 个，目前已全部完成，完成率 100%。

2. **铁路建设情况**

2019 年，全市铁路通车总里程达 516 公里，形成了“两横两纵”国家干线、客运专线和城际铁路网，长江中下游铁路枢纽地位日益呈现。开通运营的京九铁路、武九铁路、合九铁路、铜九铁路、九景衢铁路和武九客专铁路、昌九城际铁路总里程居全省前列。在建的安九客专铁路，在九江境内线路长 17.2 公里。按照江西省政府要求，昌九客专铁路项目已完成首次环评公示，预计在 2020 年年底开工建设，九江市域里程约 90 公里，目前已完成可行性研究评审。同时，全市有 4 条疏港铁路专用线纳入交通运输部“十三五”规划。

3. **水路建设情况**

2019 年，在贯彻长江“共抓大保护”，落实长江经济带生态环境保护审计问题整改后，拆除了 110 个非法码头和小散低泊位。2019 年九江口岸获得进境肉类指定监管场地资质，8 月完成了九江综保区验收工作并于 11 月封关运行，9 月九江港口岸扩大开放，瑞昌港区和彭泽港区获得国务院批复同意。截至 2019 年 12 月，九江港沿江共有码头泊位 188 个，其中从事港口生产经营类 149 个，非港口生产经营类（不需持有港口经营许可证）12 个，公务执法工作类 27 个。鄱阳湖区码头泊位数 52 个，其中从事港口生产经营类 32 个，非港口生产经营类 9 个，公务执法工作类 11 个。5000 吨级靠泊能力以上泊位 60 个，经全市“小、散、低”码头整治后，九江港长江段从事港口经营类码头靠泊能力均达到 3000 ~ 5000 吨级。2019 年，九江港完成货物吞吐量 1.53 亿吨，同比增长 11%，完成集装箱吞吐量 52.14 万标准箱，同比增长 21.4%，在沿江五个同类港口中由第 4 位上升至第 2 位，在长江 22 个港口中由第 12 位上升至第 8 位。

4. **航空建设情况**

2019 年 5 月，九江庐山机场航站区内道路改造工程及入口道路两侧绿化工程分别获批立项，预计 2020 年完成复航工程。

（三）物流园区情况

2019 年全市共有各类物流园区 22 个，以城西港区物流园、彭泽港口物流园、新雪域物流园、宝顺电商快递产业园、永修恒丰物流园等为主要代表，综合物流园相对缺乏。

宝顺电商快递产业园，项目地址位于九江市开发区城西港区老港兴路 33 号，占地总面积为72.1085亩，项目于2018年5月开工建设，是九江市政府和九江市邮政管理局重点招商引资项目。公司为响应《快递业发展“十三五”规划》（国邮发〔2016〕122号），加快九江市电商快递产业的发展，打造了集办公、仓储配套、快递物流、电商培训、第三方运营服务、公共服务于一体的电子商务全产业链综合服务园区。自2019年8月运营以来，园区整合了“三通一达”、百世、天天、顺丰等九江市主流快递企业入驻园区，在九江市产生了良好的集聚效应。九江宝顺物流有限公司在此基础上，面向全国招商，目前，从浙江、江苏和福建等地返乡的电商企业达到了20余家，九江周边地区入驻园区的电商企业达30余家，由此带动了九江周边地区近千人就业。

（四）物流产业集群发展情况

1. 物流产业集群运行稳中趋缓

2019年，全市物流产业集群主营收入总体保持平稳增长，但增速有所下降，进入中高速发展阶段。从规模总量来看，全市6个物流产业集群实现主营收入353.12亿元，同比增长8.3%，增速较上年下降0.8个百分点；物流企业资产规模同比增长7.8%。

2. 物流需求增长稳中趋缓

2019年，全市经济保持良好增长势头，总体呈现稳中有进态势。全市6个物流产业集群内工业、批发和零售业企业销售总额比上年增长9.9%。其中，工业企业销售总额同比增长3.5%，批发和零售业企业销售总额同比增长6.2%。

3. 市场主体不断壮大

2019年，全市出台了一系列支持物流行业和物流企业发展的政策措施，优化营商环境，培育物流龙头企业，推进全市物流稳步发展。传统运输、仓储企业加速向现代物流企业转型，形成一批服务专业化和管理现代化的物流企业。全市6个物流产业集群内物流企业共1397家，占全市总量的87.9%，比上年上升0.5个百分点；全市6个物流产业集群内物流企业从业人员总数为8.2万人，同比增长5.03%。

4. 物流基础设施规模扩容提档

从仓储设施总体规模来看，2019年，全市6个物流产业集群内物流企业拥有仓库面积共计232.2万平方米，同比增长1.4%，增速较上年回落1.4个百分点，其中自有仓储比例达73%。全市6个物流产业集群内货运车辆保有量为2.86万辆，同比增长2.2%，增速较上年回落0.7个百分点。

（五）重点物流领域发展情况

1. 港航物流

2019年，在现有港口设施基础上，全市为推动航运物流发展，加快推动九江港城西港区铁路专用线项目，积极推进彭泽港区（红光）、彭浪矶作业区铁路专用线前期工作，争取2020年开工建设。强化联运衔接，加强进港铁路配套场站设施设备建设，推进港站一体化运营。补齐港口集疏运基础设施短板，推进疏港铁路专用线直达堆场、码头，打通铁路进港“最后一公里”。为提升鄱阳湖港口码头规模和支撑能力，全市最大限度整合利用有限的岸线资源，跟进做好港口码头规划，畅通湖区临港工业园区水运通道，推动长江和湖区港口物流发展形成良性互补。2019 年，九江港货物吞吐量达到 1.53 亿吨，同比增长 11%，力争 2020 年货物吞吐量达到 2 亿吨。

2. **口岸物流**

2019 年，全市进口口岸在运营的有 2 个。国务院已下发《国务院关于同意江西九江港口岸扩大开放的批复》（国函〔2019〕83 号），同意九江港水运口岸扩大开放瑞昌港区和彭泽港区。进口肉类指定监管场地项目已正式通过海关总署验收，目前正在积极推进开展肉类进口业务。进境水果指定监管场地申报工作已全面启动，进境粮食指定监管场地规模越做越大，辐射带动效应凸显。九江市综合保税区于 2019 年 10 月完成验收，11 月封关运行。

3. **商贸物流**

2019 年，九江市先后出台了《九江市人民政府办公室关于九江市促进夜经济发展的实施意见》（九府办发〔2019〕22 号）、《九江市人民政府办公室关于印发九江市进一步激发商贸消费潜力促进商贸消费升级三年行动方案（2019—2021 年）的通知》（九府办字〔2019〕41 号）等文件，大力开展“优品”“兴市”“强商”“旺客”“捷运”五大行动，牵头举办“九江 2019 本土名优特产品嘉年华”“九江夜经济启动仪式”“2019 九江社会经济发展成果展览”“迎新年九江促消费·福满浔城”等大型活动，促进全市商贸消费加速发展。2019 年全市实现社会消费品零售总额 838.98 亿元，同比增长 11.6%，高出全省平均增幅 0.3 个百分点，增速位列全省第 3。2019 年，彭泽财富广场等大型商贸综合体相继开业，促进九江市加快形成产业集聚效应。

二、2019 年九江市物流业发展存在的问题

（一）节点布局有待优化

全市物流园区中具备区域性物流枢纽功能的较少，提供的物流服务较为单一。从功能上来看，提供的服务以仓储和配送服务为主，仓储式交易、供应链金融、价格与信息服务、流通加工、展示贸易等增值服务功能有待加强。如九江顺信物流园仅为物流企业提供仓储服务，服务方式较为单一，服务能力不强，不能满足物流企业的实际需求；从数量和规模来看，冷链物流园区发展空间受限，公路港物流园区比较欠缺，提供城乡配送公共服务的物流园区不足，危化品物流园区缺失，市内区域分拨中心较少。城乡配送、区域分拨、公路港、多式联运枢纽之间尚未实现集聚布局和无缝对接。

（二）多式联运有待增强

九江市处于赣、鄂、皖、湘四省交界处，在区位上具备成为物流枢纽的优势，尤

其是水运较为发达，独享长江江西过境岸线 152 公里。2019 年，全市港口完成集装箱吞吐量 52.14 万标准箱，同比增长 21.4%，显示出九江市多式联运体系建设推进工作成效明显，但与武汉港（169 万标准箱）和芜湖港（100.63 万标准箱）相比，仍有一定差距。目前九江港港区规划和基础设施建设逐步完善，但港区内配套疏港铁路和疏港公路成为水运发展的堵点和难点，公水铁衔接不畅，导致九江港集疏运能力不强，未能产生物流集聚效应，港口服务能力有待加强，辐射能力亟须提升。

（三）市场主体多而不强

全市现有物流企业 1590 家，但在现有物流企业中，国内外知名物流企业入驻数量较少，本土物流企业规模化、专业化、网络化程度较低，资源整合能力不强，集成服务能力较弱，运营模式比较单一。大多数物流企业聚集在中低端市场，产品和服务同质化严重。特别是针对医药物流、整车物流、冷链物流等科技含量高、服务附加值大、专业化程度高，具备全国网络运营能力的高端物流企业十分稀缺。2019 年，全市 A 级物流企业共计 13 家，仅占全市物流企业总数的 0.82%，行业集中度不高，其中 4A 级 3 家，3A 级 2 家，2A 级 8 家。

（四）物流信息化水平亟须提升

在基础设施逐步完善的情况下，物流信息化水平是影响物流水平的决定性因素。目前，全市已建立九江市物流综合信息平台，平台有信息发布、撮合交易和信用监管等服务功能，但目前平台上九江相关货源和车源信息相对较少，也未与政府相关部门实现信息共享，客户集中度不高，物流信息的集聚效应不强。在政府相关部门的推动引导下，大多数物流企业逐步意识到物流信息化的重要性，2019 年全市物流企业信息化投入同比增长 18.5%，但与全国东部地区相比，由于物流信息化基础较弱，物流过程中的自动化、可视化、可控化、智能化、网络化程度不高，物流信息化管理及操作手段相对滞后，造成物流运营效率不高，增加了企业物流成本。

三、2020 年九江市促进物流业发展的措施

2019 年，全市先后出台了《九江市人民政府办公室关于印发以“直航”促“三同”做大外贸总量建设区域航运中心工作方案的通知》（九府办字〔2019〕50 号）、《九江市人民政府办公室关于印发九江市推进运输结构调整实施方案的通知》（九府办字〔2019〕111 号）等一系列推动物流业发展的相关政策，并编制《2019—2035 年九江市物流业发展专项规划》，在物流发展布局和顶层设计上对全市物流业发展中起到了导向作用，对于物流业发展科学合理布局，促进了全市物流业健康有序发展。2020 年全市将在以下几个方面发力，推动全市物流行业高质量发展。

（一）加强物流基础设施协同

一是强化基础设施建设。科学规划布局和建设物流节点，通过政策引导和产业布局加强城市配送、公路物流、区域分拨、冷链物流等区域枢纽建设及园区和港口铁路专用线、绿色货运、高标准仓库等设施短板建设。

二是强化物流枢纽和节点协同。以产业为支撑，强化各物流枢纽有效衔接，发挥社会物流网络整体效能，推动各物流节点功能协调，合理分工，共同做大做强，合理规划物流园区、物流中心、配送中心的功能和服务范围，避免恶性竞争和重复建设。

（二）强化港口多式联运发展

依托九江综合保税区及肉类指定监管场地，打造综合保税物流和冷链特色物流，通过铁路、港口和航运等企业加强合作，推动航运物流发展和产业集聚。加快推动彭泽港区红光综合枢纽、城西港区官湖作业区铁路装卸站等多式联运基础设施建设，加快现有装备技术改造，提高多式联运效率。出台相关政策鼓励港口企业开拓市场，鼓励长江干线各港口集装箱在九江港周转，充分依托九江港城东港区乌石矶作业区和九江港湖口港区银砂湾作业区积极发展外来金属矿石铁水联运。通过铁水联运、水水联运、公水联运提升物流运行效率，降低物流成本，从而推动九江港集疏运体系量质齐升。

（三）加强物流企业培育引进

一是加大外部企业招商力度。出台相关招商政策，培育引进一批4A级以上国内知名物流企业、物流50强企业来九江投资，积极引入智慧物流平台企业，通过“互联网+物流”方式，创新物流运营模式，提高物流运行效率。

二是引导本土物流企业转型升级。支持本土物流企业在多式联运、公路运输、冷链物流、铁路物流、水运物流、城乡配送等领域发展，通过整合、兼并重组和合作等方式培育一批实力雄厚、模式先进、行业领先的能够提供综合物流服务的大型物流企业。

（四）提高物流信息化水平

通过九江综合物流信息平台建立物流企业信息开放共享体制机制，实现物流要素全面连接，建立货源和车源的对接渠道，促进货物流转效率提升。通过大数据、云计算、物联网等信息技术应用，提升全市物流业智能化水平，引导基础设施线上和线下有机融合，促进智慧物流模式创新，推动公、铁、水交通运输方式之间的信息衔接。依托互联网等信息技术，推进物流业与制造业、商贸业、金融业等融合发展，推进先进信息技术与物流活动深度融合。

（九江市商务局　徐武新）

第三章　2019 年景德镇市物流业发展情况报告

一、2019 年景德镇市物流业发展总体情况

（一）物流业总体运行情况

1. 货物运输

（1）公路运输情况。2019 年，全市公路货运量 4365 万吨，同比增长 8.2%；货运周转量 1521075 万吨公里，同比增长 8%。

（2）铁路运输情况。2019 年，全市铁路货运量 4.8 万吨，同比下降 41.5%。

（3）航空运输情况。2019 年，全市航空货邮吞吐量 792.93 吨，同比增长 22.48%。

（4）邮政快递情况。2019 年，全市邮政寄递服务业务量完成 3114.19 万件，同比增长 11.7%；邮政寄递服务业务收入完成 8831.53 万元，同比增长 41.39%。；全市快递服务企业业务量完成 3748.74 万件，同比增长 40.11%；快递业务收入完成 2.80 亿元，同比增长 14.34%。

2. 物流企业

2019 年，全市登记注册的物流企业 1497 家，A 级物流企业 10 家，其中 4A 级物流企业 3 家，3A 级物流企业 7 家。代表性物流企业如下。

（1）江西联源物流有限公司。江西联源物流有限公司于 2012 年 5 月成立，注册资金 1000 万元，国家 4A 级物流企业，先后荣获物流行业诚信互联体系建设共建单位、瓷都风云榜物流行业领军品牌、行业杰出企业等一系列荣誉。主要从事道路货物普通运输、集装箱运输、多式联运、国际货运代理、仓储、装卸服务以及汽车零配件销售，运输线路辐射全国各地。采用铁路、公路、水运、航空、多式联运等方式为客户提供运输服务，属于综合型运输企业。2019 年，为了更好地为客户服务，公司通过加强建设，建立了自己的服务代理网络，包括自有运输车和协议车队车辆共计 1000 余辆，自主产权的办公场地占地 450 平方米，租用码头仓库 35908 平方米，50 余台装卸叉车分布于各个厂点，每个厂点仓储面积约 3 万平方米，铁路自备箱堆场有 40 个货位，具备电脑管理的车辆 GPS 卫星定位系统，全天候对所有的货物进行跟踪，随时为客户提供所需要的信息。全年发货 3 万车，运输吨位达 80 万吨，年营业收入达到 21915.89 万元，利润总额 1569.09 万元，纳税总额 1063.51 万元。

（2）江西晟悦联众物流有限公司。江西晟悦联众物流有限公司于2012年3月成立，国家3A级物流企业，通过ISO 9001质量管理体系认证，江西省重点商贸物流企业、江西省守合同重信用公示单位。现自有合规车辆运输车157台，主要承接东冈日产、启辰、宝马、北汽、标致、风神、起亚、福特、传祺、丰田、奔驰、大众、奥迪、长城、沃尔沃等品牌的商品车零公里运输往返业务。2019年整车业务产值完成超2亿元。

（二）物流基础设施情况

1. 公路建设情况

全市通车公路总里程4795.323公里，公路密度为87.43公里/百平方公里。其中高速公路4条计192.13公里（G56杭州至瑞丽高速公路47.3公里、G35济南至广州高速公路84.42公里、德兴至南昌高速公路43.71公里、祁门至浮梁高速公路16.7公里）；国道2条（G206、G351）计175.989公里；省道13条计562.621公里；县道40条计648.575公里；乡道282条计1345.076公里；村道1957条计1870.932公里。（县道：乐平市296.961公里；浮梁县285.397公里；昌江区51.284公里；珠山区14.933公里。乡道：乐平市534.894公里；浮梁603.225公里；昌江区190.814公里；珠山区16.143公里。村道：乐平1009.64公里；浮梁634.178公里；昌江158.125公里；珠山区68.989公里）。景德镇市已形成以高速公路为骨干、国道干线公路为骨架、农村公路为网络的干支结合、内通外畅的公路网络。济广高速（纵向）、祁浮高速公路、杭瑞高速公路、德昌高速公路在境内形成"一纵三横"高速公路主骨架，与国道G206和G351成为市域主要对外运输通道。

2. 铁路建设情况

全市现有皖赣铁路和景涌铁路，其中皖赣铁路境内长104.3公里，乐平市境内皖赣线全长37公里；景涌铁路运营里程41公里。根据景德镇市城市发展规划的要求，景德镇现有东站（集装箱、焦化炭黑）、南站（焦化原材料）、景德镇站（零担行包）承担货运业务，皖赣铁路纵贯景德镇市全境，九景衢高铁线路已建成开通运营，与皖赣铁路在景德镇形成交汇的"十"字形铁路运输网络。景德镇共有5条铁路专用线，分别为鸣山煤矿、乐平发电厂、江西化纤化工有限责任公司、乐平石油库、桥头丘煤矿的铁路专用线。

3. 航空建设情况

景德镇机场为4C级民用机场，可满足波音737和空客319、空客320等C类客机起降，属全国100个重点支线机场之一。

根据景德镇市城市发展规划的要求，景德镇罗家机场规划分为近期建设和远期发展规划，"一边机场扩建、一边做机场迁建准备"，近期建设规划为建成一个能起降B737及以下机型，年旅客吞吐量达到40万人次，高峰时可容纳旅客237人的4C级民用机场，并为远期发展预留可发展空间。远期发展规划为起降 B747 等机型，满足年旅客吞吐量 80 万人次，高峰时 500 人的航空港。远期发展规划将跑道由现在的 2400 米延长到 2600 米，道肩由现在的 1.5 米宽拓宽为 7 米，增加两条联络滑行道，扩大停机坪 19000 平方米，使景德镇罗家机场由 4C 级上升到 4D 级民用机场，逐步形成以发展景德镇地区经济、旅游、对外交流为目的的现代化航空港。

4. 水路建设情况

全市通航总里程达到 132 公里（含支流南河），航道等级偏低，最高为景德镇—凰岗枢纽 5 级航道；景德镇现拥有 5 座码头，生产用泊位 18 个，最大停泊能力 300 吨，其中 100 吨级泊位 7 个、300 吨级泊位 11 个、工作泊位 6 个。景德镇鱼山码头项目于 2019 年 11 月动工兴建，预计 2021 年完工。鱼山码头港区紧靠 206 国道，向东直达济广高速，向北对接杭瑞高速，建港条件成熟，集疏运条件优越。项目总投资 12.66 亿元，占地 346 亩，使用岸线 1926 米，建设泊位 20 个，设计年吞吐量为散货 700 万吨、件杂货 110 万吨、集装箱 12 万标准箱，建设工期 2 年。鱼山码头是景德镇市“十大城市功能项目”之一，是景德镇市贯彻国家内河航运战略、落实长江经济带绿色发展要求、重振昌江千年黄金水道雄风的重要举措。建成后将大大降低发电厂等企业煤炭、陶瓷原料、建材等进港货物和瓷器、汽车、冰箱等出港货物的物流成本，每年可为景德镇市相关企业节约物流成本几亿元。将进一步完善景德镇市现代化综合交通运输体系，有效促进当地临港经济和沿江流域产业的快速提升，为景德镇市经济社会发展注入新的活力和动力。

（三）物流园区情况

为整合物流资源，近年来景德镇市相继建设金三角物流中心、曙光路物流中心、远航物流中心、冠东物流中心等 7 大物流中心，以及火车站、小康村、玲珑路、白鹭大桥等 7 个物流集聚区。但景德镇市现代化、综合性及专业化的物流园区（物流中心）等大型物流载体缺乏。

景德镇冷链农产品物流园。物流园项目拟选址于景德镇市南高速出口（近丽阳镇）处，毗邻 G56 杭瑞高速、G206 国道，地理位置优越。该项目由景德镇市国控集团全资下属景德镇市国信宏城建设开发有限公司投资建设，拟投资 7.46 亿元，规划总用地面积 280 亩，项目总占地面积约为 183686 平方米，总建筑面积 180100 平方米。

该项目以冷链农副产品交易、加工、仓储、配套服务为主要功能，有批发中转、分拨配送、集中采购、跨区域贸易四块业务，拟建设肉类、蔬菜、水产品、副食品、粮油、冷冻品等专业市场。其中，冷库占地面积 2 万平方米，容量为 3 万吨，具备高温冷库（恒温冷藏库）、低温冷库及相关配送功能，装卸月台设计高度为 1.2 米。该项目通过统筹规划、高标准建设农副产品批发园区，将于 2020 年动工，2021 年竣工。

（四）物流产业集群发展情况

2019 年，全市 2 个物流产业集群物流主营业务收入 123.5 亿元，同比增长 5.2%，占全省物流产业集群物流主营收入的 4.3%。其中，景德镇陶瓷物流产业集群实现物流主营收入 95.5 亿元，占全市物流产业集群物流主营收入的 77.3%；乐平综合物流产业集群实现物流主营收入 28.0 亿元，占全市物流产业集群物流主营收入的 22.7%。

（五）重点物流领域发展情况

1. 电商快递物流

2019 年，景德镇市实施“赣品网上行”推广工程，全年电子商务网络零售额实现 860419.64 万元，居全省第 5 位。2019 年全市获得快递业务经营许可的法人企业和分支机构共计 147 家，其中法人企业 19 家，分支机构 128 家。邮政支局所 59 个，其中农村地区支局所 43 个。“邮乐购”站点 486 个，便民服务站 240 个，投递段道 162 条，邮路 15 条，总长 3029 公里，实现了“乡乡设所”“村村通邮”。

2. 口岸物流

2019 年，景德镇市优化口岸设施布局和开放功能，协调景德镇保税物流中心（B 型）口岸设施及综合性监管场地建设。推动保税物流中心（B 型）早日封关运行，启动保税物流中心（B 型）申报工作，进一步优化整体通关流程，推进口岸提效降费和提升口岸服务水平。

二、2019 年景德镇市物流业发展存在的问题

（一）物流基础设施薄弱

一是物流园区建设缺乏。全市缺乏规范化、标准化、现代化的综合性物流园区，现有物流相关企业零散分布于曙光路、中国陶瓷城、豪德贸易广场、白鹭大桥及火车站等区域，严重制约全市物流企业转型升级，同时对城市交通和市容市貌产生较大影响。二是多式联运不畅。全市各种运输方式相互衔接不够，多式联运设施不强，因缺乏水路、公路、铁路联运设施，没有形成有效联动，公路运输比例居高不下。三是高标仓储设施缺乏。全市高标仓储设施不足，物流企业仓储设施存在工业厂房改建及仓储设施建设标准不高等情况，严重影响物流行业降本增效。

（二）物流企业规模小，缺乏龙头企业引领

目前，全市登记注册的物流企业 1497 家，在全省 220 家 A 级物流企业中只有 10 家；在全省 88 家 4A 级物流企业中只有 4 家，没有 5A 级物流企业。景德镇市物流企业规模小，具有区域性影响力、辐射力的龙头企业少，商贸物流企业整体上不强，知名

度不高，对经济带动作用不够。

（三）物流信息化水平不高，标准化建设滞后

全市未建立市级物流公共信息平台，物流企业自身信息化水平不高，数据尚未实现互联互通，物流服务质量有待提升。企业物流标准化意识薄弱，标准化托盘使用率较低。物流包装、装卸搬运等环节设施设备标准化、机械化、自动化作业程度不高。

三、2020 年景德镇市促进物流业发展的措施

（一）加快物流基础设施建设

全市现代物流业规划和基础设施建设必须放在景德镇国家陶瓷文化传承创新试验区总体框架内来架构。统筹规划区域之间、城乡之间、行业之间物流业发展布局，协调和衔接好物流基础设施建设，优化整合现有物流设施，提高物流设施的利用效率，优化和完善由公路运输、铁路运输、内河水运及航空运输等多式联运模式构成的物流基础设施平台以及物流园区、港口、物流中心，加强城乡配送网络建设。

（二）加快引进和培育龙头物流企业

引进具有核心竞争力、技术领先、主营业务突出、带动力强的龙头物流企业来景德镇投资兴业。培育本土重点物流企业，按照“扶大、扶优、扶强”原则，加大政策扶持力度，鼓励中小物流企业通过资产重组、兼并等方式组建一批有实力的物流集团，鼓励有实力的大型物流企业成立物流产业联盟，扶持本土企业做大做强。

（三）加快商贸物流信息化建设

建立全市统筹的物流信息化平台和景德镇智慧供应链公共信息平台，打造跨境电商、陶瓷电商交易、农副特产品交易、电子口岸等交易平台，建立“互联网+”高效物流服务体系，打造物流大数据应用中心、工业制造采购与物流园区。鼓励商贸物流业推广应用物联网技术，提升信息化水平，鼓励商贸龙头企业及物流企业参与信息共享。

（四）加快物流标准化体系建设

加强配送中心、配送站点建设标准和配送车辆选型标准应用。推广应用标准化托盘、周转箱（筐）及一体化作业，探索以托盘、周转箱（筐）作为装载、作业、计量和信息单元，推进农产品流通从基地到超市货架全程不出筐、零触碰。推广与标准化

托盘配套的通用仓库、配送中心、零售门店、货架、叉车、月台、笼车、周转箱、运输车辆、管理信息系统等物流设施设备标准化更新与改造，提高物流配送与包装标准化水平，推进快消品、农副产品、药品、电商等重点物流领域服务的标准运用，深度推广温控、储能、节能等新技术标准。

（景德镇市商务局　罗小亮）

第四章 2019年萍乡市物流业发展情况报告

一、2019年萍乡市物流业发展总体情况

（一）物流业总体运行情况

1. 货物运输

（1）公路货物运输情况。2019年，全市公路货物运输量4530万吨，同比增长8.1%；货物周转量71.4亿吨公里，同比增长8.1%。

（2）铁路货物运输情况。2019年，全市铁路货物运输量490.3万吨，同比下降4.7%。

（3）邮政快递情况。2019年，全市邮政寄递服务业务量累计完成2871.9万件，同比增长6.5%；邮政寄递服务业务收入4200万元，同比增长19.2%；全市快递服务企业业务量完成1323.1万件，同比下降4.5%；快递业务收入16900万元，同比增长19.3%。

2. 物流企业

2019年，全市物流企业615家，A级物流企业5家，其中4A级3家，2A级2家。重点商贸物流企业10家，重点商贸物流园区1家。代表性物流企业如下。

（1）萍乡市弘捷利物流有限公司。公司成立于2015年5月，位于萍乡市湘东区老关镇，紧邻沪昆高速、萍莲高速、320国道，注册资金500万元，总占地面积4万余平方米。公司主营业务有货物运输、物流服务、仓储、搬运、装卸、物流信息咨询及服务，拥有15000余平方米的停车场、仓储空间及专业维修服务站。2019年，公司自有和长期挂靠货运车辆280余台，月均货运量达30万吨，业务遍及全国，已发展成为集物流、资金流、商流业务于一体的现代物流服务企业。

（2）江西中联时代电子商务有限公司。公司成立于2016年3月，注册资本525万元，是一家业务涵盖普通货物仓储服务、货运代理、物流信息服务、货物装卸服务、网上贸易代理、销售等的综合型公司，自有车辆超过60辆，仓储面积1.2万平方米，公司车辆均统一使用城市配送标识、配置物流信息系统、配置配送监控信息设备、安装GPS平台对接管理系统，是一支标准化城市配送专业化车队，形成了集产品存储、分拣、集散、衔接、分类打包、发货及配送的现代城市一体化物流仓储配送体系，2019年，公司商品交易成交额超过1亿元。

（二）物流基础设施情况

1. 公路建设情况

萍乡市地处湘赣边界，东与宜春、南与吉安相邻，西与湖南醴陵、北与湖南浏阳接壤，紧靠长株潭，对接长珠闽，是江西省的西大门，有着得天独厚的区位优势。公路主要由沪昆高速（昌金高速）、320 国道、319 国道构成主框架。2019 年，全市公路通车里程 10754 公里，市域范围内萍洪高速、昌栗高速、泉南高速已建成，萍莲高速正在建设，基础设施正逐步完善。构筑了昌金高速、萍洪高速与 319 国道、320 国道交叉组成的“大十字”主干线，形成了贯通全市，通达四邻，延伸全国的交通路网格局。

2. 铁路建设情况

目前全市铁路在境内设有芦溪车站、泉江车站、白源车站、萍乡车站、萍乡北车站、姚家洲车站、灯芯桥车站 7 个车站，其中萍乡车站（含新场、老场）为客货两用，萍乡北站为客运站，其他为货运站。铁路专用线 20 条，运输货物以煤炭、水泥、陶瓷为主，总营业里程 68 公里，为南昌铁路局管辖。

（三）物流园区情况

全市正在运营的重点物流园区有中国供销·萍乡农产品物流园、四顺物流园、萍乡市鑫滟农副产品批发市场、江西烟花爆竹物流中心等，规划建设的有萍乡赣西港、江西供销（湘东）冷链物流建设项目（见表 2－4－1）。

表 2－4－1　　萍乡市 2019 年主要物流园区情况

序号	物流园区名称	占地面积（亩）	仓储面积（平方米）	投资总额（万元）	建设情况
1	四顺物流园	350	20000	50000	改造升级
2	萍乡市鑫滟农副产品批发市场	24	11000	3000	改造升级
3	中国供销·萍乡农产品物流园（一期）	568	380000	200000	建成运营
4	江西烟花爆竹物流中心	350	17400	100000	改造升级
5	江西供销（湘东）冷链物流建设项目	431	—	100000	规划建设
6	萍乡赣西港	1270	—	392000	规划建设
7	上栗县电商快递物流园	20	10000	6000	改造升级

（1）中国供销·萍乡农产品物流园。中国供销·萍乡农产品物流园是由中国供销农产品批发市场控股有限公司下辖的萍乡中合农产品市场有限公司投资建设和运营管理，是萍乡市和安源区重点招商引资项目、江西省重点建设项目。项目位于安源区中环南路与萍安大道交汇处，紧邻中环南路，距安源区人民政府仅 4 公里，距萍莲高速南出口仅 8 公里，规划用地面积 568 亩，总建筑面积近 50 万平方米，总投资额 20 亿

元，是集农副产品交易、电子商务、金融服务、冷链物流、仓储配送、检验检测等现代功能于一体的一站式农副产品集散中心、现代化涉农商贸综合服务平台，项目全面建成运营后，经营商家将达到2000户，年交易额将达到100亿元，直接增加就业岗位上万个，间接拉动就业人群5万人，形成覆盖萍乡市的区域性农产品三级流通网络体系。

（2）江西烟花爆竹物流中心。江西安智物流股份有限公司于2016年在原有运输服务系统的经营基础上，打造具有自主知识产权的集信息、订单、运输、存货、仓储、包装、监控、结算于一体的物流服务中心，成为省内唯一的危险品领域专业的综合商贸物流服务平台，以物流信息中心为信息窗口和流程作业系统（危化品监管云平台），面向全社会各行业提供一体化的综合、增值物流服务。物流中心自有危货车辆33辆，直接服务湘赣两地420余家烟花爆竹生产企业，2019年完成外贸出口额24204万元。

（四）物流产业集群发展情况

2019年，全市3个物流产业集群物流主营业务收入145.9亿元，同比增长2.0%，占全省物流产业集群物流主营收入的5.1%。其中，萍乡烟花鞭炮危险品物流产业集群实现物流主营收入65.9亿元，占全市物流产业集群物流主营收入的45.2%；萍乡电子商务物流产业集群实现物流主营收入62.2亿元，占全市物流产业集群物流主营收入的42.6%；萍乡汽车零配件产业集群实现物流主营收入17.8亿元，占全市物流产业集群物流主营收入的12.2%。

（五）重点物流领域发展情况

1. 铁海联运

萍乡市紧紧围绕打造内陆双向开放新高地的战略目标，着力构建口岸通关网络，积极对接“一带一路”倡议，2019年1月，萍乡至宁波舟山港集装箱铁海联运大通道正式开通，进一步降低了进出口企业物流成本，增强进出口贸易竞争力，为企业进出口贸易畅通提供了便宜快捷的物流渠道，推动萍乡更好地融入“一带一路”倡议，打造内陆开放新高地。2019年，全市共计628个标准箱通过铁海联运进出口，有力推进萍乡市电瓷等主导产业做大做强。

2. 烟花爆竹产业物流

上栗县是中国烟花爆竹主产区之一，也是萍乡市对接“一带一路”倡议的传统优势产业。2019年上栗县烟花产品出口5506标准箱，出口额10.7亿元，占全市出口总额的24.7%，同比增长5.4%；出口量一直稳定在全国出口量的2/5，海外市场占有率为30.0%，且在国内外市场下降的趋势下实现了逆势增长。有效地解决了上栗县10万农村家庭、20万农民的就业问题。

3. 口岸物流

萍乡市赣西港规划面积共1270亩，将新建两条集装箱作业铁路线、1.9万平方米海关国检综合查验区、11万平方米铁路港作业区、9.3万平方米公路港作业区、5.2万平方米仓储功能区、12.8万平方米堆场功能区、16.6万平方米临港物流区、5.7万平方米综合交易示范区、1.9万平方米综合办公区等。引入陆港战略合作方，提升赣西港铁路服务水平，重点服务新材料原料及成品、节能环保设备、玻璃、矿山机械、生物医药、汽车零部件、瓷土及陶瓷、铁矿石及钢铁、煤炭等工业生产资料，以及赣湘开放合作试验区的城市生活物资，实现赣西港的多产品运营能力。推动设立海关部门，申请设立赣西港保税物流中心（B型），引入口岸服务功能，实现赣西港的多口岸直通，初步实现“铁路—港口—物流—产业—商贸”的现代陆港公铁海联运模式，为打造赣湘开放合作试验区的多式联运中转港奠定坚实基础。

二、2019年萍乡市物流业发展存在的问题

（一）物流管理相对封闭、信息化程度不高

全市物流业整体还处于相对封闭、落后、单一的初级发展阶段，大多数物流企业仍采用传统的运营模式，80%以上的企业未采用网上交易、清关、代理、保险、银行支付、信息反馈、业务流程、物流信息等现代手段，信息无法及时传达，影响业务运营效率。针对这一问题，萍乡市结合城市共同配送项目打造了市级物流公共信息平台，目前平台处于起步阶段，暂未辐射全市物流企业，货运信息采集困难、物流信息发布量不多，平台作用还未全面发挥，很多物流企业不愿意进行资源共享，经营得不到借鉴，信息得不到交流，市级物流公共信息平台起到的作用还十分微小，物流业整体协作和服务能力较低，物流企业信息共享意识不强，阻碍了萍乡市物流业信息化进程推进。

（二）物流管理人员综合素质不高

全市物流行业发展起步较晚，专业物流人才较少，现有物流服务和经营管理人员水平整体偏低。一方面，萍乡市物流行业薪酬水平不高，市外高校培养的物流业新型知识人才更愿意留在大城市发展，不愿意到小城市就业；另一方面，萍乡学院、江西工业工程职业技术学院、江西应用工程职业学院等本土高校在物流研究和教育方面投入不足，物流行业发展环境有待进一步优化，物流业人才流失率较高，高精尖人才高度缺乏。

（三）物流行业标准化意识不强

物流标准化工作复杂且物流设备标准化的转化成本较高，标准化建设需要一定的

周期，全市大多数物流企业规模较小、利润较低、成本较高、物流服务的整体档次不高，因过多考虑成本因素，大多数企业对物流标准化建设只停留在战略发展阶段，实际投入行动较少。

三、2020 年萍乡市促进物流业发展的措施

（一）创新管理理念，完善萍乡市物流公共信息平台

充分发挥萍乡市物流与采购协会作用，整合全市物流资源，完善市级物流公共信息平台服务功能，拓展业务辐射范围，推动物流信息平台在优化整合物流资源、促进信息互联互通、提高物流组织化程度的功能建设，强化多元信息平台间的协同运作，建立跨平台的数据合作、交换和共享机制，引导物流信息平台与海关、铁路、检验检疫、税务等部门信息实现互联共享，为全市物流企业提供集成化、便捷、高效的物流信息与交易服务。

（二）加强人才培育，提升萍乡市物流业管理水平

一是深化物流领域“放管服”改革，提高行政服务效率，优化物流发展营商环境，通过优惠的地方政策、科学的管理体制、宽松的人文环境，加大引进高级物流专业人才的力度。二是鼓励萍乡学院、江西工业工程职业技术学院、江西应用工程职业学院等本土高校加强物流人才的培养，推动校企合作。三是鼓励现有物流从业人员开展多层次、多方面的物流在职培训，不断提升管理水平。

（三）坚持标准先行，推动萍乡市标准化物流体系建设

推动商务、发展改革、交通、海关、口岸、国土、规划等职能部门加大物流行业发展重视力度，切实在计量标准、技术标准、数据传输标准、物流作业和服务标准等方面做好基础工作，持续推广符合国家标准《联运通用平托盘主要尺寸及公差》（GB/T 2934—2007）要求的标准化托盘及其循环利用，加快形成标准化物流体系。

（萍乡市商务局 肖鹏翔）

第五章　2019 年新余市物流业发展情况报告

一、2019 年新余市物流业发展总体情况

（一）物流业总体运行情况

1. 货物运输

（1）公路运输情况。2019 年，全市公路货运量 23039 万吨，同比增长 8.1%；货物周转量 499.2 亿吨公里，同比增长 8.1%。

（2）铁路运输情况。2019 年，全市铁路货运量 583.3 万吨，同比增长 5.7%。

（3）水路运输情况。2019 年，全市水路货运量 44.5 万吨，同比增长 9.6%；货物周转量 5.33 亿吨公里，同比增长 9.7%。

（4）邮政快递情况。全市邮政寄递服务业务量累计完成 2194.9 万件，同比增长 15.7%；邮政寄递服务业务收入 4128.2 万元，同比增长 30.3%；全市快递服务企业业务量完成 3186.9 万件，同比增长 192.2%；快递业务收入完成 21078.6 万元，同比增长 89.2%。

2. 物流企业

2019 年，全市共有 A 级物流企业 4 家，其中 4A 级 3 家、3A 级 1 家；省级重点商贸物流企业 5 家。代表性物流企业如下。

（1）新余中新物流有限公司。公司现有货运车辆 50 台，挂靠的社会个体户车辆和社会车辆共 1700 余台，是国家 4A 级综合服务型物流企业。公司从事钢材、矿粉、煤炭等大宗商品汽运、铁运、水运代理以及多式联运物流服务，已建立全国主要干线运输的物流服务网，形成了以华东、中南、华南为基地，辐射全国的运输资源网络，2019 年完成货运量 1260 万吨，营业收入 5.7 亿元，资产总额 20309 万元，净利润 360 万元。

（2）江西金土地天然食品饮料股份有限公司。公司是一家集粮食收储、大米加工、食品饮料生产销售、粮食贸易于一体的大型工贸集团，拥有世界最先进的瑞典生产线 18 条，进口两片罐、三片罐 PE 瓶生产线共计 30 条，是全国稻米深加工规模最大的企业，年产能 50 万吨。公司自建物流系统，标准配送车辆 60 余辆（其中新能源货车 6 辆），并配有 3 套信息管理系统，标准化托盘 48000 片，起重设备 10 台。2019 年，公

司主营业务收入 2.4 亿元，拥有仓储面积 5 万平方米，年货运总量 150 万吨。

（二）物流基础设施情况

1. 公路建设情况

2019 年，全市公路通车里程 4908 公里，其中国道通车里程 101.1 公里，省道通车里程 311 公里，高速公路通车里程 127.9 公里，农村公路通车里程 4368 公里。

2019 年，全市主要围绕优化新宜吉六县跨行政区转型合作试验区干线公路的互联互通、完善普通干线公路网体系、提升民生交通实绩为重点，全力打造新余绕城公路综合交通枢纽，完成普通国省干线公路升级改造里程 38.5 公里，G533 水西至仙女湖（新余市绕城段）一级公路改建工程、G220 彬江镇至分宜县城段一级公路改建工程、S222 凤阳至山塘下（分宜县绕城段）一级公路改建工程等重点项目建设稳步推进。

2. 铁路建设情况

2019 年，全市管辖铁路 271.6 公里，其中沪昆高速线 57 公里、沪昆线 62 公里、分茶线 34 公里、上新线 32 公里、洋坊线 5.5 公里、浩吉铁路 81.1 公里，铁路货运专用线 28 条；全市管辖高铁通车里程为 56 公里。

为深入贯彻落实江西省发改委关于《新宜吉六县跨行政区转型合作试验区建设实施方案》，优化新宜吉六县跨行政区转型合作试验区口岸营商环境，畅通赣西进出口快速通道，新余市充分利用宁波舟山港的优势资源，为试验区稳外贸、稳增长，培育经济增长新动力，2018 年开通新余至宁波舟山港铁海联运集装箱快速（五定）班列，2019 年新余至宁波舟山港快速班列累计进出口集装箱共计 6388 标准箱，同比增长 60.5%。

（三）物流园区情况

2019 年全市已经建成运营的物流园区有仙女湖物流园区、分宜县华翔公交物流园、新余市天润物流市场、食博汇·赣西商贸城、红太阳商贸物流园。在建的有新余国际通关物流中心、新余邮政城乡配送中心等项目。

（1）仙女湖物流园区。规划总面积 6 平方公里，总投资 50 亿元，引进了万商红新履小镇、装配式建筑产业园、汽车服务产业园、信息技术产业园、人力资源产业园、生物医药科技产业园、钢材贸易产业园落户园区，形成了“一镇六园”的产业布局。2019 年，园区共有实体企业 1210 家，总部企业 371 家，其中物流企业 16 家，2019 年完成物流货运量 20 万吨，实现主营业务收入 70 亿元。

（2）分宜县华翔公交物流园。2017 年 1 月建成投入运营，规划占地 3.7 万平方米，总投资 1.1 亿元，入驻企业 36 家，通过整合邮政、快递、交通三方资源，形成了“邮政 + 快递 + 交通”交邮合作服务模式，实现邮件快递集中分拣、统一运输、统一经营、统一收件、统一投递，降低企业物流成本，有效提升了邮件、快件服务时效。2019 年园区内企业共计完成业务收入 4.8 亿元，上缴税收 8500 万元。

（四）物流产业集群发展情况

2019 年，全市 3 个物流产业集群物流主营业务收入 144.6 亿元，同比增长 2.9%，占全省物流产业集群物流主营收入的 5.0%。其中，新余光伏钢铁物流产业集群实现物流主营收入 66.6 亿元，占全市物流产业集群物流主营收入的 46.0%；新余综合物流产业集群实现物流主营收入 49.6 亿元，占全市物流产业集群物流主营收入的 34.3%；新余电子商务物流产业集群实现物流主营收入 28.5 亿元，占全市物流产业集群物流主营收入的 19.7%。

新余光伏钢铁物流产业集群。2019 年以来，新余市充分发挥新余钢铁集团有限公司（以下简称“新钢公司”）龙头优势，以钢铁产业地图为指引，瞄准产业中的重点企业及重点招商区域，开展补链强链招商，着重引进装备制造、冷轧钢带、汽车零部件、特钢精深加工等配套项目，使传统产业焕发新生机。2019 年，全市新引进钢铁产业及相关项目 52 个，其中投资总额 20 亿元以上项目 3 个，投资总额 50 亿元以上项目 1 个；新引进产业项目投资总额达 155.6 亿元。目前，新余钢铁产业在供给侧结构性改革大背景下，正向千亿元级产业昂首迈进，传统产业谱写出新篇章。2019 年，集群内实现物流主营收入 66.6 亿元，同比增长 3.2%。

（五）重点物流领域发展情况

1. 钢铁物流

新余市为江西省重要钢铁生产基地，基本形成了钢铁矿石采选—炼铁—炼钢—轧材完整的钢铁产业链。2019 年全市规模以上钢企实现主营业务收入 934 亿元，同比增长 10.3%，主营业务收入占新余市工业主营业务收入总量的 61%，撑起了全市经济发展的半壁江山，新余钢铁产业正在向千亿元级产业迈进。

2019 年，新钢公司实现主营业务收入 650 亿元，同比增长 7.4%。经济总量排名进位赶超，2019 年新钢公司在中国企业 500 强中排名第 297 位，在中国制造业企业 500 强中排名第 134 位，在全球钢铁行业排名第 43 位。2019 年新钢公司主体钢材、进口矿、煤焦和水渣的货运量达 3096.83 万吨，其中公路运输 865.7 万吨、铁路运输 1669 万吨、铁水联运 417.1 万吨、公水联运 145.1 万吨。

2. 冷链物流

近年来，针对全市冷链物流基础设施缺乏的情况，全市利用“万村千乡市场工程”“农产品流通试点”等项目，鼓励和支持相关企业发展冷链物流。先后重点支持万商红、星辉农产品批发市场、珊娜果业、分宜诚懿商贸有限公司等企业建设冷链物流设施。全市已建成规模以上冷库企业 16 家，其中，新余市兴业水产批发市场已建成冷库 2600 平方米，具备低温、超低温、速冻、保鲜等多种冷冻冷藏功能，贮藏能力达 5.1

万吨，2019 年销售额 5 亿元；新余果蔬批发市场建成冷库 12000 平方米，可单次冷藏保鲜加工 1.1 千吨水果蔬菜，2019 年销售额 3 亿元。

3. **电商物流**

全市电子商务产业的快速发展，创造了新的消费需求，引发了新的投资热潮，开创了新的就业渠道，为大众创业、万众创新提供了新的空间，推动了物流业的发展，电子商务与快递物流协同发展。

2019 年 5 月 15 日，江西新履科技有限公司自主研发的新履选货平台正式上线运行，以仙女湖万商红新履小镇完整的产业生态链为基础，以互联网为载体，为所有鞋企和第三方卖家提供一个交易平台，有效提高新履小镇鞋企的展示和推广力度，大大提高产品销量。2019 年，新履小镇已入驻商户 1500 余家，其中鞋企 1147 家，电商企业 600 余家，日产鞋规模达 30 万双，日均快递发货量 16 万件，已形成了从原材料供应到生产、加工、物流及销售等较为完整的产业链。

2019 年 9 月 29 日，京东物流江西新余仓正式启用，承担京东物流在吉安、新余、宜春、萍乡四个地市的中转，共覆盖 31 个服务网点，其中有 22 个服务网点提升为“211” 时效，9 个服务网点保持次日达，有效提升客户体验感和满意度。2019 年，仓库占地面积 8500 平方米，作业车辆 30 余辆，仓储、分拣、运输总人数在 200 人左右，日均单量在 3 万单左右。

二、2019 年新余市物流业发展存在的问题

（一）物流基础设施不完善，多式联运不畅

近年来，新余市高度重视物流基础设施建设，不断加大资金投入，取得了一定成效。基本形成了以高铁、高速、国省道为主骨架，县道、乡道、村道为“毛细血管”的交通网络，2019 年全市公路总里程 4908 公里，铁路总里程 271.6 公里，形成较为完善的公铁运输体系，但是由于水运基础设施薄弱，导致多式联运不畅，物流成本仍然居高不下。

（二）物流集聚效应不明显，缺乏龙头物流企业

全市投入运营的物流园区不多，缺乏高端的专业物流园区，现有园区企业入驻率不高。全市物流企业规模普遍偏小，缺少规模以上的物流企业，A 级物流企业仅 4 家，缺乏具有引领示范带动作用的龙头企业。

（三）物流信息化程度不足

大部分物流企业经营方式还比较粗放，信息化程度不高，部分企业虽然运用了一些信息系统和信息化设备，但普遍存在功能不全、不实用等现象。另外，全市物流信

息公共服务体系不健全，虽然搭建了一个物流公共信息平台，但信息服务功能较弱，信息集成功能有限，局限于一些物流信息发布，货源、车辆、司机等物流资源没有得到有效整合，行业信息的互联互通、资源共享还存在不足。

（四）物流标准化水平不高

物流企业对标准化运输技术认知度不高，过多考虑成本因素，在标准化建设方面不愿意加大投入。物流仓储、器具、装备、设施的标准不统一，物流机械化和自动化水平偏低，导致物流运行效率不高，物流成本偏高。

三、2020 年新余市促进物流业发展的措施

（一）完善物流基础设施建设，加强多式联运

在北煤南运战略通道浩吉铁路（新余段）通车、环城路即将竣工通车的基础上，积极谋划新余港口、袁河航道建设和梯级开发项目，着力建成新余港口、打通袁河航道、建设临港产业园，实现新余乃至赣西地区大宗货物进出水路集疏运，不断完善新余市公路、铁路、水路立体物流网络。

发展公路、铁路、水路相衔接的多式联运，促进多种运输方式的顺畅衔接和高效中转，推进综合交通运输体系建设，合理规划布局物流基础设施，优化各种运输方式在线路、节点上的匹配和衔接，构建相互衔接、互联互通的快速物流通道，形成便捷高效的物流基础设施网络。

（二）积极培育物流龙头企业，推动物流产业集聚发展

加大政策扶持力度，鼓励和引导物流企业通过资源整合、业务创新等方式，提供高品质、高附加值的专业化物流服务，发展定制化物流服务，满足日益增长的个性化物流需求，提升一体化服务水平，努力培育一批理念先进、服务水平高、竞争能力强的物流龙头和品牌企业，营造良好的物流产业发展氛围。

鼓励和引导物流企业积极申报国家 A 级物流企业，对获得 3A 级以上的物流企业，政策上给予奖励支持。通过招大引强，引进一批国内外知名物流品牌企业落户新余，通过品牌效应形成产业聚集，引领行业发展。引导物流业围绕专业市场、大型商品集散地、特色产业基地发展，发挥物流产业集群规模效应。

（三）提升物流信息化水平

物流信息化是物流业的重要支撑，是企业降成本、增效益的重要途径，支持物流企业开发应用具备信息发布、在线交易、数据分析等综合功能的物流信息平台，提高企业信息化水平。同时加快推进市级物流信息平台建设，进一步完善新余智慧物流公

共信息平台，加大宣传力度，提升平台运营能力，逐步建立完善物流公共信息查询系统、物流电子政务信息系统和物流电子商务信息系统，形成信息采集、处理和服务的交换共享机制，有效整合物流资源，形成物流信息化体系，推动工业、商贸、物流企业与平台高效对接，形成物流大数据，提高企业运营效率。

加强互联网、北斗卫星导航系统、物联网、云计算、大数据等先进信息技术在物流领域的应用，改造传统业务模式和管理系统，推动智慧物流的发展。整合政府、企业及社会各类基础和专用物流信息，共同开展物流大数据共享协作，加强对数据的挖掘应用，实现物流园区、配送中心、货运站等物流节点设施的数字化和智能化，推进“互联网+”物流模式创新，发展“互联网+”车货匹配、“互联网+”运输协同、“互联网+”城乡配送、“互联网+”供应链管理等创新。

（四）加强物流标准化建设

物流标准是推进物流现代化的重要标志，也是建设现代流通体系的关键抓手，物流标准化建设不仅可以提高物流运作效率，还可以有效降低成本，促进经济平稳有效地发展。要对物流企业加强标准宣传培训和推广使用，支持物流企业对仓储设施、搬运工具、配送工具、装卸货站点等物流设施设备进行标准化建设和改造。

重点在全市商贸流通业、物流业广泛推广应用1200mm×1000mm标准化托盘、600mmm×400mm系列包装模数周转箱（筐）、货笼等单元化载器具，推动物流企业与供应商之间开展带托运输，规范包装、储存、装卸、搬运、分拣、配送、运输等物流各环节操作，协同推进物流一体化运作。

（新余市商务局　胡薇　刘芳）

第六章　2019 年鹰潭市物流业发展情况报告

一、2019 年鹰潭市物流业发展总体情况

（一）物流业总体运行情况

1. 货物运输

（1）公路运输情况。2019 年，全市铁路货物发送量 301.8 万吨，同比下降 10.8%。

（2）铁路运输情况。2019 年，全市公路货运量 5262 万吨，同比增长 8.1%。

（3）水路运输情况。2019 年，全市水路货运量 282.6 万吨，同比增长 9.7%。

（4）邮政快递情况。2019 年，全市邮政寄递服务业务量累计完成 2234.54 万件，同比增长 14.26%；邮政寄递服务业务收入累计完成 3037.03 万元，同比增长 25.15%；全市快递服务企业业务量累计完成 1762.34 万件，同比增长 48.5%；业务收入累计完成 1.58 亿元，同比增长 37.21%。

2. 物流企业

鹰潭市通过制定优惠政策，培育优质环境，大力招商引资，集聚了一批物流企业，逐步形成了规模化的物流产业。全市实体物流企业 255 家（危险货运 12 家），拥有 50 辆以上货车的物流企业 29 家。其中，4A 级物流企业 4 家，2A 级物流企业 4 家，省级重点商贸物流企业 6 家。

（二）物流基础设施情况

1. 公路建设情况

鹰潭市地处长三角、珠三角、闽东南三个中国最具活力三角区的“黄金接点”，素有“六省通衢”之称，是连接闽、浙、苏、皖、鄂、湘等地的交通要塞，是华东交通重镇、江南交通枢纽。鹰潭市是现代综合交通枢纽城市，是南昌铁路局唯一一个特等站。浙赣铁路、皖赣铁路、鹰厦铁路干线在此纵横交会，贯通大江南北，境内营运里程达 156.3 公里。沪昆高铁极大地缩短了鹰潭与上海、杭州、长沙、南昌等大中型城市的空间距离。沪昆高速和济广高速、320 国道和 206 国道，在市区呈“十”字形交错。鹰潭机场项目正在有序推进。全市水运通畅，千里信江直通鄱阳湖。

2. **铁路建设情况**

鹰潭市东编组站系三站三场编组站，是全国15个路网特等编组站之一，主要负责芜湖东、乔司、武汉北、株洲北、樟林、向塘西和来舟七个方向各种货物列车的解编任务，日解编能力14000余辆。鹰潭南站是全国58个大型综合性铁路货运站之一，属二级物流基地，该站货场占地面积28.6万平方米，仓库面积10万平方米，拥有10条货运线、2条集装箱线，设计装卸货物能力330万吨，涵盖零担、整车、集装箱各类业务，是拥有先进装卸机械的百万吨级现代化综合性货场。

（三）物流园区情况

鹰潭现代物流园、鹰潭国际物流中心（无水港）、鹰潭国际商贸园与贵溪市物流园四大商贸物流发展平台建设稳步推进，其中鹰潭市现代物流园自2015年起连续五年被评为全国优秀物流园区，并被列入全国第二批示范物流园区。

1. **鹰潭市现代物流园（在建）**

鹰潭市现代物流园原规划面积8.93平方公里（13395亩）。为实现“多规合一，全域规划”目标，加强对城市建设发展的有效管控，根据《鹰潭市城乡总体规划（2015—2030）》要求，物流园规划土地利用规模核减至6.76平方公里（10140亩）。

鹰潭现代物流园位于江西省鹰潭市东南部，毗邻中国大陆经济最发达的珠三角、长三角、闽三角经济区，是华东交通枢纽，处江南交通重镇。鹰潭铁路货运站拥有大型现代化装卸设备，可承办零担、整车、集装箱运输业务。鹰潭东铁路编组站是中国东部地区最大的铁路编组站。浙赣铁路、鹰厦铁路、皖赣铁路、沪昆高铁四大铁路干线交汇。2019年，园区完成征地4572亩，拆迁约11万平方米，出让项目用地1835亩，园区共投入5亿元用于征地拆迁和基础设施建设，园区建设成效初显，形象初具。2019年，园区内天洁路东路项目、平安北路拓宽项目、东川河改造项目、十四经路项目、十五经路项目、十六经路项目等总投资约5亿元的基础设施项目全部完工投入使用。

园内聚集了中国民营企业500强胜华电缆集团、5A级物流企业广东林安物流集团、江西省盐业集团公司、江西广甸汽车集团等一批行业龙头企业入驻，总投资逾60亿元的10个项目现已基本建成7个项目。机电五金商贸城一期运营顺利，二期主体结构已完成；上海月星家具城于2019年9月投入使用；大三江电商物流港用地面积90亩，投资2亿元，1.5万平方米仓库已建成，部分已投入使用；赣东北盐业仓储配送中心办公楼和仓库全面竣工并投入使用；丰华源冷链物流、丰圣现代电子商贸物流城、双林冷链物流项目先后投入运营。2014年，鹰潭市现代物流园被评为江西省级服务业集聚区，2015—2019年连续五年被评为全国优秀物流园区，并于2018年2月被列入全省唯一、全国第二批示范物流园区。

2. 贵溪市物流园（在建）

贵溪市物流园规划占地500亩，项目分两期建设，一期主要是为铜拆解园区提供配套服务，定位为中西部地区枢纽型国际内陆港，是以公路、铁路等运输方式为依托的国际运输操作平台，是宁波港港口国际物流服务功能在鹰潭贵溪地区的延伸，为铜产业循环经济基地拆解加工区提供集装箱物流、装卸、口岸服务等。同时，贵溪“无水港”承东启西、连接南北，又是鹰潭及周边地区国内物资的集散地，为赣、浙、闽、皖四省交界区域和中西部地区的经济发展提供国际物流、国内物流和国际保税物流等基本功能。二期总占地面积140亩，入驻企业4家。贵溪市泗丰物流园由贵溪市泗丰物流有限公司投资建设，占地39.8亩，建设内容为办公楼、货运场、汽车维修场等。现已建成，正式对外运营，信息平台已建成；贵溪市天顺物流园由贵溪市天顺物流有限公司投资建设，占地20亩，建设内容为办公楼、货运场等，现已建成，正式对外运营；贵溪市银禾物流园由贵溪市银禾物流有限公司投资建设，占地40亩，建设内容为办公楼、货运场等，正在进行主体工程建设；贵溪市合硕物流园由贵溪市合硕物流有限公司投资建设，占地面积20亩，建设内容办公楼、货运场等，预计2020年5月开工。

3. 鹰潭国际商贸园

鹰潭国际商贸园位于余江县中童镇，规划用地12000亩，鹰潭国际商贸物流园区规划主要内容有“一核四城五中心六区”。“一核”即中央商务中心；“四城”即国际眼镜城、国际汽车城、建材家居商贸城、鹰西商城；“五中心”即农副产品物流中心、医药物流中心、公路物流中心、冷链物流中心、电商快递中心；“六区”即仓储配送区、流通加工区、配套居住区、物流社区、公共配套区和延伸拓展区。鹰潭国际商贸园区规划定位为以生活资料为主的专业市场集群。

江西君融华业置业有限公司投资10.25亿元，占地面积405亩的国际眼镜城部分已基本建成并试运营，眼镜博物馆已建成开馆；浙商联盟投资3.5亿元建设的鹰潭建材家居商贸城一期5.4万平方米已全面竣工，并完成90%招商；浙江手拉手投资管理有限公司投资8亿元建设的手拉手鹰潭国际汽车城投入运营，以完整的产业链打造出赣东北地区汽车后市场产业集群平台，20多个汽车品牌4S店及直营店开业。此外，由福信集团投资的大唐农博城已正式运营。

4. 鹰潭邮件处理及物流仓储中心（在建）

位于信江新区的鹰潭邮件处理及物流仓储中心项目由中国邮政集团投资建设，项目规划建设面积200亩，总投资5亿元，主要建设内容为邮件转运分拨处理中心及物流仓储中心。目前已经完成土地平整，拨付940万元奖励资金，建成后预计邮件日处理量最高峰将超过100万件。

（四）物流产业集群发展情况

2019年，全市3个物流产业集群物流主营业务收入157.1亿元，同比增长8.1%，占全省物流产业集群物流主营收入的5.5%。其中，鹰潭有色金属物流产业集群实现物流主营收入122.3亿元，占全市物流产业集群物流主营收入的77.8%；鹰潭综合物流产业集群实现物流主营收入27.1亿元，占全市物流产业集群物流主营收入的17.3%；贵溪综合物流产业集群实现物流主营收入7.7亿元，占全市物流产业集群物流主营收入的4.9%。

（五）重点物流领域发展情况

1. 快递物流

鹰潭市目前共有21个快递品牌，73家快递企业及分支机构，设立快递营业网点156个，乡镇快递覆盖率达100%，建制村快递覆盖率达85%，快递从业人数近1600人；供销合作社共有2家社属电商企业；兴建乡镇电子商务服务中心24家，设立电子商务服务中心（站）136个。鹰潭邮政分公司整合资源，实现资源共享，和其他社会快递公司开展“邮快合作”，与申通、圆通、顺丰等15家快递公司签订鹰潭市农村快递服务体系建设战略合作协议，真正为城市、农村商超、社区便利店、专业市场入驻商户实现共同配送。

2. 城乡配送

鹰潭市于2019年2月被商务部等五部委列入全国首批城乡高效配送试点城市。在充分调研的基础上，结合鹰潭市市情制定、出台《鹰潭市城乡高效配送试点工作实施方案》，确立了以“生鲜农副产品集采集配”“经销商统仓统配”“电商快递共享”为主要内容的“3321”城乡高效配送模式，并组织实施。此外，全市加快城乡高效配送基础设施建设，整合新建的160个标准末端网点均运营良好。2019年共改造和提升仓储面积约10万平方米。同时，还建立了从现代物流园—各区市分拨（配送）中心—乡镇分拨中心—末端配送网点的四级城乡配送网络，畅通了农产品上行、快消品下行的双向通道。2019年，全市共整合新建末端配送网点200个，打通了农村“最后一公里”和“一百米配送通道”。每个网点每天配送的快递在300件以上，收集的快递在50件以上。

3. 中欧班列、五定班列

全市已开通中欧班列、五定班列，打通了国际物流渠道。2019年，全市共开行中欧（亚）班列42趟，运载集装箱1878个（40尺规格的1609个，20尺规格的202个，45尺规格的67个），货值约9200万美元。

二、2019年鹰潭市物流业发展存在的问题

（一）基础设施不完善，平台功能不健全

全市发展物流产业的优势是道路交通系统方便发达，但围绕这一优势，尚未建立布局合理、能力充分、高效便捷的综合交通运输体系，存在公铁联运不顺畅、铁路优势不能有效发挥等问题。多种运输方式的集疏运功能未能协调发展，水运、空运发展尚在起步阶段，铁路站场的运力闲置严重，资源整合不充分，专业化物流基础设施处

于初级发展阶段。虽然现代物流园、国际商贸园二大平台初具规模，但重大物流项目建设进展缓慢，比如公铁联运、林安、大三江、拓航物流项目等；征地拆迁难度大，物流项目用地供给不足，几个物流园区都存在签了约的项目推进慢，想用地的本地物流企业进不了园的现象。

（二）基础产业不发达，货源不足，物流辐射带动力差

一是全市人口和经济总量不大，经济结构比较单一，铜产业作为地方优势产业占全市经济的比重超过70%，除铜产品外其他产品制造业不够发达，产品少、货源不多。龙头企业江西铜业集团有限公司的物流基本是封闭运行，车和货均在集团内部解决。外地货车拉货到本地卸货后，装载一部分货源，导致本地物流企业筹集货源难，零担成本居高不下。

二是全市铁路、公路、水路等部门基本上都是分散经营，物流成本并没有优势，长三角、珠三角等地在鹰潭市周转运输货物稀少。

（三）商贸物流供应链不发达，链主不强

一是“链主”实力较弱。龙头企业实力总体偏弱，全市目前没有5A级物流企业，4A级物流企业只有2家，市级商贸物流企业整合能力不强，广东林安物流集团只做房地产开发，无意发展物流业务。

二是“链群”规模不大。全市成立了商贸物流企业联盟并形成了相应的产业链。但每个产业链都不大，成员覆盖面不广，成员相互之间的协作度不高，覆盖全市、辐射周边的区域性商贸物流核心产业链尚未形成。

三是“链点”衔接不畅。全市物流公共信息平台硬件已经到位，但软件管理系统一直未接入，致使相关企业信息未能实现共享。

（四）物流人才匮乏

物流业的复杂性决定了其对物流专业人才的数量和质量要求都较高，而现有的物流专业人才远远不能满足鹰潭市物流业发展的需要。据调查，鹰潭市发展现代物流业所需物流专业人才缺口较大，人才流失严重，企业对物流人才的培养及储备还存在欠缺，产业对人才的吸引力不强，因此人才的缺乏一定程度上制约了地区物流业的发展。

三、2020年鹰潭市促进物流业发展的措施

（一）完善物流网络建设，夯实物流发展基础

1. 加快推进现代物流园区建设

完善现代物流园区基础设施建设，全力推进园区路网建设，重点保障园区物流项

目用地。对周边的五金市场、干鲜果批发市场、水产水果批发市场等市场进行升级改造，纳入物流园区统一管理。协调规划、建设、环保等部门积极配合物流园区的建设，为园区相关项目建设程序的办理提供方便、快捷的绿色通道。

2. 推进国际物流港建设

依托鹰潭南站公铁联运项目，打造集海外仓、仓储分拨中心和大宗商品储备中心三个功能区的国际物流港。整合资源，对铁路战备材料总厂和铁道部鹰潭木材防腐厂等单位现有的铁路专用线和土地资源进行整合，特别是对铁路闲置站场进行有效整合，完善其功能，发挥其效益。

3. 推进现代化仓储群建设

一是引导和鼓励物流平台和物流企业投资仓储设施建设和仓储智能化改造，在主城区重点打造两个十万平方米的仓储群。二是引进大型电子商务企业在鹰潭市设立货物分拨中心。三是争取国家大宗物资储备在鹰潭市设点建设仓库。

4. 推进邮件快递中心建设

结合中国邮政鹰潭邮件处理及物流仓储中心项目建设，打造区域邮件快递中心，实现全市快递物流信息化、快速化改造，全面提丬快递物流服务能力。

5. 加快推进县级物流园区建设

重点建设鹰潭国际商贸园、鹰潭国际物流中心（无水港）、贵溪市物流园、余江国际商贸园、余江电商物流园，形成鹰潭市区、贵溪市、余江区的“三组团、多园区”的物流发展格局。

6. 推进乡镇集散中心建设

分别在贵溪市、余江区建设物流分拨中心，并在32个乡镇各建设一个快递物流集散中心，承接所有物流快递在乡镇集散，然后再分拨到各村站点，打通城乡配送最后一公里。每个村建设一个电商物流配送点。

7. 推进末端网点建设

依托社区便利站、农家店、电商村级网点、村邮站、三农服务站等末端网点，发展社区、农村物流网点建设，争取建设500个左右的村级、社区网点，并完善各社区、厂区、楼区的智能包裹柜建设，健全末端网点设施。

（二）抓龙头强引领，优化供应链

1. 加强政策引导，提升商贸物流企业信息化、标准化、集约化水平，支持企业做大规模、提升层次

重点推动大唐农博城、鹰潭快递物流园、贵溪市快消品配送中心等大型商贸流通园区进行升级改造，提升智能化、信息化水平，支持泗丰物流、阿桂物流等本土物流企业做大做强，打造商贸物流龙头企业。

2. 加大项目引进，培育一批新的龙头企业

积极开展商贸物流专题招商活动，重点对接引进具有世界500强背景企业、物流50强企业和4A级以上知名物流企业。力争到2022年年底，全市A级物流企业总数达到10家，重点商贸物流企业达12家，冷链物流企业达6家。

3. 加快前端产业发展，增加物流产业货源

（1）加快现代工业发展。促进鹰潭市特色产业铜产业、眼镜制造、节能照明、电子信息等产业的发展，重点打造全市“物联网+工业”经济发展模式，做强做大鹰潭市工业企业。

（2）加快现代农业发展。加强全市农业规模化发展，利用互联网、物联网、大数据技术促进特色农产品（天师板栗、邓埠红糖、文坊香菇等）网上销售。

（3）加快电子商务与第一、第二、第三产业融合发展，推动传统企业转型升级。

（4）发展加工贸易产业。引进培育一批加工贸易企业，增加全市贸易出口，形成物流发展新动能。

4. 推动产业发展转型升级

鼓励企业完善软硬件设施建设，引导物流企业提高物流运输水平和物流信息化水平，支持企业申报A级物流企业，督促各地落实加快物流产业发展相关的文件精神。引进国内外大型物流企业入驻，提高物流企业的服务供应能力和服务质量，带动全市物流行业快速发展。

（三）加快物流产业现代化建设，提高物流管理水平

1. 推进物流产业信息化建设

构建物流行业信息服务、政务服务、征信服务、技术服务、百园互通、车货匹配等功能的物流公共信息平台，实现与全省全国重点物流信息平台、物流园区信息平台互联互通，提高物流信息化管理水平和服务能力，降低物流成本，提升信息化水平。

2. 推广物流产业标准化建设

积极引导企业推广标准化托盘和周转箱，建立循环共用体系，鼓励企业带托盘（周转箱、笼车）运输。推动配送车辆向标准化、厢式化发展，规范管理快递专用车辆。积极引导本地企业配送车辆和快递车辆实行“统一标识、统一车型、统一管理、统一技术标准”。

3. 推进物联网在物流产业的应用

结合鹰潭市新一代宽带无线移动通信网国家科技重大专项成果转移转化试点示范工作、智慧新城建设，加强装备技术推广应用。推广应用无线射频识别、综合识别、集成传感等物联网感知技术，鼓励一批龙头企业应用货位管理、可视化、路径优化、供应链管理等智能存储配送技术；支持将无人机等新技术应用于快递末端服务等。

（四）优化物流产业发展环境，加大政策扶持

一是完善物流运输体系建设，提升物流产业竞争力。加快中欧班列、五定班列等铁路专线的项目建设，按照“先试行、后常态；先专列，后班列”的思路，逐步实现中欧班列常态化运行，减少企业货运成本。

二是开通城际物流公路专线，在现有物流公路专线的基础上，鼓励企业增开多条物流公路专线，切实解决公路物流成本居高不下的问题。

三是开通全市范围内城乡专列物流班车，实行定时、定点配送商品下乡及运输农产品回城，打通“最后一公里”。

四是鼓励快递企业在乡镇增设网点，推动乡镇、农村快递业发展。

五是设立物流产业专项发展资金，支持物流公共平台建设、物流园区建设、物流企业标准化、智能化技术改造升级及物流人才培训。

六是推动配送与供应链深度融合，拓展配送功能，加强与生产制造、采购销售、农产品生产等环节的协同衔接。

（五）加快物流人才培养，增强物流发展活力

1. 管理人才培养

定期邀请国内著名物流专家来鹰潭市讲学，主要讲学对象为市委、市政府、市人民代表大会、市政协以及相关部门的领导、重点物流企业经营管理者，以树立正确的物流发展理念，掌握物流核心理论知识，紧跟物流发展的潮流与趋势。

2. 物流专业人才

通过市内现有高校，采取与重点物流企业合作的方式进行人才培养，开设专业招收物流专门人才。

3. 岗位技能培训

鼓励物流企业利用社会物流培训机构，定期进行岗位技能培训，更新知识，提升实际工作能力和水平。

（鹰潭市商务局　占来全）

第七章　2019 年赣州市物流业发展情况报告

一、2019 年赣州市物流业发展总体情况

（一）物流业总体运行情况

1. 社会物流

（1）社会物流总额。2019 年全市社会物流总额 5927.24 亿元，按可比价格计算，同比增长 4.03%，增速比上年同期回落 0.39 个百分点，全年社会物流总需求呈现平稳增长、略有回落的发展态势。从物流总额的构成来看，工业品物流总额 3754.32 亿元，按可比价格计算，同比增长 0.61%，增速比上年同期回落 1.06 个百分点；区域外流入货物物流总额 1465.07 亿元，同比增长 9.81%，增速比上年同期回落 4.64 个百分点；农产品物流总额 608.06 亿元，同比增长 11.41%，增速比上年同期提高 11.72 个百分点；单位与居民物品物流总额 29.29 亿元，同比增长 27.24%；再生资源物流总额 70.5 亿元，同比增长 11.89%。

（2）社会物流总费用与 GDP 的比率情况。2019 年社会物流总费用 476.78 亿元，同比增长 16.59%，增速比上年同期提高 6.97 个百分点。社会物流总费用与 GDP 的比率为 13.72%，比上年同期回落 0.85 个百分点。其中，运输费用 251.32 亿元，同比增长 14.75%，增速比上年同期提高 6.15 个百分点，运输费用与 GDP 的比率为 7.23%，比上年同期回落 0.56 个百分点。保管费用 164.05 亿元，同比增长 17.09%，增速比上年同期提高 9.66 个百分点，保管费用与 GDP 的比率为 4.72%，比上年同期回落 0.27 个百分点。管理费用 61.41 亿元，同比增长 23.29%，增速比上年同期提高 1.62 个百分点，管理费用与 GDP 的比率为 1.77%，与上年持平。

（3）物流业总收入。2019 年物流业总收入 392.26 亿元，同比增长 10.10%，增速比上年同期回落 0.54 个百分点。

2. 货物运输

（1）公路运输情况。2019 年，全市公路货物运输量 12903 万吨，同比增长 8.1%；公路货物周转量 292.28 亿吨公里，同比增长 8.1%。

（2）铁路运输情况。2019 年，全市铁路货物运输量 380.87 万吨，同比下降 28%。

（3）水路运输情况。2019 年，全市水路货物运输量 958.4 万吨，同比下降 67.1%；

水路货物周转量 7.85 亿吨公里，同比下降 26.57%。

（4）航空运输情况。2019 年，全市民航货物运输量 5178.2 吨，同比下降 1.99%。

（5）邮政快递情况。2019 年，全市快递服务企业业务量完成 8638.81 万件，同比增长 19.29%；快递业务收入完成 9.96 亿元，同比增长 11.08%。其中，同城快递业务量完成 1218.82 万件，同比下降 8.55%；异地快递业务量完成 7390.36 万件，同比增长 26.43%；国际及港澳台快递业务量完成 29.63 万件，同比下降 53.65%。

3. 物流企业

2019 年，全市登记在册并且正常运营的物流企业 1440 家，A 级物流企业 68 家，其中 4A 级物流企业 6 家，3A 级物流企业 31 家，2A 级物流企业 29 家，1A 级物流企业 2 家。代表性企业如下。

（1）赣州国盛铁路实业有限公司。赣州国盛铁路实业有限公司是一家提供物流供应链服务的企业，公司现有两个经铁道部（原）批准建设的铁路专用线货场，占地 223 亩，站台仓库共计 8000 平方米，散堆货场总计 10 万平方米，化工储罐共 30000 立方米，配备先进的机械装卸、计量、产品检测等设备，自有各类货物运输车辆 20 余台。专用线可辐射赣南 18 县市及粤北、粤东、闽西、湘东等地。专用线货场货物年到发量已达 60 多万吨。2019 年实现年营业额达 2 亿元以上。被评为国家 4A 级物流企业、江西省重点商贸物流企业、赣州市规模以上物流企业、危化品三级安全标准化达标企业。获得“赣州市先进物流企业”“赣州市 B 级纳税信用企业”“纳税先进单位”，连续三年获得“赣州开发区先进安全生产单位”等荣誉。

（2）赣州陆港铁路运营有限公司。赣州国际陆港是当地政府为改善南康家具物流模式，推动南康家具产业升级发展而设立的无水港，是赣、粤、闽、湘四省通衢的区域性综合交通枢纽，负责中欧、中亚五国、中俄、白俄罗斯、阿富汗等进出口班列运营。公司围绕赣州国际陆港运营管理设定各项经营业务，经营范围包括无水港的管理，铁路场站、集装箱堆场的装卸管理和相关配套业务，国际及国内铁路、道路集装箱普通货物运输（危化品除外），国际及国内货物运输代理服务，货源组织、货物仓储（危化品除外）、装卸、短驳服务，代理报关、报检业务，普通货物销售、进出口贸易，铁路运输供应链管理，汽车检测服务等。2019 年货运量超过 170 万吨，主营业务收入突破 6 亿元。

（二）物流基础设施情况

1. 公路建设情况

现有公路（含通组路）通车总里程为 44021.77 公里。其中高速公路（赣州境内）通车总里程为 1494.79 公里，国省道总里程为 3607 公里（国道总里程 1971 公里、省道总里程 1636 公里），农村公路通车总里程 38919.98 公里（县道 4895.14 公里、乡道 7190.49 公里、村道 26834.35 公里）。

2019 年，共实施高速公路项目 3 个：兴赣北延高速公路、大广扩容南康至龙南段高速公路、寻龙高速公路。普通国省道升级改造项目 23 个，实施里程 341 公里，完成投资约 60 亿元，是年度计划投资的 107%。全市“四好农村路”已完工项目 1499 个，完成里程 5880.6 公里，在建项目 74 个，里程 774.8 公里，完成投资 128.5 亿元，其中，县道升级改造项目 861.2 公里、乡道双车道拓宽改造项目 2389.8 公里、村道窄路面拓宽改造项目 2629.6 公里，完成危桥改造 319 座。

2. **水路建设情况**

全市共注册有 6 家客货运输企业，经营船舶 55 艘，总吨位 21108 吨、载重吨位 29652 吨，拥有水运港口 1 个。2019 年全市水路货物运输量共 958.4 万吨，水路货物周转量 7.85 亿吨公里。赣州港综合货运码头的相关规划调整申请报告已报送国家林业和草原局，为《赣州港（水运）总体规划》取得江西省政府的审查批复创造条件。此外，赣粤运河项目已经通过立项评审，该项目纳入正在修编的《全国内河航道与港口布局规划（修订）》（征求意见稿），现已上报国务院。规划建设赣粤运河，紧扣《交通强国建设纲要》，不仅能带动运河沿线经济社会发展，更能有效促进中西部地区特别是革命老区等融入珠三角经济区、粤港澳大湾区，促进中西部地区优化产业布局，惠及范围深广。

3. **铁路建设情况**

赣州市铁路规划为“一纵一横”快速铁路网和“两纵两横”普通铁路网，总里程超过 1300 公里。昌赣客专铁路于 2019 年 12 月 26 日通车运营，标志着赣南老区、原中央苏区正式进入高铁时代。此外，赣深客专铁路、兴泉铁路两个项目已于 2019 年 5 月开始架梁，计划于 2020 年下半年开始铺轨，2021 年建成通车。规划建成后，将在赣州中心城市形成十字交叉的高速铁路网，赣州市也将因此成为全国“八纵八横”高铁节点城市。

4. **航空建设情况**

2019 年，赣州市新增 9 个通航点，已开通前往北京市、上海市、广州市、延安市、泰国芭提雅等 34 个城市的航班，运营航线 32 条。完成机场旅客吞吐量 208.9 万人次，同比增长 28.5%；过站旅客吞吐量 31.2 万人，同比增长 38.9%；货邮吞吐量 5664.9 吨，同比增长 11.9%；运输起降 1.77 万架次，同比增长 18.6%。平均周航班 335 架次，进出港平均客座率 80.1%，平均运载率 62.4%。2019 年 9 月，赣州黄金机场 T2 航站楼正式投入使用，赣州黄金机场旧的 T1 航站楼将进行改造用于飞国际航线。2019 年 12 月上旬，国家口岸管理办公室批准同意赣州黄金机场航空口岸临时对外开放，是江西省继南昌昌北国际机场之后，第二个获批对外开放的机场。

（三）物流园区情况

2019 年，物流业基础设施项目累计完成投资 125.7 亿元。其中，南康区龙泰安食品冷链加工产业园一期、申通物流转运中心、寻乌县综合物流园等项目完工并开始运营。南康区桥口物流园建设项目、南康区龙泰安食品冷链加工产业园二期、南康区臻顺智慧物流园一期、全南国际商贸物流城、会昌县农产品冷链仓储物流园等重点项目正在全面加快建设。2019 年赣州市主要物流园区情况如表 2 – 7 – 1 所示。

表 2 – 7 – 1　　2019 年赣州市主要物流园区情况

序号	项目名称	面积（亩）	仓储面积（万平方米）	总投资额（亿元）	建设性质	建成运营时间
1	寻乌县综合物流园区	200	10.66	6	新建	2019 年
2	爱康慧谷综合物流中心	105	6.99	2.08	新建	2019 年
3	申通物流转运中心	120	9	3.5	新建	2019 年
4	南康区龙泰安食品冷链加工产业园（一期）	228	冷库容量 24 万吨	10	新建	2019 年

（四）物流产业集群发展情况

2019 年，全市 7 个物流产业集群物流主营业务收入 338.4 亿元，同比增长 10.5%，占全省物流产业集群物流主营收入的 11.7%。其中，南康家具物流产业集群实现物流主营收入 108.6 亿元，占全市物流产业集群物流主营收入的 32.1%；赣州商贸物流产业集群实现物流主营收入 53.9 亿元，占全市物流产业集群物流主营收入的 15.9%；赣南脐橙物流产业集群实现物流主营收入 43.4 亿元，占全市物流产业集群物流主营收入的 12.8%；赣州钨和稀土物流产业集群实现物流主营收入 41.2 亿元，占全市物流产业集群物流主营收入的 12.2%；三南综合物流产业集群实现物流主营收入 24.5 亿元，占全市物流产业集群物流主营收入的 7.2%；赣州东部物流产业集群实现物流主营收入 17.5 亿元，占全市物流产业集群物流主营收入的 5.2%；赣州城市配送物流产业集群实现物流主营收入 49.4 亿元，占全市物流产业集群物流主营收入的 14.6%。

2019 年南康家具物流产业集群产值超过 1800 亿元，正向 2000 亿元大关迈进，已成为全国最大的家具生产制造基地、“中国实木家居之都”。被国家市场监督管理总局批复成为全国 16 个创建国家级家具产品质量提升示范区之一。南康区现有家具物流企业 400 余家，其中 A 级物流企业 14 家，有物流专线 1300 多条，直达路线可覆盖周边 1000 公里内所有县级以上城市和全国除港澳台及西藏地区的所有地级市。此外，南康区拥有全国首个无人机物流试点，将为本区物流发展带来更多创新思路和可能性。

2019 年赣南脐橙物流产业集群总产值 129 亿元，其中鲜果收入 70.1 亿元，帮助 25 万种植户、70 万果农增收致富；种植户户均收入 2.804 万元，果农人均收入 10014 元，占果农人均收入的 85%。脐橙产业解决了 100 万农村劳动力就业，带动了苗木、生产、养殖、农资、分级、包装、加工、贮藏、运输、销售以及机械制造、休闲旅游等全产业链发展。2019 年赣南脐橙以品牌强度 883、品牌价值 675.41 亿元居中国地理标志产品区域品牌榜第 6 位、水果类第 1 位。赣州市赣南脐橙产区被认定为第一批中国特色农产品优势区。初步建立起了覆盖全国的市场营销体系，不但走进了国内所有大中城市市场，而且远销俄罗斯、阿联酋、新加坡、马来西亚、哈萨克斯坦、印度尼西亚等地区，赣南脐橙品牌驰名全国，享誉海外。

（五）重点物流产业领域发展情况

1. 冷链物流

现有农产品加工企业自营型冷藏库总量约 50 万吨。全市冷链物流企业主要分为四类：一是为生产服务的冷链企业，以赣县鹭溪农场有限公司为代表。二是为第三方服务的以租赁冷库为主业务的冷链企业，以赣州利友食品有限公司为代表。三是依托冷库拓展市场的冷链企业，其主要为市场贸易服务，以仓储批发功能为主，以物流仓储企业（尤其是脐橙等果品企业）老果农为代表。四是为销售终端服务的冷链企业，以坚强量贩等大型超市为代表。

赣州市冷链物流中心项目 2017 年 10 月开工，该项目位于章贡经济技术开发区沙河产业园，占地 270 亩，总投资达 13 亿元，建筑面积约 29.4 万平方米，其中冷库建筑面积约 15.1 万平方米，总容量达 15 万吨。项目一期工程建筑面积 18.8 万平方米，其中冷库建筑面积约 9 万平方米；分拨中心、集配中心等建筑面积约 9.8 万平方米，预计 2020 年完成全部工程建设，项目建成后，将成为辐射赣、粤、闽、湘四省九市最先进、功能最完善、规模最大、智能化系统水平最高的现代化商贸冷链物流中心，引进国内外 4000 多种农产品和海产品，打造百亿级冷链物流集散地、千万人的“城市冰箱”。

南康区龙泰安食品冷链加工产业园位于赣州国际陆港港区内，规划占地面积 230 亩，由冷链食品龙头企业——香港龙泰安冷链物流有限公司投资 30 亿元兴建，主要建设 4 栋冷库以及加工区、产品展示区、电子商务区、食品冷链期货系统大数据中心，其中冷库总建筑面积 7.8 万平方米，总容量 24 万吨，2019 年南康区龙泰安食品冷链加工产业园一期项目完工，二期工程正在全面加快建设。预计项目建成后，月吞吐量可达 20 万吨（约 1.6 万标准箱），年吞吐量可达 240 万吨（约 20 万标准箱），市场货值达 300 亿元以上，将成为集加工、物流、仓储、集散于一体的现代化物流园区，成为全省乃至周边省市冻品储存量最大的冷链物流产业园。

2. 口岸与国际物流

赣州国际陆港建成了赣州国际港站（一期、二期）、国际集装箱中心、综合口岸中心（海关查验场、监管区）、保税中心（保税仓）、现代仓储物流中心、公路口岸六个核心功能区。海关监管仓、一期 EPC 项目仓储、铁路二期 A、B 仓库以及其他仓储项目，全部完成建设，由京东、菜鸟、德邦、顺丰等大型物流企业以及赣州发展投资控股集团、飞尚供应链等本土企业投入使用。同时引进社会资本开展配套物流仓储设施建设，江西鱼珠木业进口木材仓库约10万平方米已建成使用，申通、爱康、尚祐等企业在建仓库约35万平方米，主体建设基本完成，部分投入使用。获批全国内陆首个内陆监管试验区、第八个内陆对外开放口岸、江西省唯一多式联运示范工程，以及进口木材、汽车整车、进口肉类三个指定口岸。2019年9月，以赣州国际陆港为核心，赣州市获批首批国家物流枢纽。

2019年，赣州国际陆港已打通了沿边四大国门和沿海港口群，常态化开行19条中欧（亚）班列、4条铁海联运班列和19条内贸班列线路，运行线路辐射全球50%以上面积。开行中欧班列370列，其中欧洲方向246列，包含去程148列，回程98列。中欧班列（欧洲方向）发运集装箱21904个标准箱。实现了家具、木材、煤炭、蔬菜和电子产品的多品种运营，已由最初的木材进口、家具出口单一通道，发展为集外贸、物流、仓储、金融等多元口岸经济为一体的综合性开放口岸。下一步，赣州国际陆港将抢抓建设江西内陆开放型经济试验区，赣州跨境电商综试区和国家物流枢纽的重大历史机遇，突出重点，创新思路，对标国内一流大港，打造全省口岸体系核心龙头，为江西内陆开放型经济试验区建设打下坚实的基础。

龙南保税物流中心于2017年12月全面完成投资建设并通过验收，2018年6月29日正式封关运营，是赣州市乃至整个江西省南部地区重要的口岸开放平台，中心设有完善的海关查验平台、监管保税仓库等设施，保税仓储、国际物流配送、简单加工和增值服务、出口退税等功能不断拓展。

二、2019年赣州市物流业发展存在的问题

（一）物流市场主体弱小

赣州市物流企业大部分仍然呈现“小、散、乱”的现象，大多数是从事公路货运的企业和专线运输的小微公司，服务链短，企业信息化、专业化、智能化程度不高，经营模式单一，竞争力、带动力普遍较弱，虽然有公共物流信息平台在建，但是在实现资源共享、数据共用、信息互通方面仍有欠缺，极大地影响了企业运作效率和行业竞争力。

（二）物流基础设施不完善

赣州市货运枢纽不完善，交通枢纽衔接不顺畅，货运“无缝衔接”还远远未破题。赣州市物流市场仓储设施落后，第三方物流仓储面积少，完全符合物流功能标准的园区较少，导致赣州市仓储成本居高不下，造成企业仓储成本压力大大增加。

（三）政府政策支持较弱

由于市本级设立的物流产业发展专项资金总量少，门槛高，支持作用较低，特别

是对于一些小微企业，专项资金的申请基本难以成功。各县市区出台的物流政策偏少，且对市级层面的政策落实不到位，造成企业在发展过程中很难享受到政府的政策红利。由于赣州市物流企业基本属于小微企业，流动资产多，固定资产少，这就导致物流企业融资困难，并且营改增后诸多成本难以抵扣，企业实际税赋加重造成运营压力。

（四）物流体制机制尚需提升

现代物流业是跨行业、跨地区、跨部门的工作，政府对物流行业的管理需要各部门通力合作，形成合力，更需要成立专门的综合管理机构，来引导、理顺、协调各方面的管理工作；从全国和全省来看，物流牵头部门在发展改革委，具体业务各个职能部门各管一块，如商务部门管商贸流通、工业和信息化部门管大宗货品、农粮部门管冷链物流、邮政部门管快递、交通部门管道路运输，各方标准不一、政策不一、难以协调，出现多头管理、“九龙治水”的现象；从市级层面看，全市没有专门的物流管理机构，现有的“市物流办”是赣州市现代物流产业发展协调领导小组下设的办公室，挂靠在市交通运输局，属于非常设协调议事机构，没有任何管理手段，更没有执法职能，物流行业监管和物流基础设施监管乏力，造成物流投诉无门、政策落实不力、物流项目监管缺失等诸多问题。

（五）专业人才不足

全市物流行业从业人员能力水平整体偏低，现有的物流服务和经营管理人员难以适应现代物流业的发展需要，专业技术人才及高级管理人才十分紧缺。全市中、高等院校开设物流管理专业的较少，对供应链管理、冷链物流、跨境物流等新业态专业人才的教育培养滞后。

三、2020 年赣州市促进物流业发展的措施

（一）加快推进物流基础设施建设

重点推进赣州港、赣州综保区、赣州综合物流园、赣州冷链物流中心、南康区龙泰安食品冷链加工产业园等重大项目建设，完善现有物流园区服务功能，加快建设现代化综合运输体系，标准化公共通用仓储设施。加强水运、铁路、公路等基础设施建设衔接，功能配套互补。

（二）培育物流市场主体

积极支持现有物流企业做大做强、转型升级，重点培育国家标准 A 级物流企业、存货担保管理及质押监管企业、星级冷链企业和供应链企业，支持传统物流企业拓展业务。实施“走出去，引进来”战略，支持赣州市物流企业参与国际竞争，打拼国际

市场；引进“一带一路”沿线国家或城市一流物流企业参与全市物流业发展。

（三）提升物流信息化水平

物流公共信息平台作为国务院《物流业调整和振兴规划》中提出的九大重点工程之一，是有效解决信息化水平程度偏低、供应链上下游企业之间沟通不畅等导致物流业发展水平低下，社会物流成本偏高等关键问题的重要手段。加快赣州市级物流公共信息平台建设，建立商流、资金流、物流和信息流互动的良性机制，有效整合物流资源，提高企业运行效率，形成以物流大数据资源为支撑的智慧物流产业新局面。

（四）引进培养物流人才

积极推动行业从业人员参与专业知识培训，提升从业人员的专业素养；加大对企业引进或培养更加全面的冷链物流、快递物流、物流金融、电商物流、保税物流、国际货代、国际供应链等新业态人才的鼓励及支持力度，保证高级人才的稳定性及归属感。

（赣州市物流协会　幸廖坚）

第八章　2019 年宜春市物流业发展情况报告

一、2019 年宜春市物流业发展总体情况

（一）物流业总体运行情况

1. 货物运输

（1）公路运输情况。2019 年，全市公路货运量 26029 万吨，同比增长 8.1%，货物周转量 713.1 亿吨公里，同比增长 8.1%。

（2）铁路运输情况。2019 年，全市铁路货运量 68.0 万吨，同比增长 3.0%。

（3）水路运输情况。2019 年，全市水路货运量 2902.6 万吨，同比增长 9.7%；水路货物周转量 39.4 亿吨公里，同比增长 9.7%。

（4）航空运输情况。2019 年，宜春明月山机场飞机起降 8148 架次，同比增长 16.2%；旅客吞吐量 777861 人次，同比增长 21.6%；货邮吞吐量 343.9 吨，同比减少 16.1%；平均客座率 85.4%，同比下降 0.3%。

（5）邮政快递情况。2019 年，全市邮政寄递服务业务量累计完成 7215.4 万件，同比增长 1.9%；邮政寄递服务业务收入 1.0 亿元，同比增长 27.7%；全市快递服务企业业务量 3794.1 万件，同比增长 20.8%；快递服务业务收入完成 4.3 亿元，同比下降 5.2%。

2. 物流企业

2019 年，全市各类物流企业约 3000 家，与上一年持平，一部分传统企业转型升级为多式联运、供应链物流、电商物流等创新型物流企业。全市 A 级物流企业共 39 家，2019 年新增 2 家，其中 4A 级物流企业 36 家，总量位居全省第 1。代表性物流企业如下。

（1）江西行者物流科技有限公司。江西行者物流科技有限公司是一家智能信息化新型物流企业，已通过国家发展改革委备案审批，列入江西省重点项目，是国家 4A 级综合服务型物流企业。目前行者物流平台推出了八大运营服务项目：行者科技、行者同创、行者运力、行者共享、行者金服、行者智囊、行者商城、行者园区。江西行者物流科技有限公司总部基地——高安物流云谷 · 内陆港项目正式启动，该项目位于昌栗高速入口处，项目规划占地 1000 亩，总建筑面积 60 多万平方米，一期占地 325 亩。

目前行者物流平台入驻企业766家，平台车辆22324台，2019年营业额10亿元，实现利税近6000万元，被高安市委、市政府评为“2019年度纳税大户15强”。

（2）江西五洲医药营销有限公司。江西五洲医药营销有限公司是江西省药品第三方现代物流试点企业，国家4A级物流企业，全国智慧物流示范企业，是全省唯一一家不依托社会物流自主配送的医药企业。公司总人数1429人，其中，专业销售人员600多人，物流配送及物流管理人员500多人。办公经营面积9万多平方米，其中，标准化仓储面积8.3万平方米，冷库1600立方米，经营药品品规16000多个。公司采用瑞士ABB机械手码垛工位进行整形、机械手码垛收货，目前最先进的德国胜斐迩A字分拣机拣选以及荷兰安霸福莱克斯螺旋输送机输送。日分拣能力可达13万订单行，可支撑仓储配送能力达120亿件/年。公司自备210多辆药品物流运输车，其中冷链药品车90多辆，所有的车辆都配备了无线温湿度传感器、手持终端扫描仪、手持POS终端等设备，另配备了120台药品冷藏箱。公司组建了一个200多人的专业药品直配队伍，在全省范围内设立了13个直配中转站，开通了120条直配专线，覆盖全省及周边区域3万多家终端客户。2019年，厂家一级代理达700家，销售收入近15亿元。2019年，宜春市被确定为全国首批城乡高效配送试点城市，其中，发展医药物流配送是重点任务之一。江西五洲医药营销有限公司已经基本具备了药品城乡高效配送的技术、设备和人员要求，在宜春市城乡高效配送专项行动中发挥了主力作用，为全市完成城乡高效配送任务奠定了扎实基础。

（二）物流基础设施情况

1. 公路建设情况

2019年，全市基本形成了以高速铁路、普通铁路、高速公路为主骨架的综合运输通道。浙赣铁路、沪昆高速横贯东西，大广高速纵贯南北，运输能力和服务质量大幅提升。2019年，全市公路通车总里程与上年基本持平，为19892公里，其中高速公路8条，通车总里程约783公里；国道7条，里程约765公里；省道26条，里程约1752公里。全市农村公路通车公路总里程约16592公里，密度为每百平方公里106.5公里。

2. 水路建设情况

2019年，全市水路基本情况与上年相似，共有码头44座（其中生产用39座，非生产用5座），泊位78个（其中非生产用泊位5个）。其中，1000吨级的泊位1个，位于丰城港曲江码头，500～999吨级的泊位1个，300～500吨级的泊位5个，100～300吨级的泊位23个，100吨级以下的泊位43个。

3. 铁路建设情况

全市境内已建成运营的铁路有6条，分别是浙赣铁路、京九铁路、向莆铁路、沪昆高铁、昌吉赣客专铁路和浩吉铁路，在全市境内线路长度515.04公里，覆盖8个县（市、区）。其中，浙赣铁路和京九铁路为客货混运，向莆铁路以客运为主，兼顾货运，沪昆高铁是客运专线。浙赣铁路在宜春市境内经过袁州区、樟树市、丰城市，并分别设站，里程约150公里；京九铁路在宜春市境内经过樟树市和丰城市并分别设站，里程约67公里；向莆铁路经过丰城市，未设站；沪昆高铁为客运专线，经过宜春市的袁州区、高安市、上高市，并在袁州区和高安市设站，里程约127公里；昌吉赣客专铁路在全市境内线路长度约64.34公里，并且在丰城市、樟树市境内分别设站。

4. 航空建设情况

宜春明月山机场占地1921亩，跑道长2400米，停机坪2.3万平方米，航站楼建筑面积7160平方米，跑道主降方向设长900米的I类精密进近灯光系统，次降方向设长420米的B类简易进近灯光系统，配套建设空管、供电、供水、供热、供冷、供油、消防救援以及机场辅助生产设施。2019年完成了站坪扩建验收，停机位由3个增至11个，已经开通了直抵北京市、上海市、广州市、深圳市等16个热点城市的8条航线。高安市通用机场已完成项目申请报告的编制和专家评审，获省发展改革委核准批复立项，正开展机场工程测量、地质工程勘察和机场工程初步设计；靖安县通用机场项目已于2019年9月正式开工，土地平整完成，正在推进项目围墙、水电等配套工程。

（三）物流园区情况

全市共有物流园区（含配送中心、冷链仓储中心）项目18个，总占地面积8525.6亩，总投资181.4亿元。其中，宜春市中心城市的项目有6个，高安市有4个，丰城市有1个，樟树市有1个，上高县有2个，万载县有3个，奉新县有1个。

目前，全市已建成的物流园区有宜春市赣西物流产业园、宜春快递物流产业园、郑铁物流园、蓝海物流科技有限公司宜春物流中心等。在建的有袁州区医药物流园、樟树药都医药物流园、中汽高安汽车商贸物流产业基地、中国物流水运口岸作业区等。宜春经济技术开发区物流中心园区被评为“全国优秀物流园区”和“江西省省级示范物流园区”。宜春快递物流产业园获得“中国城市物流示范园区”和“江西省现代服务业集聚区”等荣誉。

（四）物流产业集群发展情况

2019年，全市5个物流产业集群物流主营业务收入311.5亿元，同比增长10.2%，占全省物流产业集群物流主营收入的10.8%。其中，高安建筑陶瓷物流产业集群实现物流主营收入156.1亿元，占全市物流产业集群物流主营收入的50.1%；樟树医药化工物流产业集群实现物流主营收入91.3亿元，占全市物流产业集群物流主营收入的29.3%；宜春经济技术开发区综合物流产业集群实现物流主营收入26.3亿元，占全市物流产业集群物流主营收入的8.4%；万载烟花鞭炮危险品物流产业集群实现物流主营收入21.5亿元，占全市物流产业集群物流主营收入的6.9%；丰城商贸物流产业集群实现物流主营收入 16.3 亿元，占全市物流产业集群物流主营收入的 5.2%。

丰城商贸物流产业集群发展势头突出，投资建成了江西邮政（丰城市）电商快递智慧产业园，集电商运营、快递整合、人才孵化、创业基地、金融指导、智能仓储、保税通关等多功能于一体，是江西省首个省级电商运营、仓储、物流配送集散中心，目前“四通一达”、德邦物流、邮政速递和菜鸟乡村等数十家快递企业已进驻，项目顺利运营中。充分发挥丰城市航运历史悠久，铁路、公路运输发达的区位交通优势，联合各相关部门开展水铁联运物流基地项目，并与深圳国际控股有限公司签署战略合作框架协议，联合打造“深国际·丰城水铁联运物流基地”。计划投资 12.8 亿元，规划建设 5000～8000 吨级散货泊位 10 个，综合泊位 10 个，力争至 2030 年实现港口及园区年货物吞吐量 5000 万吨、集装箱 20 万标准箱的规划目标。

高安建筑陶瓷物流产业集群作为省级重点推进物流产业集群，完成主营业务收入 156.1 亿元，总量居全省各产业集群首位。高安市是全国有名的物流大市，高安建筑陶瓷物流产业集群内有物流企业（一般纳税人企业）2139 家，市内注册的营运大货车 9.2 万辆，登记吨位 140.2 万吨，加上高安市籍人员在周边县市注册的公司和车辆，高安市人拥有的大型货运车辆已经突破 11 万辆，物流运输产值突破 700 亿元，实现税收突破 7 亿元，集群内相关从业人员已超过 20 万人，产业规模远居全国各县（区、市）之首。集群内有 4A 级物流企业 32 家，占全省 4A 级物流企业的 38%，省级重点商贸物流企业 13 家，数量居全市首位。

樟树医药化工物流产业集群形成了包括中药材种植、研发生产、医药流通等在内的比较完整的产业链条。全市中药材种植面积达 39 万亩，有百亩以上基地 134 个，千亩以上基地 24 个，万亩以上基地 1 个，种植面积居全省各县市首位。全市有医药企业 245 家，规模以上工业企业 69 家。其中，中西成药及原料药生产企业 13 家，中药饮片生产企业 24 家，中药保健品（食品）、消杀、器械生产企业 109 家，中药材初加工企业 3 家，药品流通企业 38 家，中药保健品、器械销售企业 34 家，中药材种植、销售企业及合作社 17 家，医药研发、包装等企业（机构）7 家。2019 年，集群内实现物流主营收入 91.3 亿元，同比增长 8.0%。仁和药业进入 2019 中国最具影响力医药集团 100 强。

（五）重点物流领域发展情况

1. 城乡高效配送

2019 年，宜春市被确定为全国首批城乡高效配送试点城市。全市物流行业积极开展城乡高效配送，拟定参与试点企业 20 余家，联合物流企业、电商企业、邮政企业、快递企业、供销合作社开展深度合作。在宜春市中心城区建设了快递物流园区，在各县（市、区）建设快递分拣中心，在乡（镇）搭建快递配送网点，形成功能配套、方便快捷、服务高效的三级快递物流网络。支持农产品流通基础设施建设，做大做强农产品批发市场建设，促进工业品下乡和农产品进城的双向流通。按照试点文件要求，创建五种新模式：商业连锁企业的共同配送模式、为批发市场提供的共同配送模式、货运枢纽和物流园区配送模式、电商配送模式、面向制造企业生产线的配送模式，形成规范有序、统一高效、机制健全的城乡高效配送服务体系。

2. 铁海联运

2019 年，宜春市开通了到福州市江阴港的铁海联运快速班列，采取“分散揽货、集中开行、阶梯组织”的方式，中途不设停靠站点，直达江阴港，累计发送货物 5161 标准箱。2019 年，江西省政府选择南昌市、赣州市、九江市和上饶市四地试点实施“三同”政策，宜春市有合力照明、瑞彩科技等企业通过九江市、南昌市集并运输货物 1525 标准箱，外贸物流费用大幅降低。

3. 物流信息化、标准化

全市物流信息化水平发展迅猛，整车公路货运 100% 实现移动互联网信息化：线上下单、线上交易、电子协议、线上结算支付、实时在线跟踪、线上评价等，以及保险、垫付运费、ETC 充值等增值服务，都可在线上完成。零担物流、仓储物流，80% 以上实现了使用电子单证；仓储实现了移动可视化监控。宜春市物流公共信息平台尚未建立起来，不能实现物流政务信息、行业信息、企业信息互联互通，数据共享。物流标准化程度不断提高，特别是标准化托盘、周转箱等单元化器具的应用，大大降低了物流企业综合运营成本。很多零担物流企业、仓储配送企业、快消品配送企业，在推广应用物流标准化后实现企业降本增效，从而推进物流标准化向行业推广。

二、2019 年宜春市物流业发展存在的问题

（一）物流集约化程度低

一是缺少大型物流园区。宜春市物流园区建设进展较慢且分布不均，除中心城区有宜春经济技术开发区物流中心园区、宜春快递物流产业园、郑铁物流园等园区外，其他县（市、区）还比较缺乏现代化的物流园区。物流没有实现集聚化经营，物流效率偏低。

二是缺少大型物流企业。宜春市物流企业水平参差不齐，除高安市物流业比较发达，涌现一批 A 级物流企业外，其他县（市、区）物流企业普遍存在“散、乱、杂”现象。绝大部分物流企业规模小、功能单一、经营方式粗放、管理水平低、技术水平落后，导致企业综合竞争力普遍较弱，物流带动能力不强。

（二）物流标准化、信息化建设滞后

一是物流企业标准化程度低。标准化专业设备（如集装箱、叉车、托盘、周转箱、货车、货架等）不足，尤其标准化托盘的使用率、租赁率较低。

二是物流信息化程度低。宜春市物流信息化程度整体偏低，物流信息系统和公共物流信息平台标准不一，使物流信息无法实现互联互通，物流资源得不到有效配置。

（三）物流专业人才缺乏

全市从事物流职业的人员素质偏低，中高级物流人才缺乏，既懂物流专业理论知识又懂物流实际操作的不多。现代物流服务理念和经营管理水平低下，难以满足企业物流现代化的需要。

（四）“下行”配送成本高

全市农村布局分散导致配送路线长，且配送量较少，所以“下行”配送成本高。另外，现行城乡配送主体各自为政，配送路线、车辆等资源没有实现共享，去程或回程空载现象严重，这些也是导致配送成本高的重要原因。

三、2020 年宜春市促进物流业发展的措施

（一）做好规划编制，提高产业链的带动力

依据商贸服务业与现代物流业相结合、产业发展与空间布局相结合的原则，启动《宜春市商贸物流发展规划》起草编制工作。按照城内大商场、城外大市场布局，不断延伸商贸零售、批发市场、冷链、医药等领域的产业链，将宜春市打造成区域性的交通物流中心。

（二）大力发展医药物流

以樟树市“中国药都”振兴工程上升为省级战略为契机，大力扶持医药流通产业发展，建成全省最大的医药物流智慧配送中心，建设江西药品集中仓储配送中心，全力打造中国南部药品集散中心。一是推进智慧医药物流体系建设。利用现代信息技术，打造“可视（互联）、可控（风险）、可追踪（风险）”的智慧医药物流体系，建成全省最大的医药物流智慧配送中心。智慧医药物流体系可以实现从生产厂家到配送中心再到医院药房，直至最终患者的全物流流程的可视化管理，统一调配资源，通过运用专业的第三方医药物流平台（智慧医药物流服务平台），使物流、商流分离，实现从传统药品营销模式到现代化电子商务网络营销、现代医药智能仓储物流管理、药品终端直配的综合服务型模式转变。二是推进医药物流配送体系建设。依托樟树市形成的医药产销良好基础，打造形成辐射全省的医药物流配送体系。预计到 2020 年年底，全市药品自动化仓储面积达到 10 万平方米，配送线路 200 条以上；整合药品供应商 3500 个，县乡医院 500 家，各类药店 3000 个，形成辐射全省的医药物流配送体系。

（三）统筹推进城乡配送

1. 完善城乡三级配送网络

加快完善和构建效率高、功能强、周转快的三级配送物流网络体系，促进城乡高效配送基础设施资源整合、功能完善、布局合理、网络优化。一是以城区为中心，布局一级配送网络。物流园区是城乡高效配送节点体系中的“骨干”和“主力”，作为“一级节点”对现代城乡物流配送体系建设起着重点支撑作用。按照物流交通一体化、城乡配送集约化的要求，坚持资源共享、优势互补和差异化发展，合理布局综合物流园区，贯通城市交通枢纽和对外交通节点，充分发挥园区内分拨（配送）中心作用，引导和鼓励开展“落地配”，实现城际物流和城乡配送的合理衔接。二是以县域为补充，布局二级配送网络。指导和督促各县（市、区）政府将县（市、区）级物流中心建设、改造纳入政府重点项目，充分利用废旧厂房等资源，新建和改造一批县（市、区）级物流中心，整合商贸、交通运输、邮政、快递、供销合作等物流资源，强化集散中转、仓储配送等综合服务功能，为开展城乡高效配送提供核心节点支撑。三是以末端网点为支撑，建立三级配送网络。依托重点商贸流通企业、邮政公司、电商快递企业和“万村千乡”市场工程网点资源，在城市社区、居民集中区、大型楼宇、校园周边、政府机关、村委会等区域，建设和改造一批集零售、配送和便民服务多功能于一体的末端共同配送站点和卸货点；大力发展以智能自提货柜、智能快递站等为代表的智慧末端配送设施。在乡村区域鼓励物流、电商、邮政、快递等企业与末端配送企业合作，整合电商、邮政、供销等农村服务站点，实现末端物流配送的专业化、统一化、信息化，有效解决电商物流配送和快递投递“最后一百米”问题。预计到2020年年底，建成和改造4个综合物流园区、5个县级物流中心、2个铁路物流园及专线、1个水运杂货码头、2000个农村末端配送网点为支撑的城乡配送网络。

2. 发展城乡一体化配送模式

以快递龙头企业为依托，以快递分拣中心为支撑，以快递超市为末端网点，鼓励跨部门资源共享和跨行业协作联营，深入实施快递下乡工程，推进快递服务农特产品进城示范项目，发展“快快合作”“邮快合作”“供快合作”，形成衔接有效、往返互动的双向流通。统一快递服务车辆，统一配送信息平台，集中配送，统一分拣，形成城乡往返一体化配送模式。预计到2020年，建成和改造3个快递物流园，整合快递企业20家，布局快递超市150家，新能源配送车辆120辆，月均配送和发送快件300万件。

3. 强化城乡配送技术标准应用

大力推广国家物流标准化建设，推动仓储、配送、分拣、包装、装卸、搬运等环节物流标准广泛应用。预计到2021年，试点企业标准化托盘使用率将提升到30%以上。

（四）打造赣西地区的进出口物流集散中心

开通中心城区到宁波市等主要出海港的铁海联运班列，打造赣西地区的进出口物流集散中心。赣西地区的进出口货物主要通过公路直接运输到港口，公路运输到南昌市向塘镇经铁路运输到港口，公路运输到九江市、岳阳市等经水路运输到港口等几种方式，尚没有一条可以直达港口的铁海联运班列，存在运输成本偏高和运输时间较长等问题。宜春市具备开行中心城区直达宁波港的铁海联运班列的条件，计划每周固定开行 2 列，常态化运行。线路开通运行后，可以集聚市本级、万载县、上高县、宜丰县、铜鼓县等县区货源，并辐射萍乡市、吉安市、新余市等部分地区，形成赣西地区的区域性进出口物流集散中心。

（宜春市商务局　翟婷　宜春市物流行业协会　何德顺）

第九章　2019 年上饶市物流业发展情况报告

一、2019 年上饶市物流业发展总体情况

（一）物流业总体运行情况

1. 货物运输

（1）公路运输情况。2019 年，全市公路货运总量 30051 万吨，同比增长 8.12%；货物周转量 373.98 亿吨公里，同比增长 8.1%。

（2）铁路运输情况。2019 年，全市铁路货运量 670 万吨，同比增长 6.5%。

（3）水路运输情况。2019 年，全市水路运输货运总量 948 万吨，同比增长 11%；货物周转量 21.8 亿吨公里，同比增长 9.66%。

（4）快递业务情况。2019 年，全市邮政寄递服务业务量完成 7778.68 万件，同比增长 6.62%；邮政寄递服务业务收入完成 1.42 亿元，同比增长 24.70%。全市快递业务量累计完成 6427.69 万件，同比增长 24.05%；快递业务收入累计完成 5.68 亿元，同比增长 18.22%。

2. 物流企业

全市现有各类物流企业约 3000 家，其中省级重点商贸物流企业 4 家、重点商贸物流园区（中心）2 家，国家 4A 级物流企业 2 家。代表性物流企业如下。

（1）上饶市大顺实业有限公司。国家 4A 级物流企业，位于国家级上饶经济技术开发区内，具有汽车销售、维修、检测、运输、物流园区、物流平台、电子商务、北斗监控科技园一体化经营模式，2019 年实现物流业务收入近 1 亿元。拥有仓储面积 8.4 万平方米，各类大中型、特殊、集装箱、冷藏运输车 5500 多辆，配送网点 46 个，标准化托盘 320 个，仓储起重机 2 套，叉车 100 台，物流管理系统 5 套，园区已入驻德邦、顺丰、安得和安能等 15 家企业。

（2）上饶市驰骋仓储有限公司。上饶市驰骋仓储有限公司是驰骋控股集团有限公司全资子公司，位于横峰县物流园区内，占地面积 67 亩，总建筑面积 5.8 万平方米，现已成为集常温配送、冷链配送、快件落地配、城市共同配送于一体的综合物流中心，可满足上饶市、景德镇市、鹰潭市等市的 19 个县区 1000 多家加盟店的商品配送，实现商品的储存、分拣、配送与信息处理。目前项目一期已建成运营，2019 年营业收入达

9083 万元。项目全部建成后将实现配送货值 5 亿多元，可满足 3000 家连锁门店配送需求。

（二）物流基础设施情况

1. 公路建设情况

2019 年，全市公路总里程 26778 公里，位居全省第 4，其中高速公路 7 条，总里程 684 公里，形成了“三纵三横”高速公路网络（三纵：G0321 德上高速、S33 上万高速、G1514 宁上高速、G35 济广高速，三横：G56 杭瑞高速、G6021 杭长高速、G60 沪昆高速），加快了与长三角经济区、海西经济区、赣东北合作发展的交通联系，推动区域经济高质量发展。

2. 水路建设情况

2019 年，上饶港现共有码头 13 个（含鄱阳湖国家湿地公园客运码头、弋阳龟峰景区客运码头各 1 个）。2019 年完成港口货物吞吐量 900 万吨，同比增长 5. 39%；旅客运输量 43. 87 万人，同比增长 31. 35%。

3. 铁路建设情况

2019 年，境内铁路里程 647 公里，总里程位居全省第 1，形成了“三纵四横”（三纵：京福高铁、峰福铁路、皖赣铁路；四横：沪昆高铁、浙赣铁路、九景衢铁路、昌景黄铁路）的铁路网，沪昆高铁和京福高铁在上饶“十字”骑跨互通。上饶市每天有 230 多趟高铁往来全国各地，年客流量列全国各大城市第 16 位，2 个半小时可通达上海市、长沙市、合肥市等城市，一个半小时可通达杭州市、福州市等城市。

4. 航空建设情况

上饶三清山机场于 2017 年 5 月 28 日正式通航，占地 2243 亩，跑道长 2400 米，宽 45 米，拥有机位 6 个。2019 年，三清山机场 7 条航线旅客吞吐量突破 50 万人次，同比增长 33. 40%；货邮吞吐量 153. 80 吨，同比增长 27. 0%，全部航线总平均客座率约为 81%。

（三）物流园区情况

全市已建成运营的物流园区有新华龙现代物流园、横峰县现代物流园、铅山县华林物流园、余干县长青物流园、余干县铁路物流园、余干县鄱阳湖农产品物流园、江西大鼎电商快递物流园等 8 个。在建物流园区有上饶国际综合物流园、上饶农产品交易冷链物流园、玉山县恒阳仓储物流产业园等 6 个项目。

上饶国际综合物流园。位于上饶经济技术开发区董团乡、上饶县枫岭头镇，规划面积 10 平方公里，近期实施 6 平方公里，项目总投资约 232 亿元。项目规划有 18 个功能区块，主要包括快递产业园区、铁路港、公路港、公共仓储中心、粮油产业中心、商贸批发市场（兼容商贸流通加工）、综合保税区、制造业原材料及成品仓（兼容制造业流通加工）等。2019 年 7 月，上饶市委、市政府出台了《关于推进物流业高质量跨越式发展的意见》，明确提出“举全市之力，倾斜各类资源要素，支持上饶国际综合物流园快速建设、发挥效益，强化全市物流业发展的‘龙头’地位”的重大决策部署。目前，上饶西货站（一期铁路专用线、二期货场整体搬迁）、无水港西迁、物流仓储分拨中心、速运产业园等重点入园项目推进顺利，其中上饶西货站（一期铁路专用线）项目将于 2020 年 10 月底完工；无水港西迁项目将于 2021 年 3 月底前竣工并交付使用；物流仓储分拨中心将于 2021 年 3 月完成物流地块施工；速运产业园将于 2021 年 5 月完成物流地块施工。

（四）物流产业集群发展情况

2019 年，全市 5 个物流产业集群物流主营业务收入 266.5 亿元，同比增长 7.8%，占全省物流产业集群物流主营收入的 9.3%。其中，鄱余万农产品物流产业集群实现物流主营收入 42.0 亿元，占全市物流产业集群物流主营收入的 15.8%；上饶商贸物流产业集群实现物流主营收入 79.8 亿元，占全市物流产业集群物流主营收入的 29.9%；上饶电子商务物流产业集群实现物流主营收入 65.7 亿元，占全市物流产业集群物流主营收入的 24.7%；横峰工业物流产业集群实现物流主营收入 64.1 亿元，占全市物流产业集群物流主营收入的 24.1%；上饶经济技术开发区物流产业集群实现物流主营收入 14.9 亿元，占全市物流产业集群物流主营收入的 5.6%。

（五）重点物流领域发展情况

1. 口岸物流

2019 年，上饶—宁波港海铁联运“天天班”共开行 431 趟，同比增长 32.62%；发运集装箱 31514 标准箱，同比增长 28.87%。2019 年，连续开行 18 趟中欧班列，运送晶科能源太阳能组件产品 850 个集装箱大柜。口岸物流通道已成为上饶乃至周边地区产品走向国际市场的“直通车”、外向型经济发展的“加速器”。

2. 电商物流

2019 年，全市有 12 个县（市、区）均建有电子商务产业园（孵化基地），上饶市电商发展伴随着快递物流快速发展，现有快递企业及其分支机构 165 家，其中法人企业 91 家，分支机构 74 家，形成了企业品牌全覆盖、城乡区域全覆盖、服务时限全覆盖的市场主体体系。2019 年，全市快递业务量完成 6427.69 万件，同比增长 24.05%，电子商务与快递物流协同发展态势良好。

二、2019 年上饶市物流业发展存在的问题

（一）物流基础设施薄弱

目前市本级高标准推进上饶国际综合物流园建设，但园区承载的城市物流配送

（分拨）中心尚未成形，受县级专业物流中心不多且综合物流服务能力较弱、市内标准化仓储设施不足、乡镇配送节点及村级末端网点整合不够等因素制约，市、县、乡、村四级物流配送网络有效衔接亟待加速破解。

（二）行业龙头企业不强

商贸物流产业链龙头企业缺乏，全市4A级以上的物流企业仅有2家，虽然涌现了海港物流、驰骋仓储、大顺物流、新华龙物流、安途物流等一批行业龙头企业，但企业体量不大、整合上下游资源推进城市（城乡）高效配送能力不强，龙头引领作用发挥不够。

（三）区域物流辐射不广、货源集聚度不足

上饶市是江西省东部开放门户、四省交界区域中心，也是名副其实的华东区域立体式综合交通枢纽。2019年，上饶—宁波港海铁联运“天天班”共发运集装箱31514标准箱，其中晶科能源货物达31326标准箱，占比99.4%，其余为市内零散货源，未能真正发挥区位交通优势实现物流资源集聚效应。

三、2020年上饶市促进物流业发展的措施

2020年，上饶市将重点做好“编规划、强基础、引项目、延链条、抓试点”五项工作。

（一）高标准编制物流发展中长期规划

加快编制《上饶市物流业发展中长期规划（2020—2030年）》，通过编制规划，进一步明确物流产业发展定位、发展思路、功能布局、主要任务、重点项目和政策措施等。适时联动编制1～2个物流发展专项规划，以规划引领全市物流业高质量发展。

（二）多措并举加快物流基础设施建设

一方面，加快上饶国际综合物流园道路、水电、通信等基础设施建设，加快推进货运站西迁、无水港西迁、快递产业园、公路港、大宗商品集散中心等重大项目建设进度。另一方面，按照《上饶市物流业发展中长期规划（2020—2030年）》，推进县级物流中心建设或改造提升，实现市、县两个层级物流中转有效衔接和物流平台支撑。

（三）加强物流产业项目招商落地工作

牢固树立“项目为王”理念，抓大项目、大抓项目，加强与中国物流与采购联合会等物流协会联系对接，发挥异地上饶商会资源优势，加快“走出去，引进来”步伐，适时在沿海发达地区举行现代物流产业专题招商活动，大力招引一批商贸物流大项目，

丰富商贸物流产业链条。

（四）深入实施商贸物流产业链畅通行动

重点围绕“物流平台建设、城乡高效配送、业态创新发展、快递转型升级”四大工程，重点做好“产业发展规划引领、物流基础设施建设、物流发展新动能培育、城乡物流配送创新、产业集群发展集聚”五项工作，促进产业延链、强链，推进商贸物流产业高质量跨越式发展。

（五）向上争取政策实施城乡配送试点工程

积极争创和承接省级城乡高效配送试点工作，围绕商贸流通领域和关系民生的“快消品、家电、生鲜农副产品、快递”四大细分领域，创新推进“快消品、家电统仓统配”“生鲜农副产品集采共配”“‘快递＋X’城乡往返配送”模式，重点在快消品领域城乡配送试点中作示范、求突破、见成效，积极探索创新“统仓统配”模式，通过推进骨干企业建立快消品集中仓储中心，引导示范骨干企业整合上游供应商群体，为供应商提供统仓统配一体化服务，开展服务于全市连锁门店与社会非连锁门店的专业化、网络化、全流程的统一配送。

（上饶市商务局　俞方林）

第十章 2019年吉安市物流业发展情况报告

一、2019年吉安市物流业总体发展情况

（一）物流业总体运行情况

1. 货物运输

（1）公路运输情况。2019年，全市公路货运车辆（4.50吨以上）有4.82万余辆，有61.46万载重吨；货物运输量1.43亿吨，同比增长8.12%；货物运输周转量524.30亿吨公里，同比增长8.10%。

（2）铁路运输情况。2019年，全市铁路（吉安站）货运总发送量0.50万吨，同比下降93.56%；总到达量416.0万吨，同比下降1.14%。

（3）水路运输情况。2019年，全市水路总货运量0.22亿吨，同比增长9.68%；总周转量49.88亿吨公里，同比增长9.67%。

（4）邮政快递情况。2019年，全市快递业务量完成0.43亿件，同比增长27.9%；快递业务收入4.49亿元，同比增长20.37%。

2. 物流企业

2019年，全市共有各类物流企业1335家，同比增长约10%。A级以上物流企业共17家，其中4A级物流企业6家，3A级物流企业9家，2A级物流企业2家。全市快递法人企业90家，快递揽货点387个。代表性物流企业如下。

（1）江西万佶物流有限公司。2019年，江西万佶物流有限公司（以下简称“万佶物流”）高质量发展，提速创新。积极打造“互联网+高效物流”战略，满足市场和产业需求、打造全省物流公共信息平台三级体系和全省智慧物流四级配送体系。以科学技术、商业模式、服务水平和服务能力的创新助推企业转型升级、行业降本增效以及行业高质量发展。2019年1月5日，全省首个县级物流公共信息平台在赣州寻乌落户。2019年6月12日，中央政治局委员、中央书记处书记、中央宣传部部长黄坤明和江西省省委书记、省人大常委会主任刘奇先后到寻乌县级物流公共信息平台视察，寻乌县级物流公共信息平台的成功经验模式已被中央农村工作领导小组办公室等相关部委作为全国的县级样板、农村物流快递的示范平台大力向全国推广复制。2019年5月，万佶物流新模式分享会走进了“中国物流汽运之都”高安。2019年7月，万佶物流承

办的货运物流企业升级发展新模式研讨会在井冈山隆重举行。2019 年 10 月，万佶物流被国家发展改革委确定为“全国物流运行监测点。万佶物流荣获“吉安市首届民营领军骨干企业”“2019 年江西省互联网企业 20 强”。万佶物流总经理刘光森被中国文明办评为“2019 年 2 月‘中国好人’”。《江西万佶物流有限公司打造“4 + 3”诚信智慧物流信息平台》入选中国物流与采购联合会“2019 中国物流与采购信息化优秀案例”。

（2）江西舌尖王国商贸有限公司。江西舌尖王国商贸有限公司仓储物流（以下简称“舌尖仓储物流”）创建于 2015 年，坐落于吉安市吉州区城南专业市场鑫昌商贸物流园，条件优越，交通便利；舌尖仓储物流总投资 5000 万元；总面积 18000 平方米；长期经营的 SKU 可达 5000 个；带动就业人数 200 余人；舌尖仓储物流以线上平台为中心，一站式快递服务平台、以消费驱动的智能云仓、智能分拣分包系统、专业库存管理 WMS 系统，是舌尖仓储不断进步的有效保障；应用条码技术识别，可支撑单日发货量 10 万单以上。舌尖仓储物流已实现无纸化、可视化管理，在未来发展计划中，将更加注重仓储物流战略规划，带动上、中、下游循环代运，辐射华南物流的电商快递枢纽，极大提升吉安市快递物流能力，缩短商品的物流配送时间及物流成本，实现吉安市电商产业快速发展。

（二）物流基础设施情况

1. 公路、铁路建设情况

2019 年，全市境内公路通车里程为 23331.9 公里，其中高速公路达 767.9 公里，国道 1745.3 公里，省道 1728.3 公里。2019 年 9 月 28 日，煤运专用通道浩吉铁路（原蒙华铁路，市内 69.8 公里）开通运营，第一条高速铁路昌吉赣客运专线于 2019 年 12 月建成通车，加上京九铁路、衡茶吉铁路和分文铁路，全市铁路营业里程总计达到 726.4 公里。

2. 水运建设情况

2019 年，继赣江石虎塘航电枢纽和峡江水利枢纽建成后，新干航电枢纽船闸主体工程完工并试通航成功，赣江井冈山航电枢纽工程已完成合龙，正在加快建设，万安枢纽二线船闸工程正式开工。同时，港口码头建设正加快推进，继新干港河西综合码头、吉安港石溪头货运码头后，泰和港区沿溪货运综合码头完成 EPC 招标，建设责任主体为江西省港航建设投资集团有限公司，正在准备建设施工；吉水港区醪桥货运综合码头已完成工程可行性研究报告编制，建设责任主体为江西省水利投资集团有限公司，正在完善各项前期工作；吉安县丹砂渡码头完成主体工程，建设责任主体为吉州窑管理委员会，正在完善后方配套设施。全市拥有 7 个年吞吐量万吨以上港区、21 座客货码头、44 个泊位，建成后货物年吞吐能力可达 1208 万吨。

3. 航空建设情况

2019 年 8 月完成了吉安井冈山机场新航站楼建设。新航站楼建成投用后，站坪机位从原来的2个增加到9个，可满足旅客吞吐量100万人次。2019年9月19日吉安井冈山机场二期改扩建工程竣工暨新航站楼启用仪式在吉安井冈山机场举行，标志着自2015年6月15日开工建设的吉安井冈山机场二期改扩建工程已全部完成，开创了吉安市地方交通运输事业的新纪元。

（三）物流园区情况

2019年，全市建成或部分建成并投入使用的物流园有10个，在建的物流园中，江西京鼎冷链产业园项目于2019年12月开工建设，填补了吉安市冷链物流园的空白。投入使用的物流园主要分布在井冈山经济技术开发区、吉州区、吉安县、新干县等（见表2－10－1）。

表2－10－1　　2019年吉安市主要营运物流园区情况

序号	园区名称	面积（亩）	建筑面积（万平方米）	仓储面积（万平方米）	入驻企业（个）	货物吞吐量（万吨）	园区收入（含入驻企业，亿元）
1	江西祥和物流园	157.61（一期）	8.39	3.44	73	329	10.50
2	吉安华通物流园	136.70	10	5	102	405	17.18
3	江西金鸿马现代物流产业园	204	1.8	0.80	20	42	0.85
4	瑞和商贸物流园	301	26.34	5	297	375	15.22
5	赣中快递电商物流园	60（一期）	4.30	3.50	44	75（万件）	1.50

代表性园区如下。

江西祥和物流园。江西祥和物流园位于吉安市吉安县大广高速公路出入口，园区占地面积157.61亩（一期工程）。经过几年来的建设运营，园区的主要基础设施、配套设施、技术装备已基本完善、齐备。近几年来，园区先后引进入驻物流运输企业、快递企业、电商企业、仓储配送企业、城乡配送企业、相关配套服务企业等已达70多家。园区已形成较好的集聚效应。2019年园区货物吞吐量已达329万吨，实现营收10.50亿元。江西祥和物流园先后荣获“江西省现代服务业集聚区”“江西省重点商贸物流园区”“江西省省级示范物流园区（第三批）”等荣誉称号。江西祥和物流有限公司也先后荣获国家4A级物流企业、国家高新技术企业、科技型中小企业、省电商知识产权保护合作单位等荣誉资质。2019年荣获“江西省重点商贸物流企业（第六批）”荣誉称号。

（四）物流产业集群发展情况

2019 年，全市 4 个物流产业集群入驻企业共计 1768 家，有货运车辆（普通）1400 辆，线路 800 多条，从业人员 16 余万人，业务基本覆盖全国各地；物流主营业务收入 218.6 亿元，同比增长 9.6%，占全省物流产业集群物流主营收入的 7.6%。其中，吉安县综合物流产业集群实现物流主营收入 46.2 亿元，占全市物流产业集群物流主营收入的 21.1%；新干箱包灯饰物流产业集群实现物流主营收入 41.3 亿元，占全市物流产业集群物流主营收入的 18.9%；井开区综合物流产业集群实现物流主营收入 101.0 亿元，占全市物流产业集群物流主营收入的 46.2%；吉州商贸物流产业集群实现物流主营收入 30.1 亿元，占全市物流产业集群物流主营收入的 13.8%。

（五）重点物流领域发展情况

1. 电商物流

2019 年，市委市政府高度重视电子商务发展，紧扣“抓重点、创特色”主题主线，大力推广“电商 + 直播”模式创新活动，初步形成了以本地特色产业为基础，以专业电子商务平台为支撑，以企业和消费者为主体的发展格局，全市电子商务持续快速发展，网上零售额连续三年增幅高出全省 5 个百分点以上，根据江西省商务厅通过大数据抓取国内大型主流第三方电子商务交易平台（淘宝、京东、苏宁、拼多多等）电商交易的情况反馈，全市 2019 年网络零售额达 50.69 亿元，同比增长 32.8%，位列全省第 6。其中实物行业网络零售额 36.33 亿元，占全网零售额的 71.67%，同比增长 29.1%，总量位列全省第 6。根据第三方平台抓取，全市开设网络店铺 33460 家，其中在线活跃店铺数量达 12701 家，带动就业人数 16569 人。全市培育了 5 个淘宝镇（安福县平都镇、吉安县敦厚镇、遂川县泉江镇、泰和县澄江镇、永丰县恩江镇）、3 个淘宝村（新干县金川镇文家村、泰和县澄江镇文田村、永丰县恩江镇花园村），数量分别位居全省第 5 以及全省并列第 2。全市建成电商产业园 18 个，实现县（市、区）全覆盖，其中 8 个电商产业园由服务型企业帮助运营。新干县、吉水县、永丰县获批为国家电子商务进农村综合示范县，永新县、万安县、吉安县、遂川县等贫困县相继被列入国家电子商务进农村综合示范县，实现贫困县全覆盖。全市跨境电商出口 6.2 亿美元，同比增长 20%。其中，跨境电商出口企业 66 家；进口商品经营企业 4 家；跨境电商公共服务平台 5 个。快速发展的电子商务产业已成为全市实现高质量跨越发展的新引擎。

2. 物流信息平台

2019 年，由万信物流建设运营的江西省省级物流公共信息平台借助产业互联网优势，助力传统产业借力大数据、云计算、智能终端以及网络优势，提升内部效率和对外服务能力，在中小企业与运输司机会员之间搭起桥梁，为物流园区提供现代化集成服务。2019 年已在全省 6 个地级市，打通了政府数据资源和行业信息，已建成吉安物流公共信息平台、赣州吉集号物流公共信息平台、九江市综合物流公共信息平台、萍乡市物流公共信息平台、上饶市物流公共信息平台和南昌市物流公共信息平台，其余 5 个地级市的物流公共信息平台建设也正在全力推进，全省平台体系建设已初具规模。2019 年 1 月 5 日，全省首个县级物流公共信息平台在赣州市寻乌县落户。寻乌县级物流公共信息平台的成功经验已被中央农村工作领导小组办公室等相关部委作为全国县级样板、农村物流快递的示范平台大力向全国推广复制。

国光商业连锁有限公司继续巩固、完善企业物流信息平台（包括吉安市、赣州市两个冷链物流中心子信息平台系统）和企业内部管理系统，不断提高企业的信息化、规范化、智慧化水平。江西省彬彬物流有限公司结合万安县实际，整合资源，量身建设了一个面向县乡村的城乡物流快递配送服务平台，县内农村物流配送“最后一公里”问题解决已初见成效。

二、2019 年吉安市物流业发展存在的问题

随着经济社会的快速发展，全市物流业现状与高质量发展的要求还有较大差距，主要表现在以下方面。

（一）物流基础设施不完善

由于缺乏统一的规划和管理，部分物流园区选址不够科学、定位不够准确。目前，全市投入使用的物流园区有 10 个，分布在 8 个县市区，仍有 5 个县市区没有物流园。此外，物流园区产业集聚度不高，缺少辐射带动力强的全市性或区域性物流中心。物流园区布局缺乏科学性，部分配送中心离城区较远，城市没有规划配送车辆装卸停靠位，末端网点布点太少，网络化、体系化水平不高。

（二）物流企业竞争力不强

全市物流企业呈现“多、小、散、乱”现象，企业总数 1335 户，但是 A 级企业仅有 17 家，4A 级以上仅有 6 家，物流企业发展水平较低，硬软件设施有待完善。大多数物流企业只能提供简单的运输及仓储服务，经营模式相对落后，综合竞争力较弱，难以满足现代物流的发展需求。

（三）物流信息化、标准化程度不高

全市现有物流平台服务功能较单一，信息化水平低下，服务体系不够健全，缺乏综合性、一体化的现代化物流服务平台。现有物流企业信息化进程较慢，物流信息管理水平和技术落后。车、货源之间的信息不对称，虽然有万信物流公共信息平台提供信息服务，但企业间、企业和政府部门之间信息不畅，无法实现信息交换，特别是政

府横向体系和纵向体系间的相互协调。

（四）高层次物流人才严重不足

大部分物流从业人员学历较低，创新力不强，全市物流人才培养体系不健全，高层次人才和专业人才严重依赖其他地区引进，造成复合型物流人才非常短缺，直接制约了全市物流业的快速发展。

（五）物流业发展环境有待改善

虽然近年来各级政府加大了“放管服”改革力度，并取得明显成效，为企业提供了更为便捷的服务，但还存在物流企业用地难、用地贵、融资难、融资贵、货运车辆报废难、发展难等问题，在一定程度上制约了物流企业的可持续发展。

三、2020 年吉安市促进物流业发展的措施

（一）突出基础设施建设

吉安市积极打造骨干商贸物流园区、分拨中心，按照国家、省级物流园区建设标准，科学规划建设了一批新兴物流园区，形成了一批高水平作业的现代物流产业聚集区。聚力在吉泰走廊打造 1～2 家高质量示范物流园区，强化物联网技术应用和数字化终端设备普及，加快布局冷链物流、快递智能分拣中心、智慧物流等新兴业态，全力培育国家级示范物流园区。按照“多站合一、资源共享”模式，整合交通公路、邮政供销、电商快递等资源，打造农村物流配送综合服务平台，尽快建立、完善全市四级物流配送网络（市级物流分拨中心、县级物流配送园区、乡级物流配送站、村级物流配送点），切实为全市物流业发展提供基础支撑。

（二）突出示范企业引领

吉安市以现有物流企业为基础，积极培育打造一批示范物流企业，鼓励物流企业申报国家认证，增强物流企业服务能力，支持企业做大做强。大力开展物流企业招商引资，力争引进一批国内外知名、运营能力强、技术领先、主营业务突出的第三方大型物流企业来吉安市投资并设立分支机构，影响带动一批龙头企业快速成长，做大做强，形成竞争优势，成为具有较强竞争力的市场主体。对新引进且落户于吉安市的物流企业在土地、税收、人才、技术创新等方面要进行扶持。加大宣传力度，积极组织各县（市、区）申报省级重点商贸物流企业、重点商贸物流园区，促进示范企业引领物流业高质量发展。

（三）突出物流信息化提升

吉安市鼓励物流企业提高信息化水平，以省级物流公共信息平台为主轴，以万佶

物流公共信息平台为分支，实现市县级平台互联互通，加大力度推进平台横纵发展，实现物流信息化水平。支持物流企业与平台企业加强对接，加快建立物流企业之间的信息采集、处理和服务的交换共享机制，有效整合物流资源，推动工业、商贸、物流企业之间的高效对接。加大力度推广应用 1200mm × 1000mm 标准化托盘和 600mm × 400mm 系列模数周转箱（筐）等单元化物流器具，建立标准化托盘循环共用体系。支持仓储、包装、分拣、装卸、配送的流程标准化，促进物流单元化、一体化作业。支持企业建立物流标准体系，提升服务水平，增加服务网点，提高专业化服务能力。

（四）突出物流人才培养

一要加大力度培养物流方面专业的人才。通过吉安职业技术学院，加强校企合作，开设物流相关专业培养物流人才，采取与重点物流企业合作的方式，进行物流人才订单式培养，提高培养的针对性；支持院校与物流行业主管部门、行业协会合作。二要引进专业管理人才。全市重点物流企业要引进一批高素质、专业强、懂运营的综合型物流高级人才，切实落实好“庐陵英才计划”各项政策，让物流人才引得进、留得住，着力构建吉安市物流人才高地。三要进行岗位技能培训。鼓励物流企业与吉安市物流协会、物流培训机构合作，定期组织物流操作人员进行岗位技能培训，更新知识，提升实际工作能力和服务水平。

（五）突出扶持政策引领

坚持问题导向，突出精准施策，强化政策落实。积极争取国家、江西省物流领域相关试点及资金支持，并努力推动市产业发展升级，引导资金向现代物流产业开放，同时借鉴其他地市做法，市级层面每年拟安排资金、各县市区每年同步安排专项资金支持物流业发展，重点支持园区建设、信息平台和标准化建设、冷链物流和城乡物流配送、物流技术装备改造升级等，助推全市物流业稳步发展。

（吉安市商务局　刘澍生　吉安市物流协会　刘冬根　康昭道）

第十一章　2019 年抚州市物流业发展情况报告

一、2019 年抚州市物流业发展总体情况

（一）物流业总体运行情况

1. 货物运输

（1）公路运输情况。2019 年，全市公路货运车辆 37899 辆，公路货运量 19674 万吨，同比增长 8.12%，货物周转量 564.11 亿吨公里，同比增长 8.09%。

（2）铁路运输情况。2019 年，全市铁路货运量约 916 万吨，占货运总量的 4.66%，同比增长 0.05 个百分点。

（3）邮政快递情况。2019 年，全市邮政寄递服务业务量累计完成 5587.43 万件，同比增长 12.62%；邮政寄递服务业务收入累计完成 0.69 亿元，同比增长 34.31%。全市快递服务企业业务量累计完成 3493.83 万件，同比增长 26.88%；快递业务收入累计完成 3.47 亿元，同比增长 32.23%。

2. 物流企业

2019 年，全市拥有物流企业 1357 家，全市交通运输业税收 10.93 亿元，较上年减收 1.86 亿元，同比下降 14.54%。2019 年新增 A 级物流企业 3 家，A 级物流企业达 20 家，其中 5A 级 1 家、4A 级 8 家、3A 级 10 家。代表性物流企业如下。

（1）江西正广通供应链管理有限公司。中国物流与采购联合会副会长单位，5A 级物流企业，成立于 2014 年 8 月，注册资本 1.5 亿元，致力于聚合全国中小微物流企业，依托互联网技术、供应链金融及组织创新，打通平台成员之间的业务流、信息流与资金流，推动中小微物流企业的网络化运营、规模化经营，提高集约化水平，实现集团化发展，助力中小微物流企业转型升级，围绕客户真实需求制订全方位的供应链系统解决方案，并提供更准确、更快捷、更高效、更超值的服务。在国内共设立 76 家合资公司，管理近 30 个现代化智能物流园区，业务覆盖全国 30 个省区市。

（2）江西赤湾东方智慧公路港有限公司。江西赤湾东方智慧公路港有限公司由招商局集团中国南山开发（集团）股份有限公司旗下的深圳市赤湾东方物流有限公司投资兴建，是一家在江西省布局的专业性综合智慧物流园，总投资 5 亿元，落户于东乡经济技术开发区创新创业园（沪昆高速北侧），一期占地面积约 130 亩。项目主要建设

东方驿站线下服务基地、仓储物流设施、甩挂场站停车区、汽车驿站、卡车驾培基地及配套设施，从事挂箱装配、改造及维修，对接当地农副产品储运业务，形成东乡周边地区货运车辆和司机集结暂存、装卸搬运、信息处理、车辆加油、检测维修、车驾培训及金融服务等的中心，致力打造成集货运站场、甩挂运输装备租赁、零担物流及金融四大服务平台于一体的综合性物流基地。项目分两期建设，建设周期 18 个月，目前一期已基本建成，项目全面建成后，可为企业提供完善便捷的物流服务，运营后三年内，预计可实现年主营业务收入 6 亿元，年创税 5000 万元以上。

（二）物流基础设施情况

1. 公路建设情况

抚州境内高速公路总里程 762 公里，约占全省高速公路里程的 12.9%。全市乡镇、行政村已 100%通油（水泥）路。农村公路总里程达 16602 公里。抚州东外环高速于 2019 年年底建成通车，进一步扩大了抚州市的主体框架，对于完善区域高速路网结构、推动抚州市对接海西经济区和推进昌抚一体化发展具有非常重要的意义。

2. 水运建设情况

抚州航道里程 526 公里。现有运输企业 8 家，船舶 95 艘。因抚州河航道不通，船舶主要在长江中下游地区营运。

3. 铁路建设情况

抚州境内铁路总里程 337.7 公里，运营里程 244.9 公里，包括沪昆铁路、鹰厦铁路、向莆铁路、杭南长客专四条干线铁路和一条向乐支线铁路。抚州市已经规划并积极推进的铁路项目有 6 个，分别是吉抚武温铁路、鹰潭至建宁铁路、昌厦（福）客专铁路、南昌至抚州城际铁路、南丰至瑞金城际铁路和抚州至鹰潭城际铁路，其中，吉抚武温铁路和鹰潭至建宁铁路列入了国家和江西省中长期铁路网规划；昌厦（福）客专铁路列入了江西省中长期铁路网规划；南昌至抚州城际铁路、南丰至瑞金城际铁路、抚州至鹰潭城际铁路 3 个项目列入了江西省城际铁路网规划。目前，吉抚武温铁路、鹰潭至建宁铁路、南昌至抚州城际铁路、南丰至瑞金城际铁路、抚州至鹰潭城际铁路 5 个项目已经启动了项目前期工作。

4. 航空建设情况

抚州机场是《“十三五”脱贫攻坚规划》《国务院关于支持赣南等原中央苏区振兴发展的若干意见》《中国民用航空发展第十三个五年规划》和《全国民用运输机场布局规划》明确的重大项目。目前，抚州机场已完成《选址报告》《飞行程序设计》《飞机性能分析》编制工作。2016 年 12 月，江西省政府发函商请东部战区空军支持新建抚州机场。2017 年 6 月，中国民用航空局对抚州机场选址进行了评审，形成了专家组评审意见，认为推荐的预选场址东馆镇、六家桥、七里岗具备作为抚州机场场址的条件，原则同意选址报告，并将临川区东馆镇场址选定为推荐场址。2019 年 6 月，中国人民解放军96735部队回复抚州市政府《关于抚州机场建设征求意见的复函》，原则同意抚州机场选址。根据规划方案，抚州机场的性质为支线机场，近期飞行区指标为4C，规划跑道长度为2800米，机坪数量6个，新建航站楼面积10000平方米、航站区停车场面积8000平方米、货运仓库面积500平方米等。近期项目占地面积约2400亩，远期控制用地3000亩。近期设计年旅客吞吐量为80万人次、年货邮吞吐量为2800吨，项目估算总投资约18.23亿元。

（三）物流园区情况

2019年，全市已建成运营的物流园区有江南汽车城、黎川县东鑫电子商务园、抚州蓝海物流园、南城百望电商中心、黎川县赣闽物流园、乐安豪德物流配送中心6家；在建和规划17家，如表2－11－1所示。

表2－11－1　　2019年抚州市在建和规划物流园区情况

序号	企业名称	项目名称	总投资（亿元）	所属县（区）	项目进度
1	江西中湖冷链物流有限责任公司	抚州农产品（冷链）交易中心	6	市本级	在建
2	抚州中物宝特物流有限公司	抚州海西综合物流园	13.52	临川区	在建
3	江西和利物流有限公司	抚州粮食产业综合物流园	4.5	临川区	规划
4	江西欣盛集装箱综合物流有限公司	东乡欣盛物流园	6.6	东乡区	一期建成 二期在建
5	江西赤湾东方智慧公路港有限公司	赤湾东方智慧公路港	5	东乡区	一期建成 二期在建
6	江西旺达物流有限公司	东乡旺达物流园	5	东乡区	规划
7	江西众力综合物流有限公司	南城铁路综合物流园	6	南城县	规划
8	江西森丰实业有限公司	南城森丰物流园	5.2	南城县	在建
9	江西省大逸供应链管理有限责任公司	江西省大逸供应链冷链物流项目	3	南丰县	一期建成 二期规划
10	江西昌顺物流有限公司	崇仁智慧物流园	5.5	崇仁县	规划
11	抚州佳斌现代物流园有限公司	抚州佳斌现代物流园智慧物流驿站	5	金溪县	在建
12	广昌县新供销亿莲电子商务有限公司	广昌县供销农商物流大市场	3.34	广昌县	在建
13	黎川县供销电子商务有限公司	黎川县物流快递配送服务中心	1	黎川县	规划

续　表

序号	企业名称	项目名称	总投资（亿元）	所属县（区）	项目进度
14	江西昌顺物流有限公司	高新区智慧物流园	5	高新区	规划
15	资溪县投资发展有限责任公司	资溪县物流园	2	资溪县	规划
16	中轩物联有限公司	资溪县网络货运平台项目（一）	3	资溪县	规划
17	江西水马航运科技有限公司	资溪县网络货运平台项目（二）	1.6	资溪县	规划

代表性物流园区如下。

（1）抚州海西综合物流园。抚州海西综合物流园为省、市重点建设项目，纳入国家重大建设项目库，该项目由抚州中物宝特物流有限公司（宝特物流集团有限公司、山西宝特国际物流有限公司，中物联合（北京）投资有限公司）投资建设，总投资13.5亿元，规划用地931亩，建设内容包括三大板块（铁路、口岸、公路港），内设六大功能区（铁路作业区、口岸作业区、仓储区、公路港区、电商交易区、公共服务区）。设计年作业能力500万吨，其中集装箱年吞吐量15万标准箱。项目全部建设完成后，具有口岸功能、多式联运功能、货物分拨和配送功能、区域物流枢纽功能。目前园区铁路专用线即将开通运营，将有效解决铁路运输“最后一公里”问题，促进多式联运，打造区域物流新枢纽。

（2）抚州农产品（冷链）交易中心。抚州农产品（冷链）交易中心由江西中湖冷链物流有限责任公司投资建设，项目位于抚州市临川区曾巩大道与汤显祖大道交汇处，项目一期总占地194.94亩，总建筑面积约20万平方米，其中冷库建筑面积4.5万平方米、库容6万吨。项目建成后将被打造为赣东地区规模最大的冷链基地，集物流加工、农产品冷藏保鲜、仓储运输、物流配送、水产品交易、蔬菜交易、水果交易、干调粮油副食品交易、博览中心、名优土特产、农产品全产业链电商产业园及农产品综合物流园商业配套服务（快捷式酒店、餐饮、办公、休闲、银行结算、检验检疫等）、信息服务等于一体的多功能现代化的大型现代农产品流通中心。

（四）物流产业集群发展情况

2019年，全市4个物流产业集群物流主营业务收入173.5亿元，同比增长5.5%，占全省物流产业集群物流主营收入的6.0%。其中，抚州综合物流产业集群实现物流主营收入90.1亿元，占全市物流产业集群物流主营收入的51.9%；广昌汽运物流产业集群实现物流主营收入40.1亿元，占全市物流产业集群物流主营收入的23.1%；南丰蜜桔物流产业集群实现物流主营收入36.4亿元，占全市物流产业集群物流主营收入的21.0%；黎川陶瓷物流产业集群实现物流主营收入6.9亿元，占全市物流产业集群物流主营收入的4.0%。

（五）重点物流领域发展情况

1. 口岸通关

2019年3月抚州海关开关运行，作为新海关，抚州海关将在原有安全准入（出）、税收征管风险防控基础上，增加卫生检疫、动植物检疫、商品检验、进出口食品安全监管等职责，在促进贸易便利化方面，检验检疫作业将全面融入新海关，从而降低通关成本，提升通关效率。抚州海关开关运行促进了抚州市开放型经济发展，为抚州市对外开放注入新活力。

2. 铁海联运

抚州市从2017年开始开通了“抚州—江阴港”铁海联运集装箱货运班列，2018年实现了铁海联运集装箱货物运输常态化运行，全年铁海联运集装箱货物运输量达5800多个标准箱，2019年铁海联运集装箱货物运输量达6200多个标准箱。

3. 中欧班列

抚州市在2018年成功开通首列抚州至汉堡中欧班列和江西省首列中俄友城（抚州—彼尔姆）果蔬班列的基础上，2019年1月16日，开行了第二列抚州至汉堡中欧班列，2019年3月底又成功开通首列进口俄罗斯木材中欧班列。2019年4月12日首列进口俄罗斯木材中欧班列顺利抵达抚州北站，2019年4月19日、4月22日陆续开行了第二列、第三列进口俄罗斯木材中欧班列，从而实现了中欧班列的双向常态化运行。

4. 冷链物流

抚州市现有冷库容量达到10.3万吨，其中中心城区冷库容量达到6万吨；已规划建设冷库容量10万吨，其中中心城区冷库规划容量4万吨。由于水果、蔬菜等产后损耗率高达20%~30%，农业农村部等部委已将农产品仓储保鲜冷链物流设施建设作为三农补短板的11个重点之一，抚州市将以此为契机，规范冷链物流体系网点建设，着力构建骨干冷链物流网。

5. 物流标准化

积极引导蓝海物流、昌顺物流、大逸供应链、欣盛集装箱以及部分生产企业推广1200mm×1000mm标准化托盘和600mm×400mm包装模数、周转箱（筐），建立标准化托盘、周转箱（筐）循环共用体系。支持企业带托运输，提高标准化作业效率。推广与标准化托盘配套的叉车、货架、标准仓库的应用。目前全市有1200mm×1000mm标准化托盘3.28万片；600mm×400mm模数周转箱13.2万个。

二、2019 年抚州市物流业发展存在的问题

（一）物流市场主体弱小，物流体系不健全

全市物流企业总体仍然处于“小、散、弱”的状况，产业集中度和企业集约化运作水平不高，物流体系不健全，大型企业数量少，大多数物流企业经营规模小，信息化、智能化程度低，装备技术水平和管理手段落后，提供一体化解决方案和物流增值服务能力不足。物流配送市场化程度低，第三方物流配送发展滞后，服务网络和信息系统不健全，影响物流服务的准确性和实效性，物流企业很难达到规模经济和预期回报。

（二）物流基础设施薄弱，物流配送整体功能弱

抚州市物流园（物流中心）包括抚州海西综合物流园在内的物流节点平台项目大多在建设中，全市物流园区商贸仓储面积不足，缺少分拨配送中心，承接物流服务功能不强。交通运输基础设施规模偏小，缺乏有效连接不同运输方式的大型综合货运枢纽、服务于区域或城市的物流基地和物流中心等现代化物流设施，严重影响物流集散和运输效率，物流基础设施亟待进一步完善。

（三）物流信息化建设滞后，企业标准化意识不强

全市物流信息化建设基本处于初始阶段，尚无为整个行业服务的物流公共信息平台。虽然部分企业加快了物流信息平台建设，但大多数物流企业只能满足本企业的一般需求。公共信息平台建设滞后，企业、行业、政府之间信息难以实现互联互通，物流与工业、农业、商贸的供应链条没有打通，信息不通畅，“信息孤岛”现象明显，造成物流资源极大浪费、物流运行效率低、物流成本高。物流企业缺乏创新意识，对标准化运输技术推广认知度不高，过多考虑短期成本因素，不愿加大投入。各种运输方式之间装备标准不统一，物流器具标准不配套，物流包装标准与物流设施标准之间缺乏有效衔接，在一定程度上延缓了物流机械化和自动化水平，制约物流企业做大做强。

三、2020 年抚州市促进物流业发展的措施

（一）加大招商引资和自主培育力度，壮大物流市场主体

实行定向精准招商，开展商贸物流专题招商活动，大力引进一批如京东、苏宁、顺丰、传化等国内有影响力、专业能力强、辐射区域广、经济效益好的知名物流电商企业入户抚州，迅速壮大全市商贸物流业发展主体队伍。大力推进物流企业“个转企、小升规、规改股、股上市”，鼓励中小物流企业兼并重组、靠大联强，培育一批技术相

对先进、运行规范、有一定核心竞争力的本土物流企业。加快发展第三方、第四方物流，充分整合利用社会物流资源，提高组织化、规模化水平。

（二）大力推进物流基础设施建设

积极推进抚州海西综合物流园建设，举全市之力，倾斜各类资源要素，支持抚州海西综合物流园快速建成运营、发挥效益，强化其全市物流园区“龙头”地位，形成铁路、公路、水运多式联运体系。加快抚州海西保税物流中心（B 型）申建工作，争取 2020 年年底前申请设立成功，并着手启动抚州综合保税区前期规划设计工作。推进中湖冷链、大逸供应链等农产品物流企业、冷链基地做大做强。加快赤湾东方智慧公路港、东乡欣盛物流园、南城森丰物流园、崇仁智慧物流园、高新区智慧物流园、资溪物流园等县（区）重点物流园区建设，积极打造抚州市综合物流产业园。

（三）实施城乡高效配送专项行动

加快城乡高效配送试点成果转化，总结和巩固试点工作成果，复制推广试点创新经验，拓宽城乡高效配送试点范围，优化物流配送方式和经营模式，加快形成布局合理、运行高效、通畅有序、消费便利的城乡高效配送网络体系，推动城市集散中心、县级配送中心、末端服务网点三级配送网络体系建设。

（四）提高物流标准化水平

发展单元化物流，进一步扩大全市标准化托盘、周转筐循环使用覆盖面，以推动运用标准化托盘为切入点，推广仓储、配送、分拣、包装、装卸、搬运等环节物流标准广泛应用。推动周转筐一体化作业，以南丰蜜桔为试点产品，依托种植企业、加工企业、批发市场、连锁超市等在流通环节推广以周转箱为载体的“一体化”“一触式”作业，实现从田间地头到城市货架全程“不倒筐、零触碰”。建立周转筐循环共用体系，统一制作、统一标识、统一标准、集中管理、集中仓储、集中退箱，逐步提升周转筐在其他农产品上的应用比例。推动仓储配送中心进行标准化设施改造。

（五）积极推动物流信息化建设

支持江西正广通供应链管理有限公司等企业建设抚州市物流公共信息平台和物流领域全产业链大数据中心，整合各类物流资源上线，实现“一站式服务”，增强为产业链服务的能力。鼓励和引导赤湾东方、佳斌物流、宝特物流、昌顺物流、旺达物流、恒绿商务、东鑫实业等各大物流企业逐步采用互联网技术、GPS 定位技术，将企业经营网点连接起来，实现资源共享、信息共用。

（六）加强对物流人才的培养

充分利用社会资源，加强与地方高校合作，发挥行业协会和骨干物流企业作用，制订专业的可行性计划，开展物流人才的继续教育和培训工作，提高物流从业人员管理水平、操作能力及专业技能，为物流行业健康、长效、持续发展提供人才支持。

（抚州市口岸和物流办　吴国安　蔡玲芳）

第三部分 专题调研

第一章　2019年江西省内陆开放型经济研究报告

加快推进内陆开放型经济建设是我国“推动形成全面开放新格局”，促进区域协调发展战略的重要举措。内陆开放型经济是指具有内陆地区发展特点的开放型经济，在开放型经济方面，与沿海开放型经济最大的区别在于经济发展水平上的差距。本报告以江西省为例，充分发挥比较优势，随国际形势变化进行调整，在稳投资、稳外贸、扩内需，真正打通内循环渠道，加快开放型经济发展，补齐对外开放“短板”方面具有一定代表意义。

一、江西省开放型经济发展现状

（一）江西省与其他地区开放型经济发展比较

江西省位于中部地区，是贯通长三角和粤港澳大湾区的共同腹地，因此在建设内陆开放型经济试验区时，不仅在开放空间上要对内对外开放结合，在充分利用国外资源的同时，更应该重视对沿海地区资金、技术和人才的有效利用。中共十八大以来，江西省积极对接国家“一带一路”陆上门户通道建设，全面打通“北上”“南下”口岸通道。

根据国民经济和社会发展统计公报数据和有关理论，利用进出口总额、实际利用外资、外贸依存度、贸易方式、高新技术产品出口额占比、对外承包工程实际完成营业额、开放平台等指标，比较分析江西省与沿海、中西部省份开放型经济发展情况。

1. 江西省与沿海部分省份开放型经济发展比较

2019年江西省进出口总额为3511.9亿元，分别是广东、江苏、浙江的4.92%、8.10%、11.39%，实际利用外资135.8亿美元，分别是广东、江苏、浙江的8.92%、51.99%、100.15%；境外中方协议投资额37.5亿美元，分别是广东（实际投资）的36.48%，江苏的41.90%、浙江的4.51%（见表3－1－1），从外贸依存度来看，2019年江西省外贸依存度为14.19%，分别低于广东、江苏、浙江52.16个、29.35个、35.26个百分点。

表 3－1－1　　2019 年江西与沿海部分省份开放型经济部分指标比较

省份	进出口总额（亿元）	比上年增长（%）	实际利用外资（亿美元）	比上年增长（%）	境外中方协议投资额（亿美元）	外贸依存度（%）	高新技术产品出口额占比（%）	加工贸易出口额比重（%）
江西	3511.9	11.1	135.8	8.0	37.5	14.19	28.41	18.45
广东	71436.8	－0.2	1522.0	4.9	102.8	66.35	34.88	34.44
江苏	43379.7	－1.0	261.2	2.1	89.5	43.54	35.56	37.88
浙江	30832	8.1	135.6	8.7	830.8	49.45	6.96	7.69

资料来源：2019 年各省国民经济与社会发展统计公报。

2019 年江西省高新技术产品出口额占全省出口总额比重为28.41%，与全国平均水平 29.26%相比低0.85 个百分点，分别比广东、江苏低6.47 个、7.15 个百分点，比浙江高 21.45 个百分点；加工贸易出口额占全省出口总额的 18.45%，比广东、江苏分别低 15.99 个、19.43 个百分点，比浙江高 10.76 个百分点。

从增速来看，2019 年江西进出口总额同比增长 11.1%，大大高于沿海三省；实际利用外资同比增速为 8.0%，高于广东和江苏，低于浙江 0.7 个百分点。尤其是 2019 年江西加工贸易出口额增速居全国第 2 位。由此可见，江西省开放型经济指标总体与沿海省份有较大差距，但在增速上有相对优势。

2. 江西与中西部部分省（市）开放型经济发展比较

从总量来看，由表 3－1－2 可知，2019 年江西省进出口总额在中部六省中居第 5 位，在河南、安徽、湖南、湖北之后，中部六省进出口总额均低于四川、重庆，江西省在 8 省（市）中排第 7 位，四川省进出口总额在 8 省（市）居第 1 位；江西省实际利用外资居 8 省（市）第 4 位，对外承包工程实际完成营业额居 8 省（市）第 3 位、中部六省第 2 位，外贸依存度为 14.19%，居 8 省（市）第 3 位，高于 8 省（市）平均水平（10.92%）。

从结构来看，2019 年 8 省（市）的出口贸易，江西省、安徽省、湖北省、湖南省均以一般贸易为主，占比超过 71%；山西省、河南省、重庆市、四川省以加工贸易为主，占比超过 56%；江西高新技术产品出口额占全省出口总额比重在 8 省（市）居第 5 位，在中部省份居第 3 位，比河南低 36.87 个百分点，比重庆低 44.1 个百分点。

表 3－1－2　2019 年江西省与中西部部分省（市）开放型经济部分指标比较

省（市）	进出口总额（亿元）	出口总额（亿元）	外贸依存度（%）	实际利用外资（亿美元）	对外承包工程实际完成营业额（亿美元）	高新技术产品出口额占比（%）	一般贸易：加工贸易
江西	3511.9	2496.5	14.19	135.8	44.9	28.41	80.52：18.45
安徽	4741.10	2786.85	12.77	179.4	33.5	26.51	71.44：24.16

续　表

省（市）	进出口总额（亿元）	出口总额（亿元）	外贸依存度（%）	实际利用外资（亿美元）	对外承包工程实际完成营业额（亿美元）	高新技术产品出口额占比（%）	一般贸易：加工贸易
山西	1446.9	806.9	8.5	13.6	15.8	63.67	29.67∶66.96
河南	5711.63	3574.64	10.53	187.27	41.63	65.28	38.00∶65.52
湖北	3943.6	2484.9	8.61	129.07	—	25.74	123.61∶23.75
湖南	4342.2	3076.1	10.92	181.0	102.2	13.56	78.41∶17.88
重庆	5792.78	3712.92	24.54	103.10	10.06	72.51	26.85∶68.26
四川	6759.9	3892.3	14.50	124.8	63.7	63.16	46.01∶56.27
平均	3939.56	2537	10.92	137.69	47.61 不含湖北	—	—

资料来源：2019 年各省（市）国民经济与社会发展统计公报。2019 年美元年平均汇率为 6.898145。

从发展条件来看，从表 3－1－7 可知在中西部 8 省（市）中，江西省拥有国家批准的一级开放口岸 3 个，比位列第 1 的安徽省少 4 个；从海关特殊监管区域来看，江西省共有 9 个，比排名第 1 的四川省少 4 个；从综保区来看，江西省有 4 个，比排第 1 位的四川省少 2 个。另外，从大通道建设来看，江西全面打通“北上”途经满洲里、二连浩特、阿拉山口、霍尔果斯等沿边出入境通道和“南下”通往深圳、厦门、宁波、福州、广州等东南沿海口岸线路。

综合来看，在中西部 8 省（市）中江西外贸总量偏小，出口产品中高新技术产品占比和加工贸易产品占比偏低，进出口总额和出口总额排名靠后，只有通道建设和对外承包工程处于中上水平，与江西构建内陆开放型经济高地和打造中部崛起重要战略支点的目标存在差距。

（二）江西省内陆开放型经济的比较优势分析

内陆开放型经济在国际贸易、产业政策方面具有一定比较优势和后发优势，运用区位商法、TC 指标法等方法对江西省内陆开放型经济的比较优势进行定量分析，对于如何加快建设开放型经济试验区具有一定实践指导意义。下面对国际贸易比较优势和产业比较优势，分别用 TC 指标法和区位商法来考察。

1. 江西省内陆开放型经济的国际贸易比较优势

2019 年江西省与中西部部分省（市）国际贸易情况比较如表 3－1－3 所示。

表3－1－3　　2019年江西省与中西部部分省（市）国际贸易情况比较

省（市）	主要出口产品	贸易出口方式	主要贸易主体	主要进出口地区
江西	机电产品、高新技术产品	一般贸易为主	民企、外企、国企	东盟、欧盟、美国、一些“一带一路”沿线国家
安徽	机电产品、高新技术产品	一般贸易为主	外企	亚洲、欧洲、北美洲、非洲
山西	煤炭、焦炭、镁及制品、钢材，机电产品、高新技术产品	加工贸易为主	外企、国企	美国、日本、印度、荷兰、英国、意大利、韩国、俄罗斯
河南	机电产品、高新技术产品	加工贸易为主	外企、民企	美国、东盟、欧盟、拉丁美洲
湖北	机电产品、纺织服装、茶叶等	一般贸易为主	外企、民企、国企	东盟、欧盟、美国
湖南	服装及衣着附件、鞋类、玩具、陶瓷产品、钢材	一般贸易为主	民企、外企、国企	中国香港、美国、韩国、欧盟、东盟
重庆	机电产品、高新技术产品	加工贸易为主	外企、国企、民企	欧盟、美国、德国
四川	机电产品、高新技术产品	加工贸易为主	外企、民企	美国、东盟、欧盟、日本

如表3－1－3所示，在出口产品方面，中西部8省（市）均表现出以工业制成品出口为主导的特征，根据2019年外贸数据可知，山西、河南、重庆、四川4省（市）的贸易出口方式以加工贸易为主，其中外商投资企业是主要的经营主体，在加工贸易产业方面具有很强的比较优势，是发挥自身比较优势推动贸易结构升级的重要抓手，处于绝对主导的地位。加工贸易是我国对外贸易和开放型经济的重要组成部分，在推动产业升级、稳定就业方面发挥了重要作用。

根据统计公报进出口贸易数据，2019年江西省与中西部部分省（市）进出口贸易竞争力优势比较如表3－1－4所示。

表3－1－4　2019年江西省与中西部部分省（市）进出口贸易竞争力优势比较

	江西	安徽	山西	河南	湖北	湖南	重庆	四川
TC指数	0.42	0.18	0.12	0.28	0.35	0.53	0.28	0.15
数值区间	(0.3,0.6)	(0,0.3)	(0,0.3)	(0,0.3)	(0.3,0.6)	(0.3,0.6)	(0,0.3)	(0,0.3)
竞争力优势	出口较强	出口微弱	出口微弱	出口微弱	出口较强	出口较强	出口微弱	出口微弱
排名	第2	第6	第8	第4	第3	第1	第4	第7

资料来源：2019年各省（市）国民经济与社会发展统计公报。

数据显示，表3－1－3中8省（市）均为贸易进出口地区，其中贸易竞争力优势最强为湖南省，TC指数为0.53，最弱为山西省，TC指数为0.12。湖南、江西、湖北三省有较强竞争力优势，TC 指数在（0.35，0.53）；河南、重庆竞争力优势居中，TC 指数为 0.28；安徽、四川、山西三省仅有微弱竞争优势，TC 指数在（0.12，0.18）。在贸易产品结构方面，表 3－1－3 中 8 省（市）均处在从资源和劳动密集型产品为主导向以资本和技术密集型产品为主导的过渡阶段。

2. 江西省内陆开放型经济的产业比较优势

中西部 8 省（市）与沿海省份有差距，沿海省份人均 GDP 基本在 10 万元左右；而中西部仅有湖北和重庆在 7 万多元，其余都在 4.5 万～6 万元，江西省排倒数第 2，仅为 5.3 万元，比山西省稍高一点（见表 3－1－5）。

表 3－1－5　　2019 年江西省与部分省（市）人口与 GDP 情况

省（市）	GDP（亿元）	常住人口（万人）	城镇化率（%）	人均 GDP（元）
广东	10767.07	11521.00	71.40	94172
江苏	99631.5	8070.0	70.61	123607
浙江	62352	5850	70.0	107624
江西	24757.5	4666.1	57.4	53164
安徽	37114	6365.9	55.81	58496
山西	17026.68	3729.22	59.55	45724
河南	54259.20	10952	53.21	56388
湖北	45828.31	5927	61	77321
湖南	39752.1	6918.4	57.22	57540
重庆	23605.77	3124.32	66.8	75828
四川	46615.8	8375	53.79	55774

资料来源：2019 年各省（市）国民经济与社会发展统计公报。

由表 3－1－6 可知，除客观上不适宜农业发展的“山城”重庆和以山地、高原为主要地形的山西省外，其他各省市第一产业的区位商都大于 1，说明 8 省（市）大部分地区农业发展的专业化程度较高，具有比较优势，其中四川、湖南、河南、湖北、江西的第一产业区位商居前 5 位，安徽省具有一定比较优势；江西、安徽、山西、河南、湖北、重庆第二产业区位商大于 1，说明这些地区的第二产业处在加速集聚发展的阶段，优势正在累积但仍不突出，其他如湖南、四川的第二产业的区位商均小于 1，表明这些地区工业发展的专业化程度不高。从第三产业的角度来看，8 省（市）区位商均小于 1，在服务业上专业化程度不够高。总体上说，这些地区的服务业发展在三大产业中处于相对滞后的状态，不具有比较优势，第一产业具有较强的比较优势，部分省（市）在第二产业上具有一定的比较优势。

表 3-1-6　　2019 年江西省与中西部部分省份的三次产业区位商统计

区位商	江西	安徽	山西	河南	湖北	湖南	重庆	四川
第一产业	1.1688	1.1049	0.6813	1.2016	1.1690	1.2903	0.9244	1.4504
第二产业	1.1339	1.0605	1.1232	1.1164	1.0694	0.9649	1.0324	0.9559
第三产业	0.8811	0.9426	0.9531	0.8895	0.9277	0.9873	0.9868	0.9726

资料来源：2019 年各省国民经济与社会发展统计公报。

3. 江西省内陆开放型经济的政策比较优势

2013 年习近平总书记提出“一带一路”倡议，是内陆开放型经济发展进程中的一次“巨大的飞跃”，把内陆地区推到开放最前沿。从表 3-1-7 可知，国家先后在中西部 8 省（市）批准了 26 个国家一级开放口岸，其中，江西拥有 3 个一级开放口岸，与山西省、河南省、湖南省并列居 8 省（市）第 3 位；设置了 73 个海关特殊监管区域，其中，江西省有 9 个海关特殊监管区域，与河南省并列居 8 省（市）第 4 位。从综保区数量来看，江西省拥有 4 个，与 8 省（市）中的河南、湖北、重庆并列居第 3 位。

表 3-1-7　　江西省与中西部部分省（市）主要开放口岸平台情况

省（市）	国家批准的一级开放口岸（个）				海关特殊监管区域（个）			
	水路	航空	铁路	合计	综保区	出口加工区	保税物流中心（B 型）	合计
江西	1	1	1	3	4	3	2	9
安徽	5	2	—	7	5	2	5	12
山西	—	3	—	3	1	—	3	4
河南	—	2	1	3	4	1	4	9
湖北	2	2	—	4	4	1	5	10
湖南	1	2	—	3	5	1	2	8
重庆	1	1	—	2	4	1	3	8
四川	—	1	—	1	6	1	6	13
合计	26				73			

资料来源：根据海关网站公布数据。

注：数据截至 2019 年年底。

中欧班列成为“一带一路”国际贸易重要桥梁。2019 年统计公报显示，沿海发达省份，如广东，对“一带一路”沿线国家和地区进出口额 17144.2 亿元，同比增长 6.3%；江苏省对“一带一路”沿线国家和地区出口保持较快增长，出口额 7284.2 亿元，同比增长 12.8%，占全省出口总额的比重为 26.8%；浙江省对“一带一路”沿线国家和地区进出口额 10458 亿元，同比增长 16.7%，其中出口额 7961 亿元，同比增长 16.8%。2019 年全年浙江中欧（义新欧）班列开行 528 列。

2019 年统计公报显示，中部省份如江西省对“一带一路”沿线国家和地区进出口额达 1028.1 亿元，较上年增长 14.2%。其中，出口 903.5 亿元，进口 124.6 亿元。2019 年开行赣欧班列 553 列，同比增长 173.8%；安徽省全年新批境外企业（机构）87 个，实际对外投资 13.6 亿美元，其中对“一带一路”沿线国家和地区投资 2.7 亿美元，同比增长 45.3%；湖北省对“一带一路”沿线国家和地区进出口 1183.3 亿元，占全省外贸总值的 34%。其中，出口 954.8 亿元，同比增长 20.3%，进口 228.5 亿元，同比增长 32.2%；河南省与“一带一路”沿线国家和地区合作潜力正在持续释放，成为拉动该省外贸发展的新动力。2014—2018 年与“一带一路”沿线国家和地区货物贸易总额达到 665.8 亿美元，占同期全省进出口贸易总额的 19%。“一带一路”沿线国家和地区累计在河南投资项目 71 个，累计实际利用外资 49.4 亿美元。河南企业对“一带一路”沿线国家和地区的协议投资达到 20.1 亿美元。

二、江西省建设内陆开放型经济的主要问题

江西省建设内陆开放型经济试验区，正面临百年未有之大变局，在激烈的大国博弈中，我国经济发展进程波澜壮阔，成就举世瞩目，同时经济社会发展面临着新情况、新问题的考验。江西省与自贸区的建设要求还有距离，需要更加努力创造条件，坚持区域一体化发展战略，运用比较优势补齐江西省开放型经济短板。

（一）江西省境内支撑功能强的开放载体不多

江西省参与长江经济带发展主要就是九江港的建设，对接粤港澳大湾区发展的是南部的赣州市，对接长三角一体化的是上饶，目前江西省在玉山与江山、常山交界处建设省际产业转移合作（衢饶）示范区。从地理位置看，江西省靠近长三角、珠三角，但经济却一直发展不起来，原因何在？

1. 江西人口总量偏少，且极度分散，与周边省份相比人口红利优势消失

根据第六次全国人口普查数据（2010 年），湖北省人口 5724 万人，湖南省人口 6570 万人，广东省人口 10432 万人，福建省人口 3689 万人，浙江省人口 5443 万人，安徽省人口 5950 万人，江西省人口 4457 万人。江西省人口只比福建省人口多一点，但福建省比江西省更有人口红利。福建虽然全丘陵，多山，耕地面积少，但沿海地区却人口众多而集中，泉福漳沿海三市有超过全省一半的人口，沿海的天然优势抵消人口不足。福建有五个百万人口县，有四个进入全国百强县。江西有五个百万人口县，同样有四个进入全国百强县。南昌、九江、上饶为人口密集区。

江西需要构建中大型城市，把不集中的人口集中起来。江西已经是著名的劳务输出大省，近 900 万人口常年出省务工，出省务工人口比例排全国第 1 位。没有人口，不利于工业发展，更不利于迎接未来的大消费时代。因此，第一要务是做大省，提高江西省省内的吸引力，把人口留在江西。

2. 江西的地理位置不算很好

武广高铁抢了京九铁路的份额，京珠高铁压制粤赣高铁，江西四面都是“发达省份”，但接壤的粤北、闽西、浙西、湘东这些地区都是南岭、雪峰山、武夷山等山区。城市发展方面，江西没有借机发展出一个单一工业支配整个经济的城市。徐工集团、柳工集团、中联重科这些装备制造企业无一例外都是在铁路枢纽附近。湖南的铁路枢纽是株洲和怀化，江西的铁路枢纽在向塘。湖南怀化本来是不发达的地区，却直接被五条铁路带动发展，而向塘目前还只是一个镇；株洲已经是湖南第二大城市，怀化也靠铁路发家致富，但江西仅仅是让向塘成为由普通小商贩占领市场的小车站。江西的第二大城市赣州，GDP 却输给了湖南排名第 6 的郴州市。

3. 江西重工业基础比较弱

中国的国有企业贡献了近 40% 的 GDP，从 2003—2017 年全国 25 个获得中央投资的项目来看，金额最高的是广东，共获得 15943. 21 亿元，江西获得 2421. 29 亿元，不仅在全国而且在中部六省都是垫底的，仅占中部六省获得投资第一多的湖北省（8365. 37 亿元）的 28. 9%。截至 2017 年年底，江西共有 54. 4 万家民营企业、169. 7 万户个体工商户，各类民营企业纳税 2058. 8 亿元，占全省税收总额的 77. 6%，民营企业纳税占总税比全国第 1。

4. 江西重工业发展先天不足，轻工业也没有得到有力扶持

江西的医药、材料等轻工业实力比较强，南昌大学的材料系属世界一流，食品专业排名全国第 2 位，但江西的食品加工产业却远远落后于福建、江苏。举个例子，2019 年，正邦科技营收 254 亿元，净利润 16. 97 亿元，福建的圣农发展营收 146 亿元，净利润 40. 93 亿元，江西正邦科技利润率远远低于福建圣农发展。圣农发展首先以饲料发家，然后兼做养殖，最后拓展食品加工。目前，江西省的正邦科技和双胞胎集团仍然在第二阶段，兼做养殖，产品利润以及抗风险能力远远落后食品加工型企业，只能归为农业企业。

（二）江西境内城市多点支撑格局不足

1. 实践证明城市群发展是区域经济协调发展的重要支撑点

以刚刚获批自贸区建设试点的湖南、安徽为例，安徽形成合肥都市圈、皖江城市带、皖北六市三个片区支撑的格局；湖南形成了长株潭经济一体圈；而江西 11 个地市开放水平存在较大差距，南昌一枝独秀，多点支撑的开放格局还未形成。目前，江西正站在经济内循环的风口上，需牢牢把握发展机会。

从外部来看，江西与周边省份相比地位较为尴尬，周边粤闽浙皖鄂湘都已经崛起成为经济大省，2019 年 GDP 进入全国前 11，如同耸立在江西周围的山峰，多山的江西成了经济上的盆地。江西被发达省份所包围，意味着具备辐射周边发达省份的条件。在中国南方地区，江西是地理中心，地理位置优越。江西大力建设制造业基地，可以辐射中国一半的地区，与珠三角、长三角、厦漳泉三大经济区“近在咫尺”，可同时承接来自三大经济区的产业转移。

2019 年，安徽省境内的合肥都市圈生产总值 23402 亿元；皖江城市带承接产业转移示范区生产总值 24365.5 亿元；皖北六市生产总值 10864 亿元。另外，合肥市紧抓政策机会，跟着东部地区发展直接拉高 GDP；湖南的长株潭地区生产总值 16835.0 亿元；湘南地区生产总值 7800.4 亿元。同时，湖南借助“西部大开发”带动落后地区发展；长沙带头发展，形成长株潭经济一体圈，靠京广铁路、京珠高速带动区域一体化。

2. 沿海发达省份经济核心区贡献巨大

例如 2019 年，广东珠三角核心区 GDP 占全省比重为 80.7%，东翼、西翼、北部生态发展区分别占 6.4%、7.1%、5.8%；江苏省区域协调发展有力推进，扬子江城市群对全省经济增长的贡献率达 78.4%；沿海经济带对江苏经济增长的贡献率达 16.5%。新型城镇化建设步伐加快，2019 年年末城镇化率达 70.61%。

珠三角和长三角之前的成长建立在初级的原材料加工业的基础上，发展劳动密集型产业，需要较多的熟练工人，吸引大批农村剩余劳动力进入各类加工企业。而如今产业转移，自然要选择产业配套较佳、交通方便的地区。为此，江西主要应该对接长三角地区产业转移，因为江西是浙江的自然延伸。长三角的下一步延伸或者扩展的目标就是江西，是继安徽之后的扩展区域。

三、加快内陆开放型经济试验区建设实现双循环的几点建议

（一）充分发挥内陆开放型经济试验区基础平台优势

1. 加快构建层次清晰、融合互动的区域发展新格局

目前，河南、湖北、湖南、安徽四省启动自贸试验区建设；江西加紧建设内陆开放平台，北面有九江港对接长三角、南面有赣州陆港对接粤港澳大湾区。在区域一体化建设中，向西有湘赣边区域合作示范区，向东有衢饶示范区，赣南重点打造的赣州陆港已经投入运营，“三南”园区一体化建设如火如荼。省会南昌有国家级创新平台赣江新区，《大南昌都市圈发展规划（2019—2025 年）》已经出台。

随着国家“双循环发展战略”的提出，深入推动区域发展战略，江西集中打造南昌、赣州、九江、上饶四大门户城市。大南昌都市圈是对接长江经济带的先行区，赣州是对接粤港澳大湾区的桥头堡，赣东北对接长三角海西城市群，赣西对接长株潭城市群和成渝城市群，形成相互支持的城市经济发展开放格局。一是积极承接东部发达地区产业转移，谋求在内循环体系中占据有利地位。二是借助已经拥有的各类国家平台构建支撑点。搭建江西内陆开放型经济试验区新高地，促进产业集聚和国家级开发区高质量发展。

2. 对接“长珠闽”融入长江经济带，建设浙赣边际合作区长三角西扩区

2019 年，江西上饶设立省际产业转移衢饶示范区，是承接长江经济带发展战略的重要载体，也是发达地区与欠发达地区之间协调发展的升级合作。衢饶示范区建设，是江西向东开放的桥头堡，对接长三角一体化发展先行区，建设赣浙闽皖中心城区，发展高端装备制造、幸福康养、文化旅游等一些比较新的、绿色的、准入门槛较高的产业。

而粤港澳大湾区的战略意义，在于以“湾区”作为起点，达到相应的经济体量，带动珠三角其他城市发展。在全国 GDP 增长逐年放缓、实体经济下行的背景下，通过建设一体化城市群、打破行政区划的束缚，形成良性的产业转移、经济辐射、资源共享、人才集聚，可以使珠三角的发展更上一个台阶。总之，充分挖掘区域合作潜力，推动资源要素自由流动，内外并举，努力走出一条内陆省份双向高水平开放，以开放促改革、促发展、促创新的新路子。

3. 粤港澳大湾区建设对江西内陆开放型经济试验区的启示

粤港澳大湾区建设意味着境内自由贸易与全球发展同步，创新教育产业贸易环境，借助全球平台，促进不同地区、不同行业、不同企业之间的合作，推动经济要素合理配置。当全球化浪潮袭来，促进了与“一带一路”沿线国家和地区的经贸往来，班列开行促进了国际商品、资金、技术、人才在更大范围流通，依托各类开发区发展高水平的经贸产业合作园区，按照市场规则，实现标准方面的“软联通”。无论是自贸区还是自由贸易港、飞地经济园区，都要培养具有国际化视野的人才。

（二）加快江西产业转型升级和产业承接

经济学理论认为，产业转型的阶梯式上升是从农业经济转移到工业经济，从工业经济转移到服务经济再到知识经济。中国是世界上唯一拥有联合国产业分类中全部工业门类的国家，220 多种主要工业品产量常年世界领先。提升产业基础能力和产业链水平是关键。对于中国来说，产业链转型重点，是从代工贴牌转向自主知识产权、品牌和营销渠道，从劳动力等要素驱动转向创新驱动。要善于应用人工智能、3D 打印、物联网、云计算、大数据等技术，提升产业满足分散化、个性化、本地化需求的能力。

要研究国家产业政策，做好产业承接。我国的产业政策是，对即将退出市场的产业或产业群，政府往往实施产业转移战略，将此类产业转移到更有成本等竞争优势的地方去，或在适当时期引入该产业的人、财、物等资源向其他产业转移。因此，基于仍然处于工业化中后期发展阶段的特征，江西可承接境内外产业转移，双向承接东部沿海发达地区产业转移，以及粤港澳大湾区新兴产业布局和转移，对外则承接西欧和“一带一路”沿线的国家和地区；加强与东部沿海和国际上相关地区对接，吸引一批制造业企业和高新技术转移到江西。

因此，在产业转移过程中，建议东部地区劳动密集型产业转移，首先应该在中部地区（譬如江西）停留发展3～5年再从中部地区转移到西部地区。这样更符合中国的国情，避免过快转移到东南亚区域，无形中会对我国国内市场造成挤压，影响国内区域平衡发展，或者拉大区域差距。

（三）加快内陆开放型经济制度性开放与国际接轨

1. 双向对外开放过程中要有国际化视野

中美博弈表层是贸易之争，深层次是体制之争，中美贸易战直接影响进出口贸易。中美贸易战的正确应对之策是以退为进，倒逼我国产业结构升级。目前，国际贸易发生变化，全球产业链面临大变局。

一是在贸易、投资和技术保护主义及新一轮科技革命共同作用下，以国际工序分工或产品内分工合作为代表的全球产业链、供应链、价值链这“三链”的制度基础、技术基础和综合物流基础，正在发生着深刻变化。全球产业链出现的分散化、本地化、区域化特征，导致许多进口的中间产品、零部件和技术随时可能断供，直接投资获得的产业配套随时可能受到撤资、禁令和脱钩的影响，跨境交流解决技术问题随时可能受到签证控制、资讯监管和交流禁止问题。二是国际上大三角分工格局（以欧美国家为主要消费市场，东亚国家为主要生产基地，中东、拉美、非洲等为主要的能源原材料输出地）正在发生变化，中国正在向着世界最大消费市场和进口市场发展。为此，江西应该做大规模总量，促进产业链延伸、集群化发展，提高外贸占比，利用口岸平台发展国际贸易，继续对“一带一路”沿线国家和地区扩大开放，保持产业链，发展创新链，避开贸易保护关税墙、科技墙、断供墙，应对争端制裁。

2. 促进产业转型升级，产业发展由量的提高转变为以质的提升为主

以开放产业赋能，发挥比较优势，聚焦“2+6+N”产业体系和优势产业，提升江西产业链竞争力，做大做强航空、电子信息、装备制造、中医药、新能源、新材料等优势产业。

3. 多措并举促进加工贸易转型和服务贸易升级

江西在承接产业转移（承接长三角、珠三角外迁扩散产业）的同时，要着力增强国际竞争力。在继续扩大对外承包工程、劳务合作、运输、旅游、通信、计算机和信息服务、金融、文化、咨询、分销、研发等行业服务出口规模的同时，着力培育一批拥有自主知识产权和知名品牌的重点企业，打造“中国服务”江西品牌。

（四）发挥内陆开放型经济的制度性后发优势

依据我国开放型经济现状，东部地区属于先发地区，内陆地区则是后发地区。因此，提升江西内陆开放水平，要从实际出发，立足资源禀赋，通过引进、模仿、学习，充分发挥技术性和制度性的后发优势，补齐自身市场环境、技术创新、人才支撑、产业和外资结构方面的短板，从而加快内陆开放型经济高质量发展的步伐。

江西学习借鉴内陆开放型经济的制度性后发优势，主要体现在能够结合自身实际吸收借鉴发达地区推进开放型经济体制建设的经验，如自贸区等开放平台载体的制度创新、金融制度创新、市场配置资源机制、外商投资管理体制、外贸可持续发展机制和省际及域际开放合作机制等，规避因“试错”而支付的高额成本，缩短有效制度的筛选、评估、跟进和推广所需时间。制度性后发优势还体现在能迅速提高开放合作效率、优化区域营商环境、推进贸易和投资自由化、提高要素双向流动效率、降低国际贸易交易费用和风险，从而提高内陆地区开放型经济的发展速度和效率。

（江西省社会科学院产业经济研究所副所长、研究员　钟群英）

第二章　2019 年江西省国际物流港发展调研报告

一、江西省国际物流港发展现状

（一）江西省国际贸易发展现状

2019 年江西省货物贸易进出口总值 3511. 9 亿元，比上年增长 11. 1%。其中，出口值 2496. 5 亿元，同比增长 12. 3%；进口值 1015. 5 亿元，同比增长 8. 2%。分贸易方式看，一般贸易出口 2010. 1 亿元，同比增长 3. 6%；加工贸易出口 460. 5 亿元，同比增长 76. 1%。分重点商品看，机电产品出口 1264. 4 亿元，同比增长 36. 4%；高新技术产品出口 709. 3 亿元，同比增长 98. 7%。分国别（地区）看，对东盟出口 487. 8 亿元，同比增长 20. 7%；对欧盟出口 406. 4 亿元，同比增长 32. 4%；对美国出口 356. 1 亿元，同比下降 3. 7%；对“一带一路”沿线国家出口 903. 5 亿元，同比增长 15. 1%（见图 3 – 2 – 1）。

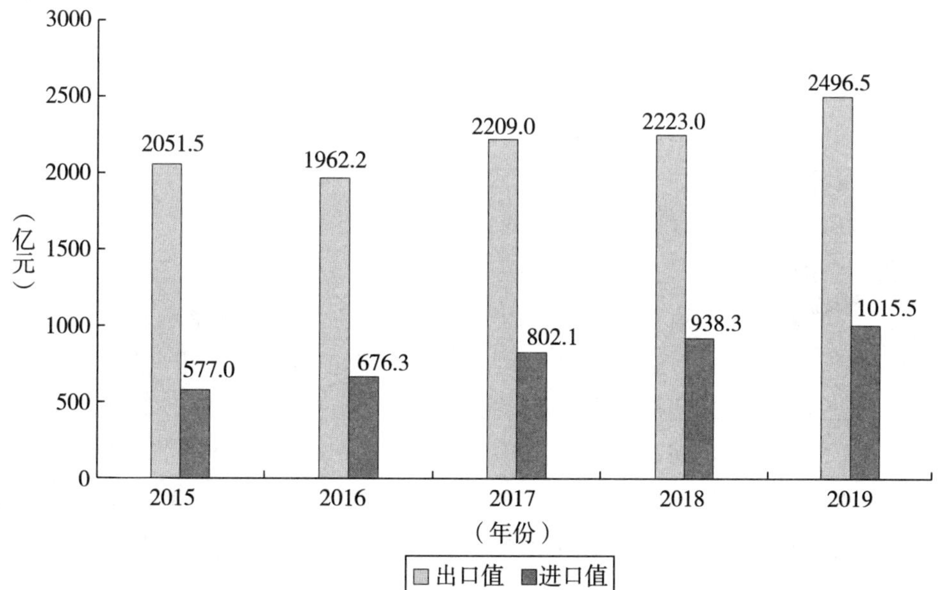

图 3 – 2 – 1　2015—2019 年江西省货物贸易进出口总值

资料来源：江西省 2019 年国民经济和社会发展统计公报。

（二）江西省国际物流发展现状

进出口总值的持续增长带来了国际物流的强劲需求，国际物流方式以铁路运输、水路运输、公路运输为主。其中，中欧班列日渐发挥重要作用。2019 年，江西本地企业出口箱量占班列中箱量比重为 4.7%，货值占比 5.5%。

（三）江西省国际物流港现状

1. 赣州国际陆港概况

赣州国际陆港坐落于江西省赣州市南康区，规划面积 5500 亩，已建成面积 3500 亩，总投资 130 亿元，于 2014 年 10 月开工建设，2015 年 1 月实现直通运营，于 2016 年 9 月 30 日获批全国第 8 个、革命老区第 1 个内陆开放口岸。

目前，赣州国际陆港建成了铁路赣州国际港站、国际铁路集装箱中心、海关监管作业场所、保税中心、现代物流中心、临港产业园六大核心功能区，形成了多口岸直通、多品种运营、多方式联运的运营模式，设计年吞吐能力超百万标准箱。赣州国际陆港先后开通了 19 条中（亚）欧班列线路、26 条内贸班列线路和 5 条铁海联运班列线路。经由赣州国际陆港进出口的货物品种，由单一的木材进口、家具出口，扩大为电子产品、玩具、服装、蔬菜等十几个品种。还获批了汽车整车、进口木材、肉类三个指定口岸。2017 年 11 月，获批成为国家“一带一路”多式联运示范工程。2019 年 9 月，赣州成功获批首批国家物流枢纽城市。

2019 年 8 月 16 日，首列南康家具跨境电商中欧班列正式开行，推动内陆港口与跨境电商深度融合，推动外贸企业利用跨境电商拓渠做强，打造特色鲜明的家具跨境电商产业带集群。

2019 年 10 月 9 日，赣州国际陆港汽车整车进口口岸顺利通过由江西省政府组织，江西省商务厅牵头南昌海关、江西省工业和信息化厅、江西省公安厅、江西省发展和改革委员会等部门的共同验收，成为江西首个汽车整车进口口岸。汽车进出口业务将通过中欧班列运输，实现汽车在赣州海关直接报关进口，快速提货，进一步满足赣州市乃至整个江西省进口车市场的需求。2019 年 11 月 13 日，赣南苏区第一个进口肉类指定监管场地通过海关总署验收。赣州国际陆港可直接在赣州海关报关进口肉类产品，大大降低物流成本，缩短运输时间，降低商品价格，让百姓享受更多实惠。目前马士基、地中海、中远海运、ONE、以星、德祥、万海等世界知名船公司已经入驻赣州国际陆港开展业务合作，德邦、菜鸟、顺丰等物流巨头汇集赣州国际陆港提供物流运输服务，江西龙泰安冷链产业园、江西菜鸟臻顺集团等行业龙头企业纷纷进驻赣州国际陆港繁荣港口业务，完善冷链物流、保税金融、全程物流等服务链条，为国际物流的腾飞增加了源源不绝的动力。

赣州国际陆港已相继打通了沿边四大国门和沿海港口群。据统计，2019 年，赣州国际陆港全年铁路吞吐量达 17.8 万标准箱，跃居全国内陆港口“第一方阵”。

随着赣州国际陆港战略地位的日益显著，各沿海港口纷纷与赣州国际陆港合作，在江西省委、省政府、赣州市委、市政府的强力推动下，创造性地开行了“进境与沿海同价到港、出境与沿海同价起运，通关与沿海同等效率”的“三同”班列，降低了成本，提高了效率。通过靠大联强、资源共享，赣州国际陆港已经成为我国中南地区“借船出海”和粤港澳大湾区连接国内中心城市、辐射带动内陆地区发展的主要支点。

2. 向塘国际陆港概况

南昌向塘国际陆港新城坐落于南昌市南昌县向塘开发区，总规划面积 6.79 平方公里，主要依托南昌铁路口岸，重点发展现代物流、现代商贸、出口加工、商务服务、信息服务、金融服务等主导产业，致力于建设口岸成熟、贸易完善、物流集聚、产业优化、功能合理、宜居宜业的国际化时代新城。

2016 年 9 月，本着“战略合作、发展共赢”的原则，南昌县与江西储备物资管理局签订了南昌铁路口岸作业区战略合作框架协议，以江西储备物资管理局九三三处作为南昌铁路口岸一期，双方共同建设“南昌铁路口岸作业区”。口岸一期占地面积约 50 亩，总投资 1.27 亿元，主要建设卡口、集装箱堆场、视频监控系统、查验平台、处理库、查验库、货场等，该项目已全面建设完成，并于 2017 年 11 月 22 日正式封关运行，目前承担中欧班列发运业务。

南昌铁路口岸二期位于铁路货场以西，占地面积约 440 亩，项目总投资约 3.82 亿元，于 2018 年 7 月正式开工建设。项目建设包括两部分：一部分是总投资约 2 亿元、总长 2.8 千米的铁路专用线工程；另一部分是总投资 1.82 亿元的土建工程，主要建设口岸服务中心、海关服务中心、海关监管仓库、口岸大门、卡口、围墙、市政道路等配套设施，届时口岸功能将得到进一步提升，可直接实现“一次申报、一次查验、一次放行”的快速通关。

目前，南昌铁路口岸已开通南昌到荷兰鹿特丹、越南河内、俄罗斯莫斯科、白俄罗斯奥尔沙、白俄罗斯明斯克、法国巴黎、乌克兰基辅 7 条国际货运班列。这些中欧班列转关、查验、换装等环节集中在满洲里、二连浩特等边境口岸。

通过对江西省南昌市向塘国际物流铁路口岸的调研可知，中欧班列已经实现固定化运行，目前南昌铁路口岸班列开行已突破 1681 列，吞吐量为 8.5871 万标准箱，货值 25.4 亿美元，为全省优质产品走出国门、走向世界提供了一条低价、便捷的大通道。2019 年共计开行班列 654 列，到发货物 3.2166 万标准箱，年整车运输量达 12 万辆，散货吞吐量达到 1500 万吨。

二、江西省国际物流港发展存在的问题

（一）口岸资质受限

只有获得进出口指定口岸资质，才能在当地进行进出口报关、清关、货物查验等，

真正实现无水港的功能，具备提供公共物流服务、引导分散资源有序聚集、推动区域物流集约发展的资格和能力，打通通往欧洲、美洲和东盟的通道。

目前，江西省内只有南昌、赣州、九江具有航空、水运、铁路口岸资质。向塘还未批复为国家对外开放口岸，因为向塘只有海关入驻，仅有出口报备及出口物品监管职能，而出口报关一定要通过口岸如满洲里等边境口岸，也可以通过一些内陆口岸如重庆、西安等地区内陆口岸。目前所有的内陆口岸基本都是在省会城市设置，国内有24家内陆口岸都是设在省会城市，这取决于省会城市的政治性、经济性、虹吸效应、人口基数等，奠定了省会城市的口岸优势。

（二）中欧班列出境时效迟滞

目前全国中欧班列发运量同比上涨30%~40%，而全国只有4个中欧班列出境口岸，造成口岸拥堵现象严重，查验需要排队，耗时长。全省的中欧班列查验环节集中在满洲里、二连浩特等边境口岸，出境班列编组需达到41车以上才能符合中欧班列考核标准。有时查验数量过多，造成编组不足41车，整列货物需等待查验的货柜放行后才能编组出境。遇到信息有误、查验落下的柜子需要更改运单，这些落下的柜子只能等到相同付费信息的国外车板才能出境，给客户造成大量额外成本。

（三）“三同”补贴无法全覆盖

目前“三同”扶持政策对运费的补贴范围仅包含“江海联运”“铁海联运”指定班线，政策补贴覆盖的运输范围比较窄。

向塘中欧班列价格方面政策的补贴力度不够，所以价格居高不下，很难吸引大量的产业到向塘国际陆港。

（四）往返货量不平衡，回程空载率高

多年来，江西外贸总体上呈现出口多于进口的态势。出口产品主要为汽车、汽配、电子配件、服饰等，而进口以工业原材料为主，回程货物有所欠缺，班列回程“吃不饱”现象仍然存在。

三、江西省国际物流港发展建议

（一）出台江西省中欧班列、海铁联运新一轮财政补贴办法

应该继续加强与重庆、成都等中欧班列中心的对接协作，推动中欧班列与江西地区的利益依存性，避免陷入价格劣势、恶性竞争的不良环境当中。

江西省要制定新一轮的财政补贴措施，要落实中央减税降费决策部署，对铁路物流基地、内陆口岸等的运营进行扶持。

（二）因地制宜扶持新兴产业，促进产业集群

向塘国际陆港、赣州国际陆港拥有丰富的铁路物流资源，这是这些地区的主要优势。要利用物流节点优势，发挥铁路资源的优势，扩大进出口，需要发展适合利用铁路运输的产业，如光伏、家具、健康器械等产业，通过促进产业集群，以商流带动物流发展。

（三）提高进出口双向运行能力，促进进出口平衡

为了实现重进重出、进出口平衡，改变“出口多进口少，重出空还的局面”，一是要优化中欧班列和海铁联运线路、中转方案；二是继续促进贸易伙伴和进口产品多元化。让通过向塘国际陆港和赣州国际陆港进出的货物实现货源、箱源的匹配对流。

（四）升级口岸资质

尽快获批向塘的陆港口岸资质，以服务更多企业，发挥更强大的虹吸效应，外贸型企业可以来此扎堆建厂。

只有政策优势、人力资源优势、物流优势叠加，民间资本才会源源不断进入，国际物流才能持续健康发展。

（华东交通大学交通运输与物流学院　甘卫华　尹春建　高晓亮　赵小晶　徐静　李大媛　苏雷　刘郑　蓝岚）

第三章　2019 年江西省冷链物流发展情况报告

近年来，随着城乡居民可支配收入的提高，消费结构也在不断优化升级，江西省居民越来越重视食品的品质和安全问题，更多关注于寻求购买高品质以及口感良好的食品等产品。大力发展冷链物流可以有效延长生鲜农产品的保存期，有效保障新鲜度、营养成分，降低生鲜农产品在流通中的污染和腐烂变质比例，利用冷藏设施对鲜活农产品市场供应进行调节，有助于均衡市场供应，稳定市场价格，促进农业增效和农民增收，对于促进经济发展和提高人民生活水平都具有重要的意义。

一、2019 年江西省冷链物流行业发展情况

2019 年江西省冷链物流总额达到 1110 亿元，同比增长 13.7%，占全省社会物流总额的 1.7%，占全省商贸物流总额的 7.3%；全省冷链物流总收入 77.5 亿元，同比增长 32.3%，占全省商贸物流总收入的 7.3%（见表 3－3－1）。

表 3－3－1　　2017—2019 年江西省冷链相关指标情况　　单位：亿元

年份＼指标	冷链物流总额		冷链物流总收入
	江西省	全国	江西省
2017	850	40000	54.23
2018	976	48100	58.56
2019	1110	61000	77.5

（一）冷链物流市场规模稳步增长

作为农业大省，江西省具有得天独厚的自然资源特色优势，盛产不同种类的农产品。2019 年，全省蔬菜、水果、肉类等生鲜农产品产量 2613 万吨，同比增长 0.9%，其中蔬菜及食用菌 1581.8 万吨，同比增长 2.9%，园林水果 474.3 万吨，同比增长 0.9%，受非洲猪瘟疫情影响，生猪产能下降，肉类产量 298.1 万吨，同比下降 8.0%，水产品 258.8 万吨，同比增长 1.1%。随着全省生鲜农产品产量的不断增长，冷链物流需求持续增加，可见全省冷链物流还有长足的发展空间。

（二）冷链物流基础设施逐步完善

2019年，全省现有冷库容量达到181.4万吨，同比增长27.1%。在建冷库容量55万吨（见图3－3－1）。万人拥有冷库容量389吨。共有冷藏车1125辆，同比增长19.2%。冷藏车每万人拥有量0.2辆，低于全国平均水平（全国冷藏车每万人拥有量1.5辆）。2019年，全国星级冷链物流企业有4家，全国百强冷链物流企业有2家。

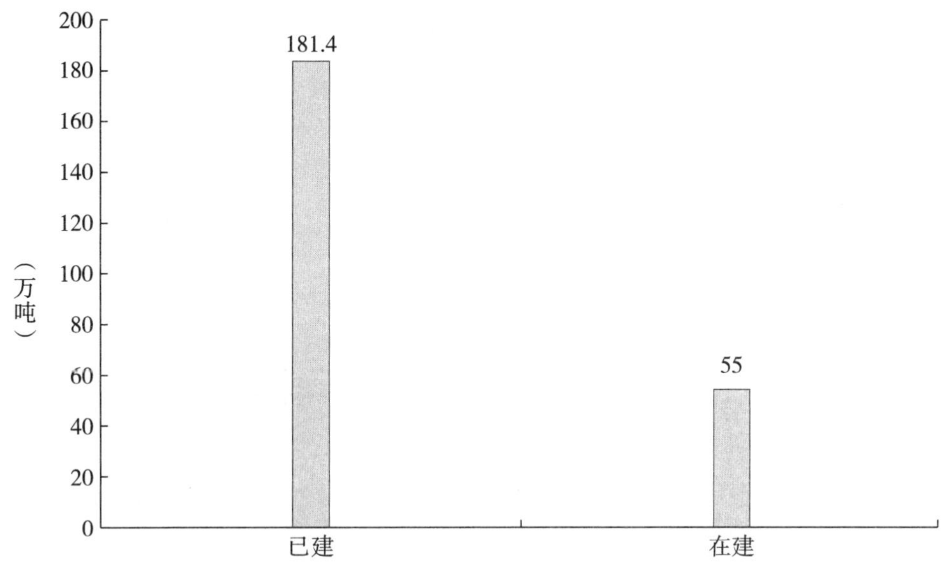

图3－3－1　2019年江西省冷库容量情况

（三）冷链物流发展环境得到改善

2019年全省冷链政策环境得到进一步提升，政府出台相关政策，积极推动全省冷链物流快速发展。

（1）2019年4月，为加快构建全省现代冷链物流体系，推动全省冷链物流产业健康有序发展，江西省商务厅会同江西省发展和改革委员会、江西省交通运输厅、江西省农业农村厅、江西省市场监督管理局五部门制定了《江西省冷链物流发展规划（2018—2022年）》（以下简称《规划》）。《规划》从发展现状、发展目标、重点任务、保障措施等几方面对江西省冷链物流未来几年的发展提出明确要求，构建以昌九为核心，以赣中南、赣东北、赣东南、赣西四大发展地带为支撑的“一核四带”发展格局，为全省冷链物流产业健康有序发展提供支撑。

（2）2019年7月，江西省人民政府办公厅发布《江西省人民政府办公厅关于深入开展消费扶贫助力打赢脱贫攻坚战的实施意见》（以下简称《意见》）。《意见》明确，建设完善农村物流网络，加快推进冷链物流建设，鼓励供销社、邮政和电商企业、物流企业、农产品批发市场等，整合产地物流设施资源，增强仓储、分拣、包装、初加工、运输等综合服务能力。

二、2019 年江西省冷链物流行业发展问题

（一）冷链基础设施建设仍不够完善

（1）冷库资源分布不均。江西省冷库建设与实际需求的匹配度不高，在设施选址、规模设计等方面缺乏科学规划，各区域冷库分布不均衡。一方面，冷库空间布局不合理，全省冷库资源主要集中在南昌、赣州等大城市，由于区域之间和城乡之间的经济发展不平衡，冷库的建设投入并不是向着产业基地优势的区域集中，而是向经济优势的区域倾斜，从而出现经济发达的地区冷库资源较充足，而经济欠发达地区冷库资源少的现象，导致区域范围内冷库过于集中且空置率较高，市场价格混乱，存在恶性竞争现象。另一方面，从冷库功能类型来看，全省很多冷链设施功能定位落后于市场需求，供需无法有效匹配，全省肉类冷库多，果蔬冷库少，大型储藏冷库多，批发零售冷库少。同时，城市经营性冷链设施多于产地冷链设施，作为农业大省，全省缺少有一定规模的农产品产地冷库。产地冷链设施不足，既制约了农产品的流通和消费，也影响了全链条的质量控制。

（2）冷链运输设施不足。江西省冷链运输以公路运输为主，但全省冷藏车每万人拥有量 0.2 辆，远低于全国平均水平（1.5 辆），难以满足全程冷链运输需要。大部分鲜活农产品仍采用普通货车运输，多数情况下，塑料布和棉被成为这些鲜活农产品运输途中最好的保护材料，但这些材料也只能起到防尘和简单的低价保温作用，无法保证农产品的保鲜及品质，导致运输损耗较大，造成腐损变质。同时，运输途中，部分企业为了省电省油，降低运输成本而不进行打冷，依旧选择常温运输，从而造成农产品在途中受损，“最先一公里”环节品质难以得到保证。

（二）缺少起引领示范带动作用的专业冷链物流企业

2019 年，中国百强冷链物流企业中江西省的入选企业仅有 2 家，分别排第 36 名及第 70 名。全省现有的冷链物流企业规模普遍较小，大部分的冷链物流主要依靠生产企业或者销售企业，服务功能单一，很难做到专业、高效率的仓储与配送。因此造成冷链物流成本高、服务水平低的局面，缺乏具有区域竞争力强、影响力大的专业冷链物流企业。

（三）冷链物流标准化水平不足

（1）冷链物流标准体系缺乏。近年来行业协会和监管部门大力提倡建立专业的行业标准规范与服务品质管理，但全省目前冷链物流标准化体系建设尚未起步，物流地

方标准、团体标准发展规划还未制定。企业参与地方标准、团体标准积极性不高，不愿意主动承担标准制定工作。

（2）企业冷链物流标准化实施不足。全省多数企业物流标准化意识薄弱，缺乏对物流标准化的认识，各环节的设施、设备、温度控制和操作规范等方面标准化意识不强，缺少统一标准。如南昌某市场内标准化的推进效果并不理想，商户对使用标准化托盘及高标冷库的意识薄弱，更多选择租赁低价格、低成本的非标仓。

（四）冷链物流信息化水平不高

（1）冷链公共信息平台缺乏。江西省冷链物流信息化滞后，供需信息不对称，导致冷链物流企业间资源共享程度低，如冷库、冷藏车等设备情况无法共享，导致冷库、冷藏车空置与供给不足同时存在，冷链仓储、运输资源浪费，冷链物流成本增加，阻碍了果蔬、肉类、水产品等生鲜农产品供应质量的提升。相比其他省份，全省缺少第三方信息平台，例如广东省冷链物流公共信息平台，集国内外物流大通道沿线和粤港澳大湾区冷链资源，涵盖冷链原产地、货源、技术、装备、运输、仓储、加工等信息。通过智慧物流手段，为消费者提高生活品质，为生产者降低综合成本。

（2）冷链物流企业信息化水平不高。全省冷链物流企业信息化建设投入不足，大部分企业在信息化方面的资金投入较少。且企业当前所使用的物流信息系统也仅限于企业资源计划、GPS 车辆监控调度系统等，缺少温湿度监控系统、运输管理系统、仓储管理系统等业务系统的使用。

（五）冷链物流监管体系不完善

江西省目前冷链市场监管不到位，一方面缺乏明确的市场准入制度，冷链企业审批门槛低，导致不规范的冷链企业及个体户在市场上进行冷链运输，扰乱市场秩序。另一方面尚未建立起覆盖全链条的冷链物流监管体系，无法实现对生产、储藏、运输、销售等环节以及温度控制和设备使用情况的全方位监管，导致冷链断链的情况层出不穷。

（六）冷链物流营商环境不优

（1）冷链专业人才缺失。全省冷链物流行业正处于发展中，但是人才培养却大大滞后，严重缺少现代物流经营管理的高级人才及冷链物流专业技能人员。全省大专以上学历冷链物流从业人员占冷链物流从业人员的 27.8%，多数企业在人员储备和人才培育方面薄弱，缺少专业化丰富经验和理论知识的物流人才。

（2）缺少冷链政策扶持。近年来国家及各省纷纷出台政策，专门对冷链物流项目建设、冷藏车辆购置、冷链企业用水用电用气价格、冰鲜运输车辆高速路通行等方面进行支持。例如 2019 年起，在全国联合开展农商互联完善农产品供应链的工作，发挥中央财政资金对社会资本引导作用，支持农产品供应链体系的薄弱环节和重点领域。对确定支持的省（区、市），每个省（区、市）支持2亿元。相比其他省份，全省目前尚缺乏专门针对冷链物流发展的有关支持政策。

三、2020年江西省冷链物流行业发展建议

（一）加强冷链物流基础设施建设

结合江西省实际情况，根据区域性质以及经济发展的需求，合理规划冷库建设类型及规模，保持冷库规模适度增长，避免资源的浪费。政府在冷链建设报批上应根据地区经济以及冷库类型是否匹配主要产品等方面，合理配置资源。支持对老旧冷库进行技术改造，新建冷库重点发展产地型、中央厨房型等类型冷库，特别是加快预冷库的建设，保证冷链物流体系的首个环节不会断链。鼓励企业尤其是第三方物流公司增加节能、环保、高效、安全的干线、末端低温运输工具，大幅度提升冷藏运输能力，降低企业运输成本。整治取缔“塑料”“棉被”冷藏等不符合要求的冷链运输方式，推广标准化冷链物流运输，增加冷藏车辆、冷藏载具等供给，减少断链现象。

（二）培育壮大冷链物流企业

专业的第三方冷链物流企业是未来参与冷链物流市场竞争的主体，应加大政策扶持，培育、引导物流企业向第三方物流企业转型，强化第三方物流企业的优势，引导冷链物流市场的发展。对于一些基础较好、实力较强的企业，应持续扶持，培育壮大，使其起到引导带头作用；对于中小冷链物流企业，应支持现有运输、仓储、快递、城市配送行业的中小冷链物流企业完善功能和延伸服务；通过资产重组、业务融合和流程再造，创新个性化服务模式，扩展冷链物流服务网络，满足多样化物流市场需要。鼓励支持企业学习当前社会中一系列先进的技术技能，并且积极吸收，转化为自身所需的能力，切实提高江西省冷链物流发展的核心竞争力。

（三）积极推进冷链物流标准化建设

健全标准化建设的体制和机制，优化全省冷链物流标准化建设的顶层设计。构建更为全面、科学、合理、系统的物流标准体系，围绕需求和问题导向，制修订符合全省实际的地方标准。开展冷链物流标准化试点工作，规范冷链产品存储销售、分拨运输流程，提升企业在标准化活动中的主体地位，支持并鼓励冷链物流企业积极主导并参与国家标准和行业标准的制修订工作，强化研制标准的科学性和实际可操作性。加强企业标准宣贯培训，对大型卖场、连锁超市、批发市场、物流企业、农业生产企业等农产品生产流通领域从业人员的冷链知识技能培训，提升冷链物流的组织管理能力，提高冷链管理规范化、标准化水平。

（四）加强冷链物流信息化建设

鼓励冷链物流企业、科研机构、行业协会等参与冷链物流公共信息平台建设，实现上下游企业数据交换和信息共享，整合优化冷链物流资源。积极引导企业利用信息平台开展数据分析，提供冷链货源、车辆、包装、运输等信息服务，实现市场需求与冷链资源高效匹配，提高冷链物流运行效率，并逐步与国家公共信息平台对接，实现区域间、政企间、企业间的数据交换和信息共享。推广无线射频识别、二维码、电子标签、卫星定位系统、电子化运单、温湿度记录系统、物联网等技术在冷链物流中的应用，提高冷链物流设施智能化水平和信息采集能力。

（五）加强冷链物流监管体系建设

政府应合理引导冷链物流市场的发展，控制冷链物流企业的数量，设置冷链物流企业准入门槛，防止恶性循环。加强对冷链物流企业及市场的监管，防止市场的恶性竞争，维护市场秩序。结合本地实际情况，按照冷库类型、产品种类及安全生产方面设置相应的规范及标准，使企业能够参照相关标准规范化运营，保障食品安全。建立冷链流通的全过程质量安全管理体系和信息追溯体系，对种植养殖源头、生产加工过程以及流通环节进行动态监控和追溯，提升生产流通各环节的品质可控性和安全性。

（六）进一步强化保障措施

（1）加大冷链人才培养力度。随着冷链物流产业的不断提升与壮大，优秀的冷链管理人才需求将会大大增加。支持高等院校根据市场需求增设冷链物流相关专业，加强人才培养，委托相关机构，对冷链物流企业的员工进行分级、分类、分层次进行在职培训，不断提升其技能水平，完善企业冷链物流人才的梯队建设。积极建立冷链物流人才的引进和激励机制，引进符合条件的高端冷链物流人才，形成高素质人才队伍。

（2）加强政策保障。建议相关部门针对冷链物流企业基础设施建设的投入和设备维护方面给予一定的政策支持，对重资产投资型标准化冷链企业提供相应的扶持政策、低息贷款和补贴政策。对冷库新建、改造以及购置相关冷链设施设备给予一定的政策支持。市、县要加强统筹，从企业发展的角度，在企业发展新业态、新业务时加大对财税、金融、用工、用地等方面的支持力度，对冷链物流企业的用水、用电、用气给予优惠价格，减轻企业压力。同时，应加强产业政策引导，营造良好的产业园区政策环境、投资氛围，吸收企业及人才进驻。

（江西省物流与采购联合会　胡冲　姜珊）

第四章　2019年鹰潭市城乡高效配送试点情况报告

2019年2月14日，鹰潭市被商务部、公安部、交通运输部、国家邮政局、供销合作总社列为全国首批城乡高效配送试点城市，重点围绕完善配送网络，发展集约化配送，推动信息化建设等方面开展试点。试点开展以来，鹰潭市按城乡高效配送试点实施方案有效推进，培养出一批带动性强、辐射快的试点项目，并形成了一些较好的经验做法，破解了制约城乡配送发展的突出问题，并有效整合邮政、快递、供销、商务等方面的网络、网点、信息、车辆、人员等资源。

一、试点工作情况

（一）建立制度机制（领导小组），确保试点工作推动有力

鹰潭市委、市政府高度重视城乡高效配送试点工作，成立了鹰潭市城乡高效配送试点工作领导小组（以下简称“领导小组”），统筹协调各部门解决试点过程中的问题。领导小组由市政府分管副市长任组长，市政府分管副秘书长和市商务局局长担任副组长，市商务局、市邮政管理局、市供销社、市公安局、市交通运输局、市财政局、市发展改革委、市统计局等相关部门以及各区（市）作为成员单位，进行全市城乡高效配送试点工作的业务指导、综合协调、规划实施和政策落实等。领导小组办公室设在鹰潭市商务局，具体负责城乡高效配送试点日常工作。各区（市）成立专门的城乡高效配送试点办公室，指导本辖区内城乡高效配送试点推进工作。此外，领导小组还建立了项目专家指导制度，组建鹰潭市城乡高效配送试点专家小组，邀请省内有关高等院校、行业协会有关专家参与，负责对试点企业的专业指导及跟踪推进。并成立了城乡高效配送试点会商制度，定期召开试点工作推进会议，解决试点过程中出现的重大问题，加强对试点工作的统筹规划和组织实施，确保试点工作有序推进。同时还建立了绩效评估制度，委托第三方机构对试点情况进行阶段性评估，及时总结工作成果与不足，形成试点工作报告上报商务部、江西省商务厅、江西省财政厅等有关部门。

（二）强化制度保障，确保试点工作规范有序

根据试点要求，结合鹰潭市实际情况，制定了《鹰潭市城乡高效配送国家试点建设实施方案》，明确了鹰潭市城乡高效配送试点工作的总体思路、发展目标、主要任

务、企业申报条件和支持范围、资金管理、进度安排、保障措施，具备较强的操作性。

为确保试点工作顺利有序推进，鹰潭市进一步完善相关制度保障，为做好城乡高效配送试点项目和资金管理工作，提高资金使用效益，发挥财政资金的引导带动作用，鹰潭市商务局、鹰潭市财政局联合于 2019 年 11 月印发了《鹰潭市商贸物流建设（城乡高效配送试点）专项资金使用办法》。

（三）科学选定项目，确保试点工作推进顺利

为了确保试点工作顺利推进，鹰潭市成立了由市政府常务副市长张子建任组长，市商务局、市邮政管理局、市供销社、市公安局、市交通运输局、市财政局、市发展改革委、市统计局等相关部门负责人为成员的鹰潭市城乡高效配送试点工作领导小组。聘请江西财经大学工商管理学院宋逸之博士为顾问，在充分调研的基础上，根据构建“市—县—乡—村”四级配送网络的需要，确定了一个公共信息平台、五个分拨中心、200 个配送网点建设任务，形成了《鹰潭市城乡高效配送试点工作方案》，确立了以“生鲜农副产品集采集配”“经销商统仓统配”“电商快递共享”为主要内容的“3321”城乡高效配送模式。

（四）加强项目督导，确保试点工作方向正确

为了确保项目如期建成投入使用，鹰潭市将城乡高效配送项目列入全市重点调度项目，由市委督查室牵头督导，项目实施单位必须定期报送项目进展情况。对于拖后进度的，由市委督查室核实情况，对于屡督不改的，由市政府分管领导对项目所在区（市）领导进行约谈。此外，对于如期完成建设的项目，由市财政局予以奖励，未能如期完成的，不予奖励。

（五）严格项目验收，确保试点工作安全有效

项目实行以奖代补的方式，所有项目竣工后，由鹰潭市商务局统一组织专家进行验收，项目达到商务部等五部委《城乡配送绩效评价指标体系》规定的相关标准后，由市财政局按照方案规定对项目实施单位进行奖励，未达标的不予奖励，较好地发挥资金杠杆作用。

二、试点工作主要成效

（一）创新模式与做法

鹰潭市城乡高效配送主要有“快消品货运公交”“电商快递超市”两种模式。

1. 快消品货运公交模式

该模式主要在贵溪市推行。运营主体是江西泗丰物流有限公司（以下简称“泗丰

物流”）。该公司采用租用或者与零售门店合作的方式，建立了3个云仓配送中心，14个乡镇分拨中转中心和200个村级末端服务站，应用标准化托盘、铁架等单元化物流器具，负责贵溪市辖区内所有下行城市快消品和上行农产品仓储、分拨与配送业务。为了让城市快消品顺畅高效地进入寻常百姓家，该公司建立了完善的以物流仓储为中心的集疏运系统，采用公交班车模式，将高度分散的网点通过现代化的仓储一体化模式连接在一起，提供统一配送，有效地解决农村“最后一公里”的问题。

2. 电商快递超市模式

凡寄送至鹰潭市余江区各乡镇、村的物品，统一到余江快递物流园进行配送（见图3-4-1）。余江快递物流园在全区各乡镇、村设立（规划建设运营网点100个，目前已建成运营网点40个）快递超市作为城乡高效配送末端网点，快递超市提供快递包裹自提、快消品配送、网点自提、快递代收代发、农产品提货等便民服务。除了负责将辖区包裹配送到每个客户手中之外，还将需上行的农产品和农村客户寄发的包裹配送到余江快递物流园，再由园区按客户要求采用物流或快递的方式将包裹发送到指定地点。目前，已经建成运营的末端网点日均投件数已达5.1万件。一个网点每天配送的快递可达350件左右，揽件量均在50件以上。

图3-4-1　余江快递物流园

（二）主要成效

1. 成立城乡配送产业联盟

构建以鹰潭市城乡高效配送骨干企业为主体，鹰潭市主要商贸流通、电商快递、生鲜冷链、农副产品、药品、批发企业为成员的城乡配送产业联盟（以下简称“联盟”)。联盟整合货物、仓储设施、配送车辆与线路、末端网点、智能投递终端等资源，搭建鹰潭市城乡配送的“主流量管道”，为鹰潭市提供集约化、智能化的仓储、配送服务。

2. 构建城乡高效共配网络

搭建以城乡高效配送园区，区（市）分拨中心，乡镇配送节点及村、社区、商超末端网点的四级城乡配送网络，形成全域覆盖配送网络，打通农村“最后一公里”和社区“最后一百米”。

（1）打造城乡高效配送物流园区。以鹰潭市现代物流园区为平台，打造城乡高效配送物流聚集区，建设 1 个城乡高效配送信息服务平台，完善城乡高效配送服务功能；建设 2 个以上面积大于 5000 平方米的城乡高效配送示范配送（分拨）中心，提升城乡配送成效；改造和增加标准仓储面积 15 万平方米，加强城乡配送基础。

（2）建设示范配送（分拨）中心。推进示范配送（分拨）中心建设，依托重点商贸、快递物流企业，促进仓储、配送方式更加标准化、集约化、智能化，引导企业对仓储设施、运输车辆、物流设备、管理信息系统进行升级改造。

2019 年重点打造月湖冷链水产品配送中心、贵溪快消品配送中心、余江农产品批发 3 个配送（分拨）中心。2020 年重点打造月湖快消品配送中心、余江快递物流园 2 个配送（分拨）中心。

（3）优化共享末端网点。依托重点商贸流通企业、邮政公司、电商快递企业和“万村千乡”市场工程网点资源，支持连锁企业、电商快递企业对现有终端网点和智能投递终端进行优化、改造和提升，贫困村和电商扶贫站点优先，解决老百姓“最后一公里”和“最后一百米”，向全社会提供快递包裹自提、快消品配送、网订自提、快递代收代发、农产品提货等综合服务。加强智能投递终端建设，支持智能快递件箱（包裹柜）进商务区、住宅区、机关企事业单位等区域，最终形成不同类型网点共存，网点间相互协同的高密度、直渗透网点体系。

2019 年，贵溪市建设 80 个标准网点，整合 120 个末端网点；余江区建设 40 个标准网点，整合 100 个末端网点；月湖区建设 40 个标准网点，整合 80 个末端网点；龙虎山建设 6 个标准网点，整合 15 个末端网点；鹰潭高新区建设 8 个标准网点，整合 20 个末端网点；信江新区建设 6 个标准网点，整合 15 个末端网点。

预计 2020 年，贵溪市整合 80 个末端网点；余江区建设 20 个标准网点，整合 50 个末端网点；月湖区整合 20 个末端网点。

3. 推进绿色配送发展

（1）搭建共同配送车队。根据高低搭配、经济适用、绿色环保的原则，将邮政快递专用电动三轮车纳入城乡高效配送车辆范畴，重点推进以阿桂物流、泗丰物流和中国邮政等快递企业车辆为主体的城乡高效配送车队建设，吸引和鼓励联盟成员共享运力资源，以改造、新购或者租赁的方式，整合或者组建一支外观标识统一、车辆标准统一、调度统一、管理统一的城乡高效配送车队。并依靠信息化的调度管理，使车队车辆不少于200辆，其中月湖区不少于80辆，贵溪市不少于70辆，余江区不少于50辆，新能源配送车辆占40%以上。

（2）加强配送车辆规范化管理。制定《鹰潭市城乡配送车辆通行管理办法》，保障配送专用车辆有序通行。根据保障需求、便利通行、分类管理、适度调控的原则，科学、合理设置行驶区域、停靠地点、装卸时间等，探索城乡高效配送车辆公交化运作模式，对非法运输车辆予以取缔，为城乡高效配送体系内的配送车辆提供必需保障。

4. 建设城乡配送公共服务信息平台

通过构建城乡配送公共信息服务平台，构建物流行业信息服务、政务服务、征信服务、技术服务、百园互通、车货匹配等功能的物流公共信息平台，推动互联网、大数据、云计算等信息技术与物流深度融合，实现与全国重点物流信息平台、物流园区信息平台互联互通，跨区域、跨行业整合和管理各类物流信息及资源，提高物流信息化管理水平和服务能力，降低鹰潭市物流成本，提升企业信息化水平，提升公共服务质量，提升社会服务效率。

5. 开展物流统计分析

开展物流统计分析工作，获得物流总量数据和节点数据，静态数据和动态数据，运用统计方法对数据进行分析，反映鹰潭市物流发展速度，计算全市物流产业对全市GDP的贡献情况，为物流产业发展政策制定提供依据，推动物流产业健康快速发展。

三、试点工作存在的问题

（一）物流公共信息平台建设滞后

鹰潭市物流公共信息平台建设薄弱，城乡高效配送物流信息化水平不高，物流配送“信息孤岛”现象比较普遍。

（二）物流基础设施薄弱

经过近几年的发展，鹰潭市在物流基础设施装备方面有了一定的发展，但整体来看，物流基础设施较为落后，各种物流基础设施的规划和建设缺乏必要的协调性，聚集度不高，资源综合利用率低。

（三）缺乏龙头城乡配送企业

鹰潭市城乡配送企业规模都不大，大多数由运输公司、仓储企业、零售批发企业发展形成，分布散乱，合作协调性差，无法形成合力，导致城乡高效配送成本相对较高。大多数企业经营规模小，经营方式粗放，缺乏新业态新模式。

四、下一步工作思路与政策建议

（一）完善城乡高效配送网络体系

继续推进鹰潭中心城区快消品分拨中心建设，全面完成城乡配送中心建设任务。优化城市配送末端网点，实现末端网点乡镇全覆盖，为辖区村镇居民提供集约化、智能化的仓储、配送服务。统一整合货物、仓储设施、配送车辆与线路、末端网点等资源，试行统仓统配，推行快递包裹自提、快消品配送、网订自提、快递代收代发、农产品提货等综合服务。

（二）推进城乡配送主体建设

重点支持林安物流、泗丰物流、阿桂物流等第三方物流龙头企业在车辆装备、仓储设施、信息系统、自动分拣设备、运营管理等方面改造升级；引导龙头企业整合小微城市配送企业、个体经营者和农产品生产者，建立上下游协同联动的合作机制。支持双林冷链、大唐农博城等分拨中心运营企业发挥区域产业主导和集中配送优势，在提升共配率的同时，充分利用消费品超市、农资超市、快递超市、农村末端网点等资源，进一步整合社会商业配送资源，逐步发展成为区域快消品、农产品（生鲜食品）等商品共配的主渠道。

（三）推进城乡配送技术标准应用

积极推进标准化的新能源车辆在城乡配送中的应用。鼓励企业购置、采用新能源车辆从事城乡配送，力争新能源车辆占比达40%以上。推动仓储、配送、分拣、包装、装卸、搬运等环节物流标准广泛应用。发展单元化物流，进一步壮大鹰潭市标准化托盘、周转箱循环使用覆盖面，推进农产品流通从田间地头到城市货架全程“不倒筐、零触碰”。

（四）优化城乡配送组织方式

推动城乡配送发展。发挥第三方物流企业仓配一体化服务优势，融合供应商、实体零售门店、网络零售的配送需求，发展面向各类终端的共同配送。依托鹰潭物流园区、大唐农博城等配送需求集中场所，整合零担长途干线运输“落地配”与城市配送资源，发展面向大型超市、乡镇配送网点的集中配送。培育壮大一批快消品共配企业，进一步整合生产商、供应商配送需求，扩大零售终端配送覆盖面，大力发展面向各乡村零售门店的统一配送。

推动农产品城乡配送发展。鼓励城乡配送企业积极服务农产品进城和农业订单生产，深化与专业大户、农村合作社、涉农电商企业等农业经营主体的合作，协同提供农产品从农村到城市的共同配送服务。引导城乡配送企业对农产品提供包装、仓储、运输的标准化、定制化服务，发展农产品冷链物流，提供适应农业生产季节性特点的共配服务。

（五）加强考察学习交流

由于各城市物流发展程度不一，各地现状不同，政府积极引导、协会搭台组织开展各地市交流学习，分享城乡高效配送工作经验，以进一步提高工作效果。

（鹰潭市商务局　占来金）

第五章　2019 年抚州市城乡高效配送试点情况报告

在江西省商务厅的关心和指导下，2018 年 7 月抚州市被江西省商务厅列为全省首批省级城乡高效配送试点城市，奖补资金 400 万元，试点周期两年。试点开展以来，各项工作按照《抚州市城乡高效配送试点实施方案》有效推进，目前全市城乡高效配送三级网络已初步建成，并形成了一些可复制可推广的经验做法。

一、试点工作情况

（一）试点建设完成情况

试点开展以来，抚州市先后组织了两批城乡高效配送试点项目申报（及补充申报），共确定了 12 家城乡高效配送骨干企业。项目推进过程中，有 6 家试点企业符合试点要求，13 个试点项目按要求推进并通过验收。

（二）制度机制建设情况

1. 完善组织机制

抚州市委、市政府高度重视城乡高效配送试点工作，成立了由分管副市长任组长，市商务局、市交警支队、市财政局、市邮政管理局、市交通运输局、市供销社和有关县（区）为成员单位的领导小组，强化对专项行动的综合协调、督导检查等。领导小组办公室设在抚州市商务局，具体负责城乡高效配送试点日常工作。各县（区）成立专门的城乡高效配送试点工作领导小组，指导本辖区内城乡高效配送试点工作的推进。此外，邀请赣物联、抚州市相关高校等单位的专家组建立专家库，为抚州市城乡高效配送试点工作提供智力支持。

2. 出台实施方案

根据试点工作要求，抚州市商务局、抚州市公安局、抚州市交通运输局、抚州市邮政管理局、抚州市供销合作社联合出台了《关于印发〈抚州市城乡高效配送试点实施方案〉的通知》（抚商办字〔2018〕80 号），明确了城乡高效配送试点工作的总体思路、发展目标、主要任务、申报企业条件和支持范围、资金管理、进度安排、保障措施，具有较强的指导性和操作性。

3. **强化制度保障**

为确保试点顺利有序推进，做好城乡高效配送试点项目的资金管理工作，提高资金使用效益，发挥财政资金的引导带动作用，抚州市进一步完善相关制度保障。

4. **加强宣传培训**

试点工作开展以来，通过抚州市商务局官网召开专门的宣传会议、开办相关培训班、发布工作动态等形式，及时宣传城乡高效配送试点政策，增强试点企业对城乡高效配送试点工作的认知度，持续推动抚州市城乡高效配送试点建设工作。先后4次组织开展城乡高效配送试点申报、实施、政策咨询、验收等方面的宣传和培训会议。

（三）资金使用管理情况

1. **资金管理使用规范**

为确保项目资金使用科学、合理、规范，制定了《抚州市城乡高效配送试点项目建设专项资金使用和管理办法》，全面执行城乡高效配送试点政策和资金支持方向要求。试点过程中由第三方中介机构会同会计师事务所对项目评审进行把关，在项目验收阶段，要求所有试点企业必须先由第三方会计师事务所对项目投资进行审计，再由项目验收专家组进行验收资料审查和现场查验。在确保企业投资达标的前提下，与城乡高效配送无关的投入不予纳入。

2. **带动投资效果明显**

以城乡高效配送试点工作为平台，积极引导相关试点企业加大社会投入，加强城乡高效配送体系建设，提升物流标准化和信息化水平。抚州市13个通过验收的试点项目核定投资额为1744.981万元，试点项目带动社会投资达到政府补助的4.36倍，效果明显。各试点企业均主动委托第三方审计机构对项目的实际总投资等进行审计，并通过专家审核验收。

二、试点工作主要成效

（一）三级配送网络体系已初步建成

抚州市已基本形成以江西赤湾东方智慧公路港和抚州农产品（冷链）交易中心为核心的一级配送节点，覆盖全市及周边200公里范围内集库存管理、流通加工、贸易批发、专线快运、分拨配送于一体的城乡高效配送示范园区。县（区）建成以黎川东鑫电子商务园、南城恒绿物流园、南丰大逸冷链物流园为主体的公共配送中心，黎川县和南城县建成了以县域物流配送中心、乡镇配送节点和村级末端公共服务站点为支撑的农村配送网络，打造了“网货下乡”和“农产品进城”的双向流通新渠道。

（二）城乡高效配送模式在保民生方面发挥重大作用

城乡高效配送模式在解决市民生活必需品供应问题，保障人民群众的正常生活方面发挥重大作用。黎川县东鑫实业有限公司，在全县共布点 80 家益农社网点，农村市场占有率达到 100%，全县生鲜配送均在半小时内到达，企业通过“自建三级物流配送体系 + 送货上门”生鲜电商配送模式，日均销售蔬菜、猪肉、鸡鸭、蛋类产品 26 吨。

江西启程科技有限公司采用大数据、机器人、人工智能等技术，利用现代化工厂式的中央厨房替代传统厨房，日供应标准营养餐 35000 份，加工 5000 人食用的净菜，满足了政府部门、企事业单位的用餐需求。

（三）形成了可复制推广的创新运营模式

企业结合自身实际，探索出了一套独具特色的运营模式。黎川县东鑫实业有限公司依托自主研发的电商综合服务平台，通过三级物流配送体系，将县、乡、村有机结合，整合凌乱分散的终端销售网点，将服务末梢覆盖到社区、村一级，实现了源头与配送末端有效融合，打通了供应链各环节，加速商品流通，大大降低了物流配送成本，提升了车辆满载率。

江西省大逸供应链管理有限责任公司结合抚州市特色的农业产业，以总占地面积 100 亩的南丰县蜜桔综合产业园项目为试点，打造集蜜桔“采摘—收购—储存—分拣—加工—运输—销售”全产业链于一体的综合园区，依托总库容 6 万吨现代化智能温控立体高台冷库发展蜜桔“最先一公里”的产地预冷，在 5 万平方米的标准化分拣中心使用标准化托盘和周转筐，实现从农村到城市的共同配送服务。

（四）物流成本有效降低

通过此次城乡高效配送试点工作的推行，各试点企业降本增效成效显著。南城县恒绿商务有限公司，通过信息化和标准化设备的投入，试点前后仓库存储效率提升了 32%，人员成本下降了 50%，配送成本降低了 47%；江西省大逸供应链管理有限责任公司，通过自动化包装和分拣设备、标准化托盘及周转筐的使用，作业效率提升了 58%，配送成本降低了 42%。

三、试点工作存在的问题

（一）企业间缺乏深度合作

各试点企业各自为政，未能优势互补达成战略合作，尚未形成全市城乡高效配送的合力。

（二）企业经营管理人才短缺

全市物流服务和经营管理人员能力水平整体偏低，缺乏专业管理人才。一是项目建设和运营方面的人才不足；二是现场管理人员的专业性还有待提升；三是后备人才储备不足，难以支撑企业长期发展。

（三）标准化应用不广

企业仓储配送中心标准化、现代化总体水平不高，物流标准化体系建设滞后。

四、下一步工作思路与政策建议

（一）深度转化城乡高效配送试点成果

持续巩固试点成果，把城乡高效配送项目继续“做精、做细、做实”，以标准化和信息化为主抓手，推动试点企业全面提升，争取打造1～2个全国城乡高效配送典型模式，树立1～2家全国城乡高效配送标杆企业。

（二）注重人才储备

企业在业务快速发展的同时应注重人才的储备和培养，尤其是财务管理、项目运营、现场运作等方面的人才，提升企业综合素质，使企业可持续发展。

（三）加快城乡高效配送试点成果转化

总结和巩固试点工作成果，利用优秀企业发挥示范带动作用，复制推广试点创新经验，扩大全市城乡高效配送试点的辐射范围。健全城乡高效配送服务体系，强化城乡高效配送技术标准应用、推动城乡高效配送绿色发展，满足城乡居民的消费需求。

（四）进一步为城乡高效配送项目提供各项保障

探索推进城乡高效配送在车辆通行、车辆管理、车辆停靠等方面相应的保障政策，合理设置配送所需的车辆停靠、装卸、充电等配套设施和场地。推广纯电动物流车等新能源配送车辆，完善纯电动车物流车辆配送管理制度。

（抚州市口岸和物流服务办公室　吴国安　蔡玲芳）

第四部分 典型案例

企业案例

——物流服务业

物流园区

打造区域物流中心新引擎　构建城乡高效配送体系

——江西红土地物流集团有限公司

一、企业基本情况介绍

江西红土地物流集团有限公司（以下简称“江西红土地物流”）成立于2012年，注册资本5000万元，位于赣州市章贡经济技术开发区沙河工业园区，是一家从事物流运输、管理及物流园区运营与开发的4A级物流企业。目前已在章贡区、南康区、瑞金市、寻乌县、兴国县投建物流园，占地面积1000多亩。公司现有员工100余人，其中大专以上学历占70%，中级物流师22人，国际物流师2人，专业学科涉及经济管理、企业管理、物流、贸易、财务、电子信息、计算机、网络等领域，有一支懂服务、会管理、综合素质较高的队伍。公司致力于为物流全产业链降本增效，建立共赢的战略合作模式。通过规划引领、整合资源，解决本地物流企业“小、散、乱”问题，缓解城市交通压力，助力物流企业降本增效。以线上交易平台、线下操作平台为载体，依托完善的物流基础设施、电子信息平台、强大的服务合作网络和专业服务团队优势，打造赣南现代物流一站式服务平台，发展物流产业集群，培育壮大本地物流企业。完善物流供应链管理服务体系，为区域企业提供量身定制的物流体系和供应链解决方案，助力工业、农业、商贸企业降本增效。鼓励入驻中小物流企业规范经营、建立品牌，为当地培植财政税源，以“物流分拨中心+服务站+农商互联”模式，推进农村电商项目建设，实施城乡高效配送，解决物流“最后一公里”问题，助力乡村振兴发展。

二、企业项目情况介绍

（一）项目背景

当前，各大县（市）农产品电子商务是发展趋势和方向，而在生产力需求急剧增长来满足社会需要的情况下，根据各县区特色产业、区域位置、市场需求搭建一个具有集约性、平台性、专业性，服务功能齐全的物流中心是城市发展的需要。2019 年，赣州市成为全国首批城乡高效配送试点城市，优化空间布局，加强县级物流中心建设是试点重点任务之一。县级物流中心的建设，特别是城乡高效配送物流网络建设，对于促进城乡高效配送发展有很强的实务性。大部分乡镇基础设施较为薄弱，路况不佳，配送中要花费较大的人力物力，且因为大城市“虹吸”效应，造成大量青壮年力量流失，服务质量不高。整合资源，构建规模化的配送网络，有利于促成城市到农村的一条龙服务，同时由于配送体系逐步完整，资源浪费减少，运输效率大幅度增长，上游制造企业效益能得到进一步提升。

（二）项目建设内容

1. 建立运营中心

江西红土地物流在赣州市章贡区、南康区、寻乌县、兴国县已分别建有分级物流分拨中心，瑞金市规划在建中。章贡区红土地物流园于 2012 年建成，将线上交易平台、线下实体操作平台相结合，依托完善的物流基础设施、电子信息平台、业务合作网络和专业服务团队优势，为物流全产业链降本增效，提供最优质的服务和最安全保障的物流解决方案。位于全国最大的实木家具产业基地以及世界家具集散地的南康物流中心建成（见图 4 - 1 - 1），占地 150 余亩，总建筑面积达 10 万多平方米，仓储面积 8 万平方米。江西红土地物流充分发挥产业集群优势，结合物流、电商、新媒体、仓储、家具生产等相关企业，优化原材料采购、生产、销售、售后各环节，构建家具产业信息流、资金流、物流和商流的“互联网 +”跨界联盟，推动物流行业创造新价值。寻乌综合物流园地处赣、闽、粤三省交界处农业大县——寻乌县，特色果产品产量丰富，众多电商瞄准这一商机，入驻市场，园区整合当地快递资源，利用快递分拣平台、专业物流、快递服务平台嫁接农村电商、城乡通贸易、二手车云返交易、汽修汽贸交

图 4 - 1 - 1　南康红土地物流中心

易等平台，连接全国上下游市场，真正做到跨界共享。

2. **共享物流资源**

江西红土地物流5个物流中心自有车辆200多台，整合车辆2000多台，入驻物流企业300余家，并提供场地租赁、分拣、仓储、配送、人才、物流信息平台、石油、金融、保险、汽贸、汽修等现代物流一站式服务，为供应商、货主、制造商等提供供应链综合解决方案，是区域物流信息资源的汇集中心。依托县级物流分拨中心、乡镇级服务站点，通过“电子商务+电子政务+电子农务”网络，形成完善的物流体系，发展新能源城乡高效配送模式，为县乡镇电商搭建桥梁，着重推进“农产品进城、工业品下乡”的联动经济模式，实现城乡高效配送。

3. **创新运作模式**

江西红土地物流以“互联网+”物流，搭建智慧物流配送信息服务平台——“马帮镖局”运力管理系统App，App包括司机管理系统、司机接单系统、客户订单管理系统、车辆状态实时监测系统、车载及货物匹配系统、客户评价及分类系统、财务结算系统等。红土地赣南现代物流“一站式”服务网络平台，做到在同一区域内集约化，最大限度上助力平台物流企业、周边制造业降本增效。其中兴国物流中心率先尝试引进十台AGV机器设备进行智能拣货，配合循环式传送机、物流笼车、贴码扫描分拣和IWMS仓储物流系统，在构建智慧物流配送系统、优化降本增效等方面进行新尝试（见图4-1-2和图4-1-3）。

图4-1-2　兴国物流中心操作现场

图 4－1－3　兴国物流中心部分设备

4. **发展绿色配送**

江西红土地物流以智慧物流配送信息线上服务平台和线下物流业功能区、新能源物流车服务站点打造赣州新能源城市配送项目，目前推广使用 50 台新能源专用物流车（见图 4－1－4），计划到 2021 年推广使用 500 台新能源物流专用车，在赣州市打造一个绿色出行、节能环保的纯新能源电动物流车城市配送项目，实现高效、便捷、价格实惠、服务周到、零货损的智慧物流产业生态圈，加快推进赣州市区物流配送网络建设，解决物流配送“最后一公里”问题，助推物流行业转型升级，优化赣州“两城两谷一带”的生态环境，节约货物流通成本，为实现高效的城市物流分拨中心提供有力保障，助力赣州政府打造物联网运输智慧城市。

图 4－1－4　新能源专用物流车

三、企业项目实施效果

（一）经济效益

项目实施后，商品进货价格大幅降低，企业物流成本大幅下降。制造型企业由于实行由物流配送中心统一进货、统一配送，因此从中获得大批量进货的低进价，大大增强了企业的市场竞争力。同时，进一步提升配送反应速度，降低企业的断货风险，提高顾客服务水平。配送中心对上下游物流配送需求的反应速度越来越快，前置时间越来越短，使工业产品流通速度加快，压缩工业企业库存，实现库存集约化，能够节约用户的库存占压资金。而商品运输速度的加快，能够节约用户的运杂费。搞好商品养护，能够减少用户的商品损耗，降低用户物流成本的同时增加用户的经济效益，通过提高流通组织化程度，摊薄物流成本。

（二）社会效益

依托专业市场和现代信息技术建立的城市配送信息平台，使物流中心的低成本、高效率优势逐渐显现，在行业具有较强的示范和带动作用。同时为行业配送模式提供参考和借鉴，促进整个城市共同配送项目的有机结合及纵深发展。本项目实施后，直接创造近 40 个就业岗位（如绿色车队司机，配送信息平台和分拣中心相关技术人员等）。另外，企业需求以及因本项目而带动的当地相关产业发展，在一定程度上增加了当地居民的就业机会，拓宽就业渠道，有效缓解社会就业的压力和矛盾。

服务产业端的智能物流平台　持续帮助企业供应链降本增效

——江西传化物流有限公司

一、企业基本情况介绍

传化集团创建于1986年，从制造业起步，历经30余年持续快速发展，已成长为涵盖化工、物流、农业、科技城、投资五大事业板块，横跨第一、第二、第三产业的多元化现代企业集团，现有员工14000余名。现拥有“传化智联”（002010）、“新安股份”（600596）两家上市公司，以及八家国家高新技术企业，业务覆盖全球80多个国家和地区。名列中国企业500强、中国民营企业500强。

江西传化物流有限公司于2018年建成投入运营，位于南昌县小蓝经济技术开发区汇仁大道988号，总占地面积219.5亩，总投资5亿元，总建筑面积12.38万平方米。目前南昌传化公路港小蓝项目已全面运营，入驻40余家物流企业，30余家商贸企业，日均货物吞吐量超过4.8万吨，日均货值近5亿元，日均吸引3000辆以上车次进场，整合服务1000余家中小物流企业，扩充就业岗位近万个。项目规划六大功能区：总部运营中心、配套服务中心、全国调度运输中心、物资转运中心、智能云仓中心、智能分拨中心。

二、企业项目情况介绍

（一）项目背景

2016年6月传化集团受江西省委、省政府邀请，签订“战略合作框架协议”，推进全省“一枢纽五中心”布局即以南昌为枢纽，九江、赣州、上饶、鹰潭、宜春为中心的发展布局。为落实“战略合作框架协议”，传化集团积极参与江西省物流产业规划布局，助推江西省经济结构转型升级，已完成南昌、赣州等地的首期投资，现正在积极推进九江项目的落地，宜春、萍乡、上饶、吉安、鹰潭等地已相继考察对接。

目前，传化集团已经落地南昌小蓝项目（已运营，规模220亩）及南昌向塘项目（已摘地，规模538亩）；已落地赣州项目（一期600亩项目，完成部分建设及运营）。

九江作为长江中部重要的节点城市，江西的北大门，传化集团九江项目拟用地约380亩左右（其中公路港项目拟用地约300亩，配套商住项目拟用地约80亩），已进入细节洽谈阶段，力争2020年上半年签约。

（二）项目建设内容

1. 项目总体建设情况

南昌公路港依据2016年7月签订的《传化与南昌小蓝经开区项目投资合同书》约定，总投资25亿元，整体发展小蓝、向塘两大项目并结合传化智联高层依据《南昌市“十三五”物流发展规划》进行高起点布局“一城三港”，即发展南昌小蓝项目、向塘项目、赣江新区项目。

（1）小蓝项目：位于南昌县小蓝经济技术开发区汇仁大道988号，总占地面积219.5亩，总投资5亿元，总建筑面积12.38万平方米。预计2020年实现全面运营。

（2）向塘项目：位于南昌县向塘开发区金沙大道与105国道交汇处，项目总规划用地538亩，预计总投资20亿元。项目分三期建设，其中一期占地345亩，建筑面积12.7万平方米，预计2021年下半年进入试运营。

（3）赣江新区项目：暂规划布局于南昌以北的赣江新区（南昌机场附近），待向塘项目二期运营之际启动该项目选址落地。

2. 各项目建设情况

（1）小蓝项目定位为“江西省高效配送基地”。

前期规划为江西省运营总部，快速集聚与储备周边物流资源，构建网络运营体系，力争三年内打造一港发全国、一落分全省的运力体系，成为江西省内城乡高效配送基地、中小企业孵化园、智慧物流科创园。小蓝项目园区及大门如图4－1－5和图4－1－6所示。

图4－1－5 小蓝项目园区正门

图4－1－6　小蓝项目园区

（2）向塘项目定位为“枢纽型城市物流中心”。

打造为江西省枢纽型城市物流中心，依托向塘公铁联运优势，进行多式联运，带动赣州、九江南北两地，乃至全国的物流企业合作，实现货通全国，分拨全省的传化战略、模式落地。

项目将在未来三年承接小蓝项目部分物流资源的转移，成为南昌最大专线集聚区、城乡高效配送基地、中小企业孵化基地及供应链服务产业园。

（3）赣江新区项目定位为“原料供应链仓储配送产业园”。

依托政府重点规划的昌北枢纽基地，结合白水湖、赣江、铁路、航空发展公铁水空联运；未来与向塘南北连接，形成影响南昌两大国家级开发区产业资源的重要园区，成为区域最大的原材料供应联产业园。

南昌传化公路港作为传化集团构建全国10枢纽160基地的10枢纽之一，通过集聚物流载体资源，整合物流服务资源，吸引物流需求资源，密切物流与商流、信息流、资金流之间的联系，服务于物流企业、社会车辆、制造业和商贸企业等供应链上的各个主体和环节。全面提升物流对区域经济发展的影响力，助力南昌构建国家中心城市。

三、企业项目实施效果

（一）经济效益

2019年，南昌公路港已完成了全省11个地级市、100个县市区的定时、定点、定班货运分拨网络的打造，真正打通了江西省货车物流网的“最后一公里”。全面投入运营的小蓝项目入驻企业超过 300 家，开通全国物流专线覆盖 14 个省，省内线路开通 49 条，县镇线路覆盖率达 60%。其中商贸企业含灯饰照明、鞋服、母婴等企业 50 余家。日均货物吞吐量超过 4.8 万吨，日均货值近 5 亿元，日均吸引 3000 辆以上车次进场，整合服务 1000 余家中小物流企业，扩充就业岗位近 10000 个。

（二）社会效益

依托传化集团的系统服务，作为一个高效的连接口，传化集团为江西区域的制造业提供更为完善的供应链服务。显著提升物流运输效率，同时降低物流成本 40%，节约物流运费约 20% 以上，也缓解城市交通压力，降低污染物排放，置换出 10 倍土地资源，服务于绿色城市、智能城市、幸福城市建设和区域经济的持续发展。

物流仓储

推广标准化体系建设　实现物流业健康发展

——九江礼涞生物科技有限公司

一、企业基本情况介绍

九江礼涞生物科技有限公司，成立于2013年6月，注册资金6000万元，位于江西省九江市柴桑区沙城工业园，占地面积近百亩。公司是一家深度融合第一、第二、第三产业、创新“互联网+农业+旅游”的现代农业企业，致力于农业生产与环境保护和谐统一，集秸秆粉碎还田、动物粪便无害化处理、有机肥生产、农产品加工及农产品电商、物流配送于一体的技术创新型农业产业化龙头企业。九江礼涞生物科技有限公司鸟瞰图如图4-1-7所示。

图4-1-7　九江礼涞生物科技有限公司鸟瞰图

公司长期致力于城乡高效配送，积累了丰富的行业经验，探索出了一整套较为成熟的物流发展和经营模式，目前已形成了农产品加工级的物流智能化产业体系布局。2019 年，公司物流主营业务实现总收入 1320.7 万元，利润 181.9 万元，缴纳税费 18.1 万元，为 300 余家客户企业提供专业化物流服务，为助力各地经济社会特别是实体经济高质量发展、产业配套服务和营商环境改善作出了积极贡献。2019 年，公司先后获得江西省商务厅第七批江西省重点商贸物流企业、中国物流与采购联合会第 29 批 2A 级物流企业认定。

二、企业项目情况介绍

（一）项目背景

物流标准化试点项目实施的意义是充分发挥标准化工作对推动物流业健康发展、降低物流成本、提高流通效益的重要作用。九江礼涞生物科技有限公司承担的标准化农产品流通仓储配送改扩建项目是依据九江市发展需求、九江市城市规划及货运物流业发展现状，结合全国物流业未来发展趋势，站在顶层设计高度，运用智慧平台经济理念，面向全省、全国范围辐射的集约式、集群式、分拨中心、配送中心、交易中心等市场需求而策划的物流标准化项目。依托物联网技术，旨在将该项目打造成高端的标准化供应链体系，同时将区域物流业务通过标准化聚集成一个整体，实现管理、生产、服务等全方位的标准化、物联化、智慧化，取得最大的社会效益与经济效益，推动九江市物流标准化进程。

九江市成功成为第三批国家物流标准化城市试点城市，用于支持九江市托盘标准化循环共用、物流设备升级改造、物流标准化制度建设、物流信息化平台建设等方向发展，公司把握契机，积极申报试点项目，提升物流标准化水平。

（二）项目建设内容

九江礼涞生物科技有限公司的标准化农产品流通仓储配送改扩建项目，旨在整合内外资源，增强九江及周边农产品物流信息、交易、加工、配送、融资等一体化综合的配送服务能力，提高物流效率、降低物流成本、减轻资源和环境压力。

1. 推广应用标准

凡涉及有关物流方面的工作，包括仓储（仓库、货架、托盘等）、包装、货品出入库、装卸等全过程，推广实施、执行相应的标准（国标、行标或企标）。

2. 建设标准仓储

无论新建或改造原有仓储，都进行功能区划分，即仓库堆放区、装卸作业区、辅助作业区和办公区，各功能区并要有效隔离。为提高仓库利用率，根据库房高度，安装标准、多层立体货架；配备二维码体系及其他自动查询、检索、记录等智能系统。

装卸作业区应根据本地天气情况，采取路面的防滑、防雨、防雪等措施。仓库设置足够的消防设备，库外配套相应的装卸月台8个共计100余米。标准仓库、立体货架如图4-1-8所示。

图4-1-8　标准仓库、立体货架

3. 完善配送管理平台

利用公司信息化物流配送平台，大幅度提高公司仓储业务能力的同时能带动上下游企业对仓储物流配送及管理能力的提升，提高存货控制、在途货物跟踪能力，实现企业与供应商、经销商、物流商之间的信息交流的智能化和自动化。公司规划建设智能仓储配送管理平台系统，按照“先增值服务，后增值运营”的思路，前期平台建设完成后为上下游企业仓储物流提供增值服务，通过系统集成、平台整合，无线视频传送等高新技术，将公司仓库建设成信息化管理的现代智能型仓库，为增值运营打下基础。

4. 推广标准化托盘

由公司成立标准化托盘租赁联动中心，集中统计上下游企业对托盘的需求和使用量，由公司承担部分成本进行集中托盘租赁和带托运输业务，为行业提供有价值的实践经验，带动供应链上下游企业标准化水平提升。推广带拖运输、叉车装卸等工序，减轻员工劳动强度，提高工作效率，降低企业成本。已使用循环共用标准化托盘12000多片。

5. 项目建设指标

新建13736平方米仓库，并对新建及原建仓库开展智能建设，实现对仓库到货检验、出入库、库存盘点等作业环节的数据进行采集，完成仓库月台、货架、传送设施标准化功能建设；建设冷藏冷冻库2400立方米，完成月台、货架、笼车、传送设施标准化建设，配置冷藏运输车（见图4-1-9）；标准化托盘保有量12000片，配套一批与物流标准化相匹配的叉车、电动叉车、配送车辆、数据中心等设施、设备，为入驻公司仓库的第三方物流公司提供集中式的标准化托盘租赁、带托运输业务。

图 4-1-9 物流配送车、冷链配送车

三、企业项目实施效果

（一）经济效益

项目的经济效益主要体现在增加仓库租金收入、设备租赁收入，减少仓库人员成本、减少成品损耗、提高综合物流效益、降低物流成本等方面（见表 4-1-1）。计划未来两年发展带动上下游企业 100 家，为这些企业提供物流仓储信息化增值服务。该项目的年度收益约为 187 万元，预计 2011 年可收回建设成本。

表 4-1-1 经济效益

项目	效益（万元）
仓库出租租金增长	110
设备租赁收入	5
物流车辆租赁收入	10
人员缩减	12
增加企业仓储品种及销售额	30
节约物流成本	20
合计	187

项目实施后，公司带托运输率由 2.0% 提高到 38%，货损率由 4.5% 降低到 0.5%，车辆周转率由 1 天 1 次提高到 1 天 3 次，装卸工时效率由 2.5 吨/小时提高到 5.5 吨/小时，企业物流成本占主营业务收入的比重由 1.5% 降低到 1.2%，企业应用物流标准数量（个）由 9 个提高到 21 个（其中国标 18 个，行标 3 个）。

由于仓库智能化建设，使用二维码技术，使得仓储进出货物的分区、物品位置、存货数量等一清二楚，既减轻了劳动强度，又提高了工作效率和准确率，降低了管理成本。

（二）社会效益

1. 带动上下游企业合作，引领物流企业集聚

项目实施后，带动公司仓储配送体系二级配送中心 3 家，带动 15 家上下游企业推广使用标准化托盘，带动种养合作社 300 多家。有效地带动引领物流企业和物流项目的集聚，为本地物流发展提供良好的载体、平台、服务和需求，促进九江物流集聚区的形成。目前九江大多数物流企业小而散、标准化托盘使用率低、单个企业租赁数量少单价高等，本项目建设完成后，能有效推动物流标准化在企业经营中的应用，提升标准化托盘（1200mm × 1000mm）的使用率、租赁率，推广带托运输，提高企业标准化、信息化程度，加快九江物流标准化建设速度。

2. 提高物流标准化水平，降低物流成本

项目实施后，公司标准化托盘使用率达到 80% 以上，标准化托盘租赁率达到 30% 以上，供应链产品带托运输率达 10% 以上，实现标准化托盘运货、送货、订货单元化。通过项目实施带动上下游企业标准化建设，推动包装绿色化、单元化，鼓励包装循环利用，推广农产品“周转箱 + 托盘”的运输标准、实现供应链全程“不倒筐不到盘”，提升货物周转率 30% 以上、车辆周转率 1 倍以上，装卸时间缩短一半以上，企业物流成本下降 10% 以上。

物流信息平台

互联网 + 安全运输　打造危化品生态物流圈

——萍乡市达金物流有限公司

一、企业基本情况

萍乡市达金物流有限公司（以下简称“达金物流”）成立于2007年，是一家集物流配送、危险品运输、集装箱运输、仓储服务、专线运输、货运信息等于一体的现代化大型综合型4A级物流企业。公司大力发展危险品、化工品物流领域业务，目前已经是中石油、中石化、特斯拉、方大特钢的配套物流服务商。公司利用互联网优势，连接上下游供应商，为烟花爆竹产业供应链上的上下游企业服务，现在公司业务量占萍乡市烟花爆竹产业物流的70%。

二、企业项目情况介绍

（一）项目背景

危险品是物流品类中独特又不可缺少的一个重要板块，与国民经济发展息息相关。喜庆、矿山、勘探、建筑、拆除、能源、化工行业中都需要大量使用危险品运输，同时也产生物流安全运输问题。

企业物流信息资源开发是物流信息化建设的核心任务，目前，许多物流企业的物流信息化工作没有解决好运作层和运作管理层的信息采集问题，以至于系统缺乏足够信息源，因而大大影响整个企业信息资源的开发利用。另外，不少企业忽视信息资源规划工作，缺乏统筹规划和统一的信息标准，致使设计、生产和经营管理信息不能快捷流通，不能共享，形成许多“信息孤岛”。

达金物流紧跟发展趋势，及时调整公司发展方向，利用互联网技术优势，打造无车承运平台，整合运力资源对接上下游，打通供应链，实现资源共享。经过不断检验与改善，改变传统经营模式，以无车承运人平台为载体，扩大业务体量和服务体系。将危险品货物与无车承运人平台结合，采用大数据、GPS监控、电子支付、网上采购、智能配送、安全监管、政府平台对接、供应链金融等手段，改变传统危险品生产、销售、仓储、结算、运输、安全管理分散、混乱，多头管理，信息严重不对称等现状。

（二）项目建设内容

1. 危险品在途监控平台

2012 年达金物流依托物联网技术研发了危险品在途运输动态监控平台，所有车辆实行全过程 GPS 定点监测、视频对讲、胎温胎压监测、人脸识别等，客户可根据自身需要实现货物运输过程全程视频监管。同时还自主研发了物流 TMS 系统，搭建了达金物流运营监控、调度管理系统，实现车辆在线监控、应急指挥、科学调度、规范行驶，建立“安全、服务、运营、技术”的服务信息化管理系统，为日常运营生产提供保障。系统总体框架如图 4－1－10 所示，系统网络架构如图 4－1－11 所示。

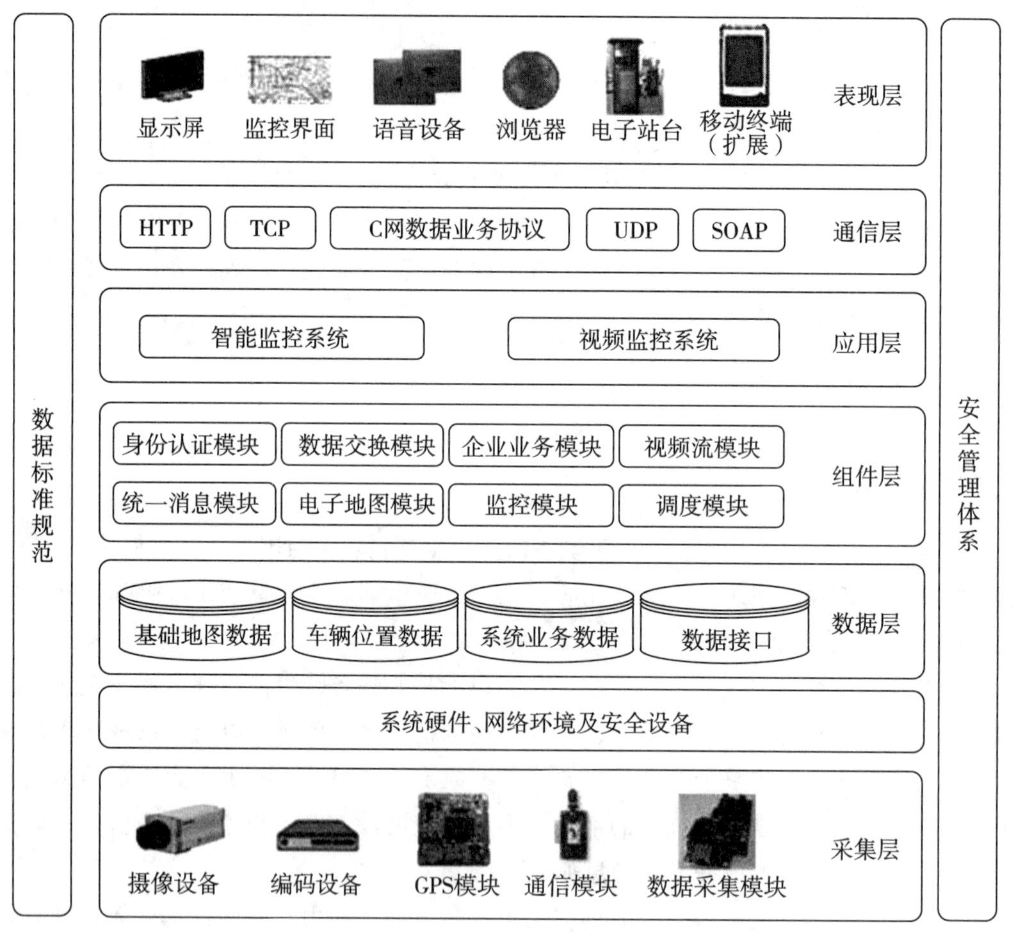

图 4－1－10　系统总体框架

（1）平台主要功能。

危险品在途运输动态监控平台系统在萍乡市综合化工填料供应商基地投入使用，

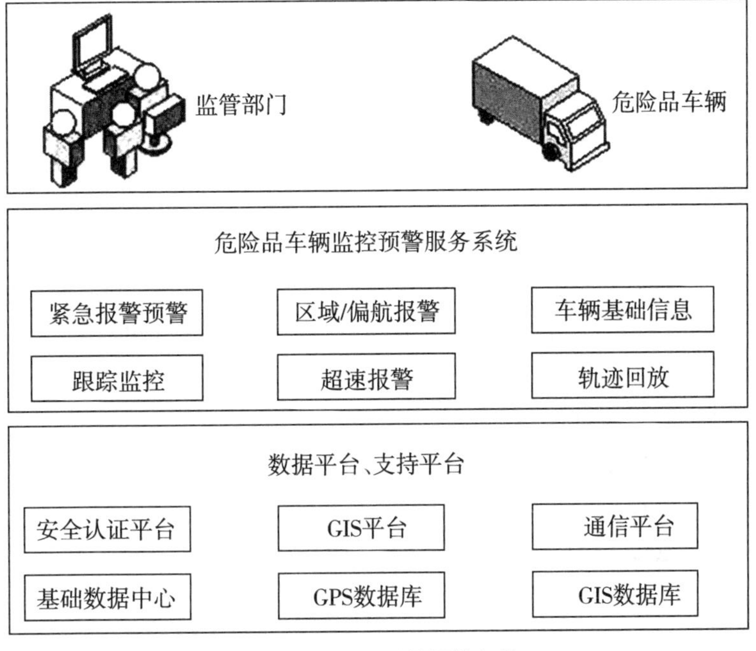

图4-1-11　系统网络架构

物流中心与物流基地之间通过现有的 PSTN、ADSL、DDN 专线连接，在信息交流和共享的同时，确保信息的安全。

①数据传输系统。

数据传输系统：电子单证的发送、数据转换、数据传输、数据接收下载复制与跟踪信息。支持多种通信和数据接入、采集、交互方式，将结构化数据转发、转换给目标用户，并转入中心数据库，经系统自动处理或汇总，再以多种格式提供用户查询、下载复制、打印或直接传送至目标用户。电子报文符合相应的各种电子报文标准。

②信息增值服务系统。

利用数据仓库技术，从运力、运价、货种、货运量、市场占有率、货源预测、货主信息等方面提供数据分析，为物流业务伙伴和客户提供有效的增值信息服务。采用统一消息实现信息的 Web 查询、语音服务、传真服务、短消息服务等。具体信息包括新闻公告、政务指南及相关政策法规、作业信息和业务信息；跟踪和查询水路、公路、铁路运输价格，船期表，公路、铁路时刻表，货源和运力；统计信息发布、会员信息推荐、业务培训、广告服务、会员服务等。

③电子商务应用系统。

包括船舶引航、码头作业、货物订舱、货物监管放行、船舶进出港、电子商务应用系统管理和危险品货物管理、物流配送管理、集疏运管理、货物交易等方面。

④辅助决策系统。

在信息传输和信息增值服务的基础上，提供运力分析系统、箱量分析与辅助决策系统、单证流转效率分析系统和货主行为分析系统等。

⑤后台管理系统。

包含角色定义、权限管理、动态信息流程管理、信息管理、栏目管理、主页风格管理、用户管理、日志管理、报文传输的存证管理、计费管理、统计管理、备份管理等。

⑥安全管理系统。

安全管理系统除以上系统管理中用户、口令、角色、权限的安全管理系统管理外，具备 CA 认证和电子印章与数字签名的功能，以便于单证的简单流转和必要的安全保护，并为服务信息系统提供用户的身份安全认证。

⑦电子监控系统。

车辆监控系统如图 4－1－12 所示。

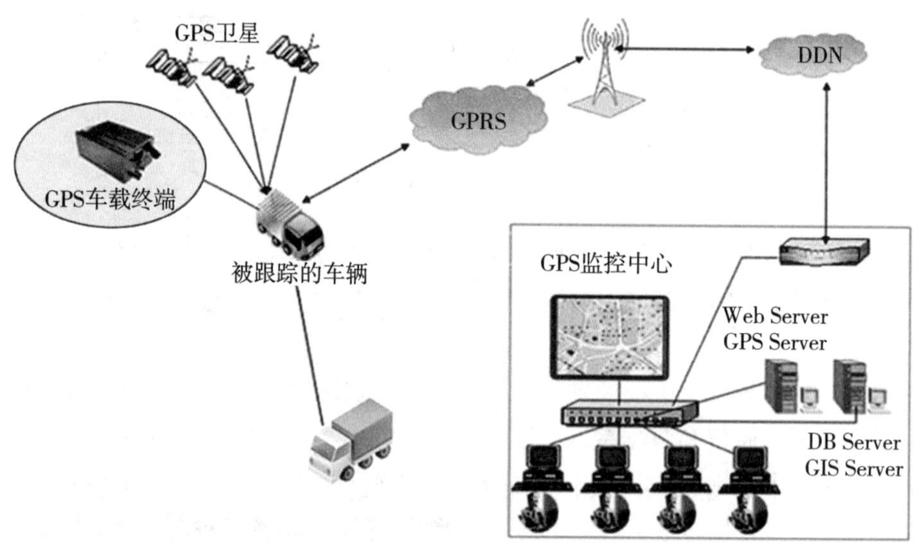

图 4－1－12　车辆监控系统

（2）增值服务。

平台的主要服务对象是长沙、岳阳、九江口岸物流行业的相关业务单位，该系统在实现国际集装箱运输主要单证电子报文存储转发的同时，根据用户要求，充分开发和利用计算机和网络系统、Web 的各项功能，对信息进行采集、加工，实现行业经营信息和行业行政管理信息的增值服务，以及用户对这些信息查询权限设定的增值服务。

①公共信息查询。

通过对用户有关方面的信息进行收集、整理加工后形成统一的公用信息在平台上发布供用户查询使用，解决了以往用户查找困难，甚至查找不到的麻烦。

②业务个性化增值服务。

本着为用户服务，保护入网用户利益的原则，在相关业务数据的采集、存储、加工时，尊重用户的意见和要求，实现为入网用户提供船、箱、货等方面的业务个性化增值服务。

2. **网络货运平台——道达网络货运**

2019 年达金物流与江西四顺物流集团股份有限公司共同研发成立了上栗公共物流信息平台和道达网络货运平台，实现了物流、资金流、信息流“三流合一”，打造专业危险品物流供应链生态圈，为行业客户提供一体化整体解决方案。建立了全新的物流园区停车场地和信息化的互联网办公大楼，努力打造国际领先的危险品供应链集成服务商。

平台主要功能如下。

①政务信息平台。

政务信息平台由政策新闻、行业资讯、现代物流、物流服务、物流查询、信用管理、萍乡物流、萍乡农产品、人才储备 9 大板块组成。政务信息平台的建设和健全可以有效推动全上栗县物流的降本增效和高质量发展，协助政府部门完善物流政务信息化体系，实现物流信息资源整合，达到信息共享效益最大化，加快物流各项资讯新闻、政策、数据关于非涉密部门的开放、共享，大力推广先进物流设备和现代化管理模式，积极推动展示物流行业新业态、新技术，推动上栗县行业标准化、现代化发展。

②智慧物流交易平台。

利用互联网、物联网技术，打造以车货匹配为基础，金融、保险、汽车销售等多领域增值服务相融合的智慧物流交易平台，具有在线交易、智能撮合、实时监控等功能。智慧物流交易平台按使用角色功能分类分为货主端、司机端、定位系统、平台管理端。按功能系统分为 8 大系统：订单管理系统、运单异常管理系统、运费结算资金支付系统、业务运营管理控制系统、增值业务产品管理系统、在线税票管理系统、车辆在线管理系统、政务信息系统。

③大数据展示分析平台。

利用大数据、云计算、物联网技术建设物流大数据展示分析平台，其数据来源于智慧物流交易平台真实有效的数据以及政务信息平台信息，以此作为基数进行统计、分析、输出。通过大数据平台可以看到平台的交易总额、交易量、会员总数，以及发布的货源单量、货物的发货量，了解 24 小时内的发货情况，实时监控每日的货源交易数量、交易数据、公路指数等情况。

三、企业项目实施效果

（一）经济效益

1. **降低物流成本**

物流信息平台的应用改变了以往传统的单人单线路人工运营管理模式，实现了单人多线路集中智能化管理方式，有效地节约了劳动成本，提高交通资源的利用率。

2. 提高运输效率

采用信息平台对接客户、预约运输，可以大大缩短装卸等待时间，加快货物中转以缓解库存压力。

3. 促进节能减排

采用信息平台的调度，降低单位周转量的油料消耗，促进节能和环保，通过高度集约化的组织，可在运营网络内根据需要合理调度车辆，以保证重载运输，能够有效减少车辆空驶，从而降低完成单位周转量的能耗。

（二）社会效益

有效提升行车安全系数。通过 GPS 卫星定位，智能化运营管理系统可实时监控车辆运行状态，对违规驾驶司机进行提醒，最大限度地减少了车辆的交通事故，有效地提升了车辆运行的安全系数，同时为考核驾驶员提供依据。

企业案例

——行业物流

城乡配送

非连锁企业统一配送 城乡配送的高效模式

——江西坚强百货连锁有限公司

一、企业基本情况介绍

江西坚强百货连锁有限公司（以下简称“坚强百货”）成立于2000年8月，是江西本土领航型生鲜、百货零售连锁，集批发、配送于一体的商贸物流企业，旗下现有自营大型商场15家、大中型连锁超市12家、非连锁农家店376家、非自营连锁大型商业配送综合体16个、非自营商业长廊配送及城市多功能标配社区22个，常年为学校、机关团体食堂、餐饮连锁店、厂（矿）企业等420家单位配送商品，为非连锁大中型超市、便利店共336家提供配送服务，年总配送额达35.8亿元。坚强百货有员工3760人，资产总额达6.8亿元，设有标准化配送中心一个，在全区设有非连锁配送基地12个、驻外省统采办事点16个，物流连锁配送半径达300公里，日均发配量200吨。

坚强百货为商务部“农贸市场建设”“万村千乡”“城乡高效配送”项目工程重要承办单位、商贸物流标准化专项行动第三批重点推进企业，荣获“中国诚信建设3A共建单位”“信用中国·（行业）最具竞争力十大诚信品牌”“中国零售业十佳成长型标杆企业”“江西省重点商贸物流企业”“江西省实体零售创新转型示范企业”，也是江西省肉菜流通追溯体系首批节点企业。

二、企业项目情况介绍

（一）项目背景

坚强百货市场调研发现，运输主体不同、信息渠道不畅、物流节点分散等是造成目前赣南片区城乡彼此间物流单向分离的主要原因。就工业品下乡而言，单向配送满足了坚强百货对非连锁农家店工业品的高效送达要求，但返程车辆多数空载或轻载，运输效率较低；就农产品进城而言，直运或转运等从农村到城市的单向网络，虽然部分车辆可在返程时捎带农资或日用品，但由于信息有限、匹配难度较大，多数车辆空载返乡，返程运输效率较低。农产品运输车多为批发商自有车辆或社会营运车辆，工业品运输车则是坚强百货自有车辆，非连锁经营模式下主体不同限制了车辆调度和最优利用。赣南偏远农村地区物流信息平台发展滞后，极大地约束了车辆获取回程匹配信息。由于缺乏统一的物流规划，非连锁农家店、养殖个体户、专业合作社物流节点分散，农产品集散地与工业品配送中心区位分隔，浪费本应共享的物流资源。

（二）项目建设内容

针对城乡双向配送可能存在的运输主体不同、信息渠道不畅、物流节点分散、车辆装载货物性质不同等阻碍，物流配送标准化建设对于坚强百货城乡双向配送体系的稳健实施就显得格外重要。唯有统一标准，才能保障不同地域差异化主体间配送、互动的高效和流畅。

1. 物流标准化建设

（1）托盘与周转箱循环共用方面：配送中心自有托盘数量 20000 片，标准化托盘使用率 100%。坚强百货自 2014 年开始推广“供应商—配送中心—门店”带托运输的托盘循环共用模式及“农产品基地农户—配送中心—门店”的周转筐循环不倒筐模式。向上游供应商及下游门店推广带托运输及周转筐循环共用。物流仓储中心如图 4－1－13 所示。

图 4－1－13　物流仓储中心

（2）信息系统与车辆管理方面：建成了富基融通应用数据系统与西联商业大数据库信息化管理系统，从电子标准化商储管理作业模式，逐步走向无员工作业模式。车队已实现全程 GPS 定位，可通过坚强百货电子屏实时追踪、调度运输车辆。根据不同车型装运托盘、笼车数量的效率，物流中心对配送车辆确定了 4.2m、6.2m、7.65m、8.7m 四种车型。信息系统可依据采买订单需求，快速规划、选择最优城乡双向配送方式和车型。信息系统如图 4－1－4 所示。

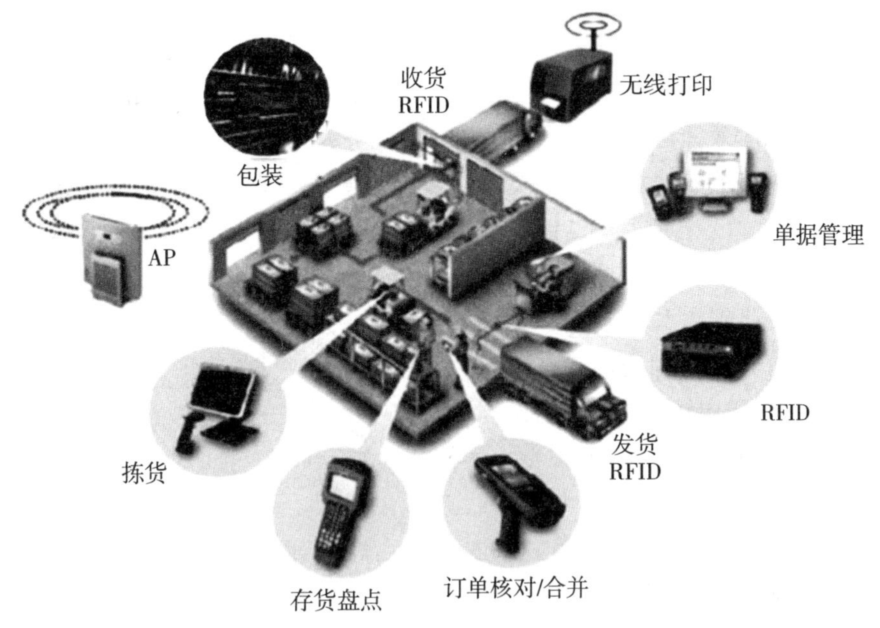

图 4－1－14　信息系统

（3）全程冷链和生鲜追溯体系方面：坚强百货建立了农产品从基地→生鲜物流→冷链运输→超市的全程冷链体系，车辆安装保温层及制冷机，全程进行温度监控，并建立了农产品的可追溯体系，有效降低商品损耗，从源头上保证商品的品质。平台以条码为载体，利用数据库、网络和条码技术，实现对农产品生产基地农户的安全生产管理，同时为消费者提供便利快捷的追溯渠道。

（4）平台建设方面：从自营平台转向非连锁平台，主要控制上端供应成本，实现低成本配送优势，通过承办“城乡高效配送”项目，坚强百货借助自营平台向社会开放资源，整合 1190 家生产厂家和供应商的 30000 多个品种货源，采取统采、直配、代配、统一结算等多种方式相结合的一站式配送模式。

（5）车队运输方面：充分利用绿色车队，利用能进城、快捷停靠、自动装卸的优势，把设立在城市的社区终端转变为多功能综合接力配送站，解决车辆无法进入商业街和巷道的问题。

2. **转变配送模式**

（1）由原有自营连锁店日用品配送转向非连锁社会化全品类配送。

要实现非连锁配送，关键是降低成本和全品类满足需求方。为解决这一问题，坚强百货从原有自营近 10000 个品种增设到 30000 多个品种（如家电、饮用水、文具、玩具、服装、食品、五金百货），并直接进入源头，与生产商接轨，特别是面对省内的生产厂家直接采取统采统筹统配，生鲜采取跨省基地订单直采（如西藏、新疆、山东、海南、广西等），跨国基地订单直采（如泰国、越南等）。

同时，将当地优势产品如脐橙、板鸭、家具等采取返程配销，实现双采统筹配送一体化，通过比当地批发商成本更低的渠道，实现了比批发更低的价格，比快递更方便的服务、更高的时效，体现了城乡高效配送的优势，推进了城乡高效配送资源优势化。当前，坚强百货非连锁配送的主要门店有中心城区的非品牌超市鲜悦连锁超市、福定便利连锁超市、欣佳客百货连锁超市、华联超市、文具店等 120 多家，直接配送各类学校食堂、机关、工厂近百个，并有大品牌近百个品种散配天虹、华润、大润发等品牌超市，直配生鲜、水果专营店 100 多家。

同时，在县（市）区利用自营连锁店建立信息平台，设立冷库、保鲜库，建设了 12 个县（市）区二级中转非连锁配送站。每个县（市）区中转站，直接承载 30000 余种商品，向当地超市、便利店、批发部、学校、机关、工厂、企事业单位、餐饮机构、水果店进行无缝对接配送，每个二级配送站必须承揽当地 10 个以上中小超市的配送业务，基本保障每个乡镇骨干超市的配送与农产品采集上行配送。

坚强百货的城乡高效非连锁配送模式已在赣州中心城区与县（市）区取得良好配送效果。同时，已成功延伸到广东省粤北地区，在广东河源市和平县世纪商业广场取得跨省实施可复制推广的创新经验。

（2）由城乡单向配送转为双向非连锁配送。

自承接“万村千乡”项目以来，坚强百货致力于引导城市超市和连锁店向农村延伸发展“农家店”，构建以城市店为龙头、乡镇店为骨干、村级店为基础的农村现代流通体系，并建立了相应的配送网络。日用百货方面，城市配送中心根据农村销售终端的订单进行配货，利用自有车辆运送至乡镇集散分拨点后送达终端销售门店。生鲜农产品方面，种植养殖个体户和专业合作社利用自有或社会车辆定期将生鲜农产品直接运送至坚强百货城市的连锁销售终端，或者运送至乡镇农产品集散点，再经由专业车辆运送至城市集散点后配送至坚强百货城市的连锁销售终端。

3. **创新配送方式**

（1）城乡互动双向配送模式的设计思路与原则。

满足客户需求：在适应农户对农产品销售需求的同时兼顾其对日用品的购买需求；满足超市对农产品的供给需求并实现农产品质量可追溯；满足城市客户对安全、新鲜、价格合理农产品的采购需求。

提高配送效率：实现城乡之间的双向配送，优化配送路径，共享物流信息，减少流通环节以降低农产品损耗，提高运输效率。

拥有运作柔性：江西省区县较多，不同地区、不同季节，农产品类别和特性存在差异，这就要求配送模式有较高柔性以应对不同的农产品生产和客户需求。

（2）基于城乡双向流通的三种配送方式（见图4－1－15）。

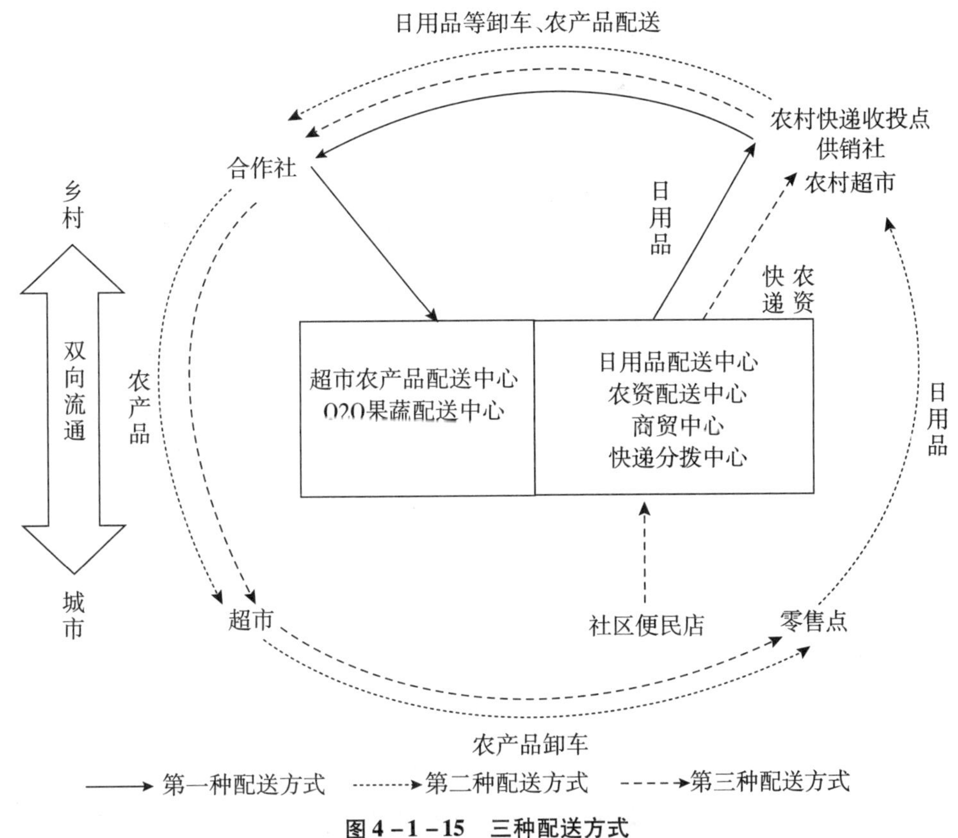

图4－1－15　三种配送方式

配送方式一：该配送方式往来于非连锁乡村主体与坚强百货配送中心。运输车辆在各合作社完成农产品装载后配送至坚强百货的农产品配送中心，在配送中心进行包装、分拣、加工后由坚强百货自有车辆运送至城市中各零售点；车辆在农产品配送中心卸货后，于日用品配送中心或商贸中心将日用品装车并配送至乡村各非连锁农家店。

方式一能够在坚强百货农产品配送中心完成增值服务，有利于提高产品附加值。但该方式多针对坚强百货城市大型商场的优质生鲜农产品采用，通过评估市、县连锁超市的经营规模，将坚强百货大型连锁超市生鲜农产品配送模式设计为该方式。坚强百货自有小、中型运输车辆在各合作社完成农产品（特指难留存、需确保鲜活的农产品）装载后配送至农产品配送中心，通过在配送中心二次加工（如清洗、屠宰、包装、冷藏等）成精装生鲜农产品后，再配送至市、县大规模商超。

配送方式二：该配送方式使用大型运输车，车辆在合作社完成农产品配装后送至城市中各零售点，而不经过配送中心。车辆完成农产品卸货后，在最后一个超市（均在路线合理基础上设置为规模相对较大的门店）直接完成日用品的采买，之后返回乡村。

该方式车辆在整个配送过程中均有负载，车辆利用率高，且整个配送过程未经任何配送中心，能够减轻配送中心的作业压力。但该配送模式下大型货车需逐一对市、县各门店依次配货，配送时效相对较低。故该方式主要用于装配易存放和耐保鲜的农产品（如冷冻肉类、柑橘类水果、鱼虾干货等）。此外，乡村日用品的采买被设置在配送末端大型超市，因超市仓库容量有限，可供采买的基本为日用品。坚强百货通过价格把控，保证于该末端超市供给乡村的日用品价格统一。且为应对交通管制等突发事件，返乡车辆在同一市、县所有门店装货品质和价格相同，有助于车辆自主优化路径。

配送方式三：该配送方式是在配送方式二的基础上，车辆完成卸货后于坚强百货日用品配送中心或商贸中心配装日常用品（主要提供大型、易损日用品和家电），在农资配送中心配装农资，在快递分拨中心配装去往乡村的快递后，回到乡村。

该方式只有从城市最后一个零售点到配送中心的过程空载，配送效率较高。配送至乡村的大型日用品、家电来自坚强百货配送中心或商贸中心，流通渠道正规，能够保价保质。目前，农村快递数量较小，利用该方式完成农村末端配送也可有效降低快递成本。

三、企业项目实施效果

（一）降低物流成本，提高配送效率

坚强百货通过统采、统筹，减少环节，标准化建设，优化供应链，将上下游供应链结合等方法，实现了成本的降低，以及上端资源供配优势和下端成本降低，让需求方真正降低了成本，发挥了城乡高效配送的优势，企业总业务量上升，最大限度地利用资源，专门设立非连锁广达绿色专业车队、坚强华郁品牌代理、商贸批发中心，从而获得效益。2019 年的业务中 60% 是来自非连锁配送，车辆出仓满载率达 100%，返程满载率达 75%，乡村下配平均满载率近 90%，乡村返程装载率 65% 左右。

（二）建立配送中转站，解决“最后一公里”难题

通过项目实施，形成了县城有标准化的物流配送中转站、乡镇有农村综合商贸中心、经济强村有农家店、偏远乡村有农家的服务格局，建成了市、县、乡、村“四位一体”的城市乡村双向流通非连锁配送体系。同时，以城市商业繁华中心与商业长廊及餐饮连锁等闹市区配送难、成本高为突破口，解决非连锁配送与生鲜农产品进城难及工业品下乡“最后一公里”的难点问题。企业重点开展以城市非连锁配送和城乡三

重配送方式为主体的非连锁配送模式，并取得了相应的成效，目前非连锁配送站点已达到5000家。

（三）有利于节能减排，促进可持续发展

项目的实施有利于对物流基础设施进行集中规划合理布局，减少对土地资源的占用，实现社会资源的有效整合，减少对城乡居民日常生活的影响，以及减少车辆对于环境的污染，保证项目的可持续发展。

（四）促进农民增益增收

项目的实施，不仅有效地解决了农民的农特产品销售难的问题，同时有序地推动了精准扶贫，给农民带来增收，进一步发挥了城乡高效配送的优势。

开启中央厨房智能物流新模式

——江西启程科技有限公司

一、企业基本情况介绍

江西启程科技有限公司（以下简称“启程科技”）源于浙江大学，系浙江大学控股集团有限公司子公司。2019 年作为抚州市重点招商引资项目，启程科技中央厨房项目落户抚州高新区，项目采用大数据、机器人、人工智能等技术，利用现代化的中央厨房工厂代替传统厨房。一方面大大缓解因长期教育投资不足产生的教育后勤配套滞后与教育事业发展的矛盾，另一方面也为解决抚州青少年食品安全与营养健康问题提供了新途径，同时公司还为各类企事业单位人员就餐提出多种解决方案。

启程科技中央厨房项目（一期）总建筑面积 4000 平方米，项目设计总投资 8000 万元，日产标准营养餐 35000 份，并能同时加工 5000 人食用的净菜（见图 4－1－16）。

图 4－1－16　中央厨房项目

启程科技已经与抚州高新区签订“高新数字农场”合作协议，进行产、学、研、销一体化合作，致力于打造“万亩良田优质稻、千亩水产养殖基地、千亩蔬菜果树专业园”，创建抚州市农业示范园区。2019 年上半年，由启程科技引入浙江大学农科所提供技术支持，完成 5000 亩土地中高端优质稻谷种植，打造集种植生产、品牌加工、销售于一体的粮食生产基地。保证原材料产销一体化，确保食材新鲜、安全。

2019 年，启程科技中央厨房项目已经与抚州 21 所城乡中小学校签订“学生营养快餐”配送合同，日配送量为 16000 余份，服务协议还在继续洽谈中。

二、企业项目情况介绍

（一）项目背景

根据抚州市商务局等五部门联合印发的《关于印发〈抚州市城乡高效配送试点实施方案〉的通知》（抚商办字〔2018〕80 号）的通知精神，启程科技被确定为“抚州城乡高效配送试点骨干企业（第二批）”，担负着城乡高效配送试点工作的光荣任务。

启程科技自接受任务以来，高度重视城乡高效配送的试点推进，将试点工作作为全公司转型发展攻坚战的主要内容，通过试点工作有效推动公司物流配送跨越式提升，使之成为公司社会效益体现及经济效益提升的有力支撑。

（二）项目建设主要内容

1. 构建城乡配送网络体系

推动启程科技配送资源协同共享，与材料供应企业开展共同配送，支持物流整合共享共用。

2. 建立物流标准化体系建设

推动标准化托盘循环共用和带托运输，推动标准化托盘信息化建设，以及循环共用平台和托盘服务网点建设。

3. 建设城乡高效配送公共信息平台

与原材料供应商共同建立城乡高效配送公共信息平台，为用户提供上下游一站式服务，深度整合线上线下的物流资源，提升资源整合、交易撮合、订单管理、配载管理等服务功能。

4. 应用绿色配送

启程科技开始推广应用新能源车辆，推广应用绿色环保技术，推广绿色仓库和快递包装协同回收体系。

（三）项目实施具体情况

启程科技成立由总经理牵头的城乡高效配送试点工作领导小组，明确工作分工，建立部门联席会议等协调推进机制，强化对专项行动的综合协调、督导检查、绩效评估和统计监测，加强公司内部部门分工协作与资源共享，制定城乡高效配送项目管理办法和资金管理办法，建立城乡高效配送试点项目责任承诺、评估制度，发挥资金的引导作用，定期检查项目建设进展情况。

1. 项目建设试点工作

从2018年11月开始至2019年6月结束，分为启动、实施、验收3个阶段进行。

（1）启动阶段（2018年11—12月）。

成立领导小组，明确试点工作目标、任务和步骤。制订试点工作具体方案。

（2）实施阶段（2018年12月—2019年5月）。

全面开展试点工作，安排进度节点，及时反馈项目进度。建立多部门协同推进机制，及时解决试点工作中出现的困难和问题。

（3）验收阶段（2019年5—6月）。

主要成果验收内容为企业物流费用、装卸搬运等仓储设施使用率、企业标准箱（筐）保有量、相关物流设施设备标准化率、标准化（新能源）配送车辆占有率等。

2. 项目建设计划投资清单（见表4-1-2）

（1）物流配送车辆购买（预估投入90万元）。

（2）标准周转箱购买（预估投入24万元）。

（3）标准托盘购买（预估投入2万元）。

（4）仓储货架购买（预估投入4万元）。

项目预估计划新增投入合计：120万元。

表4-1-2　　城乡高效配送投资决算

设施名称	数量	单价（万元）	合计（万元）	预算（万元）
物流配送车（辆）	8	11.305	90.44	90
标准周转箱（个）	1010	0.02797	28.25	24
标准托盘（个）	180	0.0135	2.43	2
仓储货架（个）	34	0.12	4.08	4
合计			125.2	120

三、企业项目实施效果

（1）启程科技严格按照抚州市城乡高效配送骨干企业的要求，加大物流配送专用车辆配备，使用标准周转筐、周转箱（见图4-1-17）等物流标准载具，运用仓储配送库（冷冻/冷藏），建立了物流配送标准流程，较大限度提高了配送效率。通过使用标准周转箱、周转筐、专用物流配送车，提升了配送速度及质量，人工成本下降20%~25%，企业已经全面推广，对仓库使用率、车辆满载率和服务能力进行严格内部考核。

图 4-1-17　标准周转箱和标准托盘

（2）购买专用物流配送车（见图 4-1-18）并安装全程监控的 GPS 及摄像头，与配送中心总控室实现实时对接；成品使用标准周转箱（具有保温性能），半成品（净菜）使用标准周转筐进行配送；建设 6 个标准冷藏库房，内部仓储使用标准 4 层货架。在为学校及企事业单位进行配送时，均采取标准物流配送方式，初步打下集约高效、安全标准的配送体系基础。标准箱等所有配送器具都具有可回收性，可循环使用，利于环保及提高社会资源利用率，同时也可以降低企业的物流成本。

图 4-1-18　专用物流配送车

（3）升级配送网络，升级启程物流现有物流配送中心，扩大冷链仓储区域，增加配送硬件投入及配置，形成服务功能体系，实现有序集散和高效配送。推动网络共享共用，重点发展共享共用的配送中心及自助提货设施（净菜冷藏设备）。

（4）加强技术应用，加强绿色仓库建设，推广新能源车辆，全面采用标准周转箱、周转筐等标准器具，建立健全标准周转箱（筐）循环共用体系。

（5）建设物流信息系统，实现信息流、物流的统一性、同步性。物流信息系统建设除用于企业内部物流配送使用外，已经延伸整合到原材料供应企业及客户单位，建立了共享共用的信息系统。

冷链物流

一站式冷链配送 覆盖全国连锁服务

——江西鲜配物流有限公司

一、企业基本情况介绍

江西鲜配物流有限公司（以下简称“江西鲜配”）是一家集大型运输、冷链仓储配送、信息技术与服务等于一体的物流企业，专注于生鲜食品冷链仓配业务。公司由江西阿南物流有限公司与上市公司新希望集团下属的草根知本集团鲜生活冷链共同投资6000万元设立，现有员工100余人、冷链车辆200余台，业务覆盖全国50多个城市，日均配送门店数10000余家，年配送业务收入规模约1.5亿元。

公司前身为江西阿南物流有限公司，成立于2012年7月，专注于为生鲜、熟食等连锁品牌企业提供一站式仓储冷链配送服务，主要客户有绝味、海底捞、苏宁小店、蒸浏记、幸福西饼等知名品牌，先后被评选为“2018年度中国冷链物流百强企业”“2018年度南昌市服务业龙头企业”。

草根知本集团鲜生活冷链依托于新希望集团的强大商流和资源，构建起覆盖全国的冷链网络，服务于全国1万余家餐饮客户，配送终端门店超过12万个，每年配送生鲜食材超过150万吨，服务约5亿城市人口。

二、企业项目情况介绍

（一）项目背景

随着我国城镇化水平的提升、生活节奏的不断加快、居民收入的提高，人们对食品安全问题越来越重视，对保冷食品需求不断增加，对冷链物流服务能力要求也在逐年增强。据《中国冷链物流发展报告（2019）》数据，2018年全国生鲜市场交易规模增长至1.9万亿元，消费者对生鲜食品的强大需求正在推动冷链物流快速发展。2018年，全国冷库总量达到5238万吨，同比增长10.3%，冷藏车保有量突破18万辆，同比增长28.6%。同时，随着生鲜电商、新零售、新餐饮等业态的进一步发展，以及全国性连锁门店、生鲜超市的持续扩大，各类 B 端客户对冷链企业的辐射半径、配送网络、物流时效要求越来越高，具有全国性综合冷链服务能力的物流企业越来越受到青睐。

但因为冷链物流“哑铃状”发展特点，即端到端之间的干线运输相对简单，“最后一公里”末端配送面临着客户个性化需求强、配送网点多、时效要求高、进城通行难、交接环节严等问题，如何在满足客户个性化需求的前提下提高装载配送交接效率、降低物流成本，是冷链配送企业的主要痛点。

江西鲜配借助“总部—大区—分支机构”管理体系，构建起覆盖全国 50 多个主要城市的运营网络，为客户提供定制化冷链“最后一公里”综合解决方案。重资产投入打造标准化配送车队，同时整合外部车辆，形成拥有 200 多辆冷藏车辆的运力池；利用“运荔枝”OTMS 系统（仓储配送信息管理系统）和物联网技术，实现从仓到配到交付的全程信息化管理。

（二）项目建设内容

1. 完善的全国性服务网络

江西鲜配以江西南昌为总部，在华中、华东、华南、华北、西南五个大区，设立 13 个分支机构，覆盖全国 23 个省、自治区、直辖市的 50 多个主要城市，基本满足连锁企业、电商企业的全国性冷链服务需求。

2. 较强的到店服务能力

江西鲜配建立了一支标准化运营团队，针对不同的客户制定对应的 SOP（标准作业程序），并且重视对司机的业务操作培训和服务意识的培训，创新性提出“信任交付”目标，在充分满足客户个性化需求的同时，提升了交付效率。日均配送直达门店数 10000 余家，配送服务能力强，获客户广泛认可。公司配送车队如图 4 - 1 - 19 所示。

图 4 - 1 - 19　公司配送车队

3. 全面实施共同配送

江西鲜配为绝味食品、苏宁小店、海底捞、爱鸭、香他她等 10 余个知名品牌客户提供冷链配送服务，全面负责生鲜产品、原材料接货、配送、退货作业。每天下午，客户门店的补货信息传到江西鲜配客户部门，统一导入“运荔枝”OTMS系统后，自动生成共同配送的接货计划、送货计划和最优配送路径，然后系统根据运力情况和司机熟悉程度进行车辆派单。

通过实施共同配送，江西鲜配实现了200余辆冷链车辆单日配送门店10000余家的良好效益，年度冷链配送货物超过60万吨。较未实施共同配送相比，车辆数减少了约30%，单车日均配送门店数由33个提升到42个，配送作业效率提升了27.3%，公司业务利润水平提升了约5个百分点。

4. 积极推动信息化应用

公司采用“运荔枝”OTMS系统实现开放性的仓储运输信息化管理，将配送环节中的发货方、承运商、司机和收货方集中在同一平台上，可通过PC浏览器、移动App、微信小程序多种渠道登录操作，并由API接口与订单系统、财务结算系统等系统打通，实现从仓到配到交付的全程透明化、可视化。

通过“运荔枝”OTMS系统，发货方可以自主下单或由公司员工代为下单，订单自动转送到WMS（仓管管理系统）模块和TMS（运输管理系统）模块，仓管根据WMS信息进行拣货出库，TMS系统进行线路规划和运力调度，司机运达后由收货方在手机App端确认（见图4-1-20和图4-1-21）。

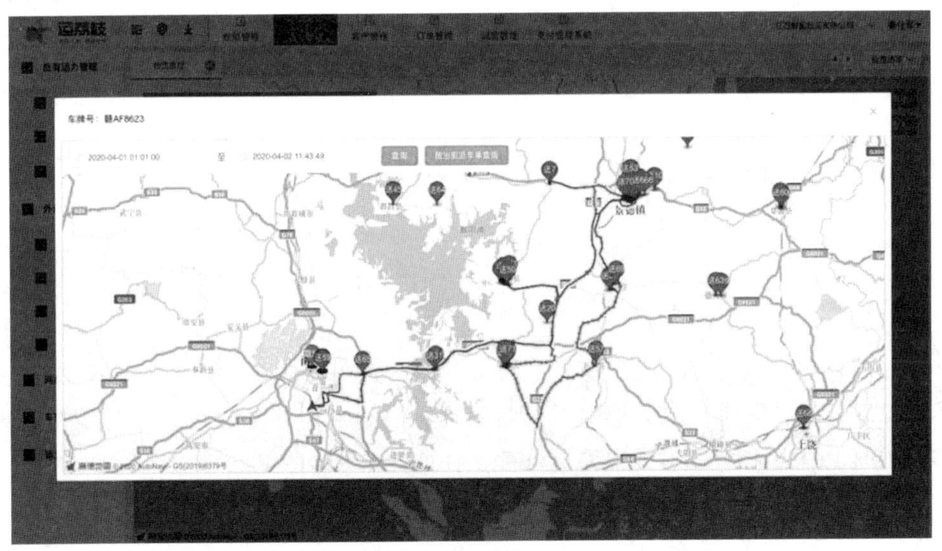

图4-1-20　“运荔枝”PC端运力管理车辆跟踪界面

5. 践行标准化和绿色配送理念

标准化托盘循环共用对于提升物流服务质量与效率具有极其重要的作用。基于生鲜产品的特殊属性，分析客户痛点，江西鲜配与绝味食品、海底捞等客户达成一致，共同推行带托运输业务，以江西鲜配自购的托盘（货架）或客户自备的托盘（货架）

图 4－1－21　运荔枝手机端司机承运订单界面

摆放货物，避免进出仓的二次搬运，降低货物包装破损率，提高货物进出仓速度和进出店速度，缩短了货物在非冷链环境下的停留时间，降低断链风险，保证了货物质量。

为适应部分城市货车限行和新能源政策，江西鲜配在上海、成都等城市投入 10 余台新能源城市冷链配送车辆，公司将逐步淘汰燃油车辆，计划在 5 年内，新能源货车比重由 5% 提升至 50%。

三、企业项目实施效果

（一）运用信息化技术，提高配送效率

通过信息化，以电脑取代人脑，江西鲜配调度人员减少了 60%，年预计节约人工成本约 120 万元；同时，极大地降低了货物交接、财务对账的难度，单月综合管理费用降低 10% 以上，提升了客户满意度和配送作业效率。

（二）提升标准化水平

通过与大客户的标准化托盘循环共用协作，江西鲜配带托运输率达到 80% 以上，单车平均出入库及出入店时间节约 1 小时以上，作业效率提升 10% 左右，货物基本实现了从仓到配到店的全程不断链。

打造现代国际农贸城冷链物流市场

——江西中湖冷链物流有限责任公司

一、企业基本情况介绍

江西中湖冷链物流有限责任公司成立于2017年2月，是一家集农产品批发市场及配套商业开发建设、销售、租赁、冷冻仓储、货物装卸与搬运，初级农产品初加工、包装、销售于一体的大型农副产品集散中心企业。开发项目规划总用地290亩，预计投资12亿元。其中一期用地约195亩，规划建筑面积20万平方米，项目建成后将是赣东地区重要的现代化农业商品贸易集散地。项目集蔬菜、水果、干调、粮油、副食、水产、冻品七大专业批发市场和已建成的6万吨库容冷库，以及仓储、物流配送中心、电子结算中心、电子商务中心、综合服务中心、农产品检验检测中心、农产品博览中心，是“抚州地区最大的菜篮子民生工程”。中湖国际农贸城企业正门如图4－1－22所示。

图4－1－22　中湖国际农贸城企业正门

二、企业项目情况介绍

（一）项目背景

江西中湖冷链物流有限责任公司作为抚州市重点龙头企业，充分发挥了中湖国际农贸城的平台优势，把产业链延伸到种植基地及社区，打通农产品“最先一公里”及“最后一公里”，同时利用中湖冷链批发市场、6 万吨冷库、电商平台及城市物流配送中心，有效解决农产品卖难买贵的现象。

依据抚州各地经济社会、交通区位、人口、农产品流通基础等因素，在抚州农产品生产、集散和消费集中区域确定中湖农产品流通骨干市场和市场集群，形成以抚州县市区农贸市场为节点，连接东西、贯穿南北、辐射方圆300公里农产品流通骨干网络。同时与抚州各地农产品流通骨干网络对接，形成中湖网与区域网相结合、公益性与市场化相结合、实体网与虚拟网相结合、批发网络与零售网络相结合的全国农产品市场体系。

以中湖国际农贸城为中心的抚州高效配送体系，结合抚州经济社会发展水平、人口密度、消费习惯等因素，合理布局农产品零售市场网络，与农贸市场、生鲜超市、便民菜店、农产品连锁销售网点等联合，丰富居民“菜篮子”，满足城乡居民消费需求。

（二）项目建设内容

中湖国际农贸城 7 大专业市场及 6 万吨冷库（配备预冷、低温分拣加工、冷藏运输、冷库等冷链设施设备，建立覆盖农产品生产、加工、运输、储存、销售等环节的全程冷链物流体系），加快与农产品种植基地的合作，对农产品产地预选分级、加工配送、包装仓储等基础设施进行升级。完善标准化交易专区、集配中心、冷藏冷冻、安全监控、电子结算、检验检测等设施设备，提升农产品批发市场综合服务功能。在政府的协调下加快二期建设，加大农产品冷链物流基础设施建设力度（4 万吨冷库），建设具有集中采购和跨区域配送能力的农产品冷链物流集散中心。

中湖国际农贸城的品牌及平台优势，向农产品生产和消费两端延伸经营链条，建立稳定的产销关系，减少流通环节，降低流通成本，提高流通效率。定期举办“农超对接”“农社对接”等各种形式的产销对接会，以委托生产、订单农业等形式，与农产品生产企业和合作社建立利益联结机制，形成长期稳定的产销关系。发展及拓宽下游二级市场，建设直供市场或社区配送体系、采取合作经营的模式，建立中湖种植基地，逐步推行直供直销，带动农产品基地发展和品牌建设，从而增加农民收入。

（三）项目运作情况

1. 水果批发市场

经营面积共计 8500 平方米，有门店 110 间及大型停车场，按其经营业态分为地产果交易区、国内大宗品种交易区、精品水果交易区三大板块。水果批发市场整体运营后将辐射抚州9县2区周边200公里，同时与南昌、赣州、鹰潭、九江等市批发市场进行合作经营，年交易量30万吨，交易额达到6亿元。

2. 水产海鲜批发市场

经营面积共计9300平方米，共设置商铺89间，水产批发市场在满足抚州及周边县市经营水产的商户需求外，还引进福建、广东、湖北等地有实力的养殖及经营大户入驻。同时改变经营模式：一是在批发的基础上进行零售和线上下单配送；二是利用平台及区域优势将海鲜批发与“中央大厨房”有机结合，让市民在享受质优价廉的海鲜产品。

3. 冻品批发市场

依托6万吨库容的冷库，打造赣东重要的冷链仓储交易中心，冻品交易区面积约14000平方米，有商铺114间，冷库投入使用后，冻品冷链仓储交易中心预计年货物吞吐量在3万吨以上，年交易额将达到3亿元以上。冷库储藏区如图4－1－23所示。

图4－1－23　冷库储藏区

4. 干调粮油批发市场

经营面积约17000平方米，商铺约160间，干调粮油批发市场运营后，将吸引来自全国各地的种植基地、生产厂家及代理商，打造辐射抚州及周边方圆300公里的干调粮油交易中心。

5. 农产品检测中心

检测实验室在国家及江西省食品药品监督管理局的指导下规划建设，面积约300平方米，总投资约200万元，其中设备投资在100万元以上，引进气象色谱仪、气象色谱三重四级杆质谱联用仪、高效液相色谱仪、原子吸收光色谱仪等先进色检测设备，检测品类涵盖蔬菜、水果、肉类、水产品、粮油干调、预包装食品等，未来实验室会按照ISO/ICE 17205、RB/T 214的要求建立运行实验室质量管理体系，为江西中湖冷链物流有限责任公司及其他客户提供食品（农产品）质量安全管控一站式解决方案，保证中湖走出去的所有食品（农产品）的质量安全，使抚州及周边市民吃上放心的农副产品。

三、企业项目实施效果

（一）经济效益

1. 建立区域性物流中心网络体系

产地直发、厂家直销、终端配送、电子结算是江西中湖冷链物流有限责任公司的经营方针，发展中的中湖国际农贸城，将用3~5年时间，完善区域性物流节点城市的物流中心网络，以物流中心为轴心、以农副产品基地和销地为节点的供应链物流体系；推进现代流通方式，以逐步实现年交易量100万吨、辐射半径250公里、交易额6亿元（含冷链）的大型农副产品集散中心。

2. 实现冷链物流无缝对接

项目的冷库资源采取自建自营模式，保证从交易到冷库仓储、冷链运输的无缝对接，打造完整、成熟的冷链全流程。整体项目50%的自持率，招商先行，极大地保障了项目的成功运营。冷库设备机房如图4-1-24所示。

图4-1-24　冷库设备机房

3. **搭建一站式线上线下农产品交易平台**

通过资源整合，搭建O2O平台，打造现代化、信息化、窗口化的一站式线上线下农产品交易平台，中湖国际农贸城作为市政府招商引资项目，将一举改变抚州目前商贸农贸落后的现状。

4. **打造辐射全国的大型商贸综合体**

中湖国际农贸城建成后将成为赣东地区规模最大的冷链基地，是集物流加工、农产品冷藏保鲜、仓储、物流配送、水产品交易、蔬菜交易、水果交易、粮油副食品交易、博览中心、名优土特产、农产品全产业链电商产业园及农产品综合物流园商业配套服务（快捷式酒店、餐饮、办公、休闲、银行结算、检验检疫等）、信息服务等于一体的多功能现代化大型现代农产品流通中心。本项目将打造立足赣东，辐射全国的一站式大型商贸综合体。中湖国际农贸城效果图如图4－1－25所示。

图4－1－25 中湖国际农贸城效果图

（二）社会效益

1. **带动抚州相关产业发展**

项目建设运行后可扩大抚州的知名度，带动抚州商贸、仓储物流、旅游、广告包装、餐饮、娱乐等相关产业的发展，引国内丰富、优质的农产品进入抚州，有利于提高抚州市人民的生活质量，拉动内需，加快与发达地区的经济联系、扩大就业、增加地方财政收入，并有利于社会的稳定与繁荣。

2. 引导农民生产，提高农民收入

项目建设有利于提高抚州特色农产品在省内、国内市场的竞争力，进一步调动农民生产当地特色农产品的积极性。通过快捷信息系统，能使种植户及加工企业及时了解市场行情，为市场取向而种养，扩大销路。通过冷藏、保鲜及加工、包装、配送，提高抚州农产品销售的价值提高农民收入，加快建设小康社会。

公路货运

甩挂先锋　行业标杆

——江西江龙集团鸿海物流有限公司

一、企业基本情况介绍

江西江龙集团鸿海物流有限公司（简称“鸿海物流”）成立于2007年8月，注册资金5000万元，主营：货物运输、物流配送、仓储服务等。目前已发展成为一个以宜春、南昌、长沙、上海、广州为中心，公路专线网络基本覆盖全国、宜春市最具规模的第三方物流企业之一，在全国30多个省市设立分支机构，开设了80余个经营网点。公司秉承“精准化服务、精细化管理、精益化物流”的经营理念，正朝着集现代物流、普通货运、仓储配送、货运代理、信息服务和货物包装分拣等多功能服务以及集合公路、铁路、水运等多种运输方式的专业化第三方物流企业发展。

作为江西省服务业龙头企业，公司自成立以来，每年被评为“综合先进公司”“纳税贡献大户”“江西省优秀企业”。2019年度名列“江西省服务业百强企业”第12位、“江西省百强民营企业”第79位，并先后荣获“全国物流与运输安全运营365单位”“全国企业文化优秀成果二等奖”“全国优秀诚信企业案例”“江西省优秀企业”等荣誉称号。

二、企业项目情况介绍

（一）项目背景

近年来，随着国家振兴物流业发展战略的实施，高安市运输企业正在向现代物流企业转型发展，现代的物流理念和先进的运输组织模式开始涌现。

当前，大力倡导建设资源节约型、环境友好型社会的形势下，在交通行业开展甩挂运输是十分必要的。交通运输行业属于能源消耗大户，甩挂运输的推广对提高运输效率、降低物流运输成本、物流价格、推进节能减排意义重大。

自2013年开始，鸿海物流在一些货源量大、货源稳定的干线运输线路上开展甩挂运输业务，是高安市唯一一家开展甩挂运输业务的公司。但由于高安市甩挂运输的发展仍属于起步阶段，市内站场规模较小、现有设施设备不适应甩挂运输作业要求等，公司亟须建设集仓储、配送、装卸、停车、信息等于一体的甩挂运输站场。目前鸿海物流甩挂运输站场主体已完工，预计2020年12月底竣工。站场建成后，现有的高安—上海、高安—广州、高安—长沙、高安—杭州和高安—南宁5条线路将利用站场和位于上海、广州、长沙、杭州、南宁的省外站场开展甩挂运输作业。现已拥有甩挂作业牵引车108辆，挂车185辆。

（二）项目建设内容

鸿海物流甩挂运输站场项目总占地面积约175亩，总建筑面积59607平方米。建设内容主要包括站场建设（建筑陶瓷、钢材专用仓库、普通货物仓库、装卸作业平台、装卸作业区、装卸设备等）、运力更新购置、信息平台建设（包含车辆智能调度系统、作业站场管理信息系统、运输组织与订单管理系统、甩挂运营实时监控系统、甩挂运输油耗监测系统）等。项目投资见表4－1－3。

表4－1－3　　项目投资估算

投资项目	建设规模		投资规模	
	单位	数量	单价（万元）	总投资（万元）
站场建设	个	1	9500	9500
车辆购置	辆	100	—	2500
信息系统投入	套	1	280	280
合计				12280

1. 现有站场基本情况

鸿海物流货源量比较大的高安至上海、广州、长沙、杭州和南宁的5条线路，共涉及8个站场。各站场的基本情况如下。

（1）高安市内三个站场情况。

目前鸿海物流甩挂运输业务在高安市主要依托高安陶瓷城基地、鸿海停车场、汽运城的三个临时站场开展，场地均为租赁。高安市三个站场见图4－1－26、基本情况见表4－1－4。

①陶瓷城基地站场。

位于高安市陶瓷产业基地，占地面积约2.0万平方米。其中，仓库4000平方米，堆场3000平方米，停车场2700平方米，装卸场2200平方米。

②鸿海停车场站场。

位于高安环城路龙王庙，占地面积约1.5万平方米。其中，仓库3500平方米，堆场3000平方米，停车场2200平方米，装卸场2000平方米。

③汽运城站场。

位于高安市南浦村（国道G320旁），占地面积约1.8万平方米。其中，仓储3600平方米，堆场2600平方米，停车场2500平方米，装卸场2200平方米。

图4-1-26　高安市三个站场

表4-1-4　高安市三个站场基本情况

站场名称	地址	占地面积（m^2）	停车场面积（m^2）	仓储面积（m^2）	堆场面积（m^2）	装卸场地面积（m^2）
陶瓷城基地站场	高安市陶瓷产业基地	20000	2700	4000	3000	2200
鸿海停车场站场	高安环城路龙王庙	15000	2200	3500	3000	2000
汽运城站场	高安市南浦村	18000	2500	3600	2600	2200

（2）省外5个站场情况。

鸿海物流在甩挂运输线路的另一个端点均有货运站场进行组织货源、仓储、装卸等作业场地，这些场地分别位于上海、广州、长沙、杭州和南宁，这5个站场均为租用场地，具体情况见表4-1-5。

表4-1-5　省外租用站场情况汇总

名称	具体地址	占地面积（m^2）	装卸场地及道路面积（m^2）	仓储面积（m^2）	装卸设备（台）
南方站场	上海闵行区	60000	22000	25000	22
淇骏站场	广州市白云区沙河路	58000	20000	22000	20

续 表

名称	具体地址	占地面积（m^2）	装卸场地及道路面积（m^2）	仓储面积（m^2）	装卸设备（台）
恒通站场	长沙市雨花区香樟路	50000	15200	17000	15
西湖站场	杭州市西湖区西湖路	36000	12000	10000	9
金桥站场	南宁市二环路金桥出口	32000	11500	9800	8

2. 项目运营模式

本项目以高安为中心，以上海、广州、长沙、杭州和南宁为甩挂节点具体运作，各线路采用“一线两点、两端甩挂”的模式。甩挂运输线路模式如图 4－1－27 所示。

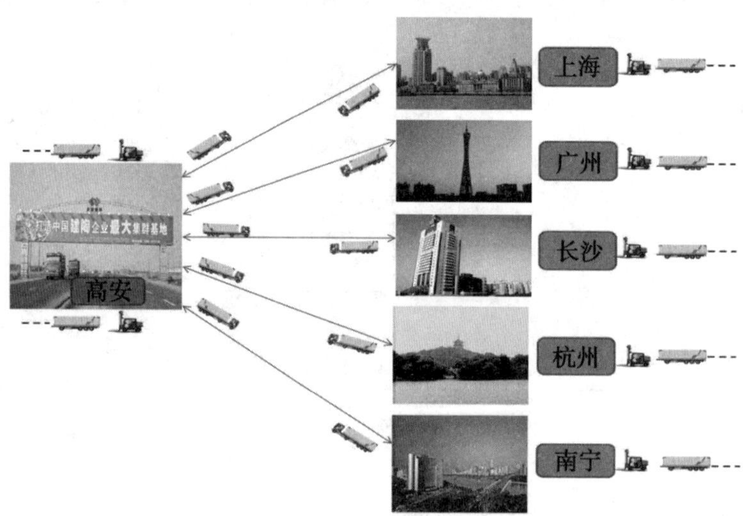

图 4－1－27　甩挂运输线路模式

以高安—南宁线为例，本项目甩挂运输基本的组织流程如下。

步骤 1：在高安市鸿海物流甩挂运输站场、南宁的金桥站场分别预留一定数量的挂车，进行货物的预先装载作业（各作业点甩下的重挂需进行卸载又预先装载作业）。

步骤 2：牵引车从高安市鸿海物流甩挂运输站场牵引挂车 A 前往南宁的金桥站场，在金桥站场摘下挂车 A 并办理交接手续，随后挂上预装好的挂车 B 返回高安市鸿海物流甩挂运输站场。

步骤 3：牵引车牵引挂车 B 到达高安市鸿海物流甩挂运输站场，办理交接手续并摘下挂车 B，再挂上已完成装载的挂车 C 前往南宁的金桥站场，进行下一个循环。

甩挂运输组织流程如图 4－1－28 所示。

公司在 5 条线路的甩挂端点，即上海、广州、长沙、杭州和南宁租用的场地均安排 8～10 人进行组织货源，场地安排专业人员进行装卸，确保货物在计划时间内完成组货且精量配装的任务。

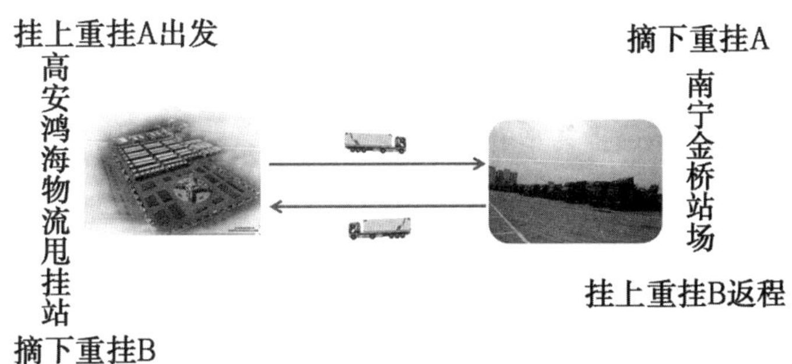

图 4－1－28　甩挂运输组织流程

三、企业项目实施效果

（一）经济效益

据调查分析，在道路运输中采取甩挂运输方式，可提高车辆运输效率 20% ~30%，降低成本 30% ~40%，降低油耗 20% ~30%。甩挂运输项目经济效益情况见表 4－1－6。

表 4－1－6　　甩挂运输项目经济效益情况

运输效率	单车年完成周转量（吨公里）	8494229
	甩挂运输总货运量（万吨）	70.6
	车辆里程利用率（%）	92
运输成本	单位运输成本（元/百吨公里）	26.5
节能减排	百吨公里油耗（升/百吨公里）	1.5
	共节约燃油（万升）	52.5
	折合标准煤（吨）	657
	减少二氧化碳排放（吨）	1560

一是减少装卸等待时间，加速牵引车周转，提高运输效率和劳动生产率。本项目实施后，单车完成货物周转量可以提高 60%，大大提高了运输效率。二是减少车辆空驶和无效运输，降低能耗和废气排放。本项目百吨公里燃油消耗可以降低 8%，减少二氧化碳排放 8%，每年可以减少 1560 吨二氧化碳的排放。三是节省货物仓储设施，方便货主，减少物流成本。以高安至长沙线为例，全程 260 公里，如需双向每日发一次车，在未实行甩挂作业以前，需要配置 5 ~6 台车辆，而现在使用甩挂运输后只需要配置 2 辆牵引车和 4 辆挂车就可以满足每日发车的需求。车辆折旧是一项主要运输成本，购车成本即可以直接降低约 30%。从本项目的运输成本测算结果来看，在完成相同货物周转量的前提下，运输成本可以节约 10% ~15%，成本节约效益显著。四是便于组织水路滚装运输、铁路驮背运输等多式联运，促进综合运输的发展。

（二）社会效益

1. 推动高安市道路运输业转型升级

本项目的建设可以促进高安市物流配送中心和货运站场等物流节点的建设与发展，促进道路运输实现网络化经营，从而推动物流运输企业向集约化、规模化、标准化、信息化方向发展，提高物流服务水平，有效推动高安市道路运输业向现代物流业发展的转型升级。

2. 促进高安市经济发展，提升经济运行质量

甩挂运输站场作为甩挂运输这一种先进运输组织形式的基础设施载体，可以更有效地满足高安市建筑陶瓷、现代农业等产业对货品仓储运输质量和时效性的严格要求，适应相应货品高价值、小批量、多批次的运输特点，节省货品装卸仓储时间，加速原材料、产成品的周转，有助于高安市生产企业降低仓储和运输成本，从而提高企业的核心竞争力，同时也有利于提高生产与流通领域的集约化程度，改变企业粗放型的经营和管理方式，优化全市的产业结构。

院校案例

江西财经大学工商管理学院

一、学院基本情况介绍

江西财经大学工商管理学院秉承“做管理思想的践行者”院训，以培养具有“‘信敏廉毅’素质的创业型、实用型工商管理类人才”为目标，励精图治，改革创新，科学发展，不断超越，2014 年被评为全国教育系统先进集体。2017 年在全国第四轮学科评估中江西财经大学工商管理学科获评 B + 级，学科排名进入全国前 20%。2018 年，工商管理硕士在全国首次专业学位水平评估中获评 B + 级。2019 年，在中国科教评价网公布 2019—2020 年中国大学分专业竞争力排行榜中工商管理类专业被评“五星 +”。

学院拥有 1 个一级学科博士后流动站（工商管理），1 个一级学科博士点（工商管理），2 个二级学科博士点（企业管理、技术经济及管理），5 个硕士点（企业管理、技术经济及管理、物流管理、MBA、EMBA），5 个本科专业（工商管理、市场营销、人力资源管理、国际市场营销、物流管理），其中市场营销为国家级特色专业、江西省一流专业；工商管理、市场营销、人力资源管理 3 个专业入选国家一流专业建设点；物流管理专业入选江西省一流本科专业建设点。6 个科研机构（中国管理思想研究院、智慧企业研究中心、产业集群与企业发展研究中心、创新与战略人力资源管理研究中心、中英国际商务联合研究中心、案例中心），1 个教学附属机构（商业应用实验室）。2009 年开始创办普通本科创新创业实验班。现有在校学生 2500 余人。

学院现有教职工 107 人，专任教师 87 人，其中教授 25 人，副教授 36 人，博士生导师 18 人，硕士生导师 64 人，教师博士化率达 75%，有过海外学习交流经历的教师比例达 52%。其中，享受政府特殊津贴 2 人，全国模范教师 1 人，教育部高等学校工商管理类专业教学指导委员会委员 1 人，全国工商管理专业学位研究生教育指导委员会委员 1 人，国家“百千万人才工程”人选 1 人，省级教学名师、江西省“赣鄱英才 555 工程”人才、“井冈学者”特聘教授、江西省“百千万人才工程”人选、江西省“青年井冈学者”、江西省高等学校中青年学科带头人和骨干教师共 20 人。

学院围绕“双基四拓”的创业型人才培养模式，狠抓实践环节，注重培养学生的创新能力。拥有5项国家级质量工程项目，包括“创业管理”国家级精品课程和国家级精品资源共享课、“商解孙子制胜韬略”国家级精品视频公开课、“制胜：一部孙子傲商海”国家级精品在线开放课程、市场营销为国家级特色专业，以及一系列省级本科教学质量工程项目。近年来，学院承担国家自然科学基金项目33项，国家社会科学基金项目25项（其中重大招标项目1项，重点项目1项），中国博士后基金项目8项，教育部人文社会科学基金项目12项，各类省级项目101项，横向课题48项。学院出版专著57部，教材42部，从SSCI、SCI、EI收录论文69篇，在《管理世界》《中国工业经济》等重要学术刊物上发表论文223篇。其中，多位老师的研究成果被江西省领导批示，1篇案例入选加拿大毅伟商学院案例库，累计16篇案例获“全国百篇优秀管理案例”，获奖总数排在全国前列和全省首位；围绕案例形成的教学成果，两次获得省级教学成果一等奖。江西财经大学工商管理学院校园风貌如图4-2-1所示。

图4-2-1　江西财经大学工商管理学院校园风貌

二、学院物流管理专业发展情况

（一）开设情况

江西财经大学物流管理专业于2002年获批，并于2003年正式招收第一届物流管理专业本科生，是江西省第一个开设物流管理专业的本科高校，截至2019年已招收14届学生。2003年设立物流管理系，隶属统计学院，2009年基于学科专业调整转隶工商管理学院。现为中国物流与采购联合会常务理事单位，拥有江西财经大学江铃实顺物流研究中心、易招标采购链创新实验室。2009 年设立技术经济与管理硕士点，招收培养物流与供应链管理方向研究生，2015 年获批物流管理二级硕士点，是江西省首个获批物流管理学术型硕士点专业，包括区域物流管理、供应链物流管理、物流管理决策和电子商务与物流四个研究方向，2016 年招收首批物流管理学术型硕士。

物流管理系师资力量雄厚，具有专任教师 12 人，9 人拥有博士学位，其中教授 2 人，副教授 4 人，讲师 6 人，另有外聘教师 4 人，柔性引进人才 1 人。教师队伍中有江西省高等学校中青年学科带头人 1 人、江西省中青年骨干教师 5 人、江西省 MBA 教学优秀教师、校级“教学十佳”2 人、校级“金牌主讲教师”3 人、校级“网络教学优秀教师”1 人。教师队伍具有丰富的学术与企业实践经历，拥有两个专业背景的教师 7 人，具有企业工作背景的教师 5 人，具有博士后研究工作经历的教师 7 人。

近年来，物流管理系教师主持完成国家级、教育部项目 12 项，出版专著 10 余部，教材 20 余部（其中省级优秀教材一等奖 1 部，信毅教材大系 3 部），发表核心以上论文 100 余篇，主持或参与省部级以上项目 50 余项，政府及企业项目 60 余项。

（二）专业特色

1. 强化大类招生模式下创新创业型中高级物流管理人才的培养

本专业围绕当前经济社会发展对物流管理人才的素质要求，依托学校办学基础及特色，制订科学的物流管理专业人才培养计划。以社会需求为导向，在强调基本素质、知识和技能的同时，突出培养学生的系统分析、战略思维和组织领导能力，注重多样化和个性化发展，着力打造具有物流企业经营管理、物流系统规划与设计、物流业务运作能力的创新创业型中高级物流管理人才。

2. 重视综合应用及实践能力的培养

本专业强调学生综合素质和适应能力的培养，形成了“理论学习—案例讨论—创新实训—专业实习”为主线的人才实践能力培养机制。同时，与省内外多家知名企业共建实习实训基地，包括南昌江铃集团实顺物流股份有限责任公司、江西蓝海物流科技有限公司（4A 级物流企业）、江西省邮政速递物流公司（4A 级物流企业）、南昌苏宁物流有限公司（3A 级物流企业）、南昌市烟草公司卷烟物流配送中心、福建万集物流有限公司（4A 级物流企业）等。并通过校企合作形式建立了江西财经大学江铃实顺物流研究中心、易招标采购链创新实验室（牌匾见图 4－2－2）。

3. 突出国际化视野的培养

本专业在课程设计上注重双语课程及国际化视野的培养，开设“物流专业英语”、“物流学”（双语）、“国际物流”等课程，同时安排老师参加国家及江西省公派出国留学项目出国访学。目前已有 5 位老师完成访问研究，还有多位老师即将出访。

图4－2－2　易招标采购链创新实验室牌匾

4. 注重科研创新能力的培养

本专业实施多项举措鼓励学生参与和开展科研创新活动。一是本科生科研导师指导学生积极参与科研项目，研教结合，提升学生专业知识技能。二是导师鼓励学生积极参与大学生物流设计大赛、大学生创新创业计划、校级科研课题以及大学生课外学术科技作品竞赛等活动，培养学生自主创新能力。三是依托物流学会组织，为本专业学生提供更多开展课外实践活动的机会。

（三）办学经验

1. 拓展学术视野

与英国考文垂大学、丹麦奥尔堡大学和泰国那黎宣大学等国外大学建立了多种形式的合作关系；鼓励教师出国访学，拓宽与国外学者的合作渠道；鼓励本专业学生赴境外知名院校深造。同时，建立“物流大讲堂”，每两周开展一次国内外专家讲学，每月开展一次企业专家讲坛，并将学生参与学术交流情况作为实践考核标准。

2. 改进教学与指导方式

（1）建立专业培养方案的评价与改进机制。

每年都会组织教师对培养方案的市场适应性与实施可行性进行调研与评价，在学校“两年一小修，四年一大修”的原则下，针对不合理课程，及时向教务处申请调整，以确保培养方案的专业前瞻性、市场适应性与实施可行性。

（2）建立主干课程集体备课机制。

凡是涉及两个以上教师教学的主干课程，如“物流学”，每周都要进行线下或线上集体备课。合理提升课程难度和拓展深度，激发学生学习动力和专业兴趣，从而确保不同班级教学内容、教学进度的一致性，避免学生通过“水课”混学分。

（3）更新教学方式。

推广使用案例教学、项目教学、现场教学和小班教学方法，探索应用讨论式、翻转式及慕课等新教学方法。

（4）实行本科生“学术导师制”，强化学术科研训练。

学生专业分流进入本专业后，均由一位专业教师作为导师指导其学术科研，大四则可以另选一名老师作为毕业论文指导教师，这不仅提高了学生对教师教学的满意度，同时也提升了学生的学术科研参与度。通过“学术导师制”，教师评教得分由2016年的90.5分提高到了2018年的93.8分，参与学术课题研究的学生占比已超78%，并保持每年有2位优秀学生获得宝供物流奖。

（5）举办“物流三大赛事”。

在物流知识竞赛、物流设计大赛（校赛、省赛和国赛）常态化的基础上，增设“互联网+采购”大赛（一等奖两名，各5000元奖金），从而形成了物流管理专业独具特色的“物流三大赛事”。“互联网+采购”大赛经过两年的运行，除本专业学生外，其他专业学生也表现出了极大兴趣并参与其中。赛事均由专业老师和企业导师指导、物流两大常设学术组织——“物流学会”与“物流精英团队”具体运作。通过“物流三大赛事”，不仅提升了学生对专业学习的兴趣、自主分析问题和解决问题的能力，还为学生提供了团队内互相协作的机会，锻炼了其对专业知识的综合运用能力。

3. 深化校企合作联合培养机制

与多家企业签订长期合作协议（见图4-2-3），突出“互联网+采购”特色，依托企业搭建实验平台，建立实习基地；定期回访基地或企业，安排学生实习，推荐优秀学生在“双选”中与企业深入交流；邀请合作企业高管参与实践交流，成为校外指导老师。在合作过程中，搭建招投标模拟、智慧采购创新型实验平台，建立了15个实习基地；每年邀请8~10位企业总经理开展交流，举办讲座。对于超过1个月的暑期或毕业实习，均实行校内校外双导师指导，并由校内导师对学生的实习日记与报告评分，使实习单位成为学生真正提高实践能力的练兵场，避免流于形式。

（四）就业方向

近年数据显示，物流管理专业学生初次就业率稳定在91%左右，主要分布在物流、供应链、金融等领域，工作地点集中于北京市、上海市、广州市等经济相对发达城市，约有20%的学生进入政府机关和事业单位工作；升学率从9.5%提升至22%，其中在华中科技大学等985高校、悉尼大学等国外名校就读者10余人。物流管理专业毕业生受到了用人单位的高度好评和欢迎，各用人单位及研究生培养单位对本专业输出的学生道德素养、知识结构、专业技能、研究能力等方面给予了很高评价。从中国科教评价网对2018—2019年物流管理专业和物流管理与工程类大学进行的排名来看，江西财经大学均被列为5星级，分别排在第11位（共372所大学）和第13位（434所大学）。

图 4－2－3 江西财经大学工商管理学院校企合作签约仪式

三、主要荣誉

在各位教师的辛勤指导下，物流管理专业的学生在科研创新、学科竞赛及专利、学术论文发表、学生社团活动等方面取得了丰硕成果。

科研创新方面，2012—2015 年，学生们积极参与校级科研创新活动，成绩斐然，累计完成各级大学生创新创业训练计划项目等科研项目 30 余项。

学科竞赛及专利方面，2011 年“金石组合”团队获“顺丰杯”第三届全国大学生物流设计大赛一等奖；2012—2015 年获国家级竞赛一等奖四人次、二等奖四人次、三等奖三人次，省级竞赛一等奖六人次、二等奖一人次、三等奖三人次，获得实用新型专利三人次。

学术论文方面，2012—2015 年，学生们在各级刊物发表论文多达 50 余篇。2012—2014 年，每年均有学生获校级优秀毕业论文，自 2015 年起学校组织评选校级“十佳毕业论文（设计）”以来，每年均有物流管理专业学生上榜。

学生社团方面，自 2010 年 3 月成立以来，物流学会作为物流管理专业的专业性社团，秉承“提高学习兴趣，促进学术交流，加强知识巩固，力求物流真谛”的宗旨，在服务同学、增进广大同学对物流的了解、提高学生学习兴趣、促进学术交流及参与物流科研实践方面发挥着重大作用。学生们先后参与协助教师主办的江西省第七届物流设计大赛（见图 4－2－4）和江西省第一届物流业务仿真大赛均为省级物流专业学科竞赛，并主办了五期校级学术讲座物流论坛以及七届校级物流知识竞赛。

图4-2-4　江西省第七届物流设计大赛颁奖典礼

（江西财经大学工商管理学院　仲昇）

九江学院经济与管理学院

一、院校基本情况介绍

九江学院是经教育部批准设立的国有公办全日制本科普通高等院校，办学历史可上溯至1901年美国基督教卫理公会创办的但福德医院护士学校，以“省市共建、以市为主”为办学体制。

学院占地3443亩，现有主校区、浔东校区、庐峰校区三个校区。2018年，在九江市委、市政府的大力支持下，学院整合现有教育资源，投资近20亿元在主校区东侧新建占地1387亩的新校区和占地200亩的高端人才公寓，计划2021年9月投入使用。学院现有校舍面积105万平方米，下设23个二级学院、2所“三级甲等”附属医院、1所附属口腔医院，其中第二附属医院在建。2019年招生的本科专业80个，涵盖了经济学、法学、教育学、文学、理学、工学、农学、医学、管理学、艺术学等学科门类。面向全国30个省（自治区、直辖市）招生，全日制在校生3.3万余人。校园风貌如图4-2-5所示。

图4-2-5 校园风貌

九江学院由杨叔子院士担任名誉校长，潘际銮院士担任校学术委员会主任。教师中享受国务院和江西省政府特殊津贴的9人，入选江西省“赣鄱英才555工程”人才3人、江西省“百千万人才工程”22人、江西省“双千计划”4人，江西省级教学名师5人，江西省金牌教授2人，江西省级学科带头人10人，江西省优秀高技能人才1人。学院聘请袁隆平院士、程天民院士、严陆光院士和李圭白院士等为名誉教授，128位知名专家学者为学校兼职和客座教授。

学院基础设施齐全，教学楼、实验楼、图书馆、信息技术楼、田径运动场和室内体育馆、学生活动中心等分布于各个校区，图书馆设有1个主馆和3个分馆，共藏纸质图书310余万册、电子图书200余万种，有中外文数据库100余个。各级各类实验教学中心22个，其中有省级实验教学示范中心5个，中央与地方共建基础实验室、中央与地方特色优势学科实验室及中央财政支持地方高校改革发展专项资金项目实验室等56个。此外，还建有庐山实习基地等校内外实习基地296个。学院现有教学科研仪器设备总值3.14亿元。

经济与管理学院是由原九江学院商学院更名而来，原商学院是九江学院在建院之初的院本部解放军军需财经高等专科学校设立的教学单位，历史积淀深厚。经济与管理学院学科门类涉及两个经济类学科，三个管理类学科——工商管理、人力资源管理、物流管理，在校生2685人，其中本科生2101人。学院下设办公室、教学科研管理科、学生管理科、团委、实验室及教研室。

抓教学质量一直是学院的中心工作也是学院的特色和亮点，学院已经连续8年被评为学校教学先进单位。学院现有教职工120人，具有高级职称的48人，博士学位32人，在读博士24人，江西财经大学兼职硕士生导师7人。2019年成功引进博士9名，并积极与科研院所、企业单位合作，柔性引进外聘博士7名。物流管理本科专业始于2008年，现有专任专业教师13人，于2010年被评为省级教学团队，团队中教授2人，副教授6人；博士生导师1人，硕士生导师3人；具有博士学位的教师6人。

二、九江学院物流专业开设情况

（一）开设情况

2004年经江西省教委批准，九江学院商学院（现名经济与管理学院）设立了报关与国际货运专科专业。2008年9月，经教育部批准，经管学院开始设立物流管理本科（四年制）专业。根据九江市作为全省唯一一类口岸并具有通江达海的特点，该专业立足于以服务地方经济建设为目标，增设“国际货运代理”和“采购管理”两个细分方向，为本地经济的发展源源不断输送人才并提供智力支持。

科研方面，物流专业教学团队近几年共获得国家自然科学基金课题8项，教育部人文社科课题2项，卫计委课题1项，省软科学课题5项，省社科课题6项，发表论文

60余篇，其中SCI一区论文2篇，SSCI论文4篇，EI期刊论文2篇，CSSCI论文12篇。团队以科研课题为核心，形成了农产品供应链、港口物流、医疗供应链三个科研分队，为本专业在聚焦未来学科发展上奠定了较好的基础；教学质量方面，物流管理专业目前承接了三项省级质量工程项目，“物流与供应链管理”团队被评为省级教学团队、“物流与供应链管理”课程被评为省级精品课程、“物流管理”课程被评为省级精品资源共享课；实践教学方面，团队拥有较为完备的实践平台，现拥有物流管理实验室、物流与供应链研究所等多个教学科研基地，实验仪器设备金额总计超过300万元，并获得首批经中国物流与采购联合会批准的“中国物流学会产学研基地”，同时又是“江西省系统工程学会物流与供应链管理分会”所在地；国际交流合作方面，目前已与英国罗汉普顿大学合作开设中英合作班，引进境外先进高等教育理念、管理体制机制、优秀师资、课程教材体系等优质教育教学资源。学生前三年在九江学院接受双语课程教育，并由外教进行授课，第四年赴英国罗汉普顿大学学习后，成绩合格者可获得中英双方认可学历学位。

（二）专业特色

1. 围绕九江港区域物流特点开设“国际货运代理”细分专业方向

本专业根据实用型培养原则，办出具有鲜明特色的应用型专业。九江港是长江流域十大港口之一，是江西省唯一的沿江国家一类口岸和首个进境粮食指定口岸。鲜明的区位优势扩张了现代物流业发展的潜力，作为长江、京九铁路两大经济开发带交叉点，九江市被定位为江西省鄱阳湖生态经济区建设新引擎，是江西融入长江经济带的关键节点，催生了从单一的货运代理向综合物流服务的货代管理新需求。在这样的背景下，本专业紧密围绕九江港发展特点，开设“国际货运代理”细分专业方向，源源不断为本地物流业发展输送专业性人才。

2. 针对本地人才紧缺开设“采购管理”细分专业方向

九江市商贸物流行业的大力发展，大大加强了对物流人才的需求，特别是拥有金融、人力资源、市场营销、电子商务、计算机等复合知识的专业人才。“采购管理”细分专业的设立，将本地发展与需求紧密结合在一起。以采购管理为核心，拉动其他相关领域知识聚集，促进各课程协调发展，为商贸物流行业培育了大量人才。

3. 引入国际先进教育模式开设中英合作班

在教育全球化背景下，物流管理专业与英国罗汉普顿大学开展的课程合作教学项目，积极引进境外先进高等教育理念、管理体制机制、优秀师资、课程教材体系等优质教育教学资源。每年专业招收一个中英合作班，采用本科教育学分互认方式，学生前三年在九江学院接受双语课程教育，由外教进行授课，第四年赴英国罗汉普顿大学学习。中英合作办学已成为物流管理专业接轨国际探索发展的重要途径。

（三）办学经验

1. 在物流人才市场需求调研和借鉴国外先进办学经验基础上，设置细分专业方向

物流管理专业自2008年招生以来，不断加强和深化专业建设内涵，积极推进本科人才培养模式、课程体系与教学内容、实践和能力培养等方面的教学改革，充分发挥九江学院经济与管理学院物流管理专业与其他金融管理类专业的学科交叉优势，结合国际化办学理念形成了各个学科相互渗透、融合、协同发展的专业格局。在培养对接长江经济带、长江中游城市群建设等国家发展战略，符合九江港口物流商贸产业发展方向的物流管理专业人才方面形成了“走出去”与“走进来”具有时代感和使命感的专业特色和优势。九江学院经济与管理学院物流管理专业特色如图4－2－6所示。

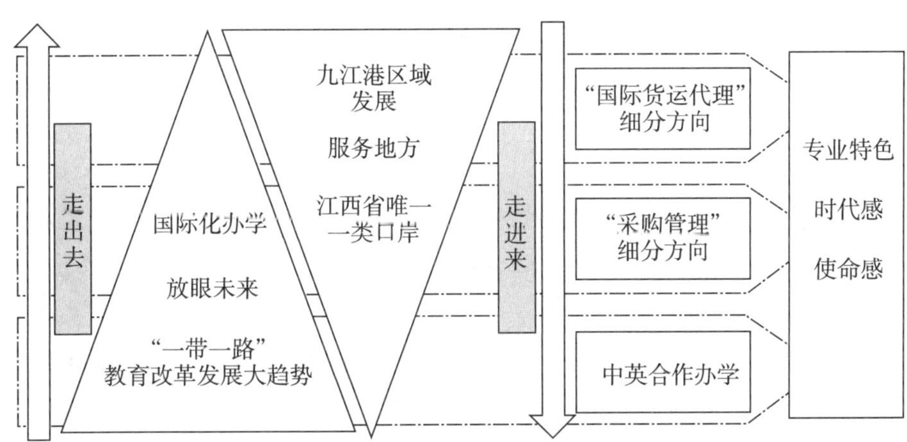

图4－2－6　九江学院经济与管理学院物流管理专业特色

2. 以“厚基础、宽口径、重实践”为指导原则深化人才培养方案改革，构建专业培养平台

为突破以往传统教育模式（知识传授与技能培训，实践能力与综合能力、创新能力培养，思想品德教育与专业知识教育互相隔离），学院提出了“厚基础、宽口径、重实践”的协调教育观，强调基础知识与能力、关联知识与能力和专业知识与能力的协同培养。精心构建了“三大融合”的教育观，把被分割或被忽略的内容通过相关教学环节有机结合起来，并以此作为培养物流管理特色专业复合应用型人才的基本路径。

3. 注重实践教学并建立了有利于创新人才培养的实践教学体系与校内外实习实训基地

根据物流管理专业实用性强的特点，培养目标着重强调培育学生实践能力。为此，在教学中注重从实验、实践两方面入手，加大投入力度，并选择一批实践经验丰富的教师指导学生参与实验教学活动。

（1）完善实践课程体系建设，配以大范围案例教学。

学院对专业主干课程都配以一定数量的实践课时，并由课程组教师共同讨论实验、实践内容，制订实验授课计划、实验大纲等内容，而后付诸实施。

（2）加大实验室建设投入。

专业开设以来，建成实验室面积达200多平方米，教学设施有港口模拟沙盘、国际物流教学软件、第三方物流教学软件、GPS和GIS系统，随后陆续增购了3D运输软件、3D仓储软件、3D国际货代软件、3D港口模拟经营软件等。在此基础上学院还投入100多万元用于建立新型物流管理实训室，物流管理实训室基于供应链管理模型，具备集服务器、工作站、网络通信、无线基站、无线数据采集、输入输出设备于一体的局域网络系统，配以综合物流信息管理平台，涵盖生产企业ERP、第三方物流管理、仓库管理、智能化自动采集与识别系统、收发货理货、电子拣选、托盘仓储、自动化立库及自动分拣等物流硬件设备系统。

（3）建立十多个校外实践基地。

为使学生及早接触社会，学院先后与德邦物流股份有限公司、九江市邮政管理局、上港集团九江港务有限公司、萍乡钢铁有限责任公司等签署合作协议，根据其实际生产经营状况为学生提供岗位实习机会，并取得了良好效果。

（4）利用网络资源创新教学。

建立并运营省级精品课程“物流管理”网站，同时将部分视频资源发布在点击率高客流量大的网站上供大家免费学习与交流。

（5）鼓励学生参加各种竞赛及创新性实验。

学院向学生开放各类科研、教学实验室，满足学生自主创新实践的需求；通过加强实践教学环节，力争借助“国家大学生创新性实验计划”“大学生创新研究训练计划”等活动，为学生搭建科技创新活动平台（见图4-2-7、图4-2-8）。

图4-2-7　学生参加第九届江西省大学生物流设计与沙盘模拟经营大赛

图4-2-8　学生参加2019年“链战风云”全国大学生智慧供应链创新创业挑战赛全国总决赛

（6）以本科质量工程为依托，打造一支高素质师资队伍。

目前物流管理专业教学团队已全面实现硕士化，博士占比已超40%，并建立了“物流与供应链管理”省级教学团队。在此基础上，依靠专业发展目标和学院发展规划，学院充分利用院校培训政策及其他机会，鼓励更多教师参加国家骨干教师培训、项目进修、学校庐山培训、下企锻炼、教研室内部组织学习交流等项目来提升教师教学、科研、实践等能力。学院通过建设一支规模适中、结构合理、兼顾学术背景和实践经验的专业化、年轻化教学团队，加大物力与资金投入，加强管理，完善服务，打造出吸引人才、留住人才、激励人才的良好环境，以保障专业教学团队的整体持续发展与提升。

（7）教学质量保证体系的完善。

学院高度重视教学质量提升工程，从学院、教研室到教师个人建立了一套完整的标准化质量保证体系，不仅夯实了教学质量监控基础，还形成了以教学质量监控常态化、制度化促进教育教学质量全面提升的优质模式。

（四）就业方向

1. 面向制造行业的生产与运营管理

通过实践教学与创新双结合的模式，物流专业的学生在入职大型制造企业后从事生产系统规划和设计、精益生产和生产物流管理方面的工作时游刃有余。

2. 面向政府部门和事业单位的物资管理

随着政府部门和事业单位对物流人才需求的日益增长，“采购管理”细分专业以采购管理为核心，培养学生互通其他相关领域的综合管理能力，为政府和事业单位输送了大量综合型管理类人才。

3. 面向社会化物流企业的物流和供应链管理

具有较强综合实力的毕业生还可选择去京东、顺丰、德邦、通达系等物流企业从事系统优化、供应链管理等方面的工作，或去沃尔玛、亚马逊等大型零售企业从事供应链系统分析、规划与设计，物流活动经营、管理与决策等方面的工作。

三、主要荣誉

物流专业教学团队2008年以来，在教学、科研方面多次获得国家级、省级荣誉，成绩有目共睹。本专业建设成效显著，在省内外高职院校物流专业中树立了不错的口碑。专业在省部级教学成果奖的评选中也多次获奖，成绩显著。物流管理专业教学成果获奖情况与学生获奖情况见表4－2－1、表4－2－2。

表4－2－1　　九江学院物流专业教学成果获奖情况

序号	教学项目	教学成果
1	教材建设	出版教材十余本、专著2部
2	教改论文发表	发表教改论文若干篇
3	教学团队建设	专职教师数量达到16人，教授2人，副教授6人；博士生导师1人，硕士生导师3人；具有博士学位教师6人
4	课程体系建设	省级精品课程3门，校级精品课程若干
5	专业实验室建设	市校共建实验室，实地沙盘，物流信息化专业实验室
6	实践基地建设	与九江、义乌等地多家知名企业联合建设实习基地
7	科研项目	国家级项目8项、省部级科研项目20余项
8	比赛项目	承办2013年江西省物流设计与沙盘模拟经营大赛

表4－2－2　　九江学院物流专业学生获奖情况

序号	比赛时间	比赛名称	获奖情况	举办单位
1	2012年	江西省大学生物流设计与沙盘模拟经营大赛	一等奖	江西省教育厅
2	2012年	江西省大学生物流设计与沙盘模拟经营大赛	二等奖（2个）	江西省教育厅
3	2012年	大学生创新与职业技能竞赛	二等奖	江西省教育厅
4	2014年	江西省大学生物流设计与沙盘模拟经营大赛	二等奖	江西省教育厅
5	2015年	江西省大学生物流设计与沙盘模拟经营大赛	二等奖	江西省教育厅
6	2015年	江西省大学生科技创新与职业技能竞赛	一等奖	江西省教育厅
7	2016年	电信杯“创青春”江西省大学生创业大赛	铜奖	江西省教育厅

（九江学院经济与管理学院　洪定军）

南昌工学院商务贸易学院

一、学院基本情况介绍

南昌工学院商务贸易学院由前身的经济管理学院更名而来，旨在贯彻新商科要求，对接“一带一路”中小企业人力资源、商务贸易及物流管理等关键技术和产业链，调整形成相应专业链，主要聚焦商务贸易、管理营销、电子商务及智慧物流等应用领域，依托移动互联及物联网等技术，重点打造涉外商贸、智慧物流等学科专业方向。学院秉承“经世济民、德艺双馨”的育人精神，立足江西，面向现代服务行业，集中打造以培养江西及中西部地区中小企业一线管理人员为特色的专业集群。

目前，学院共有6个本科专业和6个专科专业，在校生3356人。现有专职教师69人，兼职教师41人，其中高级职称40人，具有硕士及以上学位教师91人，博士8人，高学历占比达82.7%，大部分教师有企业工作经历，具有“双师型”素质。已建成现代物流仿真实训室、经济管理综合软件实训室、职业核心能力实训室、营销策划工作室、人才测评工作室、企业模拟经营实训室等多个实训室。教学与科研并重，我院教学研究成果丰富，先后参与并获江西省第十五批教学成果奖2项、校级教学成果三等奖4项、省级教学质量工程项目3项、校级质量工程项目5项，其中“现代礼仪”获省级精品在线开放课程。近年来，学院获批各类课题28项，院内学生在各级各类竞赛中获奖近百项。

学院也先后与江西众和化工有限公司、江西蓝海物流有限公司、江西实顺物流有限公司、江西五十铃汽车销售有限公司、阿里巴巴·南昌产业带、义乌市橙果电子商务有限公司、德邦物流股份有限公司、江西龙英网络有限公司、江西盈科行有限公司、中国物流与采购联合会多家企、事业单位建立良好的合作关系，为课程开发、实训中心建设、师资引进及培训、学生顶岗实习奠定良好的基础。且成功获批淘宝网网络营销实训基地、中国物流学会第五批产学研基地、江西省人力资源协会南昌分会常务理事单位等荣誉称号。南昌工学院校园风貌如图4－2－9所示。

二、学院物流专业发展情况

（一）开设情况

学院物流工程专业开设于2013年，属于物流管理与工程类专业，旨在培养政治合

图4-2-9　南昌工学院校园风貌

格，身心健康，德、智、体、美、劳全面发展的优质人才，主要面向现代服务业中的中小型企业，重点瞄准物流管理师、物流系统规划师、现代物流师等职业，掌握管理学、经济学、物流学、企业管理等方面基本理论和专业知识，具备物流业务操作能力，制定和实施仓配管理规划、运输管理规划、供应链管理、物流系统规划方案等技术技能，理论到位、技能实在的高素质应用型人才。学院采购管理专业开设于2018年，属于物流管理与工程类专业，主要面向商贸行业、供应链企业，重点瞄准采购师、物流师等职业，旨在培养掌握管理学、经济学、采购管理、企业管理等基础理论和专业知识，具备采购业务操作能力，制订和实施采购计划、采购管理规划、供应链管理、采购系统规划方案、招投标管理、供应商管理等技术技能，理论到位、技术技能系统实在的高素质应用型人才。目前供应链管理教研室有专职教师11人，其中高级职称5人，讲师职称6人，具有硕士及以上学位教师10人，博士（含在读）2人，外聘3人，高学历占比达87.5%，“双师型”教师3人。

（二）专业特色

2019年6月18日，教育部职业技术教育中心研究所发布了《关于首批1+X证书制度试点院校名单的公告》，公布了首批“1+X”证书制度试点院校名单，南昌工学院成功入围教育部首批“1+X”证书制度试点院校，今后可开展物流管理等职业技能的培训与鉴定工作，为学生毕业就业夯实良好的基础。至此，学校物流工程和采购管理专业依托于全国首批“1+X”证书制度试点专业，以省级示范特色专业建设的各项指标为基础；以应用技能型物流人才培养为核心；加强校企合作，促进课程体系模块优化，丰富教学资源，营造人才培养的优良环境，促进师资团队的科研、服务、教学与培训能力的提高；服务于江西省物流行业、企业。截至2019年，学院已累计为中小型物流、快递、电商企业培养仓储管理、调度管理及项目管理人才300余名。

南昌工学院商务贸易学院全力支持并及时贯彻落实“1+X”证书制度，积极与中国物流与采购联合会对接，建立了物流管理职业技能等级证书培训、考核评价、认定、学分转换等证书制度运行机制。将物流管理职业技能等级证书培训内容融入物流管理专业人才培养方案，进一步重构物流管理专业课程体系，优化了课程设置和教学内容。与此同时，加强了物流管理专业带头人、物流教学名师、骨干教师、企业兼职讲师等师资建设，通过师资认证、进修培训、访问交流学习、内部培养、企业调研实践等途径提高师资队伍职业技能水平，打造“双师型”教学团队。学院教师参会现场如图4－2－10所示。

图4－2－10　学院教师参会现场

根据物流管理“1+X”技能等级证书考试需求安排了学生集训，针对考试大纲，为学生量身定制了培训方案，并认真实施。通过物流管理“1+X”理论部分的学习，学生们丰富了专业知识，更加系统、深入地学习了物流相关课程内容。实操部分的学习，弥补了物流专业实训能力不足的状况，让学生掌握了一些以前没有接触过的物流实训设备的操作技能，比如：手持终端的使用等。学生能将观念中的东西转化为实际操作，明确了操作流程，提高了操作技能，掌握了物流相关软件的使用。此外，能较为熟悉地使用相关设施设备，为以后的学习工作提供了强有力的指导和帮助，在学中做，做中学，不仅快速地掌握了相关操作技能，还提高了对相关问题的处理能力。

为贯彻《国家职业教育改革实施方案》精神，开展物流管理“1+X”证书制度试点活动，2019年12月8日，学院圆满完成了首批物流管理职业技能等级认证考试工作。商务贸易学院共计70名学生报名参加了此次考核，共有62名学生取得物流管理职业中级证书。学生参加“1+X”考试现场如图4－2－11所示。

图4-2-11　学生参加“1+X”考试现场

物流管理“1+X”职业技能等级认证考试的顺利进行，是学院物流管理“1+X”证书制度试点工作有序推进的重要标志，将为物流专业紧跟国家职业教育改革方向，进一步推动人才培养方案完善、专业资源开发、课程标准修订、课证融通、产教融合等一系列试点工作发挥积极的促进作用。自学院开展“1+X”证书制度建设工作以来，学生对此反映良好，普遍认为不仅是拿到了技能等级证书，更重要的是学到了实实在在的职业技能。今后学校也将继续开展物流管理职业等级证书培训和考核工作，积极贯彻“1+X”证书制度工作，为国家和社会培养物流技术技能人才。

（三）就业方向

物流工程专业学生毕业后主要在物流企业、工商企业、货代公司、配送中心、港口、货物集散中心和物流基地（园区）、物流管理咨询公司及相关行政、事业单位等从事采购、仓储、包装、配送、运输、规划等物流业务运作管理、物流服务咨询与策划、供应链管理以及物流系统规划与设计等工作。主要就业（升学）单位：中铁快运、德邦快递、百世快运、中国邮政、上汽天地华宇、中央财经大学、延安大学等。

采购管理专业学生毕业后主要在物流企业、工商企业、货代公司、配送中心、港口、货物集散中心和物流基地（园区）、物流管理咨询公司及相关行政、事业单位等从事采购管理、供应链管理和采购系统规划方案设计等工作。

三、主要荣誉

近年来，学校专业教学团队在《企业经济》《职教论坛》《商业经济研究》《铁道科学与工程学报》等刊物，以及“物流与系统工程国际会议”论文集共发表论文17篇，其中北大中文核心9篇；出版论著《互联网+文化产业跨界融合多样化研究：基于信息化创业促进文化产业多样化发展视域》1 部；出版《仓储与配送管理》《搜索引擎营销》《运输管理实务》等 6 本教材。物流工程教学团队积极申报行业协会、校级和省级教研教改类课题 10 项：现代职业教育背景下物流工程本科专业课程体系构建研究——基于工作过程的分析（江西省高等学校教学改革研究课题），管理类物流工程本科人才培养模式研究（江西省高等学校教学改革研究课题），新建本科高校物流工程本科专业导师制研究（中国物流学会）等。自 2014 年以来，物流工程教学团队积极开展核心专业课程建设，目前已有“物流工程导论”“运筹学”“物流设施与设备”“仓储系统优化与管理”“物流系统规划与设计”等课程的教学改革获得了学校的相关奖励或表扬。这些课程的成果主要集中在：教学大纲、教案、PPT、案例集、习题集、学生成果、教师成果等内容。团队教师曾多次带队并指导学生参加比赛，获得诸多荣誉。如全国大学生电子商务“创新、创意及创业”挑战赛、江西省大学生物流设计与沙盘模拟经营大赛和第三届长风杯大学生供应链运营大赛等。所获部分荣誉如图 4－2－12 所示。

图 4－2－12　所获部分荣誉

（南昌工学院商务贸易学院　郑禹）

江西外语外贸职业学院工商管理学院

一、学院基本情况介绍

江西外语外贸职业学院创办于1964年，是江西省唯一一所以培养外语和外经贸应用人才为主的高职院校，现有在校生14000余人。学院是中国特色高水平专业建设计划建设单位，江西省人民政府与商务部共建院校，全国首批国际商务官员研修基地。经过50多年的建设和发展，办学质量和水平不断提高。先后被确定为“国家优质高等职业院校”“教育部现代学徒制试点院校”“全国创新创业典型经验高校”“全国职业院校教师素质提高计划优质省级基地”“全国职业院校数字校园建设实验校”“全国跨境电商专业人才示范校”“江西省首批示范性高职院校”“江西省首批应用型本科人才试点院校”“江西省高水平高职院校建设项目立项单位”，获得“国家节约型公共机构示范单位”，省、市“文明单位”、“全省依法治校示范校”以及“全省高校平安校园示范学校”等荣誉。连续两年荣获“全国高职院校国际影响力50强”。江西外语外贸职业学院风貌如图4－2－13所示。

图4－2－13　江西外语外贸职业学院风貌

学院现有教职工700余人，副高及以上147人，博士23人，外籍专任教师18人，留学归国教师50余人，硕士学历（学位）及以上教师占专任教师的77.19%。全国教育系统先进集体1个，全国优秀教师2人，省级教学团队3个，享受省政府特殊津贴专家1人，省级教学名师3人，省级中青年学科带头人2人，省级骨干教师13人。2名外籍教师获“庐山友谊奖”。

学院突出“外”字办学特色，设有英、日、德、韩、法、阿、西、葡、俄、意、波斯11个语种，其中“一带一路”沿线国家官方语言7种，涵盖90%以上国家，是全国开设外语语种最多的公办高职院校。现有专业52个，其中涉外专业26个，在学人数达9000余人，占全院学生总数近70%。学院建立了“外语+”专业特色教学体系，形成了“外语+电子商务”“外语+工程管理”“外语+旅游”“外语+会计”等特色专业群。

学院深化拓展国际合作，先后与30余所国外高校缔结合作关系，覆盖所有语种专业。通过“2+2”专升本、“2+1+1”专升硕、短期进修等合作培养模式，在国外学习实践学生达200余人。学院通过举办国际经济与贸易专业国际学生班，开展留学生学历教育。此外，学院积极承担国家援外培训任务，截至2019年年底，完成项目157期，来自126个国家的4101名官员参训，其中正国级1人，部级45人。2018年9月，学院首次在赤道几内亚成功举办刺绣和竹编援外培训班，实现了全省在境外开展援外培训的突破。学院借助基地平台，推动中煤集团、江西铜业等20余家赣企赴境外投资，较好地推动了全省融入“一带一路”倡议。

二、院校物流专业发展情况

（一）开设情况

学院物流管理专业经过17年的努力，现有在校生246人，2010年获“省级特色专业”称号，并在2013年和2015年分别被评为江西省示范性高等职业院校建设重点专业和行动计划骨干专业，在连续多年的全省物流竞赛中多次获得一等奖，在省内同等院校中具有较响的口碑，知名度较高；物流管理专业现已建设有3门省级精品课程、2门精品视频、1门精品在线开放课程，2019年3门课程获江西省精品在线开放课程建设项目，课程资源在省内同类院校中靠前。师资团队方面，学院物流管理专业现有在读博士2人，7人为硕士研究生，年龄结构合理，学历结构优良，在全省同等院校的物流管理专业教学团队中领先。2019年，在“江西省高等职业教育创新发展行动计划（2015—2018年）”项目认定中，学院物流管理专业被江西省教育厅认定为“省级骨干专业”。

（二）专业特色

1. 初步形成“四位一体”人才培养模式

学院贯彻“招的进，育的好，送的出”办学理念，实施基于职业技能、创新与创业能力、职业道德素质、职业外语能力工学融合的“四位一体”人才培养模式，进行“三段式”教学模式探索。第一学年，结合物流管理专业就业岗位要求，通过素质教育和专业基础课教学，培养学生职业道德素质；第二学年，根据学生职业发展趋向，结合物流相关企业岗位群的需求情况，通过“联合意向”培养的方式与企业联合开设相关专业方向，发挥本院外向型特色，培养学生的专业职业技能和职业外语能力。第三学年是工学交替、顶岗实习阶段，安排学生参加院内外生产性实训或企业顶岗实习，通过虚拟实验及实际工作检验学生的职业技能并对学生进行个性化培养以实现学生的创新与创业能力的提升。

2. 初步建成“两型一化”教学团队

物流管理专业已初步建成一支教学能力强、技能水平高、具备较好研发能力的高水平“两型一化”（双师型、双语型、硕博化）教学团队。目前物流管理课程组教师共9人。从年龄结构上看，是一支年龄结构合理、梯次清晰、极具发展潜力的教学团队；从学历结构上看，博士学历（在读）2人，硕士学历7人；从师资素质上看，具有“双师”素质教师5人；通过海外归国教师的优势培养“双语型”教师4人。

3. 初步建成校外实训基地建设网络

物流管理专业已与苏宁物流、京东物流、北领物流等多家物流单位建立了校外合作基地，不仅弥补了物流管理专业校内实训的不足，尤其是在配送、运输规划以及企业的生产物流方面，还为学生的实践教学提供真实的操作环境，满足了学生对了解企业实际、体验企业文化的需求，实现工学交替（见图4－2－14）。

图4－2－14　学院学生至北领物流开展校企实践项目

（三）办学经验

1. 引入企业标准开发课程，打通双证融通的渠道

初步确立了以社会、企业需求为依据，以培养专业技能和职业能力为主线，以突出应用性和实践性为原则，按照岗位或岗位群的业务能力和岗位技能要求设置专业课程群，构建专业课程体系的课程改革思路。目前物流管理专业的“物流管理”“物流运输管理”“仓储与配送管理”三门课程已成为江西省省级精品课、省级精品视频课和省级精品在线开放课程。

2. **继续推进校企合作，服务地方经济**

学院与苏宁物流、京东物流等公司开展校企合作项目（见图4－2－15），一方面帮助企业解决阶段性人才需求和人才储备问题，服务企业与地方经济对未来发展的需要；另一方面提升学生对物流管理专业的认知，提高实践能力，增加学生就业机会。

图4－2－15 学院学生至南昌苏宁物流开展校企合作项目

（四）就业方向

学院物流管理专业毕业生主要从事于物控、采购、关务、仓管等物流类岗位，总占比44.80%。其中，就业岗位占比较大的为仓管类、报关/单证类，分别为13.4%、10.5%，和校内开设的课程能够基本对应。物流管理专业毕业生就业情况见表4－2－3、学院物流管理专业毕业生就业岗位分布情况如图4－2－16所示。

表4－2－3 物流管理专业毕业生就业情况

所属专业大类及代码	所属专业类及代码	对应行业	主要职业类别	主要岗位类别
财经商贸大类（63）	物流类（6309）	物流管理	管理工程技术人员 供应链管理	生产物流管理 商贸物流管理 仓储与配送 电子商务物流管理

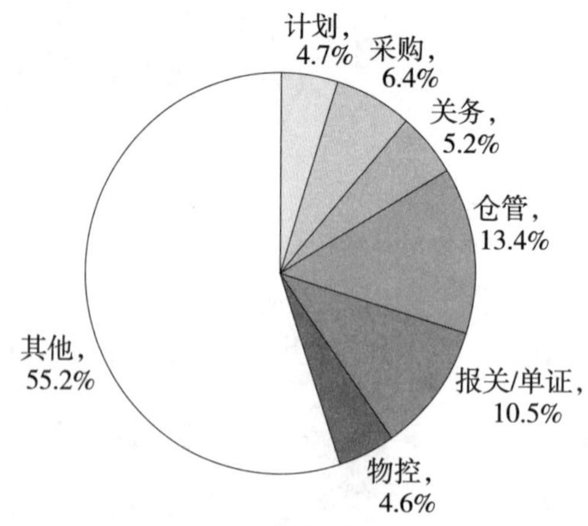

图 4－2－16　学院物流管理专业毕业生就业岗位分布情况

从毕业生的职业生涯发展情况来看，考虑到高职专科毕业生由于学历层次不高，从事一线岗位的占比较大，一线操作人员和一线管理人员分别占比 27.9% 和 19.8%。但经过一线岗位对毕业生的磨炼，外加近几年物流行业对人才需求的日益增长，学生们在物流领域中获得的发展和提升机会较大，中层管理人员占比已升至 22.1%。学院物流管理专业毕业生职业生涯发展情况分析如图 4－2－17 所示。

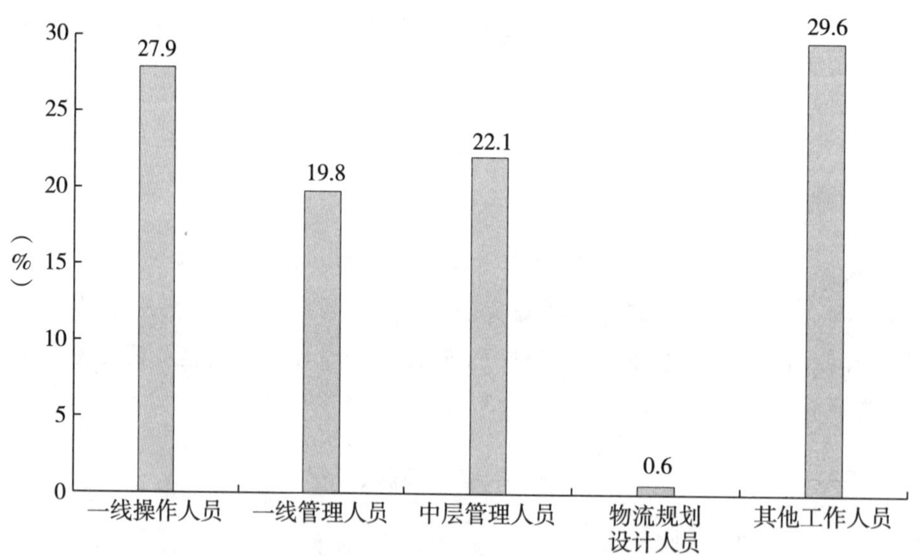

图 4－2－17　学院物流管理专业毕业生职业生涯发展情况分析

三、主要荣誉

近几年来，学院狠抓“以赛促教、以赛促学、赛教融合”，获得省部级以上奖励 700 余项，其中国家一等奖 52 项、省级一等奖 190 余项。2018 年获得“电子商务”

“互联网+国际贸易综合技能”“导游服务”赛项一等奖；2019 年获得“英语口语”“关务技能”“电子商务”赛项一等奖。常规赛项一等奖获奖数量均居全省前列，为提升全省高职院校教育水平作出了重要贡献。

学院率先成立了实体招生的创业学院，“悦创空间”双创基地分别被评为“江西省大众创业万众创新示范基地”和“江西省大学生创新创业示范基地”，在全省高职院校中均属唯一。2018 年在第四届中国“互联网+”大学生创新创业大赛中荣获金奖 1 项、银奖 2 项及铜奖 1 项，获奖总数名列全国高职院校第 1，并在全国高职院校中荣获唯一的先进集体奖；2019 年在第五届大赛中获得银奖 2 项、铜奖 4 项，获奖数量位居全国高职院校第 1，为江西“双创”教育争得了荣誉。物流管理专业教学成果获奖情况见表 4-2-4。

表 4-2-4　物流管理专业教学成果获奖情况

成果类别	教学成果名称	时间	成果等级	立项部门
教学改革项目	行动导向教学法在高职院校沙盘课程教学中的应用研究——以物流企业管理沙盘为例	2016 年	省级	江西省教育厅
	高职院校创新创业教育质量评估体系研究	2017 年	省级	江西省教育厅
课程建设	“仓储与配送管理”省级精品资源共享课	2015 年	省级	江西省教育厅
	“运输管理”省级精品在线开放课	2017 年	省级	江西省教育厅
	“物流管理”省级精品在线开放课	2019 年	省级	江西省教育厅
	“物流运输管理”省级精品在线开放课	2019 年	省级	江西省教育厅
	“仓储与配送管理”省级精品在线开放课	2019 年	省级	江西省教育厅
专业建设	江西省骨干专业	2019 年	省级	江西省教育厅

（江西外语外贸职业学院工商管理学院　谢鹏）

江西现代职业技术学院商务分院

一、学院基本情况介绍

江西现代职业技术学院隶属于江西省国资委的公办全日制普通高校，2010 年，学院入选国家骨干高职院校建设项目，2013 年以“优秀”等级通过验收；2017 年中国科学评价研究中心发布《2017—2018 年中国高职高专院校竞争力排行榜》，学院名列全国第 46，江西第 1；2018 年入选江西省 10 所高水平高等职业院校建设立项单位。

江西现代职业技术学院商务分院（以下简称“商务分院”）成立于 2003 年 6 月，开设物流管理、物流工程技术、国际经济与贸易、电子商务、跨境电子商务、商业数据分析与应用、会计、金融管理、市场营销、工商企业管理 10 个专业，其中物流管理、电子商务专业为省级特色，物流管理专业全国排名第 36 位。学院现有专兼职教师 130 余人，其中高级职称 30 余人，具有硕士学位及以上教师 60 余人，省级专业带头人 3 名，另有教学名师、骨干教师等 20 余人，拥有一支结构合理、素质优良、精干高效的师资队伍。

商务分院建有中央财政支持的物流管理综合实训基地、省级新商科智慧综合实践中心等 16 个设备精良的实训场地，总占地面积 3000 余平方米，资金投入规模超 2000 万元。

学院以培养具有职业实践能力和管理视野的新商科综合型高素质人才为目标，获批物流管理、电子商务数据分析、网店运营推广、智能财税“1 + X”证书制度试点，获物流管理“1 + X”证书制度考核站点、教师培训基地。与用友新道、美宜佳、博导前程、京东等开展校企合作，全面提升学科建设、教学质量。学院师生多次荣获各类技能大赛国家级、省级荣誉。

二、学院物流专业发展情况

（一）开设情况

物流管理专业创设于 2003 年，由北京络捷斯特科技发展股份有限公司及旗下长风职业教育研究院、职教圈、鹏程研究院联合发布的“2017 年中国职业院校物流 & 电商专业竞争力排行榜”，物流管理专业进入“高职院校物流管理专业竞争力 100 强”。

本专业与京东物流、天地汇、时捷物流、北京络捷斯特科技发展股份有限公司、新华物流、德邦、美宜佳等有影响力的企业合作，并聘请企业中具有丰富实践经验与理论知识的高层次技术人员或管理人员作为学院专业建设的专家，有充足的条件开展认知学习、专项实训、综合模拟实训、全真业务实战的“四阶段递进”理实一体化的学习与训练，不仅培养学生具备物流储配一体化方面的综合操作与运营技能，而且着重提升学生具有我国物流产业转型升级急需的智能物流方面的能力与素质。专业规模稳定，每年招生100人左右。

作为物流管理专业“1+X”证书首批试点院校，积极配合教育部努力做好“1+X”试点工作，探索建设职业教育国家“学分银行”，构建国家资历框架，促进三教改革，畅通技术技能人才成长通道，提高物流人才培养质量。现有教师26人（含兼职教师7人），其中：教授3人、副教授（含高级职称）8人，讲师（含中级职称）11人；所有教师均取得硕士学位或正在攻读硕士学位，占100%；双师型教师24人，占92%；专业教学团队在年龄、学历和职称结构上，均形成了梯队。

（二）专业特色

1. 三措并举，融“1+X”证书制度与师资建设于一体

商务分院物流管理专业为加快师资队伍发展，三措并举：其一，将师资培养与“1+X”证书师资培训融为一体，围绕“1+X”证书师资能力要求开展师培活动。其二，将“1+X”证书制度作为教学改革研究的核心，全面推进人才培养模式、教材、课程等项目的建设，激发教师教研活力。其三，将“1+X”证书制度作为压实双师型教师培养的重要手段，深化产教融合，全面提升教师实践教学能力。结合“1+X”证书制度开展师资培养，推进“1+X”证书制度与专业师资队伍建设融为一体。

2. 现代学徒制项目提升高职物流学生职业标准能力

以现代学徒制为契机，建立校企“合作分工、协同育人、共同发展”的技能人才培养机制，以企业物流相关岗位为基础，制定物流职业能力标准，将其与现有物流专业理论课程资源进行置换，使物流学生“1+X”理论学习得到强化；同时，将校外实训与“1+X”校内实操进行置换，提升学生校外职业素养能力，使培养的学生能够更好地满足市场需求。

通过学徒制项目实施，高职物流学生综合素养、岗位技能水平，尤其是物流职业能力标准得到巨大提升，并获得校企、行业协会等多方高度评价。同时，校企双方还在师资互培互聘、工学交替、校外教学基地、生产性实训基地建设、教学资源设计与开发等方面形成成果；为学院高质量推动物流管理专业“1+X”试点工作奠定基础。

3. 小小螺丝钉，职教改革显身手

学院“明星社团”大学生物流协会2014年10月成立，在职教改革物流管理“1+X”证书制度试点工作中，连接三级课堂、连接师生、连接教与学，一颗小小螺丝钉，职教改革显身手。协会学子在央财资金物流综合实训中心进行实训场地维护如图4-2-18所示。

图4－2－18　协会学子在央财资金物流综合实训中心进行实训场地维护

（1）该社团的学生以物流专业的学生为主，推行“1＋X”制度过程中，身负多重角色。

第一课堂：作为培训主体，是“1＋X”制度培训的学员。现代学院物流专业将“1＋X”的培训课时与原有的人才培养方案教学模块进行置换后，优化课程设置与教学内容，统筹教学组织与实施，深化教学方式方法改革；提高学生学习的积极性，拓展学生的视野，提前深入了解企业岗位需求，有目的有计划地规划好自己的职业发展，为今后工作打基础做铺垫。

第二课堂：作为第二课堂的社团课是第一课堂的补充和延伸，是提升学生技能、培养团队协作能力的有力保障；提高学生技能水平及职业素养的有效途径（见图4－2－19）。

图4－2－19　大学生第二课堂开展技能训练

第三课堂：作为第三课堂的志愿者活动是学生进入社会之前树立正确世界观、人生观、价值观的前沿阵地，其中包括日常学生培训、全国师培宣贯以及实训场地维护等，同时通过参与现代学徒制项目赴企业掌握技能。

（2）连接师生、连接教与学：作为连接师生、连接教与学的纽带，既可培训学员使其提升技能，又可使学员作为志愿者承担活动场地保障、维护的责任，更是承载了推进项目顺利完成的纽带。通过每一次活动与任务，加强了师生之间的联系，在每次活动与任务中，都达到了教与学的效果，有专业的知识技能，也有日常的沟通表达。

（3）转换角色：作为学生从学校到职场，从学生到学徒，从理论、技能的学习到素养、技能的展现，从学会认知问题到能够解决问题等角色转换；提前锻炼在角色转换时期如何消除角色冲突和加强角色协调能力，认识到今后不管是继续深造还是走上工作岗位，如何解决角色冲突对于个体进一步实现社会化、维护自身的心理健康、更好地适应社会具有非常重要的意义。

（三）办学经验

1. 建立“一融双驱三化”人才培养模式

以江西“十三五”期间大力发展物流新业态，积极推进物流园区建设工程、物流制造业联动发展工程、物流商贸业融合发展工程、城市配送工程等一系列物流重点工程建设为契机，依托新零售行业，创新现代学徒制，构建“一融双驱三化”的人才培养模式。即融生产与学于一体，打造“一融”教学体系；强化“竞赛”与“社团”为基础的“双驱”建设，以竞赛和社团驱动教师教和学生学，形成改革动力；课堂教学实战化，质量评估多元化，师资培养工匠化。

2. 聚焦行业发展前沿，把握专业发展脉搏

物流管理专业建设初期主要培养的是传统物流方向的人才。近年来物流教研室聚焦行业发展趋势和区域经济结构特点，在对物流行业企业进行的大量调查研究并经过多方研究认证后，结合学院供销行业背景，于2018年将专业人才培养的主要方向转变为智慧物流和新零售物流，并且瞄准智慧物流行业发展趋势，在实训室建设、师资引进、项目申报等方面重点向这几个方向倾斜。

3. 利用第二课堂，多方培养学生成才

物流管理专业利用学校物流协会、江西美宜佳便利店有限公司连锁店、苏宁物流以及其他现代物流实训基地等资源，在校内外导师的指导下，通过开展物流技能比赛、各类创新创业活动、物流市场调研、“1+X”职业技能等级证书、现代学徒制、承办物流会议等课外活动，把第二课堂活动融入整个人才培养模式之中，构建了富有自身特色的第二课堂育人体系，极大地调动了学生学习的积极性和主动性，多维度立体助力学生成长成才。学徒班学徒实训基地如图4-2-20所示。

（四）就业方向

物流管理专业培养面向物流行业，适应市场经济和现代化建设发展需要，掌握现代物流管理、供应链管理的理论知识和基本技能，从事物流作业流程管理、物流作业信息管理、物流市场开发、客户关系管理、物流数据分析等工作，能指导、管理他人

图4－2－20　学徒实训基地

进行物流作业活动，具有良好的职业道德和创新精神，符合产业转型升级和企业技术创新需要的复合型和创新型的高素质技能型人才。学院物流管理专业自成立以来，已经为社会培养了600多名优秀的毕业生，毕业前一次性就业率达到90%以上，就业质量好。毕业生以踏实肯干、吃苦耐劳、合作能力强、发展潜力大等优点受到用人单位好评。导师前往就业单位回访毕业生如图4－2－21所示。

图4－2－21　导师前往就业单位回访毕业生

三、主要荣誉

学院曾获得国家示范性骨干高职院校、江西省高职院校“双高”建设立项单位、全国民主管理先进单位全国职业教育先进单位、全国高校公寓（宿舍）管理先进单位、全国普通高校毕业生就业工作先进集体、全国节约型公共机构示范单位、全国职业院校魅力校园、教育部教育信息化首批试点单位江西省高职院校首批联合培养应用型本科人才的试点单位、江西省首个实施“工士学位”制度高校等荣誉称号。

物流管理专业自2003年开设以来，先后获得了省级特色专业、国家财政重点建设专业、教育部提升专业服务产业发展能力项目、职教本科试点专业、教育部现代学徒制试点项目等荣誉，专业建设成效显著，在省内外高职院校物流专业中树立了不错的口碑。专业学生在国家级、省级技能大赛的竞赛中多次获奖，成绩显著。物流管理专业学生参加职业技能竞赛获奖情况见表4－2－5。

表4－2－5　　物流管理专业学生参加职业技能竞赛获奖情况

序号	比赛时间	比赛名称	获奖情况	举办单位
1	2019年	江西省职业院校技能大赛“智慧物流方案设计与实施”赛项	团体一等奖	江西省教育厅
2	2018年	全国职业院校技能大赛“智慧物流方案设计与实施”赛项	团体三等奖	全国职业院校技能大赛组织委员会
3	2018年	江西省职业院校技能大赛“智慧物流方案设计与实施”赛项	团体一等奖	江西省教育厅
4	2018年	“长风杯”全国大学生供应链运营大赛，团体一等奖	团体一等奖	供应链管理专业协会
5	2017年	全国职业院校技能大赛“现代物流方案设计与实施”赛项	团体一等奖	全国职业院校技能大赛组织委员会
6	2017年	江西省职业技能竞赛物流技能赛项	团体一等奖	江西省教育厅
7	2016年	全国交通运输职业院校物流创新大赛	团体三等奖	全国职业院校技能大赛组织委员会
8	2016年	江西省大学生科技创新与职业技能竞赛物流技能赛项	团体一等奖	江西省教育厅
9	2015年	江西省大学生科技创新与职业技能竞赛物流技能赛项	团体一等奖	江西省教育厅
10	2014年	江西省南昌市“洪城杯”职业技能竞赛物流项目	第二名	江西省教育厅
11	2013年	江西省大学生科技创新技能竞赛物流技能赛项	团体一等奖	江西省教育厅
12	2012年	第三届江西省大学生物流设计与模拟经营大赛	团体一等奖	江西省教育厅

（江西现代职业技术学院商务分院　周烁　彭小剑）

第五部分 政策资料

2019 年物流业主要政策文件

2019 年国家物流业主要政策清单

序号	文件名称	发文机关	文号	发文日期
1	交通运输部办公厅 公安部办公厅 商务部办公厅关于加强城市绿色货运配送示范工程动态管理工作的通知	交通运输部办公厅、公安部办公厅、商务部办公厅	交办运函〔2019〕59 号	2019 年 1 月 23 日
2	商务部办公厅关于复制推广城市共同配送试点经验的通知	商务部办公厅	商办流通函〔2019〕48 号	2019 年 2 月 1 日
3	关于推动物流高质量发展促进形成强大国内市场的意见	国家发展改革委、中央网信办、工业和信息化部、公安部、财政部、自然资源部、生态环境部、住房城乡建设部、交通运输部、农业农村部、商务部、应急部、人民银行、海关总署、市场监管总局、统计局、气象局、银保监会、证监会、能源局、铁路局、民航局、邮政局铁路总公司	发改经贸〔2019〕352 号	2019 年 2 月 26 日
4	交通运输部办公厅关于印发《道路普通货物运输车辆网上年度审验工作规范》的通知	交通运输部办公厅	交办运〔2019〕46 号	2019 年 4 月 19 日
5	交通运输部办公厅 中华全国总工会办公厅关于进一步做好“司机之家”建设和验收工作的通知	交通运输部办公厅、中华全国总工会办公厅	交办运函〔2019〕552 号	2019 年 4 月 19 日

续 表

序号	文件名称	发文机关	文号	发文日期
6	国务院办公厅转发交通运输部等部门关于加快道路货运行业转型升级促进高质量发展意见的通知	国务院办公厅	国办发〔2019〕16 号	2019 年 4 月 21 日
7	财政部办公厅 商务部办公厅关于推动农商互联完善农产品供应链的通知	财政部办公厅、商务部办公厅	财办建〔2019〕69 号	2019 年 5 月 15 日
8	关于做好 2019 年降成本重点工作的通知	国家发展改革委、工业和信息化部、财政部、人民银行	发改运行〔2019〕819 号	2019 年 5 月 7 日
9	交通运输部关于修改《道路货物运输及站场管理规定》的决定	交通运输部	交通运输部令 2019 年第 17 号	2019 年 7 月 8 日
10	交通运输部关于推进长江航运高质量发展的意见	交通运输部	交水发〔2019〕87 号	2019 年 7 月 1 日
11	交通运输部 国家邮政局 中国邮政集团公司关于深化交通运输与邮政快递融合推进农村物流高质量发展的意见	交通运输部、国家邮政局、中国邮政集团公司	交运发〔2019〕107 号	2019 年 8 月 19 日
12	交通运输部办公厅 公安部办公厅 工业和信息化部办公厅关于进一步加强车辆运输车超长违法运输行为治理工作的通知	交通运输部办公厅、公安部办公厅、工业和信息化部办公厅	交办运函〔2019〕1198 号	2019 年 8 月 20 日
13	国务院办公厅关于加快发展流通促进商业消费的意见	国务院办公厅	国办发〔2019〕42 号	2019 年 8 月 27 日
14	关于加快推进铁路专用线建设的指导意见	国家发展改革委、自然资源部、交通运输部、国家铁路局、中国国家铁路集团有限公司	发改基础〔2019〕1445 号	2019 年 9 月 1 日
15	交通运输部、国家税务总局关于印发《网络平台道路货物运输经营管理暂行办法》的通知	交通运输部、国家税务总局	交运规〔2019〕12 号	2019 年 9 月 6 日

续　表

序号	文件名称	发文机关	文号	发文日期
16	交通运输部办公厅关于做好《道路货物运输及站场管理规定》实施工作的通知	交通运输部办公厅	交办运函〔2019〕1304号	2019年9月17日
17	交通运输部办公厅关于深化交邮融合推广农村物流服务品牌的通知	交通运输部办公厅	交办运函〔2019〕1359号	2019年9月20日
18	关于推动先进制造业和现代服务业深度融合发展的实施意见	国家发展改革委、工业和信息化部、中央网信办、教育部、财政部、人力资源社会保障部、自然资源部、商务部、人民银行、市场监管总局、统计局、版权局、银保监会、证监会、知识产权局	发改产业〔2019〕1762号	2019年11月10日

国务院办公厅转发交通运输部等部门关于加快道路货运行业转型升级促进高质量发展意见的通知

国办发〔2019〕16 号

各省、自治区、直辖市人民政府，国务院各部委、各直属机构：

交通运输部、发展改革委、教育部、工业和信息化部、公安部、财政部、人力资源社会保障部、生态环境部、住房城乡建设部、应急部、税务总局、市场监管总局、全国总工会《关于加快道路货运行业转型升级促进高质量发展的意见》已经国务院同意，现转发给你们，请认真贯彻执行。

国务院办公厅

2019 年 4 月 21 日

（此件公开发布）

关于加快道路货运行业转型升级促进高质量发展的意见

交通运输部　发展改革委　教育部　工业和信息化部
公安部　财政部　人力资源社会保障部　生态环境部
住房城乡建设部　应急部　税务总局
市场监管总局　全国总工会

为深入贯彻落实党中央、国务院决策部署，加快道路货运行业转型升级，切实改善市场环境，促进行业健康稳定发展，现提出以下意见：

一、总体要求

以习近平新时代中国特色社会主义思想为指导，全面贯彻党的十九大和十九届二中、三中全会精神，牢固树立和贯彻落实新发展理念，以供给侧结构性改革为主线，坚持远近结合、标本兼治、改革引领、创新驱动、综合治理，加快建设安全稳定、经济高效、绿色低碳的道路货运服务体系，促进道路货运行业高质量发展。

二、深化货运领域“放管服”改革

（一）持续推进货运领域简政放权。进一步推动普通货车跨省异地安全技术检验、尾气排放检验和综合性能检测有关要求严格落实。2019 年实现普通货运车辆年度审验网上办理。（交通运输部、公安部、市场监管总局、生态环境部负责）优化道路货运企业登记注册、经营许可办理手续及流程，推广互联网物流平台企业代开增值税专用发票政策，进一步规范港口涉及道路货运的经营服务性收费，不得违规加收任何价外费用。（交通运输部、市场监管总局、税务总局负责）

（二）改革危险货物道路运输管理制度。加快制定危险货物道路运输安全管理办法，研究改革完善危险货物道路运输押运员管理制度。加快修订常压液体危险货物运输罐车罐体相关国家标准，明确罐体介质兼容要求。（交通运输部、公安部、工业和信息化部、生态环境部、应急部、市场监管总局负责）

（三）便利货运车辆通行。进一步完善城市交通运输部门配送运力需求管理与公安交通管理部门车辆通行管控的联动机制，优化车辆通行管控，对符合标准的新能源城市配送车辆给予通行便利，除特殊区域外，对纯电动轻型货车原则上不得限行。（各省级人民政府、交通运输部、公安部负责）鼓励货运车辆电子道路运输证和 ETC 卡“两卡合一”，加快推广货车不停车收费。（交通运输部负责）

三、推动新旧动能接续转换

（四）加快运输组织模式创新。深入推进多式联运示范工程、城乡交通运输一体化示范工程、城市绿色货运配送示范工程，推广应用先进运输组织模式。指导行业协会、企业联盟研究推广挂车互换标准协议，创新普通货车租赁、挂车共享、长途接驳甩挂、集装单元化等新模式。（交通运输部、发展改革委负责）

（五）推进规模化、集约化发展。以冷链物流、零担货运、无车承运等为重点，加快培育道路货运龙头骨干示范企业，引导小微货运企业开展联盟合作，鼓励提供优质干线运力服务的大车队模式创新发展。已经取得道路运输经营许可的普通货运企业设立分支机构、增设经营网点无需再办理报备手续。（交通运输部负责）

（六）鼓励规范“互联网 +”新业态发展。大力发展无车承运人等道路货运新业态，支持道路货运企业加强信息系统建设，提高线上线下一体化服务能力。（交通运输部、发展改革委、工业和信息化部负责）加快制定出台网络平台道路货物运输经营管理办法，建立货运信用信息共享交换联动机制，规范“互联网 +”车货匹配平台经营活动，依法查处平台企业排除和限制竞争、损害货车司机合法权益等垄断行为。（市场监管总局、发展改革委、交通运输部、工业和信息化部、税务总局负责）

四、加快车辆装备升级改造

（七）积极稳妥淘汰老旧柴油货车。开展常压液体危险货物运输罐车专项治理。鼓励各地制定营运柴油货车和燃气车辆提前淘汰更新目标及实施计划，对提前淘汰中重型柴油货车、高耗低效非标准汽车列车及罐车等老旧柴油货车的，给予适当补助。研究对重点区域提前淘汰老旧柴油货车给予支持。（交通运输部、公安部、生态环境部、工业和信息化部、财政部、应急部、市场监管总局、各省级人民政府负责）

（八）推广应用先进货运车型。全面推广高速公路差异化收费，鼓励发展符合国家标准的中置轴汽车列车、厢式半挂车。积极推进货运车型标准化，加快推动城市建成区轻型物流配送车辆使用新能源或清洁能源汽车，鼓励物流园区、产业园、配送中心等地集中规划建设专用充电设施。（交通运输部、公安部、工业和信息化部、住房城乡建设部负责）

（九）加强货车超限超载治理。严格执行全国统一的超限超载认定标准和超限检测站联合执法工作流程，杜绝重复罚款、只罚款不卸载等行为，明确并公布各区域超限检测站点的联合执法模式，严格落实“一超四罚”。在普通公路超限检测站全面安装电子抓拍系统。建立健全依法打击冲关闯卡违法行为长效机制和应急管控措施，加快推进车辆信息、执法信息共享。将规范治超执法纳入地方政府年度考核目标，加强执法监督考核，拓宽投诉举报渠道。（交通运输部、公安部、工业和信息化部、各省级人民政府负责）

五、改善货运市场从业环境

（十）加强从业人员职业教育培训。推进落实普通货运驾驶员线上线下及异地从业考试，2019 年实现普通货运驾驶员从业资格证诚信考核网上办理。实行差异化道路货运驾驶员继续教育制度，鼓励道路货运企业组织开展货车司机继续教育，支持地方为转岗货车司机提供再就业培训。按照相关规定支持道路货运企业推行新型学徒制。（交通运输部、人力资源社会保障部、教育部负责）

（十一）切实维护货车司机权益。道路货运企业要依法与其雇佣的货车司机签订劳动合同并缴纳社会保险费，完善职工代表大会制度和工会组织，保障货车司机劳动权益。（人力资源社会保障部、交通运输部、全国总工会负责）引导道路货运企业、货车司机建立互帮互助机制。鼓励各地加大政策支持力度，加快建设一批功能实用、经济实惠、服务便捷的“司机之家”。指导货主企业、道路货运企业合理制定运输方案，保障货车司机充分休息。（交通运输部、全国总工会负责）

六、提升货运市场治理能力

（十二）依法打击车匪路霸。部署全国公安机关严厉打击车匪路霸，重点加强高速公路服务区、国省道沿线停车场等区域治安管理，严厉打击黑恶势力收取“保护费”和偷盗车辆燃油及货物等违法行为。指导各地高速公路服务区经营管理单位完善停车广场照明设施、公共场所监控设施等配置，为货车司机创造更加安全的工作环境。（中央政法委、公安部、交通运输部负责）

（十三）推进分类分级管理。建立货运企业分类分级监管体系，推进道路货运企业及其车辆、驾驶人的交通违法、安全事故等相关信息跨部门共享，加大对违法失信经营主体的惩戒和定向监管力度，实现“一处违法、处处受限”，情节严重的淘汰退出道路货运市场。（交通运输部、公安部、发展改革委、市场监管总局负责）

（十四）加强运行动态监测。利用大数据等信息化手段提高道路货运市场运行监测分析能力。指导行业协会、科研机构等加强市场运行监测，定期向社会公告道路货运市场供需状况等信息，及时引导、合理调控市场运力，实现供求基本平衡。（交通运输部、发展改革委、市场监管总局负责）

关于推动物流高质量发展促进形成强大国内市场的意见

发改经贸〔2019〕352 号

各省、自治区、直辖市及计划单列市发展改革、网信、工业和信息化、公安、财政、自然资源、生态环境、住房城乡建设、交通运输、农业农村、商务、应急管理部门，中国人民银行上海总部，各分行、营业管理部，各省会（首府）城市中心支行，各副省级城市中心支行，海关总署广东分署、各直属海关，市场监管、统计、气象、银保监、证监、能源部门，各地区铁路监督管理局，民航各地区管理局，邮政管理局，各铁路局集团公司：

物流业是支撑国民经济发展的基础性、战略性、先导性产业。物流高质量发展是经济高质量发展的重要组成部分，也是推动经济高质量发展不可或缺的重要力量。为巩固物流降本增效成果，增强物流企业活力，提升行业效率效益水平，畅通物流全链条运行，按照党中央、国务院关于推动高质量发展的要求和中央经济工作会议精神，现提出以下意见。

一、深刻认识物流高质量发展的重要意义

物流是实体经济的有机组成部分，加快解决物流发展不平衡不充分问题，推动物流高质量发展是推进物流业发展方式转变、结构优化和动力转换，实现物流业自身转型升级的必由之路；是降低实体经济特别是制造企业物流成本水平，增强实体经济活力的必然选择；是深化供给侧结构性改革，增强经济发展内生动力，提升社会经济运行效率的迫切需要；是促进形成强大国内市场，构建现代化经济体系，实现国民经济高质量发展的内在要求。物流业发展的贡献不仅在于行业企业本身创造的税收、就业等，更在于支撑和促进区域内各相关产业产生更多的税收和就业，有力推动区域经济较快增长。要把推动物流高质量发展作为当前和今后一段时期改善产业发展和投资环境的重要抓手，培育经济发展新动能的关键一招，以物流高质量发展为突破口，加快推动提升区域经济和国民经济综合竞争力。

二、构建高质量物流基础设施网络体系

（一）推动国家物流枢纽网络建设。围绕“一带一路”建设、京津冀协同发展、长江经济带发展、粤港澳大湾区建设、长三角一体化发展等重大战略实施，依据国土

空间规划，在国家物流骨干网络的关键节点，选择部分基础条件成熟的承载城市，启动第一批15个左右国家物流枢纽布局建设，培育形成一批资源整合能力强、运营模式先进的枢纽运营企业，促进区域内和跨区域物流活动组织化、规模化、网络化运行。（发展改革委、交通运输部负责，列第一位的为牵头部门，下同）

（二）加强联运转运衔接设施短板建设。发挥政府投资的示范带动作用，引导各类社会资本加大对公铁、铁水、空陆等不同运输方式的转运场站和“不落地”装卸设施等的投入力度，提高一体化转运衔接能力和货物快速换装便捷性，破解制约物流整体运作效率提升的瓶颈。推动具备条件的物流园区引入铁路专用线。加强入港铁路专用线等基础设施短板建设，支持铁路专用线进码头，打通公铁水联运衔接“最后一公里”，实现铁路货运场站与港口码头、前方堆场等的无缝衔接。（发展改革委、交通运输部、财政部、自然资源部、铁路局、民航局、铁路总公司按职责分工负责）

（三）完善城乡消费物流体系。实施城乡高效配送专项行动，完善城乡配送网络，鼓励企业在城乡和具备条件的村建立物流配送网点，加强公用型城市配送节点和社区配送设施建设，将末端配送设施纳入社区统一管理，推进设施共享共用，支持试点城市和企业加快构建城乡双向畅通的物流配送网络。实施“邮政在乡”工程，完善县乡村三级邮政农村物流配送体系建设。升级“快递下乡”工程，加快农村物流快递公共取送点建设，提升乡镇快递网点覆盖率。深入开展电子商务进农村综合示范，提升农村物流服务质量和效率，2019年力争对具备条件的国家级贫困县全覆盖。通过合资合作等方式发展面向乡镇（村）的农村物流服务体系。（商务部、交通运输部、住房城乡建设部、财政部、农业农村部、邮政局按职责分工负责）

（四）建立资源共享的物流公共信息平台。推进国家交通运输物流公共信息平台完善工作，鼓励和引导城市共同配送公共信息平台加强与国家交通运输物流公共信息平台有效衔接，促进相关部门、大型市场主体的物流公共数据互联互通和开放共享。在保障信息安全的情况下，扩大物流相关信息公开范围和内容，为物流企业和制造业企业查询提供便利。依托骨干物流信息平台试点单位，探索市场化机制下物流信息资源整合利用的新模式，推动建立国家骨干物流信息网络，畅通物流信息链，加强社会物流活动全程监测预警、实时跟踪查询。依托行业协会实施全国百家骨干物流园区“互联互通”工程，促进信息匹配、交易撮合、资源协同。（交通运输部、公安部、发展改革委、商务部、中央网信办、住房城乡建设部、自然资源部、铁路局、民航局、气象局、铁路总公司、中国物流与采购联合会按职责分工负责）

三、提升高质量物流服务实体经济能力

（五）促进现代物流业与制造业深度融合。加强生产服务型国家物流枢纽建设，利用枢纽聚集的大量物流资源，为制造企业提供高效快捷的物流服务，降低制造企业物流成本，提升区域制造企业竞争力，支撑制造业高质量集群化发展。以深化实施“互

联网＋”高效物流和物流降本增效专项行动为突破口，促进物流业与制造业深度融合创新发展。研究出台促进物流业与制造业深度融合发展的政策措施，鼓励物流企业为制造企业量身定做供应链管理库存、“线边物流”、供应链一体化服务等物流解决方案。实施服务型制造示范遴选，支持物流企业开展服务化转型。增加开行面向大型厂矿、制造业基地等的“点对点”直达货运列车，提高协议制运输比重，扩大大宗物资运量运能互保协议范围，2019 年力争达到 25 亿吨左右。加快发展面向集成电路、生物制药、高端电子消费产品等高附加值制造业的航空货运服务，加大“卡车航班”开行力度，构建高价值商品的快捷物流服务网络。（发展改革委、交通运输部、工业和信息化部、民航局、铁路总公司负责）

（六）积极推动物流装备制造业发展。加大重大智能物流技术研发力度，加强物流核心装备设施研发攻关，推动关键技术装备产业化。开展物流智能装备首台（套）示范应用，推动物流装备向高端化、智能化、自主化、安全化方向发展。研究推广尺寸和类型适宜的内陆集装箱，提高集装箱装载和运送能力。在适宜线路开展铁路双层集装箱运输，推广铁路重载运输技术装备，提升铁路运能。（工业和信息化部、交通运输部、铁路总公司按职责分工负责）

（七）提升制造业供应链智慧化水平。鼓励物流和供应链企业在依法合规的前提下开发面向加工制造企业的物流大数据、云计算产品，提高数据服务能力，协助制造企业及时感知市场变化，增强制造企业对市场需求的捕捉能力、响应能力和敏捷调整能力。鼓励发展以个性化定制、柔性化生产、资源高度共享为特征的虚拟生产、云制造等现代供应链模式，提升全物流链条的价值创造水平。（发展改革委、工业和信息化部、商务部、人民银行按职责分工负责）

（八）发挥物流对农业的支撑带动作用。加强农产品物流骨干网络和冷链物流体系建设。聚焦农产品流通“最先一公里”，加强农产品产地冷链物流体系建设，鼓励企业利用产地现有常温仓储设施改造或就近新建产后预冷、贮藏保鲜、分级包装等冷链物流基础设施，开展分拣、包装等流通加工业务。鼓励企业创新冷链物流基础设施经营模式，开展多品种经营和“产销双向合作”，提高淡季期间设施利用率。加强邮政、快递物流与特色农产品产地合作，畅通农产品“上行”通道。发展第三方冷链物流全程监控平台，加强全程温度、湿度监控，减少“断链”隐患，保障生鲜农产品品质和消费安全。鼓励和引导大型农产品流通企业拓展社区服务网点，减少中间环节，降低农产品物流成本。发展“生鲜电商＋冷链宅配”“中央厨房＋食材冷链配送”等冷链物流新模式，改善消费者体验。推动地方全面落实冷链物流企业用水、用电、用气与工业同价政策。（商务部、农业农村部、发展改革委、邮政局按职责分工负责）

四、增强物流高质量发展的内生

（九）发展物流新服务模式。健全完善相关法规制度和标准规范，推动以网络为依托的货运新业态规范有序发展。大幅提高铁路企业开行班列化货物列车数量。优化铁路班列运行组织方案，推动铁路“门到门”运输全程可追踪，提供信息查询服务。探索开行国内冷链货运班列和“点对点”铁路冷链运输。发展铁路危化品运输。发展“端到端”的物流模式。鼓励和支持云仓等共享物流模式、共同配送、集中配送、夜间配送、分时配送等先进物流组织方式发展，在具备条件的地区探索发展无人机配送等创新模式。（交通运输部、铁路总公司、商务部、公安部、民航局、发展改革委按职责分工负责）

（十）实施物流智能化改造行动。大力发展数字物流，加强数字物流基础设施建设，推进货、车（船、飞机）、场等物流要素数字化。加强信息化管理系统和云计算、人工智能等信息技术应用，提高物流软件智慧化水平。支持物流园区和大型仓储设施等应用物联网技术，鼓励货运车辆加装智能设备，加快数字化终端设备的普及应用，实现物流信息采集标准化、处理电子化、交互自动化。发展机械化、智能化立体仓库，加快普及“信息系统＋货架、托盘、叉车”的仓库基本技术配置，推动平层仓储设施向立体化网格结构升级。鼓励和引导有条件的乡村建设智慧物流配送中心。鼓励各地为布局建设和推广应用智能快（邮）件箱提供场地等方面的便利。（发展改革委、工业和信息化部、商务部、中央网信办、交通运输部、农业农村部、民航局、邮政局按职责分工负责）

（十一）推进多式联运发展。总结多式联运示范工程工作经验，研究制定统一的多式联运服务规则，完善多式联运转运、装卸场站等物流设施标准，力争在货物交接、合同运单、信息共享、责任划分、货损理赔等方面实现突破。加快建设多式联运公共信息平台，促进货源与公铁水空等运力资源有效匹配，降低车船等载运工具空驶率。依托国家物流枢纽网络开发“一站式”多式联运服务产品，加快实现集装箱多式联运“一单制”。研究在适宜线路开展驮背运输。发展海铁联运班列。在保障安全的前提下，积极推动 LNG 罐箱多式联运。（交通运输部、发展改革委、能源局、铁路局、民航局、铁路总公司负责）

（十二）促进物流供应链创新发展。充分发挥物流供应链系统化组织、专业化分工、协同化合作和敏捷化调整的优势，发展符合中国特色的供应链企业，提高生产、流通资源的配置效率，提升企业综合运行效率效益。支持具备条件的物流企业做大做强，发展基于核心企业的“链主型”供应链，将上下游小微企业整合嵌入生产经营过程，强化资源系统整合与优化能力；发展基于现代信息技术的“平台型”供应链，重点解决信息不对称问题，提高资源整体配置效率；发展依托专业化分工的“互补型”供应链，实现资源和渠道的优势互补，提高企业协同发展水平；发展基于区域内分工协作的“区块型”供应链，促进区域内企业高效协同和集聚化发展，提升区域整体竞争优势；发展基于存货控制的“共享型”供应链，打通与整合生产、分销等各环节的库存管理，促进供应商与零售商之间的统仓共配。（发展改革委、商务部、工业和信息

化部按职责分工负责）

（十三）加快国际物流发展。深入推进通关一体化改革，建立现场查验联动机制，推进跨部门协同共管，鼓励应用智能化查验设施设备，推动口岸物流信息电子化，压缩整体通关时间，提高口岸物流服务效率，提升通道国际物流便利化水平。加强陆上边境口岸型物流枢纽建设，完善境外沿线物流节点、渠道网络布局。积极推动中欧班列枢纽节点建设，打造一批具有多式联运功能的大型综合物流基地，促进大型集结中心建设。加大中欧班列组织协调和品牌宣传力度，利用进口博览会等平台引导班列运营公司加强与中亚、欧洲沿线各国的大型生产制造企业的对接，针对大型企业打造"量身定做"的班列物流服务产品，促进中欧班列双向均衡运行，提升中欧班列国际物流服务能力与质量。（海关总署、发展改革委、商务部、铁路总公司按职责分工负责）

（十四）加快绿色物流发展。持续推进柴油货车污染治理力度。研究推广清洁能源（LNG）、无轨双源电动货车、新能源（纯电动）车辆和船舶，加快岸电设施建设，推进靠港船舶使用岸电。加快车用 LNG 加气站、内河船舶 LNG 加注站、充电桩布局，在批发市场、快递转运中心、物流园区等建设充电基础设施。鼓励企业使用符合标准的低碳环保配送车型。落实新能源货车差别化通行管理政策，提供通行便利，扩大通行范围，对纯电动轻型货车少限行甚至不限行。发展绿色仓储，鼓励和支持在物流园区、大型仓储设施应用绿色建筑材料、节能技术与装备以及能源合同管理等节能管理模式。以绿色物流为突破口，带动上下游企业发展绿色供应链，使用绿色包材，推广循环包装，减少过度包装和二次包装，推行实施货物包装和物流器具绿色化、减量化。（生态环境部、交通运输部、住房城乡建设部、发展改革委、能源局、工业和信息化部、公安部、邮政局、商务部按职责分工负责）

（十五）促进标准化单元化物流设施设备应用。精简货运车型规格数量，严查严处货车非法改装企业。研究制定常压液体危险货物罐车专项治理工作方案，稳步开展超长平板半挂车、超长集装箱半挂车等非标货运车辆治理工作。合理设置过渡期，通过既有政策措施加快淘汰存量非标货运车辆和鼓励应用中置轴厢式货车等标准厢式货运车辆，推动货运车辆市场平稳过渡和转型升级。推动城市配送车辆结构升级，逐步建立以新能源配送车辆为主体、小型末端配送车辆为补充的配送车辆体系。支持集装箱、托盘、笼车、周转箱等单元化装载器具循环共用以及托盘服务运营体系建设，推动二手集装箱交易流转。鼓励和支持公共"挂车池""运力池""托盘池"等共享模式和甩挂运输等新型运输发展。鼓励企业使用智能化托盘等集装单元化技术，研发使用适应生鲜农产品网络销售的可重复使用的冷藏箱或保冷袋，提升配送效率。鼓励企业使用 1200mm×1000mm 的标准托盘。加快物流信息、物流设施、物流装备等标准对接。（交通运输部、工业和信息化部、财政部、公安部、商务部、市场监管总局、铁路局、民航局、铁路总公司按职责分工负责）

五、完善促进物流高质量发展的营商环境

（十六）深化物流领域“放管服”改革。按照“只进一扇门”“最多跑一次”原则，简化物流企业开展业务的行政审批手续，最大程度减少对物流企业业务创新的制约。规范、简化铁路专用线接轨审查手续、压缩审查时间。在简化住所（经营场所）登记手续的基础上，支持地方在物流领域开展“一照多址”改革。精简快递分支机构办理手续，2019 年内将快递业务经营许可审批时间缩短至法定时限一半以内，全面实施快递末端网点备案管理。加快推动道路货运车辆异地审验工作，2019 年 12 月底前全面实现普通货运车辆全国跨省异地审验。深入推进治理车辆超限超载联合执法常态化制度化工作，严格执行全国统一的公路货运车辆超限超载认定标准。（交通运输部、公安部、市场监管总局、海关总署、邮政局、铁路总公司等按职责分工负责）

（十七）推进铁路货运服务提质增效。清理规范铁路运输企业开展专用线、专用铁路、自备货车、自备机车等铁路运输设备代维护、维修及运用环节相关服务收费。进一步开放专用线代运营代维护、自备车检修、铁路运输两端短驳等市场，允许工程施工、装备制造、社会物流企业等参与并提供相关服务，促进降低铁路物流成本水平。支持铁路运输企业开展载运工具共管共用试点，降低企业自备载运工具运用成本。完善铁路运价灵活调整机制，进一步清理规范铁路货运经营服务性收费，推动货物运输由公路向铁路转移。研究推动 160 公里时速的新型货运列车投入使用，完善相关技术标准和运行图。实施铁路货运增量行动，2019 年国家铁路货物发送量达到 33. 68 亿吨。（铁路局、铁路总公司、市场监管总局、交通运输部、发展改革委按职责分工负责）

（十八）降低车辆通行和港口物流成本。深化收费公路制度改革，加快修订出台《收费公路管理条例》。全面推广高速公路差异化收费，完善货车使用 ETC 非现金支付等优惠政策。深入推动取消高速公路省界收费站试点工作，总结经验，逐步扩大取消高速公路省界收费站的范围。降低水路运输过闸费。进一步清理港口收费，合理降低收费标准，规范收费行为，严格执行收费目录清单和公示制度，严禁违规收费。（交通运输部、发展改革委、市场监管总局按职责分工负责）

（十九）提升城市物流管理水平。科学制定城市物流政策，指导城市提高配送车辆通行管理的精细化水平，合理规划城市货运通道，避免“一刀切”限行。实行分车型、分时段、分路段通行管控，有效释放货运通行路权，保障城市生产生活的必要需求。鼓励地方政府在城市中心区建设一批公共物流配送中心，通过租赁等方式为服务居民生活的物流企业提供必要经营场所。完善城市物流配送装卸、停靠作业设施。指导企业按照新近发布的《物流建筑设计规范》等标准要求，建设大型物流仓储设施，应用大型分拣作业流水线，便利企业经营。在符合相关法规标准要求并保障安全生产的基础上，允许在物流仓储设施内从事再包装等流通加工业务。在货物来源可追溯、流向可追踪的情况下，研究出台允许动检证变更目的地的操作规范，为冷链物流跨区域分

拨提供便利。（交通运输部、公安部、商务部、应急部、住房城乡建设部、农业农村部按职责分工负责）

六、建立物流高质量发展的配套支撑体系

（二十）完善现代物流业统计制度。加快研究建立物流行业统计分类标准。研究完善反映物流重点领域、重点环节高质量发展的监测指标体系。加大对物流统计体系建设的支持力度，推动落实社会物流统计制度，加快企业样本库扩容提质，加强对物流重点企业运营成本、效率的监测。利用骨干物流平台开展公路物流监测。（发展改革委、统计局、中国物流与采购联合会负责）

（二十一）健全物流标准规范体系。完善物流标准体系，对不适应国民经济运行和行业发展需要的标准进行修订、转化或废止。深入推进物流标准化试点示范和供应链体系建设试点等工作，加强已发布物流标准在物流领域相关试点示范中的应用，提升物流标准化水平。支持具备条件的物流企业标准上升为行业标准、国家标准。（市场监管总局、发展改革委、交通运输部、商务部、财政部、农业农村部负责）

（二十二）构建物流高质量发展评价体系。研究编制并适时发布“中国物流发展指数”，从物流发展质量、效率、动力、贡献等方面，对我国物流发展质量水平进行客观、全面、可量化的综合性评价，为有针对性地研究制定政策措施提供可量化的参考依据。（发展改革委、中国物流与采购联合会负责）

（二十三）健全完善物流行业信用体系。研究出台运输物流行业失信联合惩戒对象“黑名单”管理办法，明确严重失信企业标准，构建政府层面失信惩戒机制。充分发挥行业组织和社会信用机构作用，组织建立物流企业信用联盟，鼓励开发针对物流行业的信用产品，推动信用信息市场化应用，强化守信激励和失信惩戒效果。（发展改革委负责）

七、健全物流高质量发展的政策保障体系

（二十四）创新用地支持政策。加强城市物流发展规划与国土空间规划的协同衔接。指导地方加大土地政策支持力度，鼓励地方政府利用有效载体和多种渠道整合盘活存量闲置土地资源，用于物流用途。探索政府负责土地平整并建设道路、管网等基础设施，企业负责建设经营性物流基础设施，约定土地物流用途并长期租赁的新型物流用地供应保障模式。研究利用工业企业旧厂房、仓库和存量土地资源建设物流设施或提供物流服务的支持政策。铁路划拨用地用于物流相关设施建设，从事长期租赁等物流经营活动的，可在五年内实行继续按原用途和土地权利类型使用土地的过渡期政策，期满及涉及转让需办理相关用地手续的，按新的用途、权利类型和市场价格以协议方式办理。对企业利用原有土地进行物流基础设施建设的，在办理规划条件、规划许可等方面予以支持。（自然资源部、铁路总公司负责）

（二十五）加强投融资支持方式创新。按照“扶优做强”原则，研究设立国家物流枢纽中央预算内投资专项，支持国家物流枢纽的物流基础设施建设。鼓励符合条件的金融机构或大型物流企业集团等发起物流产业发展投资基金，按照市场化原则运作，加强重要节点物流设施建设。支持符合条件的物流企业发行各类债务融资工具，拓展市场化主动融资渠道，稳定企业融资链条。鼓励持牌金融机构在相应的金融业务资质范围内开发基于供应链的金融产品，引导和支持资金流向实体企业，加大对小微企业融资支持力度。（发展改革委、财政部、人民银行、银保监会、证监会负责）

各地区有关部门要认真贯彻落实党中央、国务院决策部署，结合本地区实际，加强组织领导，明确任务分工，强化协调配合，加大政策创新和支持力度，扎实推进物流高质量发展各项工作。国家发展改革委将会同有关部门加强工作指导和督促检查，及时协调解决政策实施中存在的问题，推动各项政策措施落地实施。

国家发展改革委　中央网信办
工业和信息化部　公安部
财政部　自然资源部
生态环境部　住房城乡建设部
交通运输部　农业农村部
商务部　应急部
人民银行　海关总署
市场监管总局　统计局
气象局　银保监会
证监会　能源局
铁路局　民航局
邮政局　铁路总公司

2019 年 2 月 26 日

交通运输部 国家税务总局关于印发《网络平台道路货物运输经营管理暂行办法》的通知

交运规〔2019〕12号

各省、自治区、直辖市、新疆生产建设兵团交通运输厅（局、委），国家税务总局各省、自治区、直辖市和计划单列市税务局：

为贯彻落实国务院关于促进平台经济规范健康发展的决策部署，规范网络平台道路货物运输经营，维护道路货物运输市场秩序，促进物流业降本增效，交通运输部、国家税务总局在系统总结无车承运人试点工作的基础上，制定了《网络平台道路货物运输经营管理暂行办法》（以下简称《办法》），现将《办法》印发给你们，请遵照执行。

交通运输部无车承运人试点工作于2019年12月31日结束。从2020年1月1日起，试点企业可按照《办法》规定要求，申请经营范围为“网络货运”的道路运输经营许可；县级负有道路运输监督管理职责的机构应按照《办法》，对符合相关条件要求的试点企业，换发道路运输经营许可证。未纳入交通运输部无车承运人试点范围的经营者，可按照《办法》申请经营许可，依法依规从事网络货运经营。

交通运输部 国家税务总局

2019年9月6日

网络平台道路货物运输经营管理暂行办法

第一章 总 则

第一条 为促进道路货物运输业与互联网融合发展，规范网络平台道路货物运输经营活动，维护道路货物运输市场秩序，保护网络平台道路货物运输经营各方当事人的合法权益，根据《中华人民共和国道路运输条例》及有关法律法规规章的规定和国务院关于促进平台经济规范健康发展的决策部署，制定本办法。

第二条 从事网络平台道路货物运输（以下简称网络货运）经营，应当遵守本办法。

本办法所称网络货运经营，是指经营者依托互联网平台整合配置运输资源，以承运人身份与托运人签订运输合同，委托实际承运人完成道路货物运输，承担承运人责任的道路货物运输经营活动。网络货运经营不包括仅为托运人和实际承运人提供信息中介和交易撮合等服务的行为。

实际承运人，是指接受网络货运经营者委托，使用符合条件的载货汽车和驾驶员，实际从事道路货物运输的经营者。

第三条　网络货运经营者从事经营活动，应当遵循自愿、平等、公平、诚信的原则，遵守法律和商业道德，公平参与市场竞争，承担运输服务质量责任，接受行业管理部门和社会的监督。

网络货运管理应当公正、公平、便民。

第四条　国务院交通运输主管部门主管全国网络货运管理工作。

县级以上地方人民政府交通运输主管部门主管本行政区域的网络货运管理工作。

县级以上负有道路运输监督管理职责的机构具体实施本行政区域的网络货运管理工作。

第五条　鼓励网络货运经营者利用大数据、云计算、卫星定位、人工智能等技术整合资源，应用多式联运、甩挂运输和共同配送等运输组织模式，实现规模化、集约化运输生产。鼓励组织新能源车辆、中置轴模块化汽车列车等标准化车辆运输。

第二章　经营管理

第六条　鼓励发展网络货运，促进物流资源集约整合、高效利用。

需要申领道路运输经营许可证的，可向所在地县级负有道路运输监督管理职责的机构提出申请，县级负有道路运输监督管理职责的机构应按照《中华人民共和国道路运输条例》《道路货物运输及站场管理规定》的规定，向符合条件的申请人颁发《道路运输经营许可证》，经营范围为网络货运。

第七条　从事网络货运经营的，应当符合《互联网信息服务管理办法》等相关法律法规规章关于经营性互联网信息服务的要求，并具备与开展业务相适应的信息交互处理及全程跟踪记录等线上服务能力。

第八条　网络货运经营者应按照《中华人民共和国安全生产法》的规定，建立健全安全生产管理制度，落实安全生产主体责任。

第九条　网络货运经营者应当在许可的经营范围内从事经营活动。

网络货运经营者不得运输法律法规规章禁止运输的货物。

第十条　网络货运经营者应当对实际承运车辆及驾驶员资质进行审查，保证提供运输服务的车辆具备合法有效的营运证（从事普通货物运输经营的总质量4.5吨及以下普通货运车辆除外）、驾驶员具有合法有效的从业资格证（使用总质量4.5吨及以下普通货运车辆的驾驶人员除外）。

网络货运经营者和实际承运人应当保证线上提供服务的车辆、驾驶员与线下实际提供服务的车辆、驾驶员一致。

网络货运经营者委托运输不得超越实际承运人的经营范围。

第十一条 网络货运经营者不得虚构运输交易相互委托运输服务。

第十二条 网络货运经营者委托实际承运人从事道路货物运输服务，经营行为应符合合同约定条款及国家相关运营服务规范。

第十三条 网络货运经营者应当遵守车辆装载的要求，不得指使或者强令要求实际承运人超载、超限运输。

第十四条 网络货运经营者应按照相关技术规范的要求上传运单数据至省级网络货运信息监测系统。

第十五条 鼓励网络货运经营者采取承运人责任保险等措施，充分保障托运人合法权益。

第十六条 网络货运经营者从事零担货物运输经营的，应当按照《零担货物道路运输服务规范》的相关要求，对托运人身份进行查验登记，督促实际承运人实行安全查验制度，对货物进行安全检查或者开封验视。网络货运经营者应当如实记录托运人身份、物品信息。

第十七条 网络货运经营者应当建立健全交易规则和服务协议，明确实际承运人及其车辆及驾驶员进入和退出平台，托运人及实际承运人权益保护等规定，建立对实际承运人的服务评价体系，公示服务评价结果。

网络货运经营者应当建立健全投诉和举报机制，公开投诉举报电话，及时受理并处理投诉举报。鼓励网络货运经营者建立争议在线解决机制，制定并公示争议解决规则。

第十八条 网络货运经营者应按照《中华人民共和国电子商务法》《中华人民共和国税收征收管理法》及其实施细则等法律法规规章的要求，记录实际承运人、托运人的用户注册信息、身份认证信息、服务信息、交易信息，并保存相关涉税资料，确保信息的真实性、完整性、可用性。信息的保存时间自交易完成之日起不少于三年，相关涉税资料（包括属于涉税资料的相关信息）应当保存十年；法律、行政法规另有规定的，依照其规定。

前款所指交易信息包括订单日志、网上交易日志、款项结算、含有时间和地理位置信息的实时行驶轨迹数据等。

网络货运经营者应对运输、交易全过程进行实时监控和动态管理，不得虚构交易、运输、结算信息。

第十九条 网络货运经营者应遵照国家税收法律法规，依法依规抵扣增值税进项税额，不得虚开虚抵增值税发票等扣税凭证。

第二十条　网络货运经营者和实际承运人均应当依法履行纳税或扣缴税款义务。

第二十一条　网络货运经营者应当遵守《中华人民共和国网络安全法》等国家关于网络和信息安全有关规定。

第二十二条　网络货运经营者应当采取有效措施加强对驾驶员、车辆、托运人等相关信息的保密管理，未经被收集者同意，不得泄露、出售或者非法向他人提供信息，不得使用相关信息开展其他业务。

第三章　监督检查

第二十三条　省级交通运输主管部门应按照相关技术规范的要求建立和完善省级网络货运信息监测系统，实现与网络货运经营者信息平台的有效对接；应定期将监测数据上传至交通运输部网络货运信息交互系统，并及时传递给同级税务部门；应利用省级网络货运信息监测系统对网络货运经营者经营行为进行信息化监测，并建立信息通报制度，指导辖区内负有道路运输监督管理职责的机构基于网络货运经营者的信用等级和风险类型，实行差异化监管。

第二十四条　网络货运经营者发生虚开虚抵增值税发票等税收违法违规行为的，税务部门按照《中华人民共和国税收征收管理法》等有关法律法规规定处理。

网络货运经营者虚构交易、运输、结算信息，造成监测结果异常的，县级以上负有道路运输监督管理职责的机构应依法查处。

第二十五条　网络货运经营者、实际承运人有违反道路运输法律法规规章规定的，由县级以上负有道路运输监督管理职责的机构按照《公路安全保护条例》《中华人民共和国道路运输条例》《道路货物运输及站场管理规定》《道路危险货物运输管理规定》等相关法律法规规章的规定查处。

网络货运经营者有下列行为之一，造成重大责任事故的，县级以上负有道路运输监督管理职责的机构应依法查处，并将其纳入道路货物运输失信联合惩戒对象名单，实施联合惩戒：

（一）委托不具备资质的实际承运人从事运输；

（二）承运国家法律法规规章禁止运输的货物；

（三）指使、强令实际承运人超限超载运输货物。

第二十六条　网络货运经营者违反道路运输法律法规规章及本办法相关规定的，县级以上负有道路运输监督管理职责的机构按照《中华人民共和国行政处罚法》的规定，可将其违法证据先行登记保存。

第二十七条　省级交通运输主管部门应当建立网络货运经营者信用评价机制，定期组织开展网络货运经营者信用评价，并将信用评价结果、处罚记录等信息公示。

第二十八条 支持成立行业协会，鼓励行业协会商会等社会组织引导企业贯彻落实国家法规制度及标准规范，加强行业自律，规范企业经营行为，推动网络货运发展模式创新。

第四章 附 则

第二十九条 《中华人民共和国电子商务法》《中华人民共和国行政许可法》《中华人民共和国行政处罚法》《公路安全保护条例》《中华人民共和国道路运输条例》《道路货物运输及站场管理规定》《道路危险货物运输管理规定》《中华人民共和国税收征收管理法实施细则》等相关法律法规规章有明确规定的，从其规定；未作出明确规定的，按照本办法执行。

第三十条 本办法自 2020 年 1 月 1 日起施行，有效期 2 年。

商务部办公厅关于复制推广城市共同配送试点经验的通知

商办流通函〔2019〕48 号

为贯彻落实《国务院关于深化流通体制改革加快流通产业发展的意见》（国发〔2012〕39 号）、《国务院办公厅关于促进物流业健康发展政策措施的意见》（国办发〔2011〕38 号），提高城市物流效率，降低物流成本，2012 年至 2014 年，商务部会同财政部在南京、武汉、厦门、成都等 22 个城市开展城市共同配送试点。试点工作开展以来，各地积极探索创新共同配送模式，构建布局合理、运行有序、绿色环保的城市共同配送服务体系，取得了积极成效，形成了 5 个方面共 16 条典型经验。现就复制推广试点经验有关事项通知如下：

一、可复制推广的主要内容

（一）完善组织机制。主要包括加强组织领导等方面的做法和经验。

（二）优化政策环境。主要包括制定发展规划、完善支持政策、完善标准体系等方面的做法和经验。

（三）提升管理水平。主要包括便利通行停靠、推动绿色发展、加强宣传培训等方面的做法和经验。

（四）完善配送网络。主要包括构建三级配送体系、构建冷链物流体系等方面的做法和经验。

（五）优化配送模式。主要包括物流园区落地模式、连锁经营统一配送模式、商圈便利店共同配送模式、专业市场商户共同配送模式、末端资源共享模式、统仓统配模式、信息平台整合资源模式等方面的做法和经验。

二、复制推广工作要求

复制推广上述典型经验，对于健全城乡配送服务体系、提升服务能力、促进降本增效具有重要意义，同时也为进一步推进《城乡高效配送专项行动计划（2017—2020年）》落实提供经验借鉴和有力指导。各地要把复制推广工作作为推进商贸流通发展的重要举措，并结合本地实际进一步完善城乡高效配送实施方案和具体举措，保证经验推广落到实处，取得实效。各地工作推进过程中的创新举措和好的做法请及时报送我部。

联系方式：流通业发展司 010－85093777

商务部办公厅

2019 年 2 月 1 日

附件：

城市共同配送试点典型经验

类型	典型经验	地方主要做法及成效	代表性地区
一、完善工作机制	（一）加强组织领导	成都市将市口岸与物流办公室升格为市政府组成部门，建立口岸与物流办公室统一协调、商务等多部门统一规划、持续推进全领域统一标准和引入第三方专业机构统一服务的“四统一”工作机制；郑州市设立市物流与口岸办公室，将城市共同配送试点纳入市商贸物流和对外开放领导小组主要工作，成立由相关企业组成的“城市共同配送联盟”；广州市组建广州市发展现代物流领导小组办公室，统筹全市现代物流行业发展工作；南京、南宁、贵阳、海口、乌鲁木齐、厦门成立由分管市领导任组长、各相关部门参加的领导小组，建立各司其职、各尽其责、通力配合的工作机制；长春市建立市政府统一领导、市商务局牵头抓总、市区齐抓共管、各相关部门有机配合的领导体制；青岛市建立由分管市长为召集人，22 个部门和各区（市）政府共同参与的联席会议制度	成都、郑州、广州、南京、南宁、贵阳、海口、乌鲁木齐、厦门、长春、青岛
二、优化政策环境	（二）制定发展规划	广州市出台《广州市现代物流发展布局规划（2012—2020）》，实现物流规划、城市总体规划和土地利用规划“三规合一”，确保规划落地实施；南京市出台《南京市城市共同配送专项规划》；石家庄市出台《石家庄市城市共同配送体系建设规划》；南宁市出台《南宁市区域性国际物流基地建设规划修编（2015—2020 年）》和《南宁市现代物流业发展三年行动计划（2015 年—2017 年）》；兰州市出台《兰州商贸物流规划》；厦门市出台《厦门城市/城际配送物流发展规划》《现代物流业千亿产业链（群）2014—2018 年发展规划》；襄阳市出台《襄阳市现代物流业中长期发展规划（2013—2020）》	广州、南京、石家庄、南宁、兰州、厦门、襄阳

续　表

城市共同配送试点典型经验			
类型	典型经验	地方主要做法及成效	代表性地区
二、优化政策环境	（三）完善支持政策	长春市发布《长春市人民政府关于支持城市物流共同配送的意见》，在车辆管理、运输许可、车辆通行、车辆停靠、税费优惠、财政补贴、土地保障等方面，对试点企业及在城区、开发区使用标准化配送车辆进行共同配送的物流企业给予支持；南宁市出台《南宁市物流用地公开出让管理暂行办法》，设立专项资金，重点支持市级物流园区基础设施建设、配送中心建设、重点物流项目建设、物流人才培训、物流标准体系建设以及航空物流业发展；武汉市出台营改增过渡性扶持政策，出台《武汉市物流园区（中心）新增建设用地计划管理办法》，完善用地计划申报、指标使用、土地供应、跟踪评估等制度；厦门市将社区物流配送站纳入社区公共服务设施，规划建设配送末端用房。出台营改增过渡性扶持政策，支持有条件的物流企业申报高新技术企业资格认定，享受减按15%税率征收企业所得税；东莞市按1∶1比例安排配套资金，支持相关项目建设；唐山市探索银企对接，为试点企业争取银行资金支持、增加授信额度	长春、南宁、武汉、厦门、东莞、唐山
	（四）完善标准体系	成都市发布实施《生鲜农产品城市冷链物流技术规范第1部分：果蔬》《生鲜农产品城市冷链物流技术规范第2部分：畜禽肉》两个地方标准；海口市制定《海口市城市共同配送车辆管理规范》等6项地方规范和标准；厦门市编制实施《厦门市食品冷链物流系列标准》；太原市制定《太原市城乡配送图形标识使用要求》《太原市城乡配送管理规范》等地方标准	成都、海口、厦门、太原
三、提升管理水平	（五）便利车辆通行停靠	成都市出台配送车辆通行管理规定，探索标准化集中配送车辆与普通入城货运车辆增减挂钩机制，推广新能源车，建立车辆优先通行与停靠的绿色通道；贵阳市给予城市配送车辆优先通行权，除早晚高峰和主要拥堵路段，配送货车白天可入城配送；乌鲁木齐市在通行、停靠等方面给予城市配送车辆优惠政策，在城市大型商业中心以及其他货物集散地设置城市配送车辆停靠点，为城市配送车辆提供停车位，解决车辆卸货停放难题；海口市根据商贸领域配送需求，积极向主	成都、贵阳、乌鲁木齐、海口、厦门、长春、太原

续 表

城市共同配送试点典型经验			
类型	典型经验	地方主要做法及成效	代表性地区
三、提升管理水平	（五）便利车辆通行停靠	管部门协调通行证，探索城市配送车辆通行证发放与绩效挂钩，实施分类管理；厦门市在城市大型商业中心以及其他货物集散地设置配送车辆停靠点，提供装卸场地；长春市成立城市配送车队，统一外观标识、统一车辆要求、统一车辆调度、统一信息服务、统一通行管理；太原市探索“货的”模式，借鉴出租车计程打票，实行专用号段，规范管理运营	成都、贵阳、乌鲁木齐、海口、厦门、长春、太原
	（六）推动绿色发展	成都市出台支持新能源汽车推广应用若干政策，对购置新车给予补贴，加大充电基础设施建设力度，优化新能源汽车使用环境等；太原市推广以新能源车辆为支撑的车联网应用，坚持使用清洁能源和新能源车辆，统一使用专段号牌、停靠场站，实现规模化经营、信息化管理、规范化运作	成都、太原
	（七）加强宣传培训	太原市协调人民网、山西新闻网，山西电视台、太原电视台、太原新闻广播、山西日报、太原日报、太原晚报、科学导报、山西青年报、生活晨报、三晋都市报等媒体多次对试点工作进行报道，提升社会影响力；合肥市充分利用广播、电视、报纸、网络等媒体大力宣传共同配送模式和试点成果，促进全市物流资源的有效整合和共同利用	太原、合肥
四、完善配送网络	（八）构建三级配送体系	南京市建立“物流分拨中心、公共配送中心和末端配送节点”三级网络，构建市域范围高效衔接的“1小时城市物流、24小时区域物流、48小时国际物流”三重物流圈；郑州市以“重点商贸物流园区（物流分拨中心）—公共配送中心—末端配送点”为支撑，形成点面结合、干支衔接、便捷通畅的三级城市配送体系；海口市依托“一带双核三轴”物流发展战略，规划建设城市共同配送三级网络布局	南京、郑州、海口

续　表

城市共同配送试点典型经验			
类型	典型经验	地方主要做法及成效	代表性地区
四、完善配送网络	（九）构建冷链物流体系	潍坊市积极构建冷链物流体系，开通潍坊至昆明铁路冷链班列；海口市建设海南罗牛山冷链物流园等一批冷链物流基地，打造安全、环保、节能、高效的冷链物流载体；厦门市以多温层标准立体化冷库、全自动货架、移动式穿梭车、标准托盘等先进设施设备为重点，应用专业冷藏运输、蓄冷板（棒）、多温层管理、全程温湿度监控等先进技术，加快冷链物流体系建设，促进冷链产业转型升级；银川市实施“互联网＋生鲜流动直通车”项目，实现农产品“直采、直通、直销”，服务民生消费，解决“卖难买贵”问题	潍坊、海口、厦门、银川
五、优化配送模式	（十）物流园区落地配模式	郑州、兰州市对物流园区入驻商户干线支线货物进行集中、分类，开通定时、定线、定点的货运公交班车；石家庄市引导企业提升服务功能，统筹社会货运资源，为干线运输企业提供“落地”短配服务，降低专线公司的末端配送成本	郑州、兰州、石家庄
	（十一）连锁经营统一配送模式	太原、南京市支持大型连锁超市优化配送组织方式，提供专业化、网络化、全流程的物流服务，发展集采分销、“中央＋区域”多级配送、县乡协同等统一配送模式；武汉市引导发展连锁经营多级分拨配送模式、生鲜农产品流通的生态供应链模式、医药流通的“三级物流体系＋智慧化集中配送”模式	太原、南京、武汉
	（十二）商圈便利店共同配送模式	银川市指导企业结合快消品代理、经销的业务优势，为终端超市、便利店提供同城调拨服务，为小微客户提供共同配送服务；合肥市推动连锁超市、卖场、百货店、食品店等按片区配送；郑州市在城市公交巴士的基础上，实施“绿巴计划”，货运公交巴士每天定时定班，按照既定线路，对城市物流市场形成全覆盖；厦门、太原、哈尔滨市推动第三方物流企业将货物统一配送到各个门店，改变供应商直送门店方式，减少进城车辆，实现配送集约化	银川、合肥、郑州、厦门、太原、哈尔滨

续　表

城市共同配送试点典型经验			
类型	典型经验	地方主要做法及成效	代表性地区
五、优化配送模式	（十三）专业市场商户共同配送模式	石家庄、南宁市对农产品、食品批发市场商户的货源和服务客户，进行统一采购运输、统一配送到门，优化运输线路，降低货损率；广州、长春市推动物流与商贸业融合发展，发展面向专业市场、门店及团体单位的共同配送，提高车辆满载率	石家庄、南宁、广州、长春
	（十四）末端资源共享模式	太原市发挥连锁便利店网点优势，推广“网订店取”“网购自提”服务，将连锁便利店打造成全天候实物交付基站，实现一店多能、一店多用；广州市整合社区便利店、物业、邮政等终端资源，拓展网订店取（送）、前置仓服务，集中送达网购商品；潍坊市打造集便利消费、便民服务功能于一体的末端网络体系，鼓励连锁企业与配送企业、电子商务企业等合作，开展“网订店取”“网购自提”“网购宅配”等一对多的服务模式；南京、厦门、武汉市整合“末端智能快递柜”网点，推动智能自助提货柜“进社区、进院校、进机关、进商圈”，促进便利、安全消费，解决“最后一公里”配送难题	太原、广州、潍坊、南京、厦门、武汉
	（十五）统仓统配模式	成都、青岛、武汉、长春、潍坊市为上游生产商、供应商及下游经销商、代理商提供统一仓储和配送服务，通过系统平台对接实时共享库存、销售等信息，解决传统流通的多级库存、重复运输等问题；合肥市推动实施统仓共配，将仓储和送货计费相分离，提高仓储利用率，加快库存周转率，降低仓储费用	成都、青岛、武汉、长春、潍坊、合肥
	（十六）信息平台整合资源模式	南京市建设城市共同配送管理平台，提供包括货运信息发布、车源信息管理、交易撮合、运输业务管理、智能调度、信用担保、融资支持等一体化综合服务；成都市建设城市配送信息管理平台，充分发挥信息平台在城市配送运力调整、交通引导、供给调节和市场服务等方面的作用，实现城市配送车辆通行有序顺畅；厦门市重点推进区域性物流综合信息服务平台、园区公共服务平台和企业信息化建设，形成多层级信息化服务平台；潍坊市建立集物流信息查询、运载实时监测、远程派单管理等多种功能于一体的物流公共信息平台，推动货物运输需求与车辆运输服务供给的实时对接，在快速消费品、生鲜食品、药品、家电等消费领域创新发展共同配送模式	南京、成都、厦门、潍坊

2019 年江西省物流业主要政策清单

序号	文件名称	发文机构	文号	发文日期
1	江西省人民政府办公厅关于印发江西省进一步激发商贸消费潜力促进商贸消费升级三年行动方案（2019—2021 年）的通知	江西省人民政府办公厅	赣府厅发〔2019〕10 号	2019 年 1 月 31 日
2	江西省人民政府办公厅关于印发贯彻落实推进运输结构调整三年行动计划（2018—2020 年）实施方案的通知	江西省人民政府办公厅	赣府厅发〔2019〕7 号	2019 年 2 月 19 日
3	关于印发《江西省冷链物流发展规划（2018—2022）》的通知	江西省商务厅、江西省发展改革委、江西省交通运输厅、江西省农业农村厅、江西省市场监督管理局	赣商务建设字〔2019〕79 号	2019 年 4 月 3 日
4	江西省人民政府印发关于进一步降低企业成本 30 条政策措施的通知	江西省人民政府	赣府发〔2019〕14 号	2019 年 9 月 19 日
5	江西省人民政府办公厅关于印发支持邮政业高质量发展若干措施的通知	江西省人民政府办公厅	赣府厅字〔2019〕89 号	2019 年 11 月 12 日

江西省人民政府办公厅关于印发江西省进一步激发商贸消费潜力促进商贸消费升级三年行动方案（2019—2021年）的通知

各市、县（区）人民政府，省政府各部门：

《江西省进一步激发商贸消费潜力促进商贸消费升级三年行动方案（2019—2021年）》已经省政府同意，现印发给你们，请结合实际，抓好贯彻落实。

2019年1月31日

（此件主动公开）

江西省进一步激发商贸消费潜力促进商贸消费升级三年行动方案（2019—2021年）

为贯彻落实党中央、国务院和江西省委、省政府有关促进消费升级的决策部署，进一步激发消费潜力，提升消费水平，增强消费对经济发展的基础性作用，结合江西实际，制定本行动方案。

一、总体要求

（一）指导思想

坚持以习近平新时代中国特色社会主义思想为指导，全面深入贯彻省委十四届六次、七次全会精神，按照高质量跨越式发展要求，以供给侧结构性改革为主线，以满足人民日益增长的美好生活需要为出发点，坚持“量质双升”，优化市场供给；坚持“软硬兼施”，优化消费环境；坚持“长短结合”，提高消费能力，着力实施消费升级“五大行动”，为建设富裕美丽幸福现代化江西、共绘新时代江西物华天宝人杰地灵新画卷提供有力支撑。

（二）主要目标

全面推动商贸消费升级三年行动，力争实现“一年大改观、两年大提升、三年大跨越”。

一年大改观。城乡消费基础设施较大改善，商贸领域消费统计体系初步建立，消费氛围不断浓厚，全省社会消费品零售总额稳步提升。

两年大提升。新的消费增长热点不断巩固提升，消费结构、消费环境进一步优化，消费层次、规模、水平进一步提升。到 2020 年，全省社会消费品零售总额力争突破 1 万亿元。

三年大跨越。城乡消费环境明显改善，优质商品和服务供给显著加强，现代化流通市场体系基本建立，消费总量、结构、品质跃上新台阶。到 2021 年，全省社会消费品零售总额突破 1.1 万亿元，力争最终消费对经济增长贡献率达 50% 以上，网络零售突破 2000 亿元，餐饮业营业额突破 1600 亿元，限额以上商贸企业突破 1 万家。

二、主要工作

（一）实施“优品”行动

1. 提升“赣品”品质。提升绿色农产品，发挥全省生态优势，着力打造南丰蜜桔、赣州脐橙、万年贡米、广昌莲子、江西茶叶等一系列特色农产品，加大本土品牌整体包装设计和策划推广力度，提升品牌价值和市场美誉度。加大高品质工业品推广力度，创新营销方法，在服装家纺、家居产品、陶瓷制品、工艺美术品、中医药、汽车、家电等优势行业领域，打造一批知名商标、品牌。振兴老字号品牌，推进老字号企业名称、字号、商标“三统一”，编制江西老字号传统技艺目录，持续开展老字号认定工作，力争 2021 年前新增中华老字号 30 家、江西老字号 60 家。提升赣菜品质，建立赣菜研发中心，打造具有地域特色的名店、名宴、名菜、名点、名小吃等赣味美食名片；加大“大众最喜爱的 20 道赣菜”推介力度，推动江西特色小吃产业化经营，持续打造“赣菜美食节”，使之成为赣菜推广品牌活动。实施“赣品两上三进”（上高铁、上飞机、进机场、进车站、进加油站）活动，拓宽“赣品”销售。

2. 扩大“海品”进口。组织省内重点消费品采购商积极参加中国国际进口博览会、中国进出口商品交易会等活动，扩大日用消费品进口。积极引进路易威登、古琦、普拉达、巴宝莉、范思哲等国际高端品牌落户，吸引国际一线品牌在南昌设立品牌首店、旗舰店、体验店，到 2021 年全省引进高端品牌 30 个。积极争取汽车平行进口试点。加快全省特殊商品指定进境口岸布局和发展，推进南昌、九江和赣州口岸申报粮食、水果、冰鲜水产品、食用水生物、汽车整车等指定口岸，到 2021 年力争获批 3 –4 个，丰富进口商品品类，满足消费者对海外中高端消费品的消费需求，吸引境外消费回流。

3. 加大“名品”供给。加大国内外知名品牌和全国各地特色产品供给，积极引进名企入街、名品入店，满足中高端消费需求。培育新兴消费热点，加强智能和信息消费，加快物联网技术应用发展，促进高品质家电、智能家居、科技数码、虚拟现实（VR）等产品市场发展；引导个性化定制消费，加快“她经济”“童经济”“老人经济”发展；促进体验式消费，鼓励各类市场主体进入高品质服务领域，提升服务消费品质。

（二）实施“兴市”行动

4. 打造高品位特色商业街区。结合城市功能与品质改造提升，充分挖掘历史文化资源，在现有城市商圈、商业街基础上，按照城市功能分区，高标准培育建设一批高品位的文体娱乐、艺术收藏、购物休闲、餐饮美食等行业特色街区；打造集成体育健身、节庆赛事、旅游观光、教育培训等各种业态、适应各年龄群需求的大型综合业态集群，形成雅俗共赏、各具特色、相得益彰的城市商圈，构建展示城市商贸繁荣的主窗口。各设区市培育2~3个有地方特色的商业街，全省培育10个省级、3个以上国家级商旅文融合发展示范区。各市、县（区）要积极提升商业街，支持建设商业综合体，提升城市商业环境，浓厚商业氛围。

5. 构建社区消费服务中心。强化城市社区商业网点规划，严格落实社区公共服务设施规划，确保新建社区商业和综合服务设施面积占比不低于10%。加快社区便利店、社区菜店建设，力争引进7-11、美宜家等国内外知名便利店3~5个，支持绿滋肴、乐豆家、旺中旺等本土便利店发展，鼓励连锁便利店按有关规定申请零售经营乙类非处方药及二类医疗器械；推动建设集美容美发、家电维修、洗衣修鞋、家政托幼、人像摄影、代办邮件、生活缴费、日用消费品等社区基本生活服务于一体的综合消费服务中心，完善社区生活“一站式”服务功能，打造15分钟便民生活服务圈，满足居民日常消费需求。

6. 繁荣夜间消费市场。促进美食名吃、演艺、体验娱乐、文化休闲等多元化的夜间消费业态发展，引导餐饮店、便利店、娱乐场所等服务类企业调整经营结构和营业时间，鼓励发展24小时不打烊餐饮店、便利店、娱乐场所，推出一批富有本地特色的夜间消费活动项目，建设便利服务型夜间经济集聚区。到2021年，各设区市打造1个以上市级高品质夜间消费街区，各县（市、区）打造1个以上县级高品质夜间消费街区。

7. 建设进口商品交易平台。推动南昌、赣州加快进境免税店建设，支持消费规模较大的设区市建立进口商品展示直销中心。加快中国（南昌）跨境电子商务综合试验区建设，推动跨境电商进口企业在综试区设立进口母仓、区域总仓，探索开展跨境电商企业-企业-消费者（B2B2C）进口业务。到2021年，全省引进培育10家跨境电商龙头企业，创建10个跨境电商产业园区。

8. 加快商品交易市场转型升级。实施“千亿行业、百亿市场”培育工程，重点培育餐饮、汽车销售、网络零售等3个千亿行业，重点建设洪城大市场、南康国际家具城等5个百亿以上商品交易市场，加快推进二手车、旧货交易、红木家具、水产生鲜市场等一批专业市场转型升级，推进线上线下融合发展，形成“3+5+N”的商品市场发展格局。出台推进商品交易市场转型升级实施意见，引导南昌新洪城大市场等重点市场以平台经济为重点探索转型升级，加快南昌（深圳）农产品批发市场等全国公益性农产品示范市场建设。

9. 提升农村消费设施建设。实施乡村商贸振兴工程，持续将农贸市场建设改造工作列入政府民生工程，加大各级财政对县乡农贸市场建设改造的支持力度，吸引更多社会资金投入，力争2020年基本完成农贸市场建设改造任务。进一步培育和创建一批特色商贸小镇，建设一批乡镇微商圈和生活综合服务中心，提升乡镇商贸集聚水平。到2021年，全省重点打造工贸型、农贸型、电商型和商旅文型特色商贸小镇30个。

（三）实施“强商”行动

10. 培育商贸龙头企业。支持商贸企业跨区域兼并、重组、整合资源，加快品牌建设，培育年销售额过50亿元的大型商贸龙头企业4－5家。鼓励商贸流通企业开展连锁化、品牌化经营，向多行业、多业态拓展，逐步扩大经营规模。指导帮助商贸企业申办进口资质，培育一批消费品进口商。

11. 引进大型商贸集团。加大商贸领域招商引资力度，推动南昌、九江、赣州、上饶等地引进盒马鲜生、奥特莱斯、山姆会员店等国际国内知名零售品牌企业，打造大型商贸企业项目。加大引进国内外酒店管理公司、知名连锁品牌酒店力度，力争到2021年各设区市新引进3－5个知名连锁品牌酒店，培育一批适应消费升级要求、特色鲜明的酒店集团。

12. 推动传统商贸企业创新转型。引导实体商贸企业转变经营理念，调整和优化商品品类，丰富娱乐、影院、健身、美容美体、儿童游乐、健康美食等体验式业态，推动向“商品+服务”转型，到2021年创建实体零售创新转型示范企业50家。推动传统餐饮住宿企业转型升级，积极培育“绿色饭店”“智慧餐厅”“无人餐厅”“乡村民宿”等新的业态模式，促进文旅与食宿融合，推行智能订单、刷脸支付、用完就走，提升消费体验。引导城市有实力、有信誉企业在农村开设分店，健全以集中采购、统一配送为核心的新型营销体系。推进实体零售企业与跨境电商进口企业开展进口商品采购供应链合作，设立形式多样的跨境电商线下体验店。

13. 大力发展电子商务。深入实施“互联网+商贸流通”行动，推进电子商务与快递物流协同发展，推动吃住行游购娱等生活服务业在线化，建立线上服务、线下体验与现代物流紧密结合的新模式。推广“网订店取”“网订店送”等新模式，完善社区智能快件箱等末端服务设施，到 2021 年全省城市住宅小区智能快件箱覆盖率达到 85%，县城住宅小区覆盖率达到 70%。深入开展电子商务进农村综合示范建设，力争 2020 年全省原苏区县实现全覆盖，完善“工业品下乡、农产品进城”双向流通渠道。实施“赣品网上行”活动，拓宽江西产品营销渠道，提高赣品线上销售比重。

（四）实施“旺客”行动

14. 做旺应季消费。围绕季节性消费热点和重要节假日，采取政府引导、市场运作的方式，积极举办年货节、旅游节、文化节、庙会、音乐节、啤酒节、美食节、采摘节等各类主题购物节会，做到“无节造节、有节造市”“月月有活动、每季有节会”。省里每年举办 1 次全省范围的大型消费促进活动，各地每季度开展 1 次以上“应季消费”活动，持续营造浓厚的促消费氛围。

15. 做大会展经济。重点打造世界绿色发展投资贸易博览会、世界 VR 产业大会、中国绿色食品博览会、中国景德镇国际陶瓷博览会等全省举办的 4 个国家级重大经贸活动，提升国际化邀商招展水平，提高江西知名度、吸引力。依托各地首位产业优势，以“一城一展一会”为目标要求，重点打造南康家具、樟树药材、安义铝材、新余麻纺、宜春锂电新能源、鹰潭眼镜、新干箱包等 10 个省级特色产业博览会，吸引全国相应行业客商到江西参会参展。大力引进国内外优质品牌展会到江西举办，鼓励全国各地各种商协会、行业组织，围绕全省产业发展情况和消费热点，开展高品质家电、智能家居、“她经济”“童经济”、家具、汽车、酒业等 N 个全领域全行业展销、展会活动，在全省形成“季季有博览、月月有展销”的会展格局。

16. 做优商旅文体融合发展。结合江西旅游精品线路，融合推出商贸游、名企直购游、特色街区游等旅游新品种，吸引更多国内外各界人士到江西休闲观光，加强景区商旅中心建设，推动商旅文一体化发展，实现能游能购、一游就购。建立国际国内重要文体赛事申办联系制度，积极引入国内外重大赛事、国际峰会、高端论坛等国内外知名、影响力大的大型活动，力争每年举办一场重大活动，扩大影响，聚集人气，促进消费。

（五）实施“捷运”行动

17. 提高商贸物流配送效率。开展物流标准化示范，认定省级物流标准化示范企业 10 个。构建城市物流中心、县域物流中心、乡镇配送站、城市社区及村级配送服务网点等城乡高效配送网络体系，认定省级城乡高效配送骨干企业 20 家。鼓励大型物流企业、商业连锁企业等建立仓储配送中心，全面推广应用标准托盘、周转箱（筐）等单元化物流器具，提升改造仓储装卸设备标准化水平，实现带托运输，到 2021 年全省标准托盘占托盘总量比率达 40%，标准托盘租赁率达 30%，加快智能化发展步伐，降低仓储管理成本。着力打造全省 50 个物流产业集群，促进社会物流费用占 GDP 比率下降

1 ~2 个百分点。

18. 优化综合物流运输。着力推动“三同”试点，重点对标宁波港、深圳盐田港，实现全省进出口货物与沿海港口同价起运、同价抵港、同效服务，形成全省口岸快速便捷的物流网络通道。积极优化全省高速路网、高铁网、赣江水运建设。依托南昌航空口岸、九江水运口岸以及赣州港，建设多式联运综合物流中心，提高物流综合效率。稳定开行中欧班列和铁海联运。大力发展国际国内航线航班，加密北京、上海、广东等京津冀、长珠闽地区重点城市航班航线，加密重点国际（地区）航线航班。

三、保障措施

（一）强化组织领导。成立全省促进商贸消费升级工作领导小组，统筹协调推进各项工作，领导小组办公室设在省商务厅，负责日常协调、督查、考核、通报。省直各有关部门要各司其职，密切配合，形成齐抓共管、共同推进的工作合力。各地要高度重视，建立主要负责同志任组长的领导协调机制，落实消费升级主体责任，并结合本地实际制定具体的三年行动计划，按照项目化、工程化的要求，细化方案，量化指标，明确任务和年度项目计划，于 2019 年 3 月底前报省商务厅备案。

（二）加强政策保障。加大财政支持力度，重点加大引进高端品牌、消费促进活动、做大做强会展业的投入力度。市、县（区）要统筹资金，出台政策，加大财税、金融、用工、用地等方面的支持力度，全面落实用水、用电、用气工商业同价政策。加快消费信贷管理模式和产品创新，加大对重点消费领域的支持力度，不断提升消费金融服务的质量和效率。

（三）营造便利环境。各地要优化和简化对商贸企业装修等事项审批。合理设置城市配送所需的公用仓储、配送车辆停靠、装卸、充电等配套设施和场地，完善城市配送车辆通行有关制度，为企业发展夜间配送、共同配送创造条件。加大执法力度，严厉打击侵权假冒行为，完善举报投诉服务体系，规范市场主体经营行为。

（四）建立落实机制。建立“月调度、季分析”工作机制，加强对重点工作任务跟踪，定期通报工作推进和完成情况，对工作落实不力、行动计划推进缓慢的单位和部门要通报、约谈。完善考核指标体系，建立具有量化指标、明确标准的促进消费体系。完善消费领域统计制度，创新统计方法，做到科学统计、应统尽统。

（五）广泛宣传引导。密切与宣传部门的沟通联系，通过新闻媒体加强对消费升级、商贸流通创新、推动供给侧结构性改革的宣传报道，为行动计划营造良好的舆论环境。各地要建立健全信息反馈机制，不断发现总结好经验、好做法，认真组织推广。

江西省人民政府办公厅
关于印发贯彻落实推进运输结构调整三年行动计划
（2018—2020 年）实施方案的通知

赣府厅发〔2019〕7 号

各市、县（区）人民政府，省政府各部门：

《贯彻落实推进运输结构调整三年行动计划（2018—2020 年）的实施方案》已经省政府同意，现印发给你们，请结合实际认真贯彻执行。

2019 年 2 月 19 日

贯彻落实推进运输结构调整三年行动计划
（2018—2020 年）的实施方案

推进运输结构调整是党中央、国务院部署的一项重大政治任务，对打赢蓝天保卫战、打好污染防治攻坚战等具有重大促进作用。为贯彻落实《国务院办公厅关于印发推进运输结构调整三年行动计划（2018—2020 年）的通知》（国办发〔2018〕91 号）、《交通运输部等九部门贯彻落实国务院办公厅〈推进运输结构调整三年行动计划（2018—2020 年）〉的通知》（交运发〔2018〕142 号）精神，扎实推进全省运输结构调整工作，经省政府同意，制定以下实施方案。

一、总体要求

（一）指导思想

以习近平新时代中国特色社会主义思想为指导，深入贯彻落实党中央、国务院关于推进运输结构调整工作的重要部署，通过大力提升铁路运能、升级水运系统、强化公路货运治理、加快多式联运建设、推进城市绿色配送、加强信息资源整合等工作，以推进大宗货物运输“公转铁、公转水”为主攻方向，不断完善综合运输网络，切实提高运输组织水平，减少公路运输量，增加铁路运输量，加快调整运输结构体系，为全省建设国家生态文明试验区，打造美丽中国“江西样板”，实现高质量跨越式发展作出积极贡献。

（二）主要目标

到2020年，全省货物运输结构明显优化，铁路承担的大宗货物运输量显著提高，港口铁路集疏运量和集装箱多式联运量大幅增长，基本形成与全省经济发展相适应的水运网络，航空货运持续快速发展，重点区域运输结构调整取得突破性进展。与2017年相比，全省铁路货运量增加780万吨、增长16%，其中九江港大宗货物铁路运输量增加400万吨、增长38%；全省港口吞吐量（除砂石外）增加2600万吨，增长26%，其中集装箱吞吐量增加34.1万标准箱，增长72.8%。

二、工作措施

（一）提升铁路运能

1. 提升主要物流通道干线铁路运输能力。密切对接国家主干物流通道，重点加快蒙华铁路煤运通道的建设，力争“十三五”开工建设瑞梅铁路；充分利用新建客运通道资源，调整全省路网通道能力结构，减少物流通道干线客车开行数量，提升物流通道输送能力；发挥新建成的衢九线通行能力，分流部分普速客车至衢九线运行，同时增加衢九线货车开行数量，将九江地区运往皖赣线的煤炭改经衢九线运输，减轻京九北线运输压力；对琵琶湖储煤基地进行扩能改造，增加装车量；提高解编能力及干线通道输送能力；加快赣州国际港物流基地建设进度，加大中欧班列开行密度，以降低社会物流成本为原则，按照同港同价，积极推进南康至平湖南、厦门多式联运班列开行；利用上饶“两光一车”产业集群优势，增开“一带一路”沿线国家的国际铁路货运班列；充分发挥铁路运能大、成本低、安全可靠、节能环保等优势，组织实施货运“公转铁”增量攻坚行动，优化铁路运输组织方式，增加设备设施投入，主动承接公路转移运量，大力发展集装箱多式联运、商品车运输及冷链物流，实现货运量逐年增长。（省发展改革委、中国铁路南昌局集团有限公司牵头，省财政厅、省商务厅参与，市、县〔区〕人民政府负责落实。以下均需市、县〔区〕人民政府落实，不再列出）

2. 加快大型工矿企业和物流园区铁路专用线建设。完成赣州国际港二期工程建设，满足赣州国际港白货、商品汽车运输及内外贸集装箱运输的需求，做大做强多式联运和中欧班列；推动2019年九江城西港铁路专用线的建设，加快推进彭泽港区（红光）铁路专用线前期工作，做好与七里湖专用线有效承接；力争2019年完成上饶坑口铁路专用线建设，将铁路专用线接入上饶无水港，真正实现上饶无水港与铁路货运站的无缝对接；2020年完成南昌铁路口岸专用线的建设，实现陆地口岸和向塘铁路一级物流基地的无缝衔接。2020年，全省大宗货物年货运量150万吨以上的大型工矿企业和新建物流园区，铁路专用线接入比例达到80%以上；重点区域具有铁路专用线的大型工矿企业和新建物流园区，大宗货物铁路运输比例达到90%以上。（省发展改革委、省自然资源厅、省生态环境厅、中国铁路南昌局集团有限公司按职责分工负责）

3. 优化铁路运输组织模式。进一步提升港口后方通道能力，优化衢九线九江至湖口、景德镇之间的动车开行结构，优化施工维修天窗，提升出港物资后方通道能力。优化运行图编制，增加货运主要通道货车对数，满足货运增量需求，加大货运市场调研，细分运输市场需求，开发不同速度等级、辐射不同区域的货运产品。（中国铁路南昌局集团有限公司牵头，省发展改革委参与）

4. 提升铁路货运服务水平。深化铁路运输价格市场化改革，建立健全灵活的运价调整机制，发挥市场配置资源的决定性作用。完善短距离大宗货物运价浮动机制，规范铁路专用线代维收费行为，推动降低专用线共用收费水平。减少和取消铁路两端短驳环节，规范短驳服务收费行为，降低短驳成本。推动铁路运输企业与煤炭、矿石、钢铁等大客户签订运量运能互保协议，实现互惠共赢。推动铁路运输企业与港口、物流园区、大型工矿企业、物流企业等开展合作，构建门到门接取送达网络，提供全程物流服务。（中国铁路南昌局集团有限公司牵头，省发展改革委、省市场监管局参与）

（二）升级水运系统

5. 加快“两横一纵”高等级航道网建设。打造干支联动、高效畅通的内河水运体系，2020年全省形成993公里的“两横一纵”高等级航道网。重点推进赣江新干航电枢纽、井冈山航电枢纽、石虎塘—神岗山Ⅲ级航道整治工程、万安枢纽二线船闸等项目建设，2019年底实现赣江全线三级航道通航。重点推进信江八字嘴航电枢纽、双港航运枢纽、界牌枢纽船闸改建、界牌至双港渠化航道配套整治工程、双港至褚溪河口湖区Ⅲ级航道整治工程等项目建设，2020年底实现信江三级航道通航。配合长江航务管理局推进长江武汉—安庆6米深水航道建设。（省交通运输厅牵头，省发展改革委、省生态环境厅、省水利厅参与）

6. 完善港口基础设施建设。完成南昌港、吉安港港口总体规划的修编和宜春港、赣州港、上饶港、鹰潭港等港口总体规划编制工作，进一步明确各港口的功能定位。重点抓好九江港彭泽港区红光综合码头一期工程、上饶港万年港区综合码头工程建设，推动南昌龙头港综合码头二期工程、鹰潭九牛滩综合货运码头一期工程、上饶港鄱阳港区角子口综合码头、上饶港余干港区黄金埠综合码头等项目前期工作，有序推进赣江、信江沿线港口开发建设，提升全省港口码头专业化、现代化程度。到2020年，九江港、南昌港分别建成超亿吨大港和亿吨大港，赣江中上游及信江沿线形成初具规模的港口体系。（省交通运输厅牵头，省发展改革委、省生态环境厅、省水利厅参与）

7. 推进集疏港铁路建设。补齐港口集疏运基础设施短板，推进疏港铁路专用线直达堆场、码头，打通铁路进港最后一公里。积极推动九江港城西港区、彭泽港区（红光）2条疏港铁路专用线建设。强化联运衔接，加强进港铁路配套场站设施设备建设，推进港站一体化运营。加快推动九江港城西港区铁路专用线一期，力争2019年开工建设，重点规划二期延伸至瑞昌港区新增散货运输；同步推进湖口港区铁路专用线开工建设和江西煤炭储备中心铁路专用线能力改造及二期工程建设；推动南昌龙头港铁路专用线的规划、建设，实现水铁无缝对接。（省交通运输厅、省发展改革委、省自然资源厅、省财政厅、省生态环境厅、中国铁路南昌局集团有限公司按职责分工负责）

8. 大力发展江海直达和江海联运。充分利用好相关配套政策措施，鼓励品牌龙头港航企业积极发展集装箱江海直达运输，对在九江港中转量达到一定数量的内支线集运公司按航次给予补贴。力争2019年底前，扩大九江港至上海洋山、宁波—舟山江海直达运输船舶规模和航线。按照以江船出海为主的江海直达船舶规范，重点推进江海直达散货船和集装箱船等船型研发和应用，为企业推荐最优江海直达船型。（省交通运输厅牵头，省工业和信息化厅、省财政厅参与）

（三）强化公路货运治理

9. 加大公路货运超限超载治理力度。严格落实治理车辆超限超载联合执法常态化制度化工作要求，完善联合执法工作流程，统一公路货运车辆超限超载认定标准，重点打击“百吨王”等严重违法超限超载现象。完善治超监控网络，进一步优化普通公路超限超载检测站点，稳步推进高速公路收费站入口称重检测，完善农村公路限宽限高保护设施。加强科技治超，在全省31个普通公路超限超载检测站建设电子警察抓拍系统，对不按照交通信号通行的货运车辆进行电子抓拍取证，由公安机关交通管理部门依法处罚，实现对普通公路货运车辆超限超载运输和普通公路通行秩序的有效监管。利用信息化手段加强车辆超限超载检测和处理，鼓励借助科技手段对确定为重点源头的企业单位分期分批安装称重设备和视频监控设备，大力推进全省公路治理超限超载综合管理平台建设，在全省规划布局并力争2019年底前建设完成163个普通公路不停车检测点，在确保不停车检测用衡器计量性能的基础上积极探索非现场执法，形成初具规模的路面科技监管网络。强化跨区域、跨部门治超信息资源交换共享，有效落实“一超四罚”，加强信用治超，严格落实公路治超“黑名单”制度，完成货运车辆违法信息管理系统与信用交通、省信用信息平台的对接，实现对严重超限超载当事人的联合惩戒。2020年底，全省高速公路全面实施收费站入口称重检测，高速公路货运车辆平均违法超限超载率不超过0.5%，普通公路货运车辆超限超载得到有效遏制。（省交通运输厅牵头，省工业和信息化厅、省公安厅、省市场监管局参与）

10. 大力推进货运车型标准化。健全货运车辆非法改装联合监管工作机制，加大货运车辆非法改装处罚力度。巩固车辆运输车治理工作成果，按照交通运输部统一部署，稳步开展危险货物运输罐车、超长平板半挂车、超长集装箱半挂车治理工作。做好既有营运车辆情况排查，建立不合规车辆数据库，制定车辆退出计划。积极推进厢式化、模块化、轻量化等先进车型发展，推动城市配送车型标准化、清洁化、专业化发展，鼓励发展厢式运输、集装箱运输、冷链运输、城市配送专用运输车辆，组织开展中置轴汽车列车示范运行试点。（省交通运输厅牵头，省工业和信息化厅、省公安厅、省市场监管局参与）

11. 推动道路货运行业集约高效发展。推进“互联网 + 货运物流”模式创新，开展“互联网 + 便捷退税”创新试点，到 2020 年，重点培育 3 – 5 家左右创新能力强、运营管理规范、资源综合利用效率高的无车承运人品牌企业。推动互联网、物流、金融、保险理赔等多业融合发展，研究建立江西物流金融服务有限公司。引导货运大车队、挂车共享租赁、甩挂运输、企业联盟、品牌连锁等集约高效的运输组织模式发展。大型道路货运企业以资产为纽带，通过兼并、重组、收购、控股、加盟连锁等方式，拓展服务网络，延伸服务链条，实现资源高效配置，加快向现代物流企业转型升级。支持物流企业申报国家 A 级评估，重点培育一批 3A 级以上物流企业，力争 2020 年 A 级以上物流企业达到 200 家。（省交通运输厅牵头，省商务厅、省金融监管局参与）

（四）加快多式联运建设

12. 加快联运枢纽建设和装备升级。依托南昌昌北国际机场建设区域性智慧空港物流中心，打造临空型产业物流仓储配送中心和物流集散中心，依托赣州黄金机场和赣州高铁西站，建设赣州空港物流中心和赣州高铁快件分拣中心；加快建设九江江海直达区域性航运中心建设，加快建设向塘一级、昌北（乐化）二级铁路物流基地，推动开行中欧班列；规划建设赣江新区综合交通枢纽，规划建设南昌地区高铁快运物流基地；加快现有码头装卸工艺和设备技术改造，提升码头前沿装卸设备、运输车辆、堆场装卸机械等关键设备的技术水平，提高港口多式联运作业效率；加快淘汰能耗高、污染重、技术落后设备，提升港口节能环保水平。在规划建设的彭泽港区红光综合枢纽、城西港区官湖作业区铁路装卸站，推动标准化托盘循环共用系统在集装箱铁水联运中的应用。2020 年底前，九江港实现多式联运装备的专业化、自动化、清洁化。（省交通运输厅、省发展改革委、中国铁路南昌局集团有限公司、民航江西监管局、省邮政管理局按职责分工负责）

13. 加快发展集装箱铁水联运。鼓励铁路、港口、航运等企业加强合作，促进水运集装箱通过铁路集疏港。在赣州、上饶、鹰潭等内陆港打造“长途重点货类精品班列 + 短途城际小运转班列”铁水联运产品体系。鼓励铁路运输企业增加铁路集装箱和集装箱平车保有量，提高集装箱共享共用和流转交换能力，利用物联网等技术手段提升集装箱箱管和综合信息服务水平。全面深化上饶与宁波舟山港合作，完善上饶“无水港”软硬件服务功能，依托九江港城东港区乌石矶作业区和九江港湖口港区银砂湾作业区积极发展外来煤炭铁水联运，依托九江港湖口港区银砂湾作业区积极发展外来金属矿石铁水联运。（省交通运输厅、省发展改革委、中国铁路南昌局集团有限公司牵头，省生态环境厅、省市场监管局参与）

14. 深入实施多式联运示范工程。继续推动赣州港“一带一路”多式联运示范工程建设，探索开展全省多式联运示范工程建设，制定多式联运示范工程相关扶持政策，应用推广全省多式联运服务规范，推进多式联运单据、定价计费、责任划分、服务标准、保险理赔等方面的统一管理，建立“一站式”多式联运结算机制，形成具有典型示范意义和带动作用的多式联运组织运营模式。优化市场主体结构，积极培育多式联运承运人，推动货物运输的“无缝衔接”和“一单制”。鼓励骨干龙头企业在运输装备研发、多式联运单证统一、数据信息交互共享等方面先行先试，充分发挥引领示范作用。（省交通运输厅、省工业和信息化厅、省发展改革委牵头，省财政厅、中国铁路南昌局集团有限公司、民航江西监管局、省邮政管理局参与）

（五）城市绿色配送行动

15. 推进城市绿色货运配送示范工程。引导各设区市规划建设绿色货运配送网络，完善干支衔接型物流园区（货运枢纽）和城市配送网络节点及配送车辆停靠装卸配套设施建设。鼓励邮政快递企业、城市配送企业创新统一配送、集中配送、共同配送、夜间配送等集约化运输组织模式。组织开展省级城乡高效配送试点城市建设，推动有潜力的城市申报国家绿色货运配送示范城市建设，到2020年，全省建成2个左右的城市绿色货运配送示范项目。（省交通运输厅、省商务厅、省公安厅牵头，省财政厅参与）

16. 加大新能源城市配送车辆推广应用力度。加快新能源和清洁能源车辆推广应用，到2020年，各地城市建成区新增和更新轻型物流配送车辆中，新能源车辆和达到国六排放标准清洁能源车辆的比例超过50%。加快构建充电设施体系，到2020年，全省建成各类充电站260座，充电桩/机100600个。结合城市配送需求，落实新能源货车差别化通行管理政策，提供通行便利，扩大通行范围，对纯电动轻型货车少限行或不限行。有条件的地区要建立新能源城市配送车辆运营补贴机制，降低使用成本。鼓励在重点物流园区、铁路物流中心、机场、港口等推广使用电动化、清洁化作业车辆。（省交通运输厅、省工业和信息化厅牵头，省发展改革委、省公安厅、省财政厅、省自然资源厅、省生态环境厅、中国铁路南昌局集团有限公司、民航江西监管局参与）

17. 推进城市生产生活物资公铁联运。充分发挥铁路既有站场资源优势，完善干支衔接的基础设施网络，按照“轨道＋仓储配送”的铁路城市物流配送模式，提高城市生产生活物资运输中公铁联运的比例。在南昌乐化铁路物流园、向塘铁路物流园等铁路物流园组织开展城市生产生活物资公铁接驳配送试点，加快城市周边地区铁路外围集结转运中心和市内铁路站场设施改造，构建“外集内配、绿色联运”的公铁联运城市配送新体系，及时总结经验并推广应用。（中国铁路南昌局集团有限公司、省交通运输厅按职责分工负责）

（六）强化信息资源整合

18. 加强多式联运公共信息交换共享。以在建的交通运输物流公共信息平台、赣州港“一带一路”多式联运示范工程为基础，加快建设全省多式联运公共信息平台，积极推进铁路、公路、水路、民航、邮政、海关、检验检疫等信息资源的整合，为企业提供资质资格、认证认可、海关通关、信用评价等一站式综合信息服务。以赣州港、九江港等重点港口为依托，以集装箱、甩挂运输为切入点，试点推行基于标准化的货运电子运单，实现与港口、铁路等生产系统的有效衔接，实现运输单证信息共享和通关一体化服务。（省交通运输厅、省发展改革委、中国铁路南昌局集团有限公司牵头，南昌海关、省市场监管局、民航江西监管局、省邮政管理局参与）

19. 提升物流信息服务水平。提升省级物流公共信息平台和重点行业物流信息平台功能，推动省内各类物流信息平台互联互通，推动行业、园区、企业物流信息平台与国家、省级物流公共信息平台有效对接。鼓励铁路、港口、航运和第三方物流等龙头企业加强合作，强化货物在途状态查询、运输价格查询、车货动态匹配、集装箱定位跟踪等综合信息服务，提高物流服务智能化、透明化水平。物流企业开发应用具备信息发布、在线交易、数据分析等综合功能的物流信息平台，提高企业信息化水平。（省交通运输厅、省发展改革委牵头，中国铁路南昌局集团有限公司、民航江西监管局、省邮政管理局参与）

20. 加强运输结构调整信息报送和监测分析。研究建立运输结构调整指标体系，建立货物运输“公转铁、公转水”运行、多式联运发展、新能源车辆推广应用信息报表，及时准确反映全省交通运输结构运行情况，为政府部门和企业经营决策提供参考依据。（省交通运输厅牵头，省工业和信息化厅、省生态环境厅、中国铁路南昌局集团有限公司参与）

三、保障措施

（一）加大政策资金保障力度

1. 积极落实财政等政策。积极争取国家车购税资金、中央基建投资等资金，统筹整合省级财政相关资金，推进公铁联运、海铁联运等多式联运发展，提升港口集疏运能力，加强物流园区、工矿企业等铁路专用线建设，为煤炭、矿石等大宗货物运输方式调整创造有利环境。以市场为主体，发挥政府性资金引导作用，利用交通运输发展专项资金支持运输结构调整和多式联运发展。对大力淘汰老旧车辆、推广应用新能源汽车的有关企业和人员依照有关政策及时给予经济补偿，引导运输市场朝绿色、低碳、节能方向发展。各设区市要制定相应的扶持、补贴政策，支持运输结构调整工作顺利开展。（省财政厅、省发展改革委、省交通运输厅、省生态环境厅牵头，中国铁路南昌

局集团有限公司参与）

2. 完善用地政策。对纳入运输结构调整的铁路专用线、内河航运、港口基础设施改造等重点项目予以优先审批，加大铁路专用线用地力度，保障疏港铁路、物流园区和工矿企业铁路专用线建设，对“公转水”码头、纳入港口总体规划和运输结构调整的铁水联运、水水中转码头及配套的航道、锚地等项目，加大用地力度。（省自然资源厅、省发展改革委、省交通运输厅牵头，中国铁路南昌局集团有限公司参与）

（二）加大督导考核力度

3. 加强组织领导。健全运输结构调整工作调度制度，统筹推进工作进展，检查督导工作落实。各设区市要按照“一市一策、一港一策、一企一策”的要求，组织编写好本地区运输结构调整实施方案，细化任务目标，落实任务分工，制定配套措施，确保按时完成任务。各设区市要强化交通运输结构调整协调调度，对照任务分工，抓紧落实时间表、路线图、优先序，倒排工期，确保不打折扣，按时保质完成各项任务要求。（省交通运输厅、省发展改革委牵头，各有关部门参与）

4. 强化督导考评。建立健全运输结构调整工作督导考评机制，加大对铁路、港口和大型厂矿等重点企业的督导考评，确保各项任务举措落实到位。（省交通运输厅、省发展改革委牵头，各有关部门参与）

（三）营造良好发展氛围

5. 保障行业健康稳定发展。加强各部门、地方政府协调联动机制，强化货运市场特别是大宗货物及重点企业监测，及时掌握行业动态；加大地方政府支持力度，完善交通运输从业人员社会保障、职业培训等服务，积极培育拓展新兴市场，推动货运行业创新稳定发展和转型升级。（省交通运输厅、省发展改革委牵头，各有关部门参与）

6. 做好政策宣传和舆论引导。积极做好运输结构调整行动宣传工作，宣传交通运输结构调整的重要意义，及时通报运输结构调整行动进展和成效，形成正确舆论导向。密切关注舆情走向，加强正面引导，主动回应社会关切，努力营造和参与运输结构调整工作的良好氛围。（省交通运输厅、省发展改革委牵头，各有关部门参与）

江西省人民政府印发关于进一步降低企业成本30条政策措施的通知

赣府发〔2019〕14号

各市、县（区）人民政府，省政府各部门：

现将《关于进一步降低企业成本30条政策措施》印发给你们，请认真贯彻执行。

2019年9月19日

（此件主动公开）

关于进一步降低企业成本30条政策措施

为认真贯彻落实省委十四届八次全会精神，进一步降低企业成本，优化营商环境，激发实体经济发展活力，特制定以下政策措施。

一、进一步降低企业税费负担

1. 全面落实国家系列减税降费政策。落细落实国家深化增值税改革、小微企业减税等措施，进一步规范对纳税人、缴费人、扣缴义务人履行缴税义务的事中事后监管，杜绝变相增加企业负担，确保所有行业税负只减不增。（责任单位：省税务局）

2. 进一步降低企业开办成本。全面实行公章刻制备案全流程网上在线办理。自2019年9月15日起，引导公章刻制企业降低企业公章刻制价格，一套企业公章（光敏材质的行政章，牛角材质的财务章和法人章）刻制价格不超过200元。鼓励有条件的地区采取政府购买服务方式免费为新开办企业刻制一套公章。依托全国一体化在线政务服务平台国家统一电子印章系统（江西），按照“一章通行”原则，全面推广企业电子公章的应用。2019年12月31日前，在投资项目管理、工程建设、公共资源交易、科技项目申报等领域率先支持企业使用符合国家标准的电子公章，2020年12月31日前，全省政务服务领域全面支持企业使用电子公章。同时，有效降低企业电子公章的制作费和服务费。2019年年底前全省企业注册开办时间压缩至2个工作日以内。（责任单位：省公安厅、省政务服务办、省发展改革委、省市场监管局、省财政厅、省住房城乡建设厅、省税务局、省人力资源社会保障厅，各相关市、县〔区〕政府）

3. 降低低温容器和低温罐车检验收费。大幅降低低温容器的定期检验、低温罐车的全面检验与年度检验收费标准，低温容器定期检验收费标准由4800－13600元降为2148－4801元，低温罐车全面检验收费标准从4800－13600元降为2400－6968元，低温罐车年度检验收费标准从3200－7200元降为1600－5851元。（责任单位：省发展改革委、省财政厅、省市场监管局）

二、进一步降低企业用能成本

4. 进一步降低天然气省管网管输价格。自2019年9月1日起，天然气省管网管输费由0.238元/方降到0.2元/方。同时，对省天然气管网企业地方政府债券资金利息及商业银行贷款利息由受益县（市、区）给予80%的财政贴息，持续5年；新建省级天然气管网工程及时足额缴纳管网建设工程增值税、森林植被恢复费、水土保持补偿费等相关税费，工程受益县（市、区）应将以上税费地方收入分成部分每年给予一次性财政补助。（责任单位：省发展改革委、省财政厅、省自然资源厅、省水利厅、省林业局，各相关市、县〔区〕政府）

5. 进一步降低城市燃气配气价格。各设区市城市燃气配气价格再下降14%，非居民配气最高限价不高于0.65元/方。进一步降低老城区改造城镇燃气工程安装收费标准。修订《江西省城市道路挖掘修复收费标准》，降低城市燃气等企业因工程施工涉及道路开挖等建设成本。规范和降低施工绿化苗木赔偿费。（责任单位：省发展改革委、省住房城乡建设厅，各相关市、县〔区〕政府）

6. 有序开展天然气直销试点。选择部分用气量大、价格矛盾较为突出的开发区或区域，推行上游供气企业与终端用户直接签订天然气购销合同的直销方式试点，降低终端气价。（责任单位：省发展改革委，各相关市、县〔区〕政府）

7. 加大电力直接交易规模。确保2019年全省电力直接交易突破350亿度，争取2020年直接交易规模超过450亿度，进一步降低企业用电成本。（责任单位：省发展改革委，各相关市、县〔区〕政府）

8. 精准降低部分新兴产业用电成本。按照财政部要求，停征地方水库移民后期扶持资金腾出代征资金，财政再统筹部分可用财力，用于精准降低全省部分新兴产业用电成本，助力新兴产业发展。（责任单位：省发展改革委、省财政厅、省工业和信息化厅，各相关市、县〔区〕政府）

9. 加强输配电价监管降低用电成本。积极对接国家发展改革委第二周期电网输配电定价核定，进一步降低全省电网售电价格。加大购入低价煤、廉价电等措施，降低企业用电成本。完善企业生产生活用电线路，增强用电可靠性。（责任单位：省发展改革委、国网江西省电力公司）

三、进一步降低企业物流成本

10. 扩大进出口货物运输“三同”试点。逐步消化沿海—内陆段物流成本，努力实现全省进出口货物进境与沿海同价到港、出境与沿海同价起运、通关与沿海同等效率。（责任单位：省发展改革委、省商务厅、省财政厅、南昌海关，有关设区市政府）

11. 进一步降低铁路运输价格。继续深化铁路货运价格市场化改革，落实对小微企业及中小客户实行市场化价格浮动政策。将降低增值税税率的实惠传导至下游企业，在现有煤炭、铁矿石、钢材等 120 个“一厂一策、一企一策”铁路运输价格已下调项目的基础上，2019 年年底前，再增加家具、木材、石材、炉渣、玉米等 15 个运输价格降低 10% 以上的项目；选择部分运能不饱和线路，下浮铁路货物执行运价 30% 以上。（责任单位：中国铁路南昌局集团有限公司）

12. 扩大高速公路差异化收费试点。继续对昌栗高速公路实行货车 8.5 折优惠。自 2020 年 1 月 1 日起在广吉路吉安支线、铜万、井睦、祁浮、泰井 5 条高速公路开展分时段差异化收费试点，在凌晨零点到 4 点对合法装载的货车，实行通行费 8.5 折优惠。（责任单位：省交通运输厅、省发展改革委、省高速公路投资集团公司）

13. 降低生猪运输收费。自 2019 年 9 月 1 日起，对整车合法运输仔猪及冷鲜猪肉的车辆，实行鲜活农产品运输“绿色通道”政策；2020 年 6 月 30 日前对整车合法运输种猪及冷冻猪肉的车辆，免收车辆通行费。（责任单位：省交通运输厅、省发展改革委、省高速公路投资集团公司）

14. 降低口岸作业成本。规范港口经营收费行为，推动港口企业调减港口作业包干费收费标准，公开并严格遵守收费价目。进出口环节合规成本降低 10% 以上。进一步巩固压缩通关时间工作成效，2019 年年底前，进口整体通关时间（不含国内运输段）不超过 30 小时，出口整体通关时间不超过 1 小时，实现江西国际贸易单一窗口全覆盖。（责任单位：省商务厅、省交通运输厅、省发展改革委、省财政厅、省市场监管局、南昌海关）

15. 提升物流组织效率。推进赣州国家物流枢纽项目建设，支持南昌申报国家物流枢纽项目，深入推进多式联运示范工程，积极向国家申报多式联运示范项目，争取国家政策资金支持，利用国家多式联运公共信息平台推进全省多式联运信息互联共享，大力发展枢纽经济。支持开展城乡高效配送及智慧物流配送示范。支持城乡冷库设施建设升级改造，支持建设一批农产品产地预冷集配中心。（责任单位：省发展改革委、省交通运输厅、省财政厅、省商务厅）

四、进一步降低企业融资成本

16. 推动综合融资成本再降低。督促商业银行新发放贷款利率主要参考 LPR（市场报价利率）定价，提高利率传导效率，推动实际贷款利率下行。鼓励商业银行积极运用金融科技支持风险评估与信贷决策，提高授信审批效率。鼓励商业银行开展信用贷、快贷、秒贷业务，缓解融资慢问题。贷款审批不得对民营企业设置歧视性要求，同等条件下民营企业与国有企业贷款利率和贷款条件保持一致。各级政府性融资担保、再担保机构在可持续经营的前提下，进一步调降再担保费率，引导合作机构逐步将平均担保费率降至1%以下。进一步整合政府性融资担保资源，加快组建AAA信用等级融资担保公司。（责任单位：省金融监管局、人行南昌中心支行、江西银保监局）

17. 进一步扩大融资规模。督促银行机构完成小微企业贷款"两增两控"考核目标，2019年小微企业贷款增速达30%。引导银行机构完善内部绩效考核机制，适当下调利润考核要求，引导银行机构内部业绩考核与支持民营经济挂钩。落实授信尽职免责制度和容错纠错机制，在依法合规、履职尽责的前提下，可对分支机构负责人、小微业务部门和从业人员免予追责。鼓励通过"政府+银行+保险"等模式支持民营企业融资。深入实施企业上市"映山红行动"。争取创设信用风险缓释凭证，通过地方政府推荐、融资担保增信等方式，支持有市场、有前景、有竞争力的民营企业发行债务融资工具。引导金融机构加大对中小企业外贸融资支持，扩大出口信用保险保单融资规模。支持符合条件的企业发行小微企业增信集合债。（责任单位：省金融监管局、江西银保监局、人行南昌中心支行、江西证监局、省发展改革委、省商务厅、中国出口信用保险江西分公司）

18. 缩减融资中间环节。加快建设全省"一站式"金融综合服务平台，进一步缩短融资链条，清理不必要的"通道""过桥"环节。减少抵质押评估环节，压缩评估时限。小微企业抵质押评估费用由银行承担，且不得转嫁贷款企业。制定出台政府转贷基金管理办法，建立转贷基金"白名单"，对企业融资到期需要续贷且符合续贷条件的，提前主动开展贷款审查和评审，实现贷款到期后无缝续贷。（责任单位：江西银保监局、省金融监管局、省财政厅，各市、县〔区〕政府）

19. 调整财园信贷通风险分担比例。将"财园信贷通"贷款纳入国家融资担保体系中，代偿弥补风险比例调整为国家融资担保资金、省、市、县、合作银行2∶2∶2∶2∶2，进一步做大融资担保体系，释放银行贷款动力。（责任单位：省财政厅，各市、县〔区〕政府）

20. 完善科技金融担保体系。提高"科贷通"覆盖面和规模，引导银行增加对科技型中小企业的信贷支持。发展天使投资、风险投资，引导金融机构办理知识产权（包含专利权、商标权等）质押贷款，推动科技企业上市融资。（责任单位：省金融监管局、省科技厅、江西证监局）

21. 整治金融机构不规范经营行为。除银团贷款外，禁止向小微企业贷款收取承诺费、资金管理费，严格限制收取财务顾问费、咨询费。严禁发放贷款时附加不合理条件，以克扣放款数额、以贷转存、存贷挂钩、浮利分费、借贷搭售等方式变相抬升企业融资成本。严禁银行员工内外勾结，违规通过中介发放贷款或参与过桥贷款。（责任

单位：江西银保监局、省金融监管局）

五、进一步降低企业用工成本

22. 加大企业稳岗支持力度。对不裁员或少裁员的参保企业，可返还其上年度实际缴纳失业保险费的50%。2019 年 1 月 1 日至 2019 年 12 月 31 日，对面临暂时性生产经营困难且恢复有望、坚持不裁员或少裁员的参保企业，返还标准可按上年度 6 个月的统筹地月人均失业保险金和企业上年度月均参保职工人数确定。所需资金从失业保险基金列支。（责任单位：省人力资源社会保障厅、省工业和信息化厅、省财政厅、省商务厅）

23. 降低部分企业社会保险缴费。严格执行降低社会保险费率政策，稳定现行缴费方式，严禁各地自行对历史欠费进行集中清缴。对生产经营确实困难的企业，经社会保险费征缴机构批准，可按规定缓缴社会保险费，缓缴期限不超过 1 年，缓缴期间免收滞纳金。全面推进生育保险和职工基本医疗保险合并实施。（责任单位：省人力资源社会保障厅、省医保局、省财政厅，各市、县〔区〕政府）

24. 降低招录农民工企业社保缴费成本。对已经在农村缴纳城乡居民基本医疗保险的农民工，可选择不参加城镇职工基本医疗保险。在企业就业的农民工，已缴纳城镇职工基本养老保险费的，可不参加城乡居民基本养老保险。对建筑行业可按项目参加工伤保险，以工程总造价的 0.1% 缴纳工伤保险费。家政服务人员不符合签订劳动合同情形的，可作为灵活就业人员按规定自愿参加城镇职工社会保险或城乡居民社会保险。（责任单位：省人力资源社会保障厅、省医保局）

25. 鼓励职业院校毕业生省内就业。鼓励职业院校（含技工学校）与省内企业开展校企合作，引导毕业生省内就近就地就业创业，原则上各职业院校（含技工学校）毕业生在省内就业率应达 60% 以上。省内就业率纳入教育及主管部门对职业院校（含技工学校）的年度考核内容，并与有关专项资金竞争性分配、招生计划安排等挂钩。鼓励省内企业录用全省职业院校（含技工学校）毕业生。（责任单位：省教育厅、省人力资源社会保障厅、省财政厅、有关职业院校行政主管部门）

六、进一步降低制度性交易成本

26. 进一步加强砂石市场调控。切实保障建筑用砂石供应，有效缓解市场供需矛盾。严防砂石市场垄断和价格暴利，强化价格监管，对涨幅过大的地区，可采取价格干预措施，确保砂石价格平稳。（责任单位：省水利厅、省发展改革委、省市场监管局、省自然资源厅，各市、县〔区〕政府）

27. 整治规范中介服务行为。全面推进全省行业协会商会与行政机关脱钩。规范行业协会商会会费、经营性收费及评先评优表彰等涉企收费。进一步清理行政审批中介服务事项，保留事项要公开收费标准，加快推动各类中介服务统一进“中介服务超

市”，有效降低费用，提高效率。（责任单位：省民政厅、省市场监管局、省政务服务办、省发展改革委）

28. 大幅压减生产许可证。按照国家部署，再取消内燃机、汽车制动液等 13 类工业产品生产许可证，对其中涉及安全、健康、环保的，转为强制性产品认证管理，认证费用由财政负担。（责任单位：省市场监管局、省财政厅，各相关市、县〔区〕政府）

29. 进一步规范环境监管和执法。严格落实环评审批提质增效举措和环评豁免试行目录，对部分环境影响不明显、社会影响较小的行业免予环评。强化分级统筹，优化重点污染物排放总量分配制度。不得提出超出法律法规标准的过高环保要求，严禁指定或推荐环保设备的生产厂商、供应商，严禁环保执法“一刀切”，减少不必要的执法检查。（责任单位：省生态环境厅）

30. 加大政务诚信问题专项治理。持续开展涉政府产权纠纷问题专项治理行动，着力化解“新官不理旧账”、招商引资政策不兑现、因规划调整导致政策不能落实、民营企业历史遗留等问题，维护企业和企业家合法权益，营造亲商安商富商的良好氛围。开展公职人员长期占用银行、企业、个人欠款，国有企业长期拖欠民营企业资金等专项整治，助推信用江西建设落细落实。（责任单位：省发展改革委、省委政法委、省法院、省检察院、省公安厅、省司法厅、省自然资源厅、省市场监管局、省委信访局、省金融监管局、人行南昌中心支行、江西银保监局、省国资委、省工商联、省企业联合会，各市、县〔区〕政府）

江西省人民政府办公厅关于印发支持邮政业高质量发展若干措施的通知

各设区市人民政府，省政府各部门：

《支持邮政业高质量发展的若干措施》已经省政府同意，现印发给你们，请认真贯彻执行。

2019 年 11 月 12 日

（此件主动公开）

支持邮政业高质量发展的若干措施

邮政业是现代服务业的重要组成部分，是推动流通方式转型、促进消费升级的现代化先导性产业。为进一步推动全省邮政业高质量发展，更好发挥邮政业在搞活城乡流通、促进居民消费、降低物流成本、稳定扩大就业等方面作用，特提出如下政策措施。

一、深化行业管理服务改革

（一）优化车辆通行管理。各地要保障邮政、快递配送车辆便捷通行，鼓励引导企业使用符合城市运输作业和环保要求的新能源物流车辆。对按邮政管理部门要求喷涂统一专用标识的邮政、快递运输车辆需通过禁行禁停（含限号）路段的，在保障道路交通安全畅通有序的前提下可优先考虑通行、停靠便利。支持邮政、快递企业依法选用符合国家或行业标准的电动三轮车，按照统一外观标识、统一车辆编号、统一规范管理要求开展收投邮件、快件业务，满足“最后一公里”作业需要。（责任单位：省公安厅、省交通运输厅、省邮政管理局，各设区市政府）

（二）推进行业安全支撑机构建设。按照属地原则完善寄递安全管理工作机制，积极支持有条件的设区市组建邮政业安全支撑机构。支持建设省、市两级安全监管平台，所需投入按照财政事权和支出责任划分予以保障。以省、市邮政业安全支撑机构建设为契机，推进寄递安全监管信息化建设，构建邮政管理、公安、国家安全联动的综合管控机制，全面提升寄递安全保障能力。（责任单位：省委编办、省财政厅、省人力资

源社会保障厅、省公安厅、省国家安全厅、省邮政管理局，各设区市政府）

（三）简化快递企业开设手续。全面落实快递企业“一照多址”登记。从事快递经营的企业在同一县（市、区）辖区内增设分支机构，可以凭企业法人快递业务经营许可证（副本）及所附分支机构名录，申请在营业执照上加载经营场所地址，免于办理分支机构登记。快递企业及其分支机构可以根据业务需要开办快递末端网点，快递末端网点无需办理营业执照。（责任单位：省市场监管局、省邮政管理局，各设区市政府）

二、完善行业基础设施

（四）加强用地规划保障。县级以上人民政府要将邮政和快递业发展纳入本级国民经济和社会发展规划，并与国土空间、综合交通运输体系规划相衔接，统筹考虑邮政和快递园区、邮件和快件处理中心等基础设施用地需求。对邮政和快递建设项目符合法定划拨范围的，可以划拨供地；对入驻符合现代物流业发展规划的物流园区、物流配送中心、电商园区等快递企业的项目用地，以及为生产配套的快递仓储物流用地，可按规定享受工业用地政策。（责任单位：省自然资源厅、省交通运输厅、省邮政管理局，各设区市政府）

（五）健全农村末端基础设施。推进农村和贫困地区邮政普遍服务网点、危旧局所改造，提高乡村邮政服务通达程度。支持“快递下乡”工程换挡升级，在乡镇全覆盖的基础上，推动快递服务网络逐步向行政村延伸。鼓励农村客运、邮政、快递等企业开展合作，完善县、乡、村配送体系，对共建共享且在邮政管理部门备案的农村班线，当地财政可统筹现有交通事业发展资金予以支持。（责任单位：省邮政管理局、省交通运输厅、省商务厅、省发展改革委、省财政厅，各设区市政府）

（六）升级城市末端服务网络。推动邮政普遍服务与快递服务设施统筹布局、集约共享、智能化发展。大力推进邮政、快递无障碍入高校、社区、园区、商务中心、机关集中办公区，稳步提升邮政、快递末端投递服务水平。将智能快件箱、末端服务综合场所等纳入社区服务基础设施，在城市老旧小区改造和新建住宅小区时，鼓励将上述设施列入项目规划设计和审批验收范围，实现同步规划、同步建设和同步验收。在已建成的建筑面积超过 5 万平方米的住宅小区和写字楼、在校学生和教职工数超过 1 万人的高校内，安排专门的邮政快递小型处理场地和用房。各企事业单位、写字楼和住宅楼物业管理公司要为邮政快递服务的正常开展提供必要便利条件，各市、县（区）要协调相关责任主体抓好落实。（责任单位：省住房城乡建设厅、省商务厅、省教育厅、省管局、省邮政管理局，各设区市政府）

三、引进和培育市场主体

（七）培育重点企业总部经济。鼓励国际、国内大型快递企业的区域总部、功能总部和分拨中心等落户江西，优先列入省重点项目，优先保障用地指标。引进大型冷链快递、智能仓储和快递物流技术研发生产企业，支持其发展区域总部经济，形成企业区域总部集群。对区域总部设在省内的上市快递企业和对省内邮政业转型升级作出重要贡献的企业采取一事一议的方式给予政策支持。（责任单位：省自然资源厅、省商务厅、省财政厅、省邮政管理局，各设区市政府）

（八）促进邮政业与相关产业协同发展。支持电商园区和邮政、快递物流园区协同建设。各级政府在规划建设电商园区时，应在园区内或周边安排邮政、快递、仓配用地，并能够满足邮政企业、3个以上品牌快递企业仓储及处理需求，未配套场地的不纳入省级电子商务示范基地（园区）评选，邮政、快递企业入驻园区与电商企业享有同等优惠政策。对邮政、快递企业吸引生产、销售精品农产品的农业龙头企业或特色工业品的工业龙头企业落户的，受益财政可视情况给予适当奖励。（责任单位：省财政厅、省商务厅、省农业农村厅、省邮政管理局，各设区市政府）

四、加强行业人才队伍建设

（九）加强监管队伍建设。落实“双重管理”的有关要求，完善属地管理和双重保障机制。将邮政管理部门纳入属地绩效、综治、精神文明等考核，根据考核结果，按照财政事权和支出责任原则给予奖励，充分调动干部干事创业积极性。（责任单位：省财政厅、省人力资源社会保障厅、省邮政管理局，各设区市政府）

（十）加强邮政行业职业技能培训。将邮政行业纳入全省职业技能提升行动范围，支持邮政、快递企业开展职工岗位技能培训，人力资源社会保障部门根据岗前培训、技能提升培训、企业新型学徒制培训、企业技师培训等不同类型，按规定给予职业培训补贴。组织邮政行业特种作业人员开展安全技能培训，严格执行从业人员安全技能培训合格后上岗制度。（责任单位：省邮政管理局、省人力资源社会保障厅，各设区市政府）

（十一）改善从业人员生产生活环境。重视邮政、快递企业在解决就业方面的作用，维护邮政、快递从业人员合法权益，全面推进从业人员享受社会保险待遇，推动工伤保险全覆盖。对符合住房保障标准的邮政、快递从业人员，统一纳入住房保障范围。落实邮政、快递从业人员子女在流入地接受教育的政策。优化邮政、快递从业人员工作环境，完善邮政、快递站点建设标准、卫生条件和服务功能，在劳动、生活和医疗保障等方面为邮政、快递从业人员提供支持。将邮政、快递从业人员纳入行业典型及劳模评选活动范围。（责任单位：省邮政管理局、省人力资源社会保障厅、省住房城乡建设厅、省教育厅、省总工会、团省委、省妇联，各设区市政府）

各地、各有关部门要结合本地、本部门实际，落实本措施明确的各项政策。鼓励有条件的市、县（区）人民政府进一步加大对邮政业发展的扶持力度，设立专项发展资金，用于加强邮政业安全管理、完善邮政业基础设施、优化政策环境等，支持邮政业做大做强。省邮政管理局要会同有关部门加强指导监督和跟踪问效，确保各项措施落实到位。

关于印发《江西省冷链物流发展规划（2018—2022）》的通知

赣商务建设字〔2019〕79号

设区市、赣江新区、省直管试点县（市）商务、发展改革、交通运输、农业农村、市场监管部门：

为贯彻落实中共江西省委、省政府印发的《江西省乡村振兴战略规划（2018—2022）》和省政府办公厅《关于加快发展冷链物流保障食品安全促进消费升级的实施意见》（赣府厅发〔2017〕72号）等文件精神，加快构建“全链条、网络化、严标准、可追溯、新模式、高效率”的现代冷链物流体系，推动全省冷链物流产业健康有序发展，保障农产品和食品消费安全，促进农民增收和居民消费升级，省商务厅、省发展改革委、省交通运输厅、省农业农村厅、省市场监督管理局等5部门制定了《江西省冷链物流发展规划（2018—2022）》，现印发给你们，请认真贯彻执行。

2019年4月3日

江西省冷链物流发展规划（2018—2022）

前言

冷链物流是指将容易腐烂变质的物品以及其他需要进行温度控制的物品，始终处于规定的低温环境下，使物品以优质状态从生产者输送到消费者手中的物流过程。

随着经济社会的发展，全社会对食品等产品的营养、新鲜度及安全和质量提出了更高的要求。加快冷链物流发展可以最大限度保证产品品质和质量安全、降低损耗并防止污染，确保果蔬、肉类、水产品等生鲜农产品在生产、储藏、运输、销售到消费的各个环节中始终处于规定的低温环境下，减少流通过程中的产品损耗和质量下降，实现生鲜食用农产品跨区域流通、常年均衡销售，促进农民稳定增收，提高生鲜食用农产品的市场供给量，保障食品的质量与安全，切实改善民生，促进经济增长。

江西是农业大省，农业自然资源十分丰富，加快发展冷链物流产业意义重大。根据《江西省国民经济和社会发展第十三个五年规划纲要》、商务部等 10 部门制定的《全国农产品市场体系发展规划（2015—2020）》（商建发〔2015〕276 号）以及《江西省人民政府办公厅关于加快发展冷链物流保障食品安全促进消费升级的实施意见》（赣府厅发〔2017〕72 号）等，制定本规划，指导江西今后（2019—2022 年）的冷链物流产业发展。

第一章　发展现状和形势

一、全省冷链物流发展现状

2017 年，江西省冷链物流总额 850 亿元，同比增长 18.1%；全省冷链物流总收入 54.23 亿元，同比增长 13.6%。全省生鲜食用农产品的综合冷链流通率 13.0%。果蔬、肉类、水产品冷链流通率分别为 3.9%、17.2% 和 10.1%；冷藏运输率分别为 4.9%，28.5% 和 12.7%；腐损率分别为 18.8%，10.0% 和 12.5%。冷链物流发展基础良好，主要体现在：

（一）冷链市场规模进一步扩大

1. 全省生鲜农产品资源十分丰富

江西地处北回归线附近，全省气候温暖，光照充足，雨量充沛，无霜期长，非常适宜农作物生长。全境土地肥沃，水资源丰富，有大小河流2400余条和全国最大的淡水湖鄱阳湖。全省森林覆盖率达63.1%，并居全国第1。农产品资源丰富，江西绿茶、赣南脐橙、南丰蜜桔、广昌白莲、泰和乌鸡、鄱阳湖大闸蟹等久负盛名，“三品一标”拥有量居全国前列。初步形成了粮食、油料、蔬菜、柑橘、茶叶、猕猴桃、生猪、水禽、大宗淡水鱼、特种水产等十大主导产业和特色产业。几个主要农产品和特色产业情况如下：

一是畜禽蛋奶加工业。以南昌、九江、抚州、赣州为主，加强屠宰加工工艺改造升级，引进先进的屠宰加工设施设备，重点发展冷鲜肉，加快肉制品精深加工开发，形成高温、低温、传统肉制品等系列产品。蛋品加工，在巩固发展传统的皮味蛋、咸蛋等基础上，大力开发蛋白粉、蛋黄粉、蛋粉等系列产品。乳品加工，巩固传统的乳品花色品种，发展适合不同消费者需求的特色乳制品和功能性产品；

二是水果加工业。以抚州、吉安、赣州、景德镇为主，加快脐橙、蜜桔、甜柚、早熟梨采后商品化处理生产线和贮藏保鲜库建设，促进果品采后商品化处理向内部品质无损检测分选升级，着力推进橙汁、橙汁原浆和脐橙醋等精深加工厂建设。

三是蔬菜加工业。依托环南昌优势产区、乐平优势产区、上饶优势产区、九江优势产区、萍宜新优势产区、鹰抚优势产区、赣州优势产区、永丰优势产区等“八个优势蔬菜产区”和白莲产区、食用菌产区、山药产区、水生蔬菜产区、西甜瓜产区等“五个特色蔬菜产区”，集中在产地打造一批速冻、冻干蔬菜加工企业。

四是水产品加工业。以南昌、九江、上饶为主，在环鄱阳湖区发展优势水产品（含珍珠、珍珠核和贝壳）加工与出口产业，在赣南、赣东北和赣东板块发展鳗鱼加工与出口产业，在赣中、赣西发展特色水产品加工与产品保鲜冷藏产业。

2. 居民消费升级对冷链物流发展的需求扩大

一是生鲜消费市场空间较大。据调查，目前全省果蔬冷链流通率仅为3.9%，居民对果蔬产品的需求逐年又在增加，其中以樱桃、葡萄、杨梅等高附加值水果和冷冻蔬菜为主。而且生鲜产品保质期短、损腐性高，全省果蔬冷链市场存在较大发展空间，特别是会进一步刺激产地型冷库的发展。

二是速冻食品行业加快发展。近年来，随着居民消费习惯的改变，冰箱的普及，以及火锅餐饮企业的快速扩张，对速冻食品的需求增长快速。与此同时，速冻食品企业技术投入增加，产品品种和质量提高，高中档产品发展势头迅猛，新市场不断开拓，速冻食品的快速发展对冷链运输的需求反过来进一步推动冷链行业信息化、现代化发展。

三是餐饮市场的快速发展。2017年全省餐饮市场增长平稳，餐饮业零售额达到805.8亿元，同比增长8.3%，其中外卖行业作为带动餐饮收入增长的主要业态之一，增长较快。从餐饮行业看，随着消费升级和市场规模扩大，餐饮企业的冷链物流体系进入了升级发展阶段，特别是共享型中央厨房和城市多温共同配送的发展，都对冷链设备、冷链运输等提出了更高的要求，倒逼全省冷链物流体系发展升级。

（二）基础设施不断完善

1. 冷链仓储情况

截至2017年年底，全省现有冷库容量达到129.3万吨，同比增长28%。在建冷库容量达到40.3万吨；规划冷库容量达到39.2万吨。多温库容量12.3万吨，气调库容量0.56万吨。全省人均冷库容量达到280吨/万人，低于全国平均水平18个百分点。从区域分布看，全省冷库主要分布在南昌市、九江市、新余市。从冷库类型看，目前全省冷链物流成“金字塔型客户”结构，分为七层。其中冷藏库和冷冻库占冷库总量的86%，仓储型、市场型、城市配送型、中央及区域配送型占据全省冷库数量的80%，运输和仓储市场良好。塔顶客户为高附加值的医药、餐饮连锁、快消品类，冷链物流多数采取外包形式；中间层级客户为工业制品和加工型乳制品、速冻米面食品类，是冷链物流竞争最激烈的市场；下层客户为食材型禽肉和水产类，塔底客户为果蔬、农产品类冷链物流依托生鲜电商平台发展最为迅速的市场。

据调查，全省生鲜农产品年产量超过2500万吨，通过冷链物流运往湖北、湖南、浙江、广东、福建、安徽等地区。

2. 冷链运输情况

至2017年年底，全省共有冷藏车747辆，其中新能源冷藏车63辆，冷藏车数量相比2016年增长40.15%，冷藏车每万人拥有量为0.16辆，低于全国平均水平；冷藏集装箱242辆，保温车106辆。冷链运输主要有公路、水路、铁路、航空及多种运输方式组成的综合运输。全省冷链运输以公路运输为主，2017年企业冷链物流运输总量351.7万吨，比上年增长24.4%。

（三）经营主体规模持续扩大

目前全省冷链物流企业类型主要集中在仓储、运输、生产、综合、平台和商贸服务型。其中综合型占比达54%；其次为仓储型和生产型，占比分别为21.3%和10.6%。冷链物流企业主营商品范围主要为果蔬类、肉类、水产品类、牛奶及乳制品类、速冻食品类等。其中覆盖最多的分别是速冻食品类、肉类、果蔬类、水产品类，超过半数冷链物流企业都涉及，这也与目前江西农产品产出类型以及居民的消费习惯基本相符。从冷链物流业务覆盖区域看，市内、省内和国内（主要是相邻省份）占据了近95%，其中与国内企业开展业务的冷链物流企业占比最高，达到55.3%，其次为省内和市内，比例分别为21.3%和18.1%。

近年来，全省引进和发展了一批综合型的冷链物流企业，一些传统企业也积极转型拓展冷链物流业务，第三方冷藏运输企业也应运而生，并得到较快发展。至2017年年底，中国物流与采购联合会评选公布的全国星级冷链物流企业江西省共有4家。

（四）企业经营状况稳中向好

2017 年全省冷链物流企业实现收入 47. 25 亿元，同比增长 19. 2%，物流企业成本 27. 89 亿元，同比增长 16. 8%，2017 年实现固定资产投资 8. 59 亿元，同比增长 15. 6%。冷链物流企业人均创造收入为 32. 14 万元，高于全省物流行业的 24. 72 万元。冷链物流企业利润率大多在 5% ~15%，占比达到 57. 3%，利润率在 0 ~5% 的企业占比 20%，另外还有 16% 企业处于亏损状态。

二、存在问题

近年来，全省冷链物流得到快速发展，涌现出一批冷链物流龙头企业，但全省冷链综合流通率只有 13%，冷链物流依然处于发展的初级阶段。主要体现：

（一）供需结构性矛盾突出

一是区域分布不均衡。全省已建成的冷链设施大多集中于以省会南昌为中心的赣北地区（冷库总容量占据全省 63%），人数占全省三分之一的赣南地区，冷库总容量仅占全省的 13%，比例偏低。二是冷库建设与实际需求不匹配。全省尚未形成多功能的区域性农产品冷链物流基地，缺乏城市大型生鲜产品配送中心。产地冷库建设相对滞后，部分地区消费型冷库存在低水平重复建设。三是冷链运输设备能力整体不足。公路冷藏及保温车数量偏低，冷藏车每万人拥有量仅为 0. 16 辆，远远低于全国每万人 1. 08 辆平均水平，难以满足江西省目前的冷链物流需求。

（二）硬件设施陈旧落后

大部分已建成冷库制冷设备陈旧老化，冷库场地、月台、库门等设计难以与物流标准化有效对接。多数企业仍使用传统的人工堆垛和人工搬运，装车多是在开放式月台而非具有降温设施的封闭式月台场所操作。冷库大多为高 4. 5 ~6 米的单层土建库，单层立体库建设较少，运营耗能较高。

（三）断链现象普遍

全省冷库设施发展较快，但其他环节相对薄弱，尤其是农产品物流上下游之间缺乏整体协调与规划，具体体现在：产品源头的产地预冷严重缺乏，冷藏运输率较低，在“最先一公里”环节品质难以得到保障；冷藏运力不足，运输、配送环节温控手段粗放，过程缺乏监控，专业冷链运输车辆难以满足现有冷库的配套需求，“板车 + 棉被”的运输方式依然存在；冷藏货物的装卸和进出冷库过程大部分都是在外置开放式月台下操作，处于断链状态。

（四）大型龙头企业缺乏

目前全省冷链物流企业多为中小企业，主要以区域性服务为主，经营管理粗放，整体效率不高，缺乏区域竞争力强、影响力大的冷链物流龙头企业，无一家中国百强冷链物流企业。由于企业规模小、分散经营，无法实现资源共享，各企业自建冷库使得企业运营成本居高不下。

（五）冷链物流信息化水平低

目前全省尚无冷链物流公共信息服务平台，信息共享滞后，冷藏车空置与供给不足同时存在，冷链运输资源浪费，冷链运输成本增加，阻碍了生鲜等农产品供应质量的提升。据统计，全省只有不到10%的冷链物流企业拥有一套完善的冷链信息系统。

（六）服务保障体系不健全

产地源头的预冷及城市配送的保障体系和冷链物流的快速发展不相适应，生鲜冷链配送“最先一公里”和“最后一公里”问题未能有效解决。支持冷链物流产业发展的金融服务不配套，规范冷链物流各环节市场主体行为的法律法规体系尚未建立，对冷链环节技术要求和标准的执行情况缺乏有效监督。企业对保证农产品鲜度和质量的重要性认识不足，新技术的应用意识不强，而且冷链专业技术、管理人才和操作技工紧缺。大部分消费者对温度变化影响食品鲜度和食品安全的程度认识不足。此外，全省对外开放口岸不具备冷链功能，无法承载肉类、冰鲜水产品等生鲜产品指定口岸的监管和查验职能。

三、加快冷链物流发展势在必行

随着经济社会的发展，全社会对食品等产品的营养、新鲜度及安全和质量提出了更高的要求。加快冷链物流发展可以最大限度保证产品品质和质量安全、降低损耗并防止污染，确保果蔬、肉类、水产品等生鲜农产品在生产、储藏、运输、销售到消费的各个环节中始终处于规定的低温环境下，减少流通过程中的产品损耗和质量下降，实现生鲜食用农产品跨区域流通、常年均衡销售，促进农民稳定增收，提高生鲜食用农产品的市场供给量，保障食品的质量与安全，切实改善民生，促进经济增长。全省作为农业大省，农产品冷链物流发展相对落后，产地型冷库严重缺乏，目前冷链物流体系发展远远不能满足居民消费需求，加快冷链物流发展势在必行。

（一）冷链物流市场潜力巨大

江西农业资源丰富，盛产蔬菜、水果、水产品、生猪、肉禽等各类农产品，2017

年全省各类农产品总量超过 4830. 8 万吨，其中，水果产量 455. 2 万吨，水产品产量 281. 4 万吨，蔬菜及食用菌产量 1490. 1 万吨，猪牛羊禽肉产量 332. 6 万吨。根据近三年江西省主要农产品产量数据显示，江西省主要农产品产量持续增长，2017 年全省农产品产量同比增长 2. 16%，同时果蔬、肉类、水产品产量一直保持较高产量产出，为全省冷链物流发展提供产地优势，对产地型冷库需求旺盛。而且作为农业大省，江西综合冷链流通率仅有 13%，冷链物流亟须发展。

（二）消费升级对冷链物流提出了新要求

近年来，居民消费逐步升级，对食品、药品和食用农产品领域的安全、质量、品质、营养、健康要求越来越高，这种市场信息将引导企业强化自身的供应链管理，并将企业品牌与食品、药品、食用农产品的质量更加紧密地结合起来，这种需求对冷链物流的需求发展潜力巨大。

（三）产业升级对冷链物流提供了新动力

全省作为农业大省，冷链物流建设是全省农业产业化发展重要的组成部分，也是发展现代农业的有效途径。农产品保鲜加工是农业生产的延续，是农业生产过程中的“二产经济”。全省大量的初级农产品几乎都是未经处理便投放市场，损耗率相当高，由此可见全省农产品保鲜加工市场潜力很大。从供应链前端、生产企业的推动发展产地型冷库，将有力促进水果加工业和蔬菜加工业两大产业发展。从产地保障果蔬农产品采后质量，提高冷链流通率，为生鲜农产品保值增值提供重要支撑，从而提高生鲜农产品经济效益，以经济效益带动产地型冷库建设，推动全省冷链物流快速发展。

（四）政府政策导向明显

冷链物流体系建设环节多，产业链长，是一个跨部门、跨行业、跨地区的系统工程，需要多方面的配合与支持。为促进全省冷链物流发展，2017 年 9 月江西省人民政府办公厅发布的《江西省人民政府办公厅关于加快发展冷链物流保障食品安全促进消费升级的实施意见》（赣府厅发〔2017〕72 号）中从建立健全冷链物流标准和服务规范体系、加强冷链物流基础设施网络建设、鼓励冷链物流企业经营创新、提升冷链物流信息化水平、加快冷链物流技术装备创新和应用、加大行业监管力度、创新管理体制机制、完善政策支持体系、加强组织实施等九方面针对冷链物流发展提出了具体的方向和要求。完善的政策导向为实现冷链物流“十三五”发展目标提供了强有力的保障。

第二章　指导思想、基本原则和发展目标

一、指导思想

深入贯彻落实党的十九大和十九届三中全会精神，全面落实“创新、协调、绿色、开放、共享”的发展理念，以适应市场需求、消费模式、产品流通方式转变为向导，以果蔬、肉类、水产品等农产品为主要品类，兼顾集体用餐及中央厨房配送的食品和半成品、医药等，以提高冷链流通率、降低冷链流通环节腐损率、构建全程冷链物流体系为重点，以保障消费安全、稳定市场供应和物价水平、促进农村经济发展为根本目的，通过政企结合、强化监管塑造良好的冷链物流发展环境，依靠现代信息技术、设施设备和手段，加快推进冷链物流标准化、信息化、智能化水平，全面提升全省冷链物流发展水平，促进农产品消费结构升级，助力农业供给测结构性改革和农业现代化。

二、基本原则

市场运作，政府引导。充分发挥市场在资源配置上的决定性作用，强化企业市场主体地位，形成社会化、专业化、集聚化、多元化发展格局。积极发挥政府在规划制定、政策引导、资金投入、公共服务、监督管理等方面的杠杆作用，激发企业活力，提升企业创新能力，促进冷链物流行业健康发展。

盘活存量，提升价值。充分整合、盘活现有闲置冷库、配送中心等设施设备，通过硬件改造、功能提升、技术升级，解决全省冷链发展不平衡问题，实现资源利用最大化。同时注重对绿色、环保设施设备和技术的使用，促进冷链物流业绿色发展。

示范带动，因地制宜。立足区域发展基础和条件，在不同产业、不同领域、不同层面，培育、认定、壮大一批冷链物流重点企业、重点项目和重点平台。结合市场需求及农产品特点，因地制宜发展农产品冷链物流。

双重驱动，打通链条。发挥新一代信息技术和改革创新在冷链物流发展中的驱动作用，提高冷链物流运作智能化、协同化水平，创新冷链物流发展模式，加快冷链物流与三产业融合发展，打通从源头到餐桌的冷链链条，培育冷链物流新业态和新经济。

三、发展目标

到 2022 年全省基本建成布局合理、设施先进、标准健全、绿色低碳、上下游衔接有序、功能完善、与江西省农业现代化发展相匹配、与居民需求相适应的冷链物流服务体系。

——冷链流通率大幅提高。全省果蔬、肉类和水产品的综合冷链流通率达 25% 左

右，果蔬、肉类、水产品冷链流通率分别提高到8%、35%、20%以上。

——产品腐损率明显下降。全省果蔬、肉类、水产品的采后腐损率明显下降，分别降至13%、8%、10%以下，分别比2017年低5.8个、2个、2.5个百分点。

——冷链物流设施水平显著提高。全省冷库容量达到250万吨，冷链运输车辆达到1500辆，冷链物流的信息化、自动化、智能化、标准化程度显著提高。

——加快冷链物流示范企业培育。在全省范围内积极培育和认定星级冷链物流企业30个，推动全省冷链物流发展水平的提高。

根据江西省冷链物流发展情况及全国增长趋势，预计2018年江西省冷库容量达到147.4万吨，冷藏车数量达到903辆，综合冷链流通率达到15%。江西省2022年冷链物流发展目标如下。

江西省2022年冷链物流发展目标

指标		2017年	2022年
冷库（万吨）		129.3	250
冷藏车（辆）		747	1500
综合冷链流通率（%）		13	25
冷链流通率（%）	果蔬	3.9	8
	肉类	17.2	35
	水产品	10.1	20
腐损率（%）	果蔬	18.8	13
	肉类	10	8
	水产品	12.5	10
星级冷链物流企业（个）		4	30

第三章　重点任务

一、扩大冷链物流市场体系

1. 加快发展产地冷链物流体系。积极发展现代农业，改变现有农业经营模式，发展农业产业园区+电子商务+物流的运营模式，保证农产品生产企业从源头开始，实现温度控制，发展冷链运输和低温销售，建立以生产企业为核心的冷链物流体系。适应标准化种植和现代农业发展需要，加强果蔬产地预冷、储存保鲜和低温运输，提高农产品附加值。加快产地农产品批发市场低温储藏保鲜设施建设，支持农产品批发市场、农产品生产流通企业建设具备集中采购、低温加工、跨区域配送能力的果蔬配送中心和中转保鲜库；积极与果蔬产地对接，在果蔬运输环节推广全程温控技术，建立面向销售终端的一体化冷链物流快速调配体系。

2. 引导流通领域冷链物流体系建设。鼓励大型连锁零售企业加快生鲜食品配送中心建设，在做好企业内部配送的基础上逐步发展为社会提供公共服务的第三方冷链物流中心。重点支持农产品城市配送的冷链物流配送体系建设，大力提升农产品冷链运输车辆匹配比例，推行农产品冷链城市配送车辆统一标识和车型标准化，推广具有常温、冷藏、冷冻等多温层功能农产品运输车辆。利用第三方物流，构建跨区域的农产品长途冷链物流体系。

二、优化冷链物流空间布局

综合考虑全省各区域当前和今后5年内农产品特色产业、生产布局、人口集中度、消费水平、消费习惯，兼顾现有冷链物流基础以及未来发展潜力，以满足生产、流通发展和消费需求为目标，进一步优化布局，逐步建立覆盖全省主要农产品产地和消费地的冷链物流基础设施网络。抓住国家级赣江新区建设和昌九一体化发展的重大契机，构建以昌九为核心，以赣中南、赣东北、赣东南、赣西四大发展地带为支撑的“一核四带”发展格局。

1. 昌九核心区。以南昌、九江为区域中心城市，发挥水空结合和南昌作为全国区域性物流节点城市、“一带一路”重要节点城市的优势，依托南昌昌北国际机场、九江港和南昌港，重点加快农产品冷链物流中心基地建设，推进周边县市（区）冷链物流园区、中心建设，配套完善多功能、标准化、国际化的冷链物流设施，提高铁路、公路、水路、航空冷链物流一体化运输服务能力，建成中部冷链物流集散分拨中心。

2. 赣中南。以赣州、吉安为区域中心城市，辐射闽粤湘交界地区市县。重点布局销区和物流枢纽城市低温物流园区、农产品产地低温集配中心和物流集散地的中转集中区，建成赣中南冷链物流中心。

3. 赣东北。以上饶、景德镇为区域中心城市，辐射浙皖交界地区市县。重点加快水产品生产基地、水产品加工基地、水产品批发市场、农产品批发市场冷链物流设施等建设，建成赣东北冷链物流中心。

4. 赣东南。以抚州、鹰潭为区域中心城市，辐射福建交界地区市县。重点加快冷鲜肉、低温肉制品加工基地，水果后商品化处理生产线和贮藏保鲜库农产品生产基地、农产品批发市场冷链物流设施等建设，建成赣东南冷链物流中心。

5. 赣西。以新余、宜春、萍乡为区域中心城市，辐射湖南交界地区市县。重点加快农产品生产基地、水产品批发市场、农产品批发市场冷链物流设施等建设，建成赣西冷链物流中心。

2020年前，各设区市至少建设或升级改造一个与本地产业布局和消费需求发展相适应，有特色和前瞻性的冷链物流中心，进驻生鲜农产品批零、低温仓储、冷藏运输配送、冷链流通加工、中央厨房等运营主体，汇聚商品交易、流通加工、低温仓储、运力调度、信息共享、集中配送等功能，做到既突出区域特色，又体现各板块互为配套、互为补充和互为带动。

三、优化农产品冷链物流体系

1. 预冷环节：鼓励果蔬种植、水产捕捞、畜禽屠宰企业选购适用型的冷水预冷、冷风预冷、真空预冷或混合预冷设备，解决产地源头预冷普遍缺失问题，把握收割、采摘、捕捞、宰杀后产品品质下降最快的 2 小时关键期。

2. 运输环节：推动企业尤其是第三方物流公司增加节能、环保、高效、安全的干线、末端低温运输工具，大幅度提升冷藏运输能力，减少“断链”；加强物联网技术在冷链运输过程中的应用，实现最佳运输线路的智能化匹配及冷藏运输温湿度的动态监控，加强对冷链运输车辆性能的检查，建立冷链车辆制冷保温性能年检制度，提高冷藏运输质量和效率。

3. 仓储环节：新建与改造提升并重。对设备老化、堆垛粗放、管理落后、事故隐患多的老旧冷库进行技术改造，推动配套建设封闭式装卸站台、电动滑升式冷藏门和防撞柔性密封口等设施，实现全封闭式作业。新建冷库重点发展多温库、气调库、立体自动化冷库等智能型高端冷藏设施。大力推进一批传统冷库的功能拓展，建设低温加工区、包装区、分拣区、配送区发展增值服务。鼓励利用物联网技术加强冷链仓储信息采集与处理，实现仓储管理的信息化、自动化运作。

4. 零售环节：推动零售商完善冷藏设施，扩大低温零售冷藏柜、冷藏展示柜规模，普遍建立规范的冷藏温度记录制度。发展企业间合作，开展统一配送。

四、完善冷链物流基础设施网络

1. 完善冷链配套设施建设。以解决制约冷链物流发展“最先一公里”和“最后一公里”问题为重点，优化冷链基础设施建设布局。鼓励产地批发市场、大型龙头企业和农民合作建设产地冷藏保鲜库，实现源头冷链错峰上市，提高农产品附加值。加快推进物流园区、农产品批发市场等冷链物流配套设施建设，支持大型连锁企业改造建设生鲜食品配送中心，提高集中配送能力。积极推进有条件的社区建设一批冷链储藏柜等新型社区化配送设施，满足居民对冷链农产品的需求。鼓励新技术新设备加快应用，推广标准化的车载冷藏箱、保温周转箱、冷藏快递储存箱等设施设备，发展城市“最后一公里”低温配送，实现农产品冷链物流供给与需求的无缝对接。

2. 加快冷库设施建设改造。结合各地农产品特点和实际需要，重点在农产品主产区加快建设一批结构合理、设施先进、节能环保、高效适用的冷藏冷冻库、产地冷链加工集配中心等设施。提升改造一批符合条件的中大型冷库，建设封闭式月台、电动滑升式冷藏门等设施，实现全封闭式作业，推进一批传统冷库功能拓展，建设低温加工区，发展增值服务，从单一功能的仓储型冷库向冷链加工配送处理中心转变。

五、加快推进冷链物流标准化建设

1. 强化标准宣贯实施力度。开展物流标准化专项培训工作。依托江西省物流标准化技术委员会，开展物流标准化专项培训工作。积极推行符合国际规范的质量安全认证和市场准入制度。加强《食品冷链物流追溯管理要求》《主食冷链配送良好操作规范》等国家标准、行业标准宣贯实施。实行食品全程监控与质量追溯制度并组织开展冷链物流相关国家标准、行业标准、地方标准的宣贯活动和“达标对标”活动，引导冷链物流企业自我声明公开服务标准。

2. 积极推进标准化建设。健全标准化建设的体制和机制，优化全省冷链物流标准化建设的顶层设计。构建更为全面、科学、合理、系统的物流标准体系，围绕需求和问题导向，制修订符合全省的地方标准，鼓励社会团体制定冷链物流团体标准，提高标准市场供给能力。构建冷链物流标准信息服务平台，向社会提供标准服务。

3. 开展标准化试点工作。提升企业在标准化活动的主体地位，引导和鼓励企业使用托盘、容器、包装等标准化运输工具，加大财政资金扶持力度，鼓励和支持企业按照规范化、标准化运作要求，建设全程温湿度自动监测、控制和记录系统，支持并鼓励冷链物流企业积极主导或参与国家标准和行业标准的制修订工作，强化研制标准的科学性和实际可操作性。积极推动全链条标准化设备应用。

六、积极推动冷链物流信息化建设

1. 建立健全冷链物流信息库。支持物流公共信息平台建立冷链物流子平台或冷链物流独立模块，推动建立冷链物流大数据库，并逐步与全国农产品冷链流通监控平台、国家交通运输物流公共信息平台、城市配送公共信息平台对接。实现上下游企业数据交换和信息共享，整合优化冷链物流资源，全面提升冷链物流业务管理的信息化水平。

2. 加快冷链流通追溯体系建设。以信息化为支撑，推广应用无线射频识别、二维码、电子标签、卫星定位系统、电子化运单、温湿度记录系统、物联网等信息技术，建立冷链流通的全过程质量安全管理体系和信息追溯体系，打造全程信息共享、可视化运营、全程追溯、不断链的冷链体系。

3. 推进冷链流通全程管控。大力推动供应链型冷链物流模式及电商型冷链物流社会化服务发展，打造全程冷链流通链条。加强物联网、云计算、大数据、移动互联等先进信息技术在农产品冷链物流领域中的应用，鼓励生鲜电商企业利用信息平台优势开展大数据分析，建立信息采集、交换、共享、追溯机制，合理安排采购、库存、配送，实现供与需、车与货等精准对接、精准服务。

七、加快培育第三方冷链物流企业

1. 引进大型冷链物流企业。积极争取省外境外冷链物流企业在全省设立分支机构或总部机构，鼓励实力雄厚、经营理念和管理方式先进、核心竞争力强的大型冷链物流企业来赣投资兴业。扶持省内现有物流企业发展，推进与国企、外企、民企三维对接，引进一批组织化程度高、专业服务能力强、辐射区域广、经营效益好的大型物流企业。

2. 整合优化冷链物流资源。通过参股控股、兼并联合、合资合作等方式，进行资产重组、业务融合和流程再造，通过兼并重组等方式，对分散的冷链资源进行整合，壮大企业规模和实力。鼓励企业参与全国星级冷链物流企业评定，在此基础上研究制定全省冷链物流企业评定标准，按照不同级别对相应企业给予一定资金和政策上支持。

八、推动冷链物流对外开放

1. 加快构建综合立体运输网络体系。发挥综合交通枢纽优势，依托高速公路、铁路、水路、航空等干线网络，积极推进赣欧班列、赣港班列、昌九、赣中南、赣东北、赣东南和赣西通道建设，构建全省冷链物流干支、空水地相结合的综合立体运输服务大通道。围绕国家“一带一路”发展战略，依托中欧班列（赣欧班列）铁路，加强与沿线国家及城市农产品贸易合作，大力发展进出口冷链物流。积极扩大果蔬、水产品等冷链农产品运输规模，增加全省冷链农产品输出品种，推动全省特色农产品国际化发展，构建全省国际冷链物流运输大通道。

鼓励铁路物流企业参与长距离、大规模冷链运输，在骨干铁路物流园区引进冷链物流企业建设冷库等设施，推动铁路与公路物流互补协调发展，根据市场需要实施开行鲜活农产品冷链运输班列。支持在昌北机场开通冷链运输航线。积极发展冷链物流多式联运。

2. 加快推进对外开放口岸冷链设施建设。支持江西指定口岸建设，在九江城西港海关监管作业场所、南康赣州港海关监管作业场所建设肉类冷链综合查验设施，促进肉类指定口岸的发展。在南昌昌北机场海关查验作业场所建设冻品、冰鲜综合查验设施，促进南昌水果、冰鲜水产品和食用水生动物等指定口岸发展。

九、推进冷链物流模式创新

1. 发展城市冷链共同配送。鼓励生鲜农产品经营主体加强与配送、快递等企业合作，支持华夏易通等企业开展多品种、小批量、多批次的冷链共同配送服务。发展“冷链配送＋连锁零售”“生鲜电商＋冷链宅配”“中央厨房＋食材宅配”“生产基地＋电商＋冷链快递＋智能菜柜”等新型业态模式，推动供货、运输、配送终端无缝衔接，形成“干线运输＋神经末梢”的冷链共同配送网络。

2. 实施冷链联盟行动。鼓励上下游企业加强冷链物流战略合作，加快建立一批贯通产业链上下游和同业企业间的“冷链联盟”，推动联盟内企业精细分工、流程再造，实现资源高效利用。

3. 加快推进融合发展模式。以农超对接为切入点，促进冷链物流与批发市场、大型超市、社区超市等商贸流通企业加强合作，助推冷链产品直销模式发展。以生鲜电商为切入点，促进冷链物流与综合电商平台、垂直电商平台等电商企业加强合作，助推冷链产品线上销售模式发展。

第四章 保障措施

一、加强组织领导

依托省现代物流工作联席会议制度建立升级冷链物流工作协调机制，加强协调配合。省发改、商务、农业等部门积极安排冷链设施建设项目扶持资金；省商务部门开展冷链物流情况调研，会同财政部门安排专项促进资金，与发改部门联合印发指导意见，牵头会同有关部门将冷链物流列入重点项目指导目录；省交通运输部门大力支持冷链物流基础设施项目；省市场监督管理部门出台食品冷库经营规范和监管指导意见，开展冷库及食品系列专项整治。各部门按照各自职能分工，共同推进规划的实施，协商解决冷链物流发展中的重点问题，统筹推进全省冷链物流发展工作，推动规划目标任务有效实施。

二、加大政策支持

一是进一步放宽冷链运输车辆的城市交通管制。对冷链物流企业、商贸企业、配送企业等，交通运输部门和公安部门科学合理规划其车辆在城区的行驶路线、停靠地点、停靠时段，充分给予城区通行权和停靠权；对从事生鲜农产品运输的企业，制定落实 24 小时进城通行和便利停靠政策。二是简化冷链物流企业设立前置审批手续。合理保障冷链物流车辆通行牌照发放数量，对跨区域运输车辆、个人挂靠车辆在审验、管理等方面予以更合理的政策管理制度。三是将冷链物流园区纳入国土空间规划。在用地布局、审批、土地登记方面予以倾斜，对具有物资批发、零售等市场交易功能外的冷链物流项目用地执行工业用地政策，鼓励利用旧工业厂房、仓储用房等存量房产改造建设冷链设施。四是充分用好优惠政策。全面落实鲜活农产品运输“绿色通道”政策。财政和税务部门继续落实物流业“营改增”税收政策，冷链物流企业过路过桥费、车辆保险费、场地租赁费等有效抵扣凭证按规定纳入进项税抵扣范围。五是加快出台冷链物流用能扶持政策。继续实施冷链物流相关企业用水、用电、用气价格与工业企业基本同价等冷链物流用能支持政策。

三、拓宽融资渠道

支持银行等金融机构对符合条件的冷链物流基础建设、信息平台建设等项目加大融资支持，并做好配套金融服务。鼓励民间资本进入冷链物流领域，以加快冷链物流企业发展壮大。积极支持符合条件的企业上市和发债融资，鼓励产业发展基金以及股权投资、创业投资、信用担保等机构面向冷链物流企业开展业务。支持符合条件的冷链物流企业申请专项建设资金。

四、完善监管机制

完善冷链物流相关法律法规，确定冷链物流市场准入和退出机制，将不达标的企业清退市场，明确规范社会化冷链物流力量权责利。充分发挥行业协会、研究机构、示范企业、产业联盟等产学研力量，加强冷链物流标准的执行力度和扩大实施范围，保障冷链产品的安全。提高行业安全监管技术和手段，建立冷链物流质量监管体系，逐步推行温度全程可追溯、可监控。对供应、批发、零售、仓储、运输、市场等责任主体的依法依规经营情况进行定期抽查，向社会公布抽查结果，力求信息透明，形成部门监督、公众监督、舆论监督齐抓共促的管控态势，营造冷链物流发展的良好环境。

五、加强宣传推广

加强冷链物流相关政策落实。借助相关行业组织力量对国家、省市所发布冷链物流相关政策性、优惠性文件进行宣贯、培训，让企业了解政策申报流程，积极参与政策落实工作。通过报刊、电视等传统媒体和移动互联网等新媒体强化对冷链知识、冷链政策及食品安全等公益性宣传，组织冷链物流专家开展冷链知识的科普讲座，在社区、学校、超市等地方张贴公益性宣传广告，提高社会公众对食品安全与冷链物流相关知识的认知度和关联度，改变消费者理念和生活习惯，从需求端倒逼冷链物流产业发展。

六、加快人才培育

加快冷链物流人才的培养，鼓励高等院校、中等职业（技工）学校增设冷链物流相关专业，发展职业教育和继续教育，重点培养冷链物流、冷链电商、冷链装备等方面的应用性人才。鼓励校企合作，设立实训基地，对冷链物流企业员工进行针对性培训，共同培养冷链物流人才。建立完善人才引进和激励机制，加大冷链物流业高层次创业创新人才引进力度，引进符合条件的冷链物流人才享受本省引进人才优惠政策。

七、健全统计分析

充分发挥行业协会作用，建立健全冷链物流行业统计制度，开展行业数据收集、分析、发布等基础工作。推动成立江西省冷链物流委员会，针对冷链发展存在问题提供技术指导。开展冷链物流核算等行业统计分析，为科学判断行业状况、预测发展态势，指导企业经营决策和政府部门制定行业发展政策提供依据。

数据统计报告

2019 年江西省社会物流统计核算情况报告

一、总体发展情况

国家和江西省委、省政府高度重视物流业高质量发展工作。国家发展改革委等 24 部门联合印发了《关于推动物流高质量发展促进形成强大国内市场的意见》（发改经贸〔2019〕352 号）。江西省政府结合全省实际，发布了《江西省人民政府办公厅关于印发江西省推动物流高质量发展促进形成强大国内市场三年行动计划（2020—2022 年）的通知》（赣府厅字〔2020〕27 号），全省物流行业发展提速，物流运行规模上升趋势明显，物流运行效率稳步提升，社会物流总费用与 GDP 的比率持续下降。

（1）社会物流总额稳步上升。2019 年全省社会物流总额 63557 亿元，同比增长 5.4%。其中工业品物流总额 43396 亿元，占全省社会物流总额 68.3%，同比增长 10.3%；农产品物流总额 2524 亿元，占全省社会物流总额 4%，同比增长 10.5%；区域外流入货物物流总额 16774 亿元，占全省社会物流总额 26.4%，同比增长 9.6%；单位与居民物品物流总额 231 亿元，同比增长 30.5%；再生资源物流总额 632 亿元，同比增长 33.6%。

（2）货运总量稳中有升。2019 年，全省货运总量 18.7 亿吨，同比增长 6.9%，货运周转总量 4965 亿吨公里，同比增长 9.6%。其中，铁路货运量 0.5 亿吨，周转量 563 亿吨公里，同比增长 6.2%；公路货运量 17 亿吨，同比增长 7.9%，周转量 4065 亿吨公里，同比增长 8.1%；水运货运量 1.03 亿吨，周转量 255 亿吨公里，同比增长 7.3%；港口吞吐量 1.9 亿吨，集装箱吞吐量 71 万标准箱，同比增长 13.5%；南昌机场货邮吞吐量 12.25 万吨，同比增长 48.3%，增速继续 2 年列全国省会机场首位；全省开行中欧班列 553 列，同比增长 173.76%；铁路国际集装箱吞吐量 3.87 万标准箱，同比增长 195%。

（3）邮政、快递业务快速增长。2019 年，全省邮政行业业务收入（不包括邮政储蓄银行直接营业收入）累计完成 139.03 亿元，列全国第 15 位，同比增长 19.6%；业务总量累计完成 230.18 亿元，列全国第 14 位，同比增长 30.3%。邮政寄递服务业务量累计完成 70330.68 万件，列全国第 14 位，同比增长 3.3%；邮政寄递服务业务收入 11.30 亿元，列全国第 14 位，同比增长 17.5%。快递业务量完成 77719.88 万件，列全国第15位，同比增长25.5%；业务收入84.30亿元，列全国第16位，同比增长25.7%。

（4）物流费用逐年下降。2019年，全省物流业增加值1730亿元，同比增长11.9%，占全省服务业增加值的14.7%。全省社会物流总费用4036亿元，同比增长7.6%，与GDP比率为16.3%，同比下降0.2个百分点。其中运输费用2545亿元，占比63.1%，同比增长7.8%；保管费用1070亿元，占比26.5%，同比增长10%；管理费用419亿元，占比10.4%，同比增长13.6%。社会物流总费用与GDP比率实现连续7年下降，从2012年至2019年下降共达3.2个百分点。

二、产业发展情况

（1）主营业务收入稳步增加。2019年全省物流业收入3061亿元，较上年同期增长7.6%。其中运输收入2254亿元，增长8.7%；保管收入807亿元，增长4.9%。

（2）产业投资平稳增长。2019年，全省交通运输、仓储和邮政业固定资产投资超千亿元，较上年同期增长10%。

（3）物流枢纽建设加快。2019年9月，赣州商贸型物流枢纽入选国家首批23个物流枢纽建设名单，南昌、九江和鹰潭正在积极申报2020年国家物流枢纽建设项目。

（4）物流企业持续壮大。2019年，全省A级物流企业总数达220家，其中5A级3家，4A级88家，3A级75家，2A级52家，1A级2家。

附件：

2019年江西省物流统计数据

指标	本期（亿元）	同比增长（%）
社会物流总费用	4036	7.6
其中：运输费用	2545	7.8
保管费用	1070	10.0
管理费用	419	13.6
社会物流总额	63557	5.4
其中：农产品物流总额	2524	10.5
工业品物流总额	43396	10.3
区域外流入货物物流总额	16774	9.6
再生资源物流总额	632	33.6
单位与居民物品物流总额	231	30.5
物流业总收入	3061	7.6
物流业增加值	1730	11.9

（江西省发展和改革委员会　杨大玮）

2019 年江西省商贸物流运行情况报告

2019 年，消费领域商贸物流需求保持平稳增长，重点领域、重点行业加快创新融合，与民生相关的快递、电商、餐饮、冷链、医药物流保持快速增长，市场需求出现新增长点。

一、商贸物流加快增长

（一）商贸物流需求旺盛

根据《商贸物流发展“十三五”规划》，商贸物流是指与批发、零售、住宿、餐饮、居民服务等商贸服务业及进出口贸易相关的物流服务活动。按照行业定义、新兴业态发展和《社会物流统计调查制度》核算方法，将商贸物流总额分为批发业物流总额、零售业物流总额、网络零售物流总额和外卖配送物流总额四大部分。

经测算，2019 年江西省商贸物流总额 1.53 万亿元，同比增长 12.4%。从构成看，批发业物流总额 7813.5 亿元，同比增长 11.5%，占全省商贸物流总额 51.0%；零售业物流总额 6568.11 亿元，同比增长 11.9%，占全省商贸物流总额 42.9%；网络零售物流总额 903.72 亿元，同比增长 26.9%，占全省商贸物流总额 5.9%；外卖配送物流总额 25.50 亿元，同比增长 28.2%，占全省商贸物流总额 0.2%。

商贸物流需求增长快于全社会物流需求增长。2019 年全省社会物流总额 63557 亿元，同比增长 5.4%，低于商贸物流需求增长率 7 个百分点。

（二）消费零售物流需求增长较快

消费与民生领域物流需求仍是增长的重要动力。2019 年，全省社会消费品零售总额达到 8421.60 亿元，同比增长 11.3%。其中，实物商品网上零售额同比增长 26.9%，增速比社会消费品零售总额高 15.6 个百分点，占社会消费品零售总额的比重达 11.2%。

在消费市场带动下，2019 年全省单位与居民物品物流总额 231 亿元，增长 30.5%，比社会物流总额增速高 25.1 个百分点，其中与居民高质量生活消费相关的冷链物流需求增长 13.7%。受电商消费拉动，全省快递业务量 7.77 亿件，同比增长 25.5%；业务收入 84.30 亿元，同比增长 25.7%。

（三）进口物流增速略有回落

2019 年，全省货物进出口物流总额 3511.90 亿元，比上年增长 11.1%，增速上升 6 个百分点。其中，出口货物物流总额 2496.50 亿元，同比增长 12.3%，增速上升 11.6 个百分点。分贸易方式看，一般贸易出口 2010.10 亿元，同比增长 3.6%；加工贸易出口 460.50 亿元，同比增长 76.1%。分重点商品看，机电产品出口 1264.40 亿元，同比增长 36.4%；高新技术产品出口 709.30 亿元，同比增长 98.7%。分国别（地区）看，对东盟出口 487.80 亿元，列第 1 位，同比增长 20.7%；对欧盟出口 406.40 亿元，列第 2 位，同比增长 32.4%，对美国出口 356.10 亿元，列第 3 位，同比下降 3.7%；对“一带一路”沿线国家出口 903.50 亿元，同比增长 15.1%，高于全省平均增幅 2.8 个百分点。进口货物物流总额 1015.50 亿元，同比增长 8.2%，增速下降 9.1 个百分点。进口物流需求放缓一方面受基数较高影响，另一方面也受到国际经贸摩擦加剧的冲击。

（四）社会货物量平稳增长

2019 年，全省货运量完成 18.7 亿吨。其中，公路货运量 17 亿吨，铁路货运量 0.50 亿吨，同比下降 1.6%；水运货运量 1.03 亿吨，同比下降 10.0%。民航机场货邮吞吐量 13 万吨，同比增长 42.1%。其中南昌机场货邮吞吐量 12.25 万吨，同比增长 48.3%。港口货物吞吐量 1.9 亿吨，同比增长 64.1%。九江港完成货物吞吐量 15274.53 吨，同比增长 11%；完成集装箱吞吐量 52.14 万标准箱，同比增长 21.4%。南昌港完成货物吞吐量 3827 万吨，同比增长 32.7%。

2019 年，全省完成集装箱吞吐量 18.80 万 TEU，同比下降 2.2%；赣欧班列开行 553 列，增长 173.8%；铁海联运班列开行 1605 列，增长 50.8%。水运口岸完成进出口货运 343.42 万吨、21.73 万重标准箱，分别同比增长 11.1%、5.3%。

（五）商贸物流市场主体不断壮大

近年来，全省商贸物流企业呈快速发展态势。2019 年，全省 50 个物流产业集群入驻物流企业 19560 家，占全省总量的 84.4%；全省 A 级物流企业总数达 220 家。其中，5A 级 3 家，4A 级 88 家，3A 级 75 家，2A 级 52 家，1A 级 2 家；全国零担物流企业 30 强 1 家，全国冷链 100 强企业 2 家。全省 50 个物流产业集群内物流企业从业人员总数为 106.60 万人，同比增长 2.9%。

（六）城乡高效配送试点城市不断扩大

2019 年，根据商务部等五部委的要求，在全省范围内开展城乡高效配送试点工作，抚州、鹰潭列为省级城乡高效配送试点城市，鹰潭、宜春、赣州列入全国首批城乡高效配送试点城市，试点城市数量在全国与山东、江苏并列第 1 名。

二、商贸物流效率稳中有升

重点企业调查数据显示，2019 年商贸企业物流费用率为 7.6%，比上年下降 0.2 个百分点，比工业企业物流费用率低 1.7 个百分点，显示出商贸物流效率不断提升。

2019 年，全省商贸物流总费用 1341.84 亿元，同比增长 18.5%，全省社会物流费用与 GDP 的比率为 16.3%，同比下降 0.2 个百分点。

从全省商贸物流费用构成的情况看，基本特征如下。

（1）商贸运输费用。2019 年，全省商贸运输费用 995.29 亿元，同比增长 19.9%，占商贸物流总费用的 74.2%。商贸运输费用与 GDP 的比率为 4.0%，较上年上升 0.24 个百分点。

（2）商贸保管费用。2019 年，全省商贸保管费用 247.62 亿元，同比增长 16.7%，占商贸物流总费用的 18.4%。商贸保管费用与 GDP 的比率为 1.0%，较上年上升 0.16 个百分点。

（3）商贸管理费用。2019 年，全省商贸管理费用 98.93 亿元，同比增长 12.8%，占商贸物流总费用的 7.4%。商贸管理费用与 GDP 的比率为 0.4%，与上年基本持平。

三、商贸物流重点领域运行情况分析

（一）电商物流保持增长

一是对物流需求拉动不断增长。在大宗商品需求回落的背景下，快消、冷链、医药、电商、快递、零担物流等业态持续增长，传统商超线上线下全面融合，消费物流需求增长势头良好，对物流业发展支撑作用明显。2019 年，全社会消费品零售总额为 8421.6 亿元，同比增长 11.3%，在网络购物和电商促销拉动下，2019 年实物商品网上零售额 903.72 亿元，同比增长 26.9%，占商贸物流总额比重为 5.9%。

二是电商协同不断拓展。多产业融合发展蓬勃兴起，全省邮政快递企业服务近 10 万家电商企业，涌现宜春铜鼓捷一公司等一大批协同发展的骨干企业，为“赣品网上行”提供优质高效寄递服务，全年支撑网上零售额 1200 亿元。跨境寄递业务量达到 1197 万件，支撑跨境网购零售额 25 亿元。2019 年，全省快递服务企业业务量完成 77719.88 万件，全国排第 15 位，同比增长 25.5%；业务收入完成 84.30 亿元，全国排第 16 位，同比增长 25.7%。

（二）餐饮物流持续增长

餐饮物流是消费领域物流的重要组成部分，是商贸物流需求增长的重要动力，随着供应链不断完善和居民消费习惯的改变，餐饮物流呈现需求稳中有升、食品安全优先、效率服务并举的发展特征。

一是需求总量保持规模增长。据江西省统计局统计，2019 年全省餐饮收入 1095.4 亿元，同比增长 15.5%，比社会消费品零售额增长高出 4.2 个百分点，餐饮行业收入占全社会零售总额的比重为 13.0%。

二是外卖物流高速增长。2019 年外卖市场物流需求保持良好态势，全年商贸物流中外卖配送物流总额达到 25.5 亿元，同比增长 28%。

三是效率和服务品质提升。随着大数据、云计算产业的快速发展，信息化、数字化供应链更加适合餐饮业高流动性的消费应用场景，以江西良膳餐饮管理有限公司、江西启程科技有限公司等公司为代表的“中央大厨房”模式，在实体店中前端农产品采购、原辅料加工、物料分拨、食材储存中转等生产服务环节，采用智能化供应链服务平台均可对全链条进行控制，大幅度降低采购成本和物料冗余成本。在后端销售环节，利用大数据和人工智能分析和预判，综合形成以订单需求驱动的餐饮物流运营体系，形成全过程质量可靠、全流程运行高效、全链条成本较低的餐饮物流供应链体系，实现物流效率和服务品质的同步提升。

（三）冷链物流稳中向好

一是农产品冷链物流需求迫切。据统计，2019 年全省水果产量 474.30 万吨，同比增长 0.9%。蔬菜及食用菌产量 1581.80 万吨，同比增长 2.9%。猪牛羊禽肉产量 298.10 万吨，比上年下降 8.0%。其中，猪肉产量 206.80 万吨，同比下降 16.1%；牛肉产量 13.10 万吨，同比增长 5.5%；羊肉产量 2.30 万吨，同比增长 10.0%；禽肉产量 75.90 万吨，同比增长 20.2%。禽蛋产量 57.20 万吨，同比增长 21.7%。牛奶产量 7.30 万吨，同比下降 24.4%。水产品产量 258.80 万吨，同比增长 1.1%。农产品产量持续增长，不仅可以满足人民生活需要，还可以有力带动冷链物流快速发展。

二是冷链物流运营情况良好。据初步统计，2019 年，全省冷链物流总额达到 1110.28 亿元，同比增长 13.7%；全省冷链物流收入 77.50 亿元，同比增长 16.2%。全省冷库容量达 160.70 万吨，同比增长 12.0%。冷库每万人拥有量为 320 吨。冷藏车辆近 1180 台，同比增长 25%。冷藏车每万人拥有量为 0.2 辆；全省企业冷链物流运输量 466.30 万吨，同比增长 15.0%。全省现有冷链物流企业 152 家，星级冷链物流企业 4 家，其中 4 星级冷链物流企业 2 家，3 星级 2 家，冷链物流企业全国百强 1 家。

（四）医药物流初见成效

当前，医药产业链可以分为生产、流通、消费三大环节，而医药物流承载着药品、医疗器械等在空间上的转移，贯穿于整个医药产业链中，为医药行业的流通与发展贡献了不可磨灭的力量。医药物流依托一定的物流设备、信息技术和营销管理系统，有效整合了药品生产、销售网络中的上下游资源，通过优化药品供销配送环节的验收、储存、分拣、配送等作业过程，提高订单处理能力，减少库存和缩短配送时间，降低流通成本，提高服务水平和资金使用效益，实现的自动化、信息化和效益化。

一是医药物流需求规模逐步扩大。受到政策利好推动及下游医药流通规模不断扩大的影响，医药物流的需求不断增长。2019 年，中西药品类零售额 118.90 亿元，同比增长 24.6%，增速同比上升 9.9 个百分点。从物流环节来看，医药物流运输占据了医药物流总额的 56%，是医药物流行业中的主要环节；居第 2 位的是仓储管理，比重约为 23%；其余部分（流通加工、装卸搬运、信息服务、包装等）占比均不超过 10%。

二是医药物流产业链加快转型。“两票制”的推行，使医药供应链链条缩短，链条节点上的医药生产、医药流通、终端结合更加紧密，规模性生产企业拥有更强优势，部分传统医药生产企业向物流服务商转型，如五洲医药、仁翔药业等企业通过建立智能化现代医药物流基地，采用“货到人”拣选、全自动码垛收货等先进技术，依托自建物流配送体系，服务上游的药品制造企业、药品厂家及下游终端客户、医院、乡镇卫生院等，形成辐射全省的药品配送网络，配送效率大大提高，医疗服务水平得到提升，供应链扁平化趋势显著，呈去中心化。

四、重点商贸物流企业盈利水平回升

2019 年，企业业务收入和成本均呈现平稳增长，但收入增速要高于成本，从利润情况看，盈利能力较去年同期有所提高，反映企业经营状况良好。

（一）重点企业收入增长快于成本增长

2019 年，重点物流企业累计实现物流业务收入同比增长 10.0%，分企业类型看，综合型物流企业业务收入占 67.5%，同比增长 11.9%；运输型物流企业业务收入占 26.5%，同比增长 6.0%；仓储型物流企业业务收入占 6.0%，同比增长 6.1%。

2019 年，重点物流企业物流业务成本同比增长 7.8%，增速比物流业务收入低 2.2 个百分点。分企业类型看，综合型物流企业业务成本占 64.5%，同比增长 6.9%；运输型物流企业业务成本占 30.1%，同比增长 10.2%；仓储型物流企业业务成本占 5.4%，同比增长 5.5%。

（二）企业盈利水平缓慢增长

2019 年，重点物流企业实现业务利润同比增长 4.1%。分企业类型看，综合型物流企业业务利润同比增长 5.7%，运输型物流企业业务利润同比增长 3.6%，仓储型物流企业业务利润同比增长 2.1%。

五、2019 年江西省商贸物流发展问题

总体来看，伴随着全省经济的平稳运行，商贸物流实现了较快发展，需求结构持

续优化，运行效率有所改善，但仍存在一些问题阻碍商贸物流走向高质量发展。

（一）基础设施网络不完善

（1）物流枢纽建设滞后。全省列入物流枢纽承载城市的有4个，在中部地区居第5位；河南（6个）、湖南（5个）、湖北（5个）、安徽（5个）、山西（2个），南昌、九江、赣州、鹰潭4市尽管入选成为国家物流枢纽承载城市，但货运枢纽建设薄弱。如赣州南康家具物流产业集群依靠赣州港实现了公铁联运，但一直没有建设具备货物集散功能的综合性物流园区，使得家具货物集散效应不强，赣州市区域性物流中心作用发挥不够。

（2）城乡配送网络不完善。全省129个大型零售企业自建配送中心，政府均未参与投资建设，不具有公共配送中心属性。如南昌华润万家配送中心为自身24个门店提供配送，尚未对外开放。南昌百货大楼配送中心有自营配送中心，为自有门店提供配送。沃尔玛、家乐福、欧尚、麦德龙、大润发等大型商超在南昌均未建自营配送中心，由其区域性配送中心提供配送服务或供应商自配，配送频率较高给南昌市交通增加了很大的压力。快递末端网点都由各快递公司自行投资布点，不具备公共属性，无法共享。

（二）产业集聚作用不明显

（1）物流园区企业入驻率不高。全省除南昌银燕物流园（占地400多亩，可容纳企业800多家，入驻企业500多家，企业入驻率62.5%）外，其他物流园区企业入驻率普遍较低。如吉水县金鸿马物流园占地200亩，可以容纳物流企业150家，实际入驻企业28家，入驻率18.7%。井冈山经济技术开发区综合物流中心占地417亩，可以容纳物流企业300家，实际入驻企业73家，入驻率24.3%。而湖南省一力物流园占地1548亩，可容纳企业2400家，入驻企业达2000余家，入驻率达83.3%。

（2）具有引领示范带动作用的龙头企业不多。商贸物流企业实力总体偏弱，难与国内知名商贸物流企业相抗衡。运营网络在本省多，全国少，全球零，参与全球、全国商贸产业链分工不多。具有区域性影响力、辐射力的龙头企业更少，全省商贸物流企业整体上不强，知名度不高，对经济带动作用不够。全省A级物流企业数量在中部地区居第3位，其中5A级物流企业只有2家，在中部地区居第6位，湖北（17家）、湖南（13家）、河南（10家）、安徽（3家）、山西（3家）。全省尚无物流企业进入全国物流企业50强，但湖北有2家（国药控股湖北有限公司、武汉商贸国有控股集团有限公司）进入全国物流企业50强，湖南1家（湖南星沙物流投资有限公司）进入全国物流企业50强。

（三）物流标准化水平不足

（1）物流标准体系建设滞后。全省物流标准化体系建设刚起步，物流行业地方标准、团体标准发展规划还未制定。企业参与地方标准、团体标准（比如冷链物流标准）积极性不高，不愿意主动承担标准制定工作。2019 年，全省物流行业地方标准只有 2 项，团体标准暂未出台。

（2）企业物流标准化意识不强。全省多数企业物流标准化意识淡薄，缺乏对物流标准化的认识。全省 1200mm × 1000mm 标准化托盘普及率为 21%，比全国平均水平（28%）低 7 个百分点，省内企业带托运输率约 5%。除南昌市、九江市物流标准化试点企业以外，大部分企业仍习惯使用非标托盘。部分企业标准化托盘（或周转箱）在内部使用较多，与上下游产业供应商之间的循环共用较少。

六、2020 年江西省商贸物流发展建议

（一）构建城乡配送网络

一是加强物流基础设施建设。按照《城乡配送绩效评价指标体系》要求，引导全省深入实施城乡高效配送专项行动，重点推动鹰潭、宜春、赣州三个全国首批城乡高效配送试点，重点建设一批城市物流中心、公共配送中心、快递分拣中心、货运集散中心、冷链物流中心等基础设施，形成省、市、县三级物流中心及配送中心体系。

二是优化和整合全省城乡高效配送网络。通过实施城乡高效配送专项行动，构建区域性物流园区、城市物流中心、县域物流中心、乡镇服务网点城乡网络体系。重点推动城市配送体系建设，在快速消费品、生鲜食品、药品、家用电器、电商等领域开展共同配送。搭建物流公共信息平台，建设城市运力调度中心。推动城市配送车辆标准化，实行“统一标识、统一车型、统一标准”，对配送车辆停靠作业和通行提供便利。创新配送组织方式，发展共同配送、夜间配送、统一配送；推广“网订店取”“自动取货柜”等无接触配送方式，通过统仓共配提升物流配送效率。

（二）完善重点产业链

一是分销型物流产业链。一要通过建设高标准商业综合体，实现多业态商贸流通发展。二要通过与知名电商企业合作，利用完善的物流体系，推动赣品网上行。结合商贸流通、电商等领域产业特点，以物流为纽带，发展分销型物流产业链，将线上和线下融合对接，实现全省商贸物流高质量发展。

二是批发市场物流产业链。对大型商品批发市场进行提升改造，按照第六代市场模式建设商城式市场，打造线下商品批发市场，建设统仓共配批发市场物流体系。利用电商平台和互联网优势，鼓励和支持批发市场、连锁超市等商贸流通企业利用实体品牌，打造网上购物品牌，打造线上批发市场，即“新批发”。通过物流将生产、批发市场、经销商、电商平台、门店和消费者有机衔接起来，构建批发市场物流产业链，提高商品交易效率。

三是冷链物流产业链。建立肉类、水产品、果蔬、药品冷链物流体系。加强农产品批发市场和配送中心冷藏设施建设，扩建、新建一批标准冷库，配备专用冷藏车。大力推进“农超对接”，实现从产区到零售终端的全程冷链物流直供模式。指定部分信息化水平高，仓储条件好的第三方物流企业承担保供任务，建立物资采购、运输、储备、装卸、包装、流通加工、配送以及信息处理等应急物流体系，提高对战争、灾害、重大疫情等突发性事件的应对能力。打通冷链物流产业链各个环节，在保障食品药品安全的前提下提高冷链物流效率，推动全省冷链物流高质量发展。

四是口岸物流产业链。发挥国家内陆开放型经济试验区的政策优势，发展口岸物流，推动口岸通关“一体化”。进一步优化赣欧班列开行，增加赣欧班列开行国家和线路，逐步实现双向开行平衡。推动铁路口岸发展，加快推动南昌铁路口岸二期工程建设，发展汽车、肉类、化妆品、生鲜、水产品进境指定口岸。开行内贸铁路班列和“点对点”“门到门”集装箱快速班列。推动航空货运发展，加快南昌机场三期工程建设，推动赣州黄金机场对外开放，增开国际货运航线，增加全货机数量。推动宜春明月山、吉安井冈山、九江庐山、景德镇罗家、上饶三清山等机场扩大支线航空货运业务。

（三）培育链主型企业

在快消品、农产品、冷链、药品、家电、电商等领域培养一批链主型企业。扩大A级物流企业队伍，争取更多的企业进入4A级以上行列，并新增若干家5A级物流企业。引进全国物流企业50强、行业30强和5A级物流企业来赣投资。一是推动以华润万家、煌上煌、绿滋肴、坚强百货、五洲医药等为代表的分销型物流企业做大做强，提高区域影响力；二是推动以洪城大市场、深农批等为代表的批发市场提高综合服务能力，扩大业务辐射范围；三是推动以南昌肉联厂、玉丰实业、新雪域等为代表的冷链物流企业创新经营模式，提高物流服务质量；四是推动以南昌龙头港、上港集团九江港务有限公司、赣州港、上饶海港等为代表的口岸物流产业链重点商贸物流企业优化作业流程，提高工作效率，提升服务能力。

（江西省物流与采购联合会 胡冲 彭国余）

2019年江西省物流业景气指数运行情况报告

2019年，江西省物流业景气指数平均值为52.6%，其中上半年平均值为51.8%，下半年平均值为53.5%，显示出全省物流运行相对稳健，年内物流活动虽有所波动，但下半年缓中趋稳、稳中有进的态势逐步显现，年底指数有所回升，实现良好收官，有力推动了全省经济总体平稳、稳中提质的良好发展。

分月看，全年指数最低点出现在2月，反映出物流业受春节假期等因素影响，物流活动活跃水平较低，3月、4月因为生产活动的陆续恢复，指数逐步回升，之后受多雨高温等天气影响，物流活动趋于平稳，随着“金九银十”和两节传统旺季来临，指数扭转了连续三个月的回落走势，恢复至较高景气区间运行，临近年底，得益于国际贸易环境趋于稳定以及消费市场持续繁荣，物流活动更加活跃，指数回升至年内最高水平（见图5－2－1）。从行业看，公路、铁路运输业保持稳定，水路运输业有所放缓，航空物流需求增长迅猛，指数全年保持在56%以上高扩张区间运行，邮政业指数高于行业平均水平，延续良好发展态势。从品种上看，大宗商品中钢材、建材、有色金属等物流活动活跃；快消品、农产品和电子设备等物流需求旺盛；汽车行业因市场需求低迷，物流活动活跃水平有所回落。

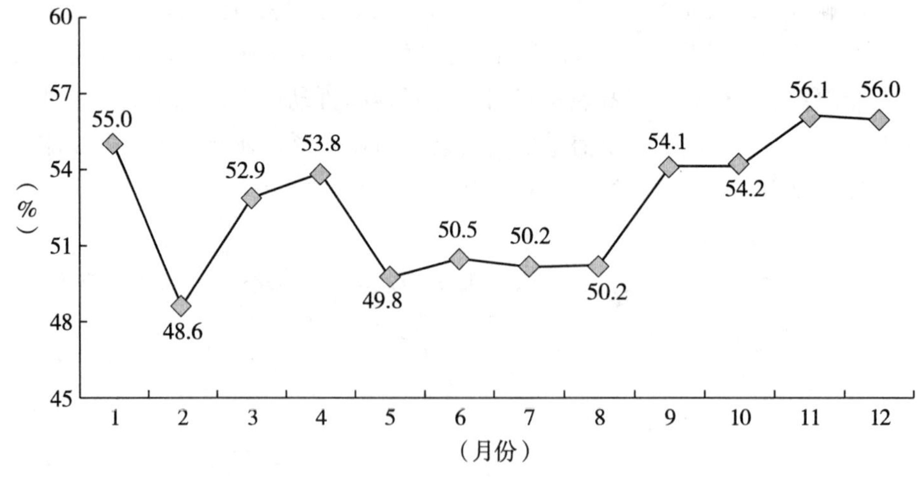

图5－2－1　2019年江西省物流业景气指数情况

2019年，面对复杂严峻的外部环境和经济下行压力，指数相比前两年虽然有所回落（见图5－2－2），但始终处于扩张区间内，说明随着全省物流基础设施的不断完善，减税降费政策的不断落实，营商环境的不断改善，运输结构的不断优化，物流运行的内在稳定性和韧性在持续增强，逐步从高速增长转为高质量发展。

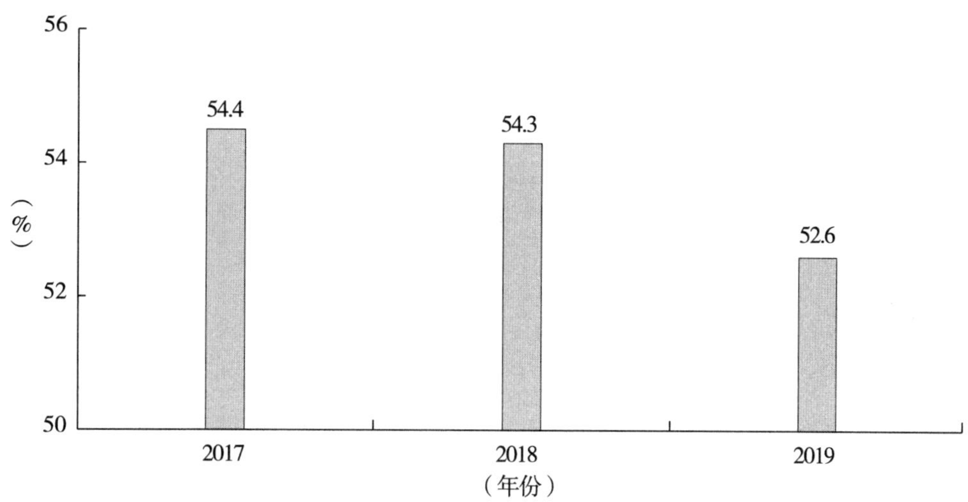

图 5－2－2　2017—2019 年江西省物流业景气指数平均值

一、业务量保持扩张，需求进一步优化

2019 年，业务总量指数平均值为 52.6%，同比回落 1.7 个百分点，新订单指数平均值为 52.7%，同比回落 0.5 个百分点，均处在扩张区间（见图 5－2－3）。分行业看，公路运输需求增幅在收窄，铁路运输需求基本保持稳定，水路运输需求有所回落，但港口集装箱吞吐量需求增长较快，航空物流需求持续旺盛。

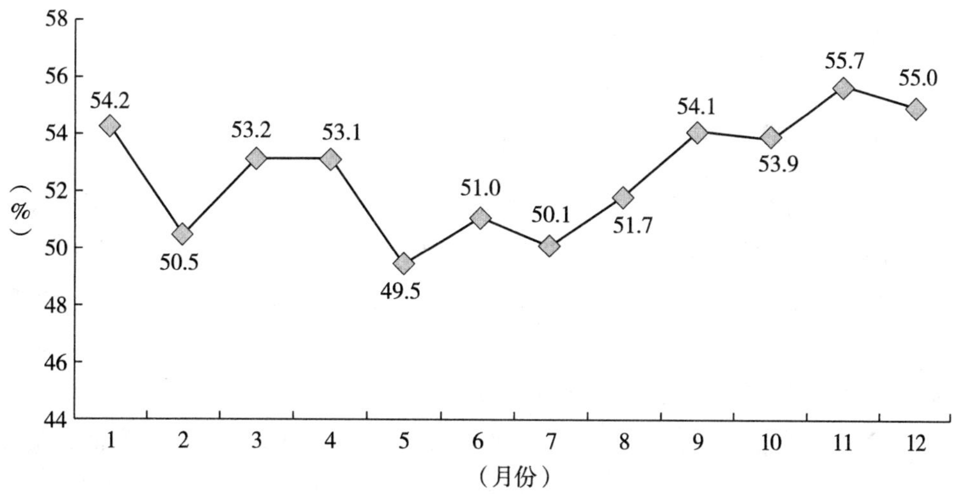

图 5－2－3　2019 年江西省物流业景气指数新订单指数情况

二、新旧动能转换加快，消费拉动作用提升，库存结构更加合理

从平均库存量看，指数平均值为 51.6%，同比回升 0.6 个百分点，上半年受业务总量增速回落影响，仓库平均库存量减少，平均值为 49.9%；下半年随着一批重大工业项目相继投产和消费市场提质扩容，平均库存量指数提升至 53.4%。从库存周转情况看，库存周转次数指数平均值为 52.5%，比上年同期回落 1 个百分点，指数虽然有所回落，但仍位于扩张区间，表明供应链上下游活动比较活跃，企业库存周转速度处于较好水平。从品种上看，以电子设备、航空器材为代表的新动能产品以及和民生相关的农产品、快消品库存量及库存周转次数指数均在 55% 以上高景气区间，危化品库存量及库存周转次数指数有所回落（见图 5－2－4）。

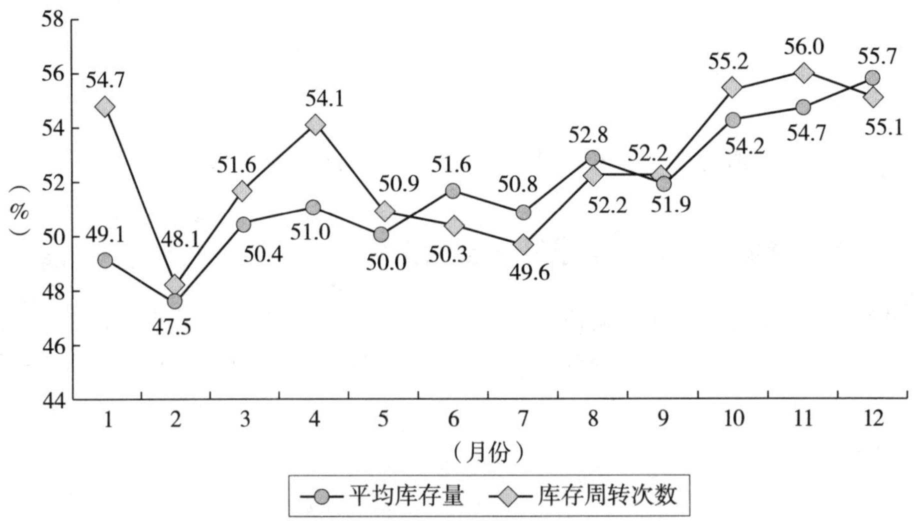

图 5－2－4　2019 年江西省物流业景气指数平均库存量与库存周转次数指数情况

三、逆周期调节政策发力，保障企业趋稳运行

2019 年，物流服务价格指数平均值为 50.6%，较上年同期回落 0.8 个百分点；主营业务利润指数平均值为 49.9%，较上年同期回落 0.4 个百分点；主营业务成本指数平均值为 56.8%，较上年同期回落 1 个百分点。在物流总量增速回落、行业价格竞争日趋激烈的情况下，因为一系列减税降费等逆周期调节政策的实施，企业经营成本得以下降，运营情况保持相对稳定（见图 5－2－5）。

从资金周转情况看，受益于江西省内加大金融机构向小微企业和民营企业发放贷款，降低企业融资成本等政策逐步落地，以及 2019 年年内央行几次定向降准的实施，企业资金状况有所改善，资金周转率指数平均值为 53.1%，同比回升 0.1 个百分点（见图 5－2－6）。

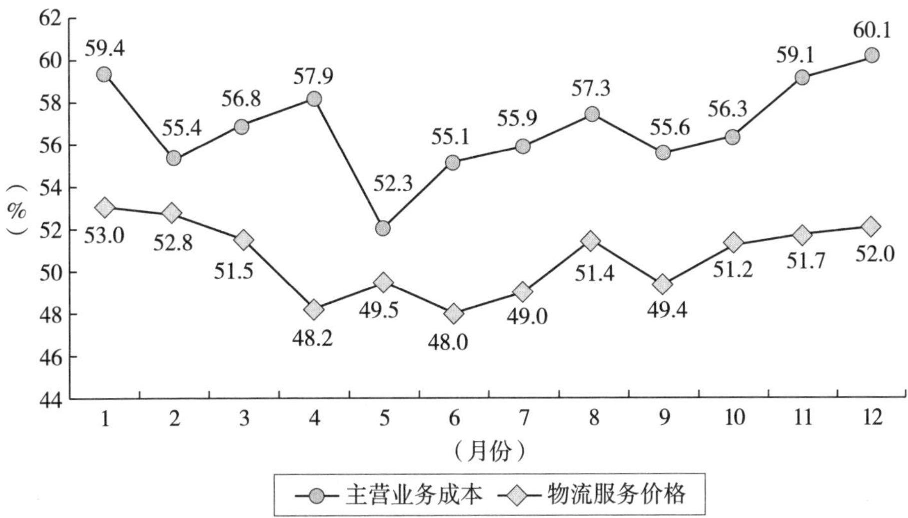

图 5－2－5　2019 年江西省物流业景气指数物流服务价格、主营业务成本指数情况

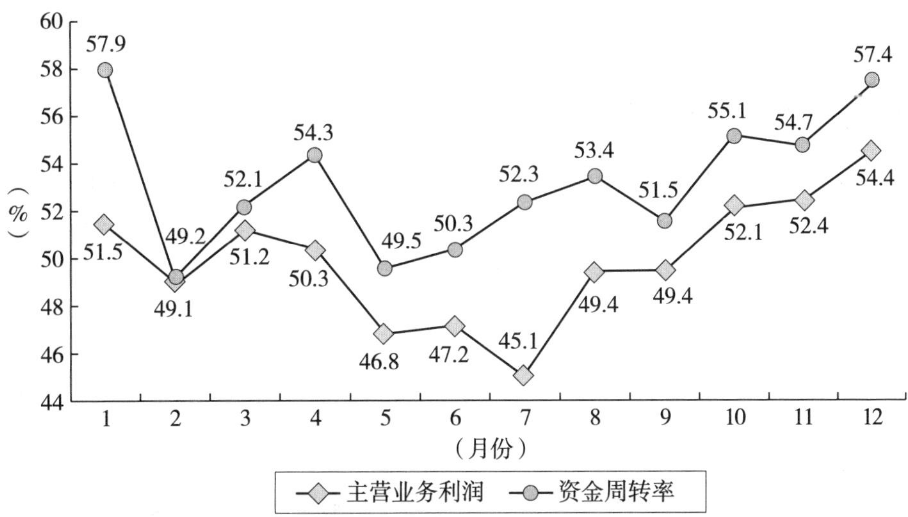

图 5－2－6　2019 年江西省物流业景气指数主营业务利润、资金周转率指数情况

四、市场需求仍需巩固，用工需求发生变化

2019 年，设备利用率指数平均值为 52.5%，较上年同期回落 0.8 个百分点，其中上半年指数平均值为 51.8%，下半年受进出口业务量回升以及节假日和电商促销活动带动的消费增长影响，指数平均值回升至 53.3%。

从业人员指数平均值为 50.4%，较上年同期回落 1.7 个百分点，受业务量增幅回落、行业竞争加剧和企业成本控制等因素影响，从业者规模有所萎缩。分行业看，航空运输业和邮政业用工需求较为旺盛，其他行业用工需求均基本饱和。需要注意的是，后续随着企业标准化、自动化和信息化水平的不断提升，用工需求会从单纯的装卸搬运人员转向具备专业技能的物流人才（见图 5 -2 -7）。

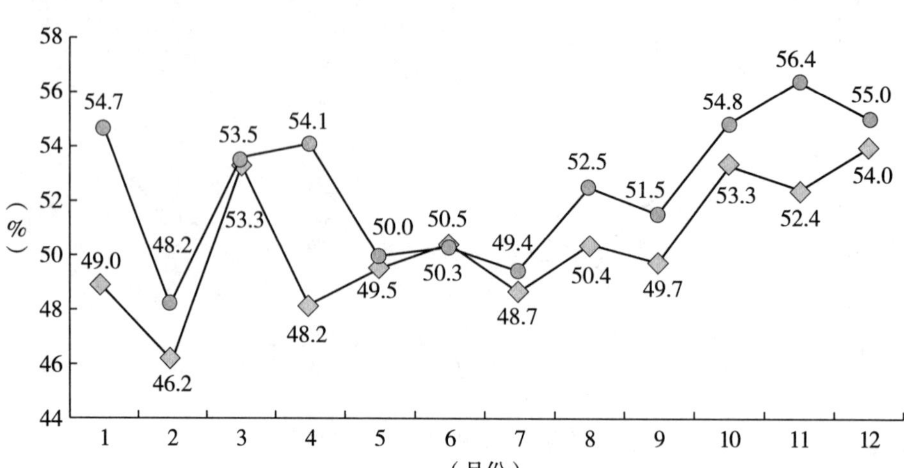

图 5 -2 -7　2019 年江西省物流业景气指数设备利用率、从业人员指数情况

五、行业发展预期总体向好

2019 年，固定资产投资完成额指数平均值为 51.1%，较上年同期回落 1.6 个百分点，但下半年比上半年高出 1.9 个百分点；业务活动预期指数平均值为 57%，较上年同期回落 2.3 个百分点，仍保持在较高景气区间运行，表明企业对全省物流行业后期市场预期总体较好（见图 5 -2 -8）。

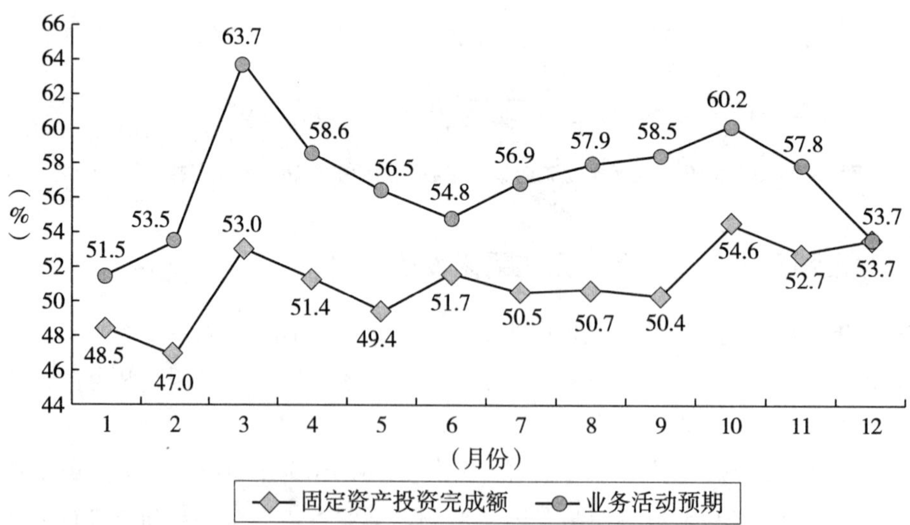

图 5 -2 -8　2019 年江西省物流业景气指数固定资产投资完成额、业务活动预期指数情况

从全年物流业景气指数走势来看，全省物流业运行虽然仍有下行压力，但积极因素持续累积、逐步显现，平稳发展基础不断巩固，韧性较好，抵御风险能力增强，为2020年平稳运行奠定了良好基础。

（江西省物流与采购联合会　胡冲　罗伟）

2019 年江西省 A 级物流企业运行情况报告

改革开放以来经济快速增长，物流行业已成为支撑中国经济腾飞于世界的基础性、战略性产业，也是国家重点扶持的十大振兴产业之一。A 级物流企业评估作为贯彻物流标准的一个典范，引导现代物流业健康快速发展。2005 年至 2019 年年底，全国依据《物流企业分类与评估指标》（GB/T 19680—2005）国家标准，共开展 29 批 A 级物流企业评估工作，评出国家 A 级物流企业 6100 多家。

江西省高度重视 A 级物流企业评估工作，各设区市政府部门将 A 级企业评估工作作为当地物流工作的主要抓手，出台了一系列的政策对 A 级企业进行扶持、奖励，鼓励物流龙头企业资质升级，支持企业参评 A 级物流企业。目前，江西省共 220 家物流企业获得该项资质，全省 A 级物流企业评估工作迈上新台阶。

一、江西省 A 级物流企业总体情况

（一）A 级物流企业数量迅猛增长

近年来，江西省对 A 级物流企业品牌认可度不断提升，政府政策支持继续扩大。A 级物流企业评估对企业加强管理、提高效率、降本增效、提升市场形象和影响力、促进招投标等方面具有重要意义。A 级物流企业是企业品牌战略的重要内容，在招商引资、合资合作方面受到广泛肯定，在市场占有率扩大上具有优势，在引导资源整合、产业集聚方面具备更为有利的条件。

2019 年，江西省新增 20 家 A 级物流企业，4 家 A 级物流企业完成升级，2013—2019 年，数量年均增长 84.0%。江西省 A 级物流企业总数达 220 家（见图 5－2－9），占全国比例为 3.6%，越来越多代表全省物流业发展水平和发展方向的优质物流企业进入了 A 级物流企业行列。

（二）A 级物流企业规模多为中小型

江西省 A 级物流企业主要集中在 3A、4A 级别，占比为 74.1%（见图 5－2－10），较 2018 年下降 3.9 个百分点。其中，1A、5A 级物流企业数量相对较少，仅各占 1.0%。2019 年新增的 A 级物流企业主要集中在 2A、3A 级物流企业，占新增比例 85%，江西省 A 级物流企业发展规模主要以中小型企业为主。

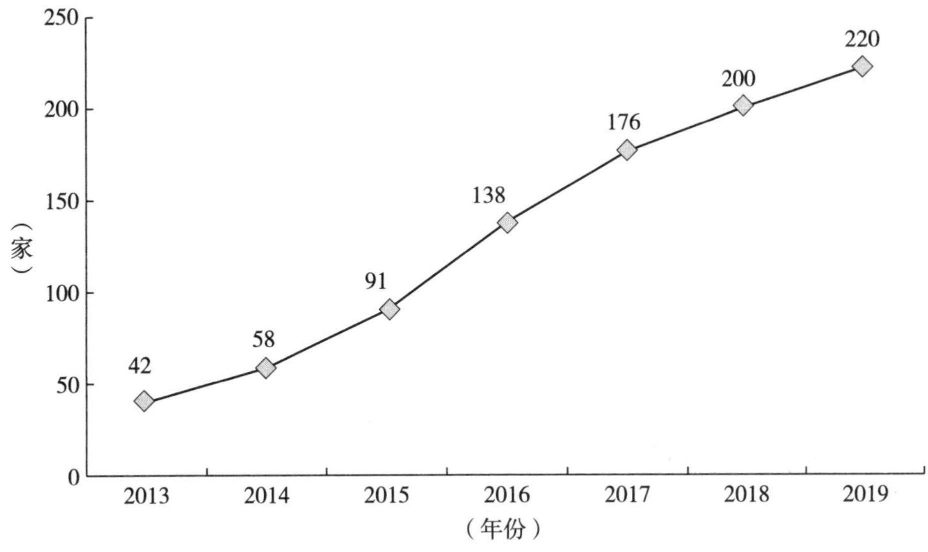

图 5－2－9　2013—2019 年江西省 A 级物流企业数量

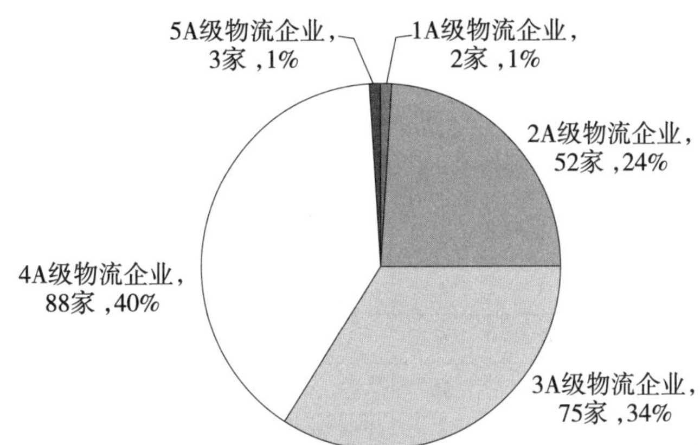

图 5－2－10　江西省 A 级物流企业级别构成及占比

二、各设区市 A 级物流企业总体情况

江西省各设区市 A 级物流企业总量相差较大，存在两极分化现象，A 级物流企业数量排名前三的设区市是：赣州市、宜春市、南昌市，分别为 68 家、39 家、29 家，排名前三设区市的 A 级物流企业总量占全省比例为 62%（见图 5－2－11）。

从级别来看，各级别 A 级物流企业分布差别较大：5A 级物流企业数量 3 家，其中两家在南昌市，1 家在抚州市；4A 级物流企业数量前三名为宜春市、南昌市、抚州市，分别是 36 家、15 家、8 家；3A 级物流企业主要分布在赣州市 31 家，南昌市、抚州市均为 10 家，吉安市 9 家；2A 级物流企业主要集中在赣州市（见表 5－2－1）。

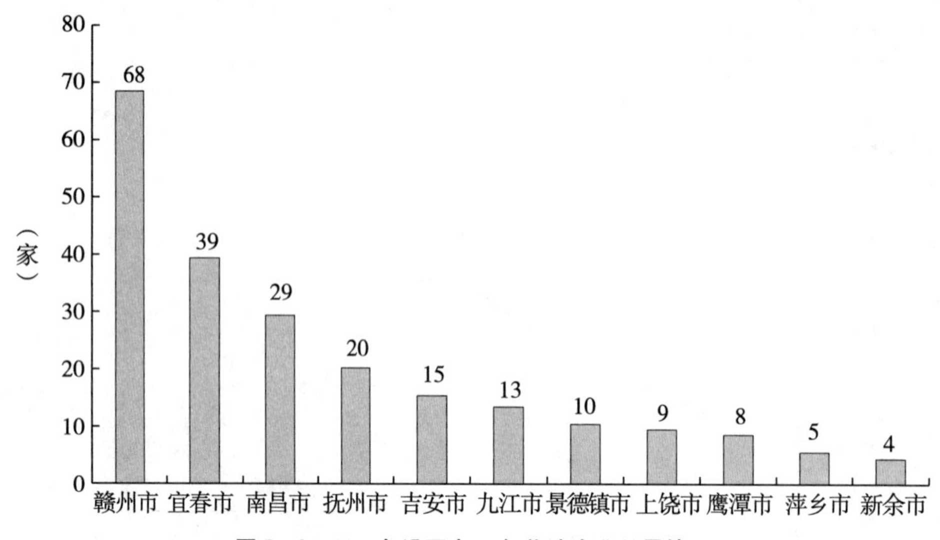

图 5－2－11　各设区市 A 级物流企业总量情况

表 5－2－1　各设区市 A 级物流企业分布情况　单位：家

序号	所在设区市	5A	4A	3A	2A	1A	总计	增幅（%）
1	南昌市	2	15	10	2	0	29	7.4
2	九江市	0	3	2	8	0	13	160.0
3	景德镇市	0	3	7	0	0	10	0.0
4	萍乡市	0	3	0	2	0	5	66.7
5	新余市	0	3	1	0	0	4	－20.0
6	鹰潭市	0	4	0	4	0	8	33.3
7	赣州市	0	6	31	29	2	68	0.0
8	宜春市	0	36	3	0	0	39	5.4
9	上饶市	0	2	2	5	0	9	125.0
10	吉安市	0	5	9	1	0	15	－16.7
11	抚州市	1	8	10	1	0	20	17.6
总计		3	88	75	52	2	220	10.0

三、A 级物流企业规模情况

（一）物流服务设施设备

（1）自有仓储面积。2019 年，江西省 A 级物流企业自有仓储面积同比增长 2.0%，较上年同期下降 1.7 个百分点。

（2）货运车辆。2019 年，江西省 A 级物流企业货运车辆（包含自有车辆及长期租用车辆）同比增长5.2%，较上年同期上升1.4个百分点。

（二）信息化建设

近年来，以物料需求为核心的EPR系统在钢铁、煤炭、家电和汽车等行业广泛推广，物流企业逐步走向信息化。加之电子商务业务的爆发式增长，使得智能物流产业迅猛发展，物流企业信息化水平不断提高。江西省A级物流企业主要使用的物流信息系统有GPS、ERP、TMS、GIS等。2019年，江西省A级物流企业物流信息化方面投入同比增长40.6%。从A级物流企业类型来看，仓储型企业在物流信息系统的投入最大。

（三）物流从业人员

江西省A级物流企业从业人员不断增加，人员专业素质不断提高。2019年，江西省A级物流企业从业人员同比增长2.1%，其中大专以上从业人员同比增长5.1%，大专以上人员占比上升0.7个百分点。

四、A级物流企业经营情况

（一）物流业务量、收入增速稳中趋缓

2019年江西省A级物流企业货运量平稳增长，全省A级物流企业货运量同比增长2.5%，较上年同期上升0.1个百分点。在物流业务量增速放缓的同时，物流企业物流业务收入增速随之有所回落。数据显示，2019年江西省A级物流企业物流业务收入同比增长7.4%，较上年同期下降0.3个百分点（见图5－2－12）。

其中，受到货运量增速平稳增长及运输服务价格回落的影响，运输收入同比增长7.4%，仓储收入同比增长5.2%。另外，消费结构升级带动民生相关的物流需要潜力有序释放，居民消费需求增长旺盛，配送收入同比增长11.3%。

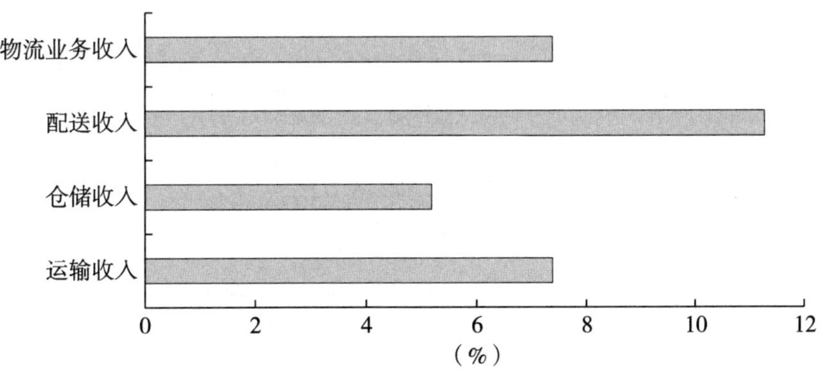

图5－2－12　2019年江西省A级物流企业物流业务收入增长情况

（二）物流业务成本回升

物流企业在整体需求放缓的背景下，多措并举，严控成本，加快转型升级，2019年全省A级物流企业物流业务成本比2018年增长4.83%，增速较上年同期回落0.77个百分点，总体保持低速平稳增长。2019年全省A级物流企业人员劳动报酬较上年同期增长9.8%，人工成本加快上涨；物流人员报酬占物流业务收入比例随之上升，占比同比增长1.5%。物流企业每百元主营业务收入中的成本为88.4元。

（三）物流企业资产规模平稳增长

2019年，江西省A级物流企业资产总计比2018年增长8.7%，增速较2018年上升0.3个百分点（见图5－2－13）。

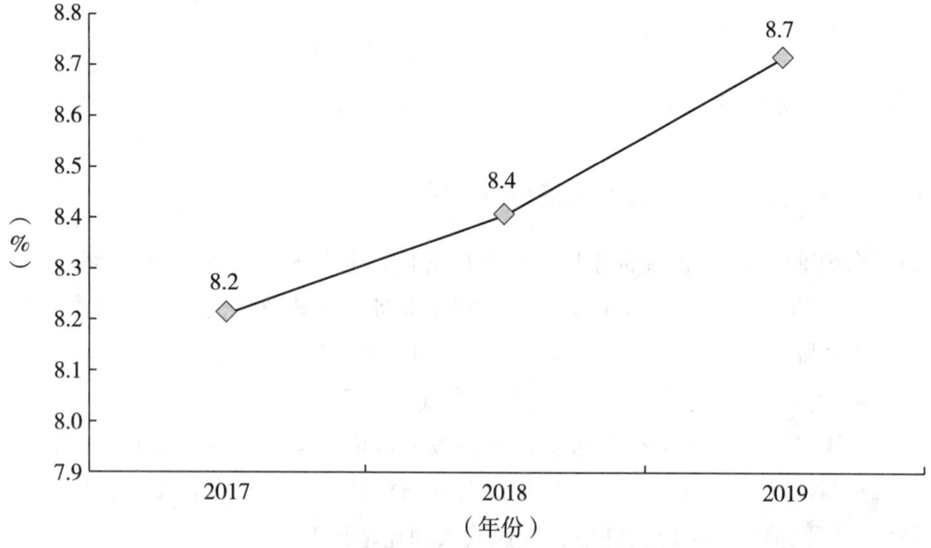

图5－2－13　2019年江西省A级物流企业资产规模增长情况

（江西省物流与采购联合会　胡冲　洪梦娜）

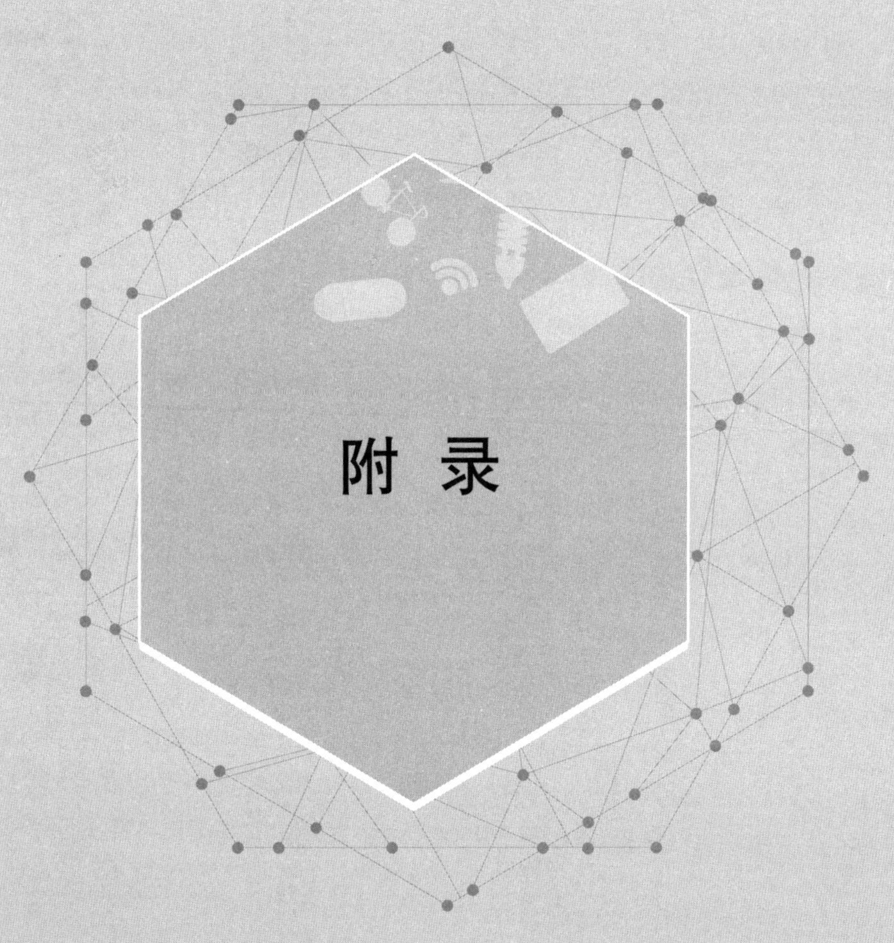

附 录

2019年中国物流企业50强名单

排名	企业名称	物流业务收入（万元）
1	中国远洋海运集团有限公司	22121401.0
2	厦门象屿股份有限公司	14040454.0
3	顺丰控股股份有限公司	8967688.0
4	中国外运股份有限公司	7731184.0
5	京东物流集团	3917670.0
6	中国物资储运集团有限公司	3887225.0
7	中铁物资集团有限公司	3019406.0
8	圆通速递股份有限公司	2746515.0
9	上汽安吉物流股份有限公司	2508257.0
10	德邦物流股份有限公司	2302532.0
11	锦程国际物流集团股份有限公司	1519586.0
12	江苏苏宁物流有限公司	1351190.0
13	厦门港务控股集团有限公司	1339086.0
14	一汽物流有限公司	1220000.0
15	福建省交通运输集团有限责任公司	1211649.0
16	全球国际货运代理（中国）有限公司	1111263.0
17	中国石油化工股份有限公司管道储运分公司	1027952.0
18	青岛日日顺物流有限公司	1014431.0
19	泉州安通物流有限公司	1005754.0
20	嘉里物流（中国）投资有限公司	918394.0
21	重庆港务物流集团有限公司	860805.0
22	上海中谷物流股份有限公司	807786.0
23	准时达国际供应链管理有限公司	761967.0

续 表

排名	企业名称	物流业务收入（万元）
24	山西快成物流科技有限公司	680897.0
25	云南能投物流有限责任公司	674347.0
26	安得智联科技股份有限公司	589457.0
27	全球捷运物流有限公司	566996.0
28	四川安吉物流集团有限公司	557344.0
29	北京长久物流股份有限公司	546845.0
30	江苏百盟投资有限公司	540000.0
31	中铁铁龙集装箱物流股份有限公司	533614.0
32	日通国际物流（中国）有限公司	525480.0
33	重庆长安民生物流股份有限公司	512710.0
34	武汉商贸国有控股集团有限公司	502116.0
35	林森物流集团有限公司	499536.0
36	浙江物产物流投资有限公司	497800.0
37	中都物流有限公司	474961.0
38	湖南星沙物流投资有限公司	468561.0
39	传化智联股份有限公司	464576.0
40	河北宝信物流有限公司	455488.0
41	广东省航运集团有限公司	452977.0
42	玖隆钢铁物流有限公司	450000.0
43	九州通医药集团物流有限公司	421451.0
44	国药控股扬州有限公司	401334.0
45	利丰供应链管理（中国）有限公司	378988.0
46	云南建投物流有限公司	378769.0
47	南京福佑在线电子商务有限公司	351366.0
48	湖南一力股份有限公司	348106.0
49	希杰荣庆物流供应链有限公司	333852.0
50	中通服供应链管理有限公司	325565.0

资料来源：中国物流与采购联合会。

2019年中国百强冷链物流企业名单

排名	企业名称	排名	企业名称
1	顺丰速运有限公司	26	重庆公运同程配送有限公司
2	京东物流	27	北京博华物流有限公司
3	希杰荣庆物流供应链有限公司	28	北京亚冷控股有限公司
4	新夏晖	29	广州拓领物流有限公司
5	上海郑明现代物流有限公司	30	福建恒冰物流有限公司
6	上海光明领鲜物流有限公司	31	河南大用运通物流有限公司
7	江苏卫岗供应链管理集团有限公司	32	黑龙江昊锐物流有限公司
8	济南维尔康实业集团有限公司	33	增益冷链（武汉）有限公司
9	漯河双汇物流投资有限公司	34	重庆雪峰冷藏物流有限公司
10	江苏苏宁物流有限公司	35	大连港毅都冷链有限公司
11	深圳市泛亚物流有限公司	36	江西玉丰实业有限公司
12	海航冷链控股股份有限公司	37	广州鑫赟冷冻运输有限公司
13	上海源洪仓储物流有限公司	38	望家欢农产品集团有限公司
14	中外运冷链物流有限公司	39	上海鑫源供应链管理有限公司
15	云通物流服务有限公司	40	东莞市华雪食品有限公司
16	北京澳德物流有限责任公司	41	深圳小田冷链物流股份有限公司
17	南京天环食品（集团）有限公司	42	上海广德物流有限公司
18	上海世权物流有限公司	43	上海绝配柔性供应链服务有限公司
19	上海久耶供应链管理有限公司	44	北京快行线冷链物流有限公司
20	宇培供应链管理集团有限公司	45	北京中冷物流股份有限公司
21	大昌行物流（中国）	46	辽渔集团有限公司
22	青岛怡之航物流有限公司	47	大连鲜悦达冷链物流有限公司
23	佛山市粤泰冷库物业投资有限公司	48	唯捷城配
24	江苏汇鸿冷链物流有限公司	49	浙江统冠物流发展有限公司
25	镇江恒伟供应链管理股份有限公司	50	红星冷链（湖南）股份有限公司

续 表

排名	企业名称	排名	企业名称
51	河南大象物流有限公司	76	上海交荣冷链物流有限公司
52	威海中外运物流发展有限公司	77	福建省羊程冷链物流有限公司
53	漯河市顺安运输有限责任公司	78	北京五环顺通供应链管理有限公司
54	内蒙古锦辉物流有限公司	79	三亚佳翔航空货运服务有限公司
55	上海东启物流有限公司	80	广州长运冷链服务有限公司
56	吴忠市茂鑫通冷藏运输有限公司	81	海南罗牛山食品集团有限公司
57	汇通图腾国际物流有限公司	82	湖南惠农物流有限责任公司
58	重庆友生活冷链物流有限公司	83	小码大众（北京）科技有限公司
59	江苏极地熊冷链有限公司	84	武汉市梦园冷链物流有限公司
60	河北宝信物流有限公司	85	淇县永达物流配送有限公司
61	上海众萃物流有限公司	86	上海交运沪北物流发展有限公司
62	安徽大众冷链有限公司	87	郑州华夏易通物流有限公司
63	嘉里志甄物流（上海）有限公司	88	北京家家送冷链物流有限公司
64	广州保事达物流有限公司	89	天津品优物流有限公司
65	亚洲渔港股份有限公司	90	内蒙古昕海铭悦运输有限公司
66	成都银犁冷藏物流股份有限公司	91	黑龙江沃野风华运输有限公司
67	阳谷新纪元物流有限公司	92	黄山斯普蓝帝物流有限公司
68	石家庄冰峰冷藏物流有限公司	93	太原万鑫物流有限公司
69	上海鲜冷储运有限公司	94	漯河大成物流有限公司
70	江西鲜配物流有限公司	95	漯河市恩远物流有限公司
71	上海极冰供应链管理有限公司	96	北京京隆伟业供应链管理有限公司
72	山东海派冷链物流有限公司	97	漯河市翔通物流有限责任公司
73	福建信运冷藏物流有限公司	98	武汉凯瑞供应链管理有限公司
74	北京三新冷藏储运有限公司	99	上海敬诚物流有限公司
75	北京康安利丰农业有限公司	100	山东大鹏物流有限公司

资料来源：中国物流与采购联合会冷链专业委员会。

2019 年中国零担企业 30 强名单

排名	公司名称	零担收入（亿元）
1	顺丰快运	124. 5
2	德邦快递	113. 9
3	安能物流	89. 0
4	壹米滴答	75. 5
5	百世快运	55. 4
6	三志物流	42. 0
7	跨越速运	40. 2
8	德坤物流	27. 0
9	盛丰物流	25. 5
10	中通快运	24. 0
11	盛辉物流	23. 4
12	河南宇鑫	15. 0
13	天地华宇	14. 3
14	河南长通	12. 2
15	河南黑豹	9. 5
16	商桥物流	9. 2
17	济南永昌	8. 8
18	河南鸿泰	7. 8
19	佳吉快运	7. 8
20	山东宇佳	7. 0
21	长吉物流	5. 5
22	辽西物流	5. 3
23	郑州豪翔	5. 2
24	上海巴蜀	5. 1
25	江苏速通	5. 0
26	重庆联达	5. 0
27	韵达快运	4. 6
28	霄邦物流	4. 0
29	河南腾达	3. 9
30	龙兴物流	3. 8

资料来源：运联传媒。

全国 A 级物流企业分布（第 1 ~ 29 批）

单位：家

地区	合计	5A 级	4A 级	3A 级	2A 级	1A 级
北京	99	34	44	18	3	—
天津	34	5	18	10	1	—
上海	238	28	137	66	7	—
重庆	54	5	14	28	7	—
河北	112	13	47	45	7	—
山西	70	3	45	19	3	—
内蒙古	50	9	21	17	3	—
辽宁	150	13	51	61	21	4
吉林	95	5	52	35	3	—
黑龙江	34	4	10	15	5	—
江苏	639	26	232	334	45	2
浙江	672	18	142	354	141	17
安徽	214	3	97	90	24	—
福建	388	14	88	258	26	2
江西	220	3	88	75	52	2
山东	388	39	169	161	19	—
河南	176	11	70	86	9	—
湖北	577	17	224	242	92	2
湖南	232	17	113	96	6	—
广东	372	30	171	153	12	6
广西	72	5	26	37	4	—
海南	20	—	11	9	—	—
四川	239	7	56	133	40	3
贵州	42	1	10	29	2	—
云南	104	7	32	40	25	—
陕西	129	8	36	77	5	3
甘肃	42	3	15	17	6	1
青海	16	1	6	5	4	—
宁夏	48	—	13	23	12	—
新疆	48	3	15	21	9	—
总计	5574	332	2053	2554	593	42

资料来源：中国物流与采购联合会。

江西省A级物流企业名单（截至第29批共220家）

序号	设区市	企业名称	等级	类型
1	南昌市	江西京九物流有限责任公司	5A	综合服务型
2	南昌市	南昌铁路局	5A	综合服务型
3	南昌市	江西省邮政速递物流有限公司	4A	综合服务型
4	南昌市	江西三志物流有限公司	4A	综合服务型
5	南昌市	江西九州通药业有限公司	4A	综合服务型
6	南昌市	江西省蓝海物流科技有限公司	4A	综合服务型
7	南昌市	江西新华物流有限公司	4A	综合服务型
8	南昌市	江西省通信产业服务有限公司	4A	综合服务型
9	南昌市	江西赣银物流有限公司	4A	综合服务型
10	南昌市	南昌江铃集团实顺物流有限责任公司	4A	运输型
11	南昌市	江西顺丰速运有限公司	4A	综合服务型
12	南昌市	江西国磊供应链集团有限公司	4A	仓储型
13	南昌市	江西玉丰实业有限公司	4A	仓储型
14	南昌市	圣通物流有限公司	4A	仓储型
15	南昌市	江西中联智能物流有限公司	4A	综合服务型
16	南昌市	江西省海胜物流有限公司	4A	综合服务型
17	南昌市	江西长兴物流有限公司	3A	综合服务型
18	南昌市	江西康华企业发展有限公司	3A	运输型
19	南昌市	江西众帮物流有限公司	3A	综合服务型
20	南昌市	江西中瑞物流有限公司	3A	—
21	南昌市	国营南昌肉类联合加工厂	3A	仓储型
22	南昌市	江西省江南物流发展有限责任公司	3A	—
23	南昌市	江西勤强物流有限公司	3A	综合服务型
24	南昌市	南昌德邦物流有限公司	3A	综合服务型
25	南昌市	江西奇佳肥业股份有限公司	3A	仓储型
26	南昌市	南昌苏宁物流有限公司	3A	综合服务型
27	南昌市	江西金泽物流有限公司	3A	综合服务型

续　表

序号	设区市	企业名称	等级	类型
28	南昌市	江西中路物流有限公司	2A	—
29	南昌市	南昌华泓冷链物流有限公司	2A	综合服务型
30	九江市	上港集团九江港务有限公司	4A	综合服务型
31	九江市	江西金砂湾港务有限责任公司	4A	—
32	九江市	瑞昌市华中国际木业有限公司	4A	仓储型
33	九江市	九江兴源集装箱运输有限公司	3A	综合服务型
34	九江市	九江市新雪域置业有限公司	3A	仓储型
35	九江市	九江鑫昌隆物流运输有限公司	2A	运输型
36	九江市	九江联商物流有限公司	2A	综合服务型
37	九江市	上港物流（江西）有限公司	2A	综合服务型
38	九江市	江西昊邦物流有限公司	2A	综合服务型
39	九江市	江西省凤凰物流运输有限公司	2A	综合服务型
40	九江市	九江礼涞生物科技有限公司	2A	综合服务型
41	九江市	江西捷托物流有限公司	2A	综合服务型
42	九江市	九江长东仓储物流有限公司	2A	仓储型
43	景德镇市	景德镇恒达物流有限公司	4A	综合服务型
44	景德镇市	景德镇市远航物流有限公司	4A	运输型
45	景德镇市	江西联源物流有限公司	4A	—
46	景德镇市	景德镇旭通物流有限公司	3A	运输型
47	景德镇市	江西大龙物流有限公司	3A	综合服务型
48	景德镇市	景德镇市安捷物流有限公司	3A	综合服务型
49	景德镇市	景德镇市信联物流有限公司	3A	综合服务型
50	景德镇市	景德镇市驰骋物流有限公司	3A	—
51	景德镇市	江西晟悦联众物流有限公司	3A	—
52	景德镇市	江西长荣物流有限公司	3A	—
53	萍乡市	萍乡市达金物流有限公司	4A	综合服务型
54	萍乡市	江西国中安智物流股份有限公司	4A	综合服务型
55	萍乡市	江西四顺物流集团有限公司	4A	综合服务型
56	萍乡市	江西省中联时代电子商务有限公司	2A	综合服务型
57	萍乡市	江西鑫超商贸有限公司	2A	综合服务型
58	新余市	新余市泰安运输有限公司	4A	运输型
59	新余市	新余中新物流有限公司	4A	运输型

续 表

序号	设区市	企业名称	等级	类型
60	新余市	新余市鸿祥汽车运输有限公司	4A	运输型
61	新余市	新余市东华龙货运有限公司	3A	运输型
62	鹰潭市	江西铜业集团（贵溪）物流有限公司	4A	综合服务型
63	鹰潭市	鹰潭市佳尔物流有限公司	4A	综合服务型
64	鹰潭市	江西泗丰物流有限公司	4A	综合服务型
65	鹰潭市	鹰潭市阿桂物流有限公司	4A	—
66	鹰潭市	贵溪市银禾物流有限公司	2A	运输型
67	鹰潭市	贵溪市天顺物流有限公司	2A	运输型
68	鹰潭市	鹰潭国丰物流有限公司	2A	综合服务型
69	鹰潭市	贵溪市九九物流有限公司	2A	运输型
70	赣州市	赣州国盛铁路实业有限公司	4A	仓储型
71	赣州市	赣州万吉物流有限公司	4A	运输型
72	赣州市	江西红土地物流有限公司	4A	运输型
73	赣州市	江西松畅宝实业有限公司	4A	运输型
74	赣州市	赣州市南康区洪鑫物流有限公司	4A	—
75	赣州市	定南国盛铁路实业有限公司	4A	—
76	赣州市	赣州市南康区荣宝正泰物流有限公司	3A	运输型
77	赣州市	赣州灵通物流有限责任公司	3A	运输型
78	赣州市	赣州三志物流有限公司	3A	运输型
79	赣州市	上犹县通力物流有限公司	3A	综合服务型
80	赣州市	全南县万通物流有限公司	3A	综合服务型
81	赣州市	江西智联汇和物流有限公司	3A	综合服务型
82	赣州市	赣州口岸集装箱运输有限公司	3A	运输型
83	赣州市	中国邮政集团公司赣州市分公司	3A	综合服务型
84	赣州市	赣州市友好物流有限公司	3A	运输型
85	赣州市	赣州市南康区新京九物流有限公司	3A	—
86	赣州市	赣州市南康区华中物流有限公司	3A	—
87	赣州市	赣州市南康区邦大华宇物流有限公司	3A	—
88	赣州市	赣州市南康区永丰利达物流有限公司	3A	—
89	赣州市	赣州力佳物流有限公司	3A	—
90	赣州市	赣州祥亮物流有限公司	3A	—
91	赣州市	赣州市百世物流有限公司	3A	—

续 表

序号	设区市	企业名称	等级	类型
92	赣州市	信丰县双佳汽车运输服务有限公司	3A	—
93	赣州市	赣州市南康区鑫顺达物流有限公司	3A	综合服务型
94	赣州市	赣州骏达物流有限公司	3A	仓储型
95	赣州市	赣州市众诚物流有限公司	3A	运输型
96	赣州市	赣州市广渠物流有限公司	3A	综合服务型
97	赣州市	赣州三福物流有限公司	3A	综合服务型
98	赣州市	江西九星铁运物流有限公司	3A	—
99	赣州市	赣州安盛达货物装卸运输有限公司	3A	—
100	赣州市	赣州市森浩物流有限公司	3A	—
101	赣州市	信丰华洲物流有限公司	3A	—
102	赣州市	赣州市南康区增源物流有限公司	3A	—
103	赣州市	江西菜鸟物流有限公司	3A	—
104	赣州市	江西普特物流有限公司	3A	—
105	赣州市	于都捷达物流有限责任公司	3A	—
106	赣州市	赣州建辉物流有限公司	3A	—
107	赣州市	寻乌县创业兴物流有限公司	2A	—
108	赣州市	赣州市信立农产品有限公司	2A	—
109	赣州市	赣州红土物流有限公司	2A	—
110	赣州市	江西省同益物流有限公司	2A	—
111	赣州市	赣州俊余物流有限公司	2A	—
112	赣州市	赣州金诚物流有限公司	2A	—
113	赣州市	瑞金市赣通物流有限公司	2A	—
114	赣州市	瑞金市凌宇冷藏物流有限公司	2A	—
115	赣州市	信丰广佳物流有限公司	2A	—
116	赣州市	信丰县赣通物流有限公司	2A	—
117	赣州市	信丰橙乡锦通物流有限公司	2A	—
118	赣州市	全南县易通综合物流有限公司	2A	—
119	赣州市	江西精准物流有限公司	2A	综合服务型
120	赣州市	信丰橙盟物流有限公司	2A	—
121	赣州市	兴国县同一首歌物流有限公司	2A	—
122	赣州市	赣州市南康区信桥物流有限公司	2A	—
123	赣州市	赣州鑫旺物流有限公司	2A	—

续　表

序号	设区市	企业名称	等级	类型
124	赣州市	石城县易达物流有限公司	2A	—
125	赣州市	赣州市永耀物流有限公司	2A	—
126	赣州市	瑞金市瑞泰物流有限公司	2A	综合服务型
127	赣州市	会昌县锦程物流有限公司	2A	综合服务型
128	赣州市	龙南宏金达汽车运输有限公司	2A	运输型
129	赣州市	兴国金莹物流有限公司	2A	运输型
130	赣州市	赣州市赣鑫物流有限公司	2A	运输型
131	赣州市	赣州春欣物流有限公司	2A	综合服务型
132	赣州市	信丰聚翔汽车服务有限公司	2A	—
133	赣州市	赣州立禾汽车运输有限公司	2A	—
134	赣州市	赣州市森达通物流有限公司	2A	—
135	赣州市	大余县东深物流有限公司	2A	—
136	赣州市	江西裕民药业有限公司	1A	综合服务型
137	赣州市	瑞金市明盛物流服务有限公司	1A	—
138	宜春市	江西江龙集团鸿海物流有限公司	4A	运输型
139	宜春市	江西新振兴投资集团公司	4A	运输型
140	宜春市	江西桃源物流有限公司	4A	运输型
141	宜春市	高安市新瑞物流有限公司	4A	运输型
142	宜春市	江西省高安汽运集团翔运汽运有限公司	4A	运输型
143	宜春市	江西杨邦物流有限公司	4A	运输型
144	宜春市	高安市豪顺物流有限公司	4A	运输型
145	宜春市	江西省高安汽运集团高鹏汽运有限公司	4A	运输型
146	宜春市	江西省高安汽运集团鸿盛汽运有限公司	4A	—
147	宜春市	江西保捷实业集团有限公司	4A	运输型
148	宜春市	江西省鸿吉实业有限公司	4A	运输型
149	宜春市	江西康尔达物流有限公司	4A	综合服务型
150	宜春市	江西江龙集团全胜汽运有限公司	4A	运输型
151	宜春市	江西省高安汽运集团诚迅汽运有限公司	4A	运输型
152	宜春市	赣西物流园投资发展有限公司	4A	仓储型
153	宜春市	江西瑞州汽运集团洪鑫物流有限公司	4A	综合服务型
154	宜春市	江西省高安汽运集团福林汽运有限公司	4A	运输型
155	宜春市	江西江龙集团龙鹏汽运有限公司	4A	运输型

续 表

序号	设区市	企业名称	等级	类型
156	宜春市	高安赣粤五星运输有限公司	4A	运输型
157	宜春市	江西金辉物流有限公司	4A	综合服务型
158	宜春市	江西省高安汽运集团鸿弘汽运有限公司	4A	—
159	宜春市	宜春润佳物流运输服务有限公司	4A	—
160	宜春市	江西瑞州汽运集团新荷物流有限公司	4A	—
161	宜春市	高安市隆景运输有限责任公司	4A	运输型
162	宜春市	江西瑞州汽运集团豪瑞汽运有限公司	4A	运输型
163	宜春市	江西瑞州汽运集团瑞通物流有限公司	4A	运输型
164	宜春市	江西瑞州汽运集团宏景汽运有限公司	4A	运输型
165	宜春市	江西瑞州汽运集团欣禧物流有限公司	4A	运输型
166	宜春市	江西五洲医药营销有限公司	4A	仓储型
167	宜春市	高安市村长物流有限公司	4A	—
168	宜春市	江西江龙集团兴海汽运有限公司	4A	—
169	宜春市	江西省高安汽运集团福豪汽运有限公司	4A	—
170	宜春市	江西省高安汽运集团迅通汽运有限公司	4A	—
171	宜春市	江西仁翔药业有限公司	4A	仓储型
172	宜春市	江西行者物流科技有限公司	4A	综合服务型
173	宜春市	江西富华物流有限公司	4A	综合服务型
174	宜春市	华东诚通物流有限公司	3A	综合服务型
175	宜春市	江西九州医药有限公司	3A	综合服务型
176	宜春市	江西瑞州汽运集团永鑫汽运有限公司	3A	综合服务型
177	上饶市	上饶市新华龙物流有限公司	4A	综合服务型
178	上饶市	上饶市大顺物流有限公司	4A	运输型
179	上饶市	弋阳县鹿富汽车运输服务有限公司	3A	—
180	上饶市	江西上饶海港物流有限公司	3A	—
181	上饶市	上饶市京九联合物流有限公司	2A	—
182	上饶市	上饶市建鑫市政工程有限公司	2A	—
183	上饶市	上饶市九狮物流有限公司	2A	—
184	上饶市	余干县岭南物流有限公司	2A	运输型
185	上饶市	德兴市东东商贸有限公司	2A	仓储型
186	吉安市	吉安万吉物流运输有限公司	4A	综合服务型
187	吉安市	吉安市综合物流中心股份有限公司	4A	综合服务型

续 表

序号	设区市	企业名称	等级	类型
188	吉安市	江西昌荣物流有限公司	4A	运输型
189	吉安市	江西祥和物流有限公司	4A	综合服务型
190	吉安市	峡江县鑫胜物流有限公司	4A	综合服务型
191	吉安市	上海意洪物流有限公司江西分公司	3A	运输型
192	吉安市	江西国光商业连锁股份有限公司	3A	综合服务型
193	吉安市	泰和县鑫龙汽车运输有限公司	3A	运输型
194	吉安市	泰和县鹏辉货物运输有限公司	3A	运输型
195	吉安市	吉安县盛世汽车运输有限公司	3A	运输型
196	吉安市	江西永和诚信供应链管理有限公司	3A	运输型
197	吉安市	江西结财物流有限公司	3A	—
198	吉安市	江西鹏泰物流有限责任公司	3A	运输型
199	吉安市	江西省文顺物流有限公司	3A	运输型
200	吉安市	吉安市精越物流有限公司	2A	—
201	抚州市	江西正广通供应链管理有限公司	5A	综合服务型
202	抚州市	广昌县惠昌汽车运输有限公司	4A	运输型
203	抚州市	江西佳润物流集团有限公司	4A	综合服务型
204	抚州市	江西昌顺物流有限公司	4A	综合服务型
205	抚州市	江西安泰物流有限公司	4A	综合服务型
206	抚州市	南城县麻姑汽车运输有限公司	4A	综合服务型
207	抚州市	抚州佳斌现代物流园有限公司	4A	—
208	抚州市	南城县亚欣物流有限公司	4A	—
209	抚州市	江西赤湾东方物流有限公司	4A	运输型
210	抚州市	南城县吉尔物流有限公司	3A	综合服务型
211	抚州市	南城长顺物流有限公司	3A	—
212	抚州市	南城县物资汽车运销有限责任公司	3A	—
213	抚州市	江西博龙物流有限公司	3A	—
214	抚州市	南城瑞顺物流有限公司	3A	综合服务型
215	抚州市	抚州市东乡区佳兴物流有限公司	3A	—
216	抚州市	江西建昌众鑫实业集团有限公司	3A	—
217	抚州市	南城县迅杰物流有限公司	3A	—
218	抚州市	南城县吉成物流有限公司	3A	—
219	抚州市	南城县冠海物流有限公司	3A	综合服务型
220	抚州市	江西欣盛集装箱综合物流有限公司	2A	综合服务型

资料来源：江西省物流与采购联合会。

江西省星级仓库企业名单（共计11家）

序号	所属区市	企业名称	等级
1	南昌市	中通服供应链管理有限公司江西分公司新建中心库区	五星级
2	南昌市	南昌深国际综合物流港发展有限公司深国际南昌综合物流港	五星级
3	南昌市	江西省通信产业服务有限公司物流分公司仓库	五星级
4	南昌市	江西国磊投资控股集团有限公司国磊小蓝库区	五星级
5	南昌市	江西庆华起重装卸有限公司庆华江西仓储中心	四星级
6	南昌市	江西庆华起重装卸有限公司江西庆华南昌临空库区	四星级
7	南昌市	江西省通信产业服务有限公司新建中心仓库	四星级
8	南昌市	江西省通信产业服务有限公司新建县中心仓库	四星级
9	南昌市	江西昌大瑞丰科技发展有限公司昌大瑞丰物流园库区	三星级
10	南昌市	兴发物流（南昌）有限公司兴发物流库区	三星级
11	萍乡市	江西天顺医药有限公司天顺医药总仓	三星级

资料来源：中国仓储与配送协会。

江西省担保存货资质企业名单（共计4家）

序号	所属区市	企业名称	等级
1	宜春市	江西常鑫仓储管理有限公司	三级乙等
2	新余市	江西省新博物流股份有限公司	三级乙等
3	宜春市	江西瑞新仓储有限公司	二级甲等
4	萍乡市	江西国磊供应链有限公司	一级丙等

资料来源：中国仓储与配送协会。

江西省星级冷链物流企业名单（共计4家）

序号	所属设区市	企业名称	星级	类型
1	南昌市	国营南昌肉类联合加工厂	四星级	仓储型
2	九江市	九江新雪域置业有限公司	四星级	仓储型
3	新余市	新余市东华龙货运有限公司	三星级	运输型
4	赣州市	赣州利友食品有限公司	三星级	仓储型

资料来源：中国物流与采购联合会。

江西省重点商贸物流园区（中心）名单（共计20家）

序号	所属设区市	批次	企业名称
1	南昌市	第一批	南昌保税物流中心
2	南昌市		南昌兴发物流园
3	九江市		九江市新雪域物流园
4	抚州市		南丰蜜橘出口物流园
5	上饶市		横峰县现代物流园
6	上饶市		上饶新华龙物流园
7	九江市	第二批	九江长东仓储物流园
8	吉安市		井冈山经济技术开发区物流园
9	赣州市	第三批	定南县物流产业园
10	九江市		九江市九鼎综合物流园
11	宜春市		宜春经济技术开发区物流中心
12	南昌市	第四批	南昌肉联食品集团公司冷链物流配送中心
13	鹰潭市		鹰潭市现代物流园区
14	赣州市		中国中部国际物流商贸城
15	赣州市		章贡经济技术开发区物流园
16	吉安市		祥和物流园

续 表

序号	所属设区市	批次	企业名称
17	南昌市	第五批	南昌深圳农产品中心批发市场
18	南昌市	第六批	江西传化晨达公路港
19	萍乡市		四顺物流园
20	赣州市	第七批	赣州综合物流园（赣州传化南北公路港物流有限公司）

资料来源：江西省商务厅。

江西省重点商贸物流企业名单（共计91家）

序号	所属设区市	批次	企业名称
1	南昌市	第一批	江西三志物流有限公司
2	南昌市		江西九州通药业有限公司
3	南昌市		江西蓝海物流科技有限公司
4	南昌市		江西邮政速递物流有限公司
5	南昌市		江西乾峰物流有限公司
6	九江市		上港集团九江港务有限公司
7	萍乡市		萍乡市达金物流有限公司
8	新余市		新余市春宇汽车运输（集团）强顺有限公司
9	赣州市		赣州国盛铁路实业有限公司
10	宜春市		江西新振兴投资集团有限公司
11	吉安市		新干县宏发汽车运输有限责任公司
12	抚州市		江西昌顺物流有限公司
13	萍乡市		金盾物流（江西）有限公司
14	鹰潭市		江西百利达国际物流有限公司
15	抚州市		江西安泰物流有限公司
16	南昌市	第二批	江西尧泰供应链管理有限公司
17	九江市		江西省三丰农业有限公司
18	景德镇市		景德镇市恒通物流有限公司
19	萍乡市		莲花县明清货运有限公司
20	新余市		新余市盛龙汽车运输贸易集团有限公司
21	鹰潭市		江西泗丰物流有限公司
22	鹰潭市		鹰潭市安顺物流有限责任公司

续　表

序号	所属设区市	批次	企业名称
23	宜春市	第二批	江西赣西物流有限公司
24	吉安市		吉安万佶物流运输有限公司
25	吉安市		吉安县华通运输有限公司
26	吉安市		新干县赣新汽车运输租赁有限公司
27	抚州市		江西佳润物流有限公司
28	抚州市	第三批	江西正广通供应链管理有限公司
29	南昌市		江西新地冷冻大世界有限公司
30	鹰潭市		鹰潭市龙虎山东方物流有限公司
31	宜春市		江西华正道物流有限公司
32	宜春市		宜春赣西城乡配送有限公司
33	赣州市		定南国盛铁路实业有限公司
34	赣州市		赣州市南康区洪鑫物流有限公司
35	赣州市		江西松畅宝实业有限公司
36	上饶市		上饶海港物流有限公司
37	上饶市		上饶市大顺实业有限公司
38	南昌市	第四批	江西省赣银物流发展有限公司
39	南昌市		江西国磊供应链集团有限公司
40	南昌市		江西长运大通物流有限公司
41	南昌市		江西玉丰实业有限公司
42	南昌市		江西顺丰速运有限公司
43	南昌市		江西弘鼎供应链管理有限公司
44	南昌市		江西国控物流投资发展有限公司
45	九江市		九江联商物流有限公司
46	萍乡市		江西烟花爆竹物流中心有限公司
47	鹰潭市		江西鹰甬海港物流有限责任公司
48	鹰潭市		鹰潭市太阳升物流有限公司
49	新余市		江西省新博物流股份有限公司
50	赣州市		江西坚强百货连锁有限公司
51	宜春市		江西桃源物流有限公司
52	宜春市		高安赣粤五星运输有限公司
53	宜春市		江西五洲医药营销有限公司
54	宜春市		江西江龙集团鸿海物流有限公司
55	上饶市		德兴市东东商贸有限公司
56	上饶市		上饶市神九运输有限公司

续 表

序号	所属设区市	批次	企业名称
57	吉安市	第四批	吉安市永和诚信汽车运输有限公司
58	抚州市		江西大飞物流有限公司
59	抚州市		南城县吉尔物流有限公司
60	南昌市	第五批	江西医物通医药有限公司
61	萍乡市		江西天来实业有限公司
62	萍乡市		江西四顺实业有限公司
63	鹰潭市		鹰潭市阿桂物流有限公司
64	新余市		新余市东华龙货运有限公司
65	宜春市		江西省高安汽运集团鸿弘物流有限公司
66	宜春市		江西金辉物流有限公司
67	宜春市		江西高安汽运集团福林物流有限公司
68	吉安市		江西金鸿马现代物流有限公司
69	抚州市		南城县冠海物流有限公司
70	萍乡市	第六批	江西鑫超商贸有限公司
71	萍乡市		萍乡市鑫滟农副产品批发有限公司
72	新余市		江西金土地天然食品饮料股份有限公司
73	赣州市		赣州万吉物流有限公司
74	赣州市		江西红土地物流有限公司
75	宜春市		江西江龙集团全胜汽运有限公司
76	宜春市		江西省高安汽运集团翔运汽运有限公司
77	宜春市		江西昌鹤医药供应链管理有限公司
78	吉安市		江西祥和物流有限公司
79	抚州市		抚州佳斌现代物流园有限公司
80	九江市	第七批	九江礼涞生物科技有限公司
81	九江市		江西万福实业集团股份有限公司
82	景德镇市		江西晟悦联众物流有限公司
83	萍乡市		萍乡市弘捷利物流有限公司
84	宜春市		江西仁翔药业有限公司
85	宜春市		江西一尧医药有限公司
86	宜春市		江西康尔达物流有限公司
87	宜春市		江西瑞州汽车集团欣禧物流有限公司
88	宜春市		江西康怡食品有限公司
89	上饶市		上饶市新华龙物流有限公司
90	抚州市		江西欣盛集装箱综合物流有限公司
91	赣江新区		海胜物流有限公司

资料来源：江西省商务厅。

2019 年江西省物流业大事记

1. 1 月 2 日，国内首个高速公路货车 ETC 在江西省上线运营，发展货车 ETC 将大大缓解收费站的拥堵情况。

2. 1 月 31 日，江西省人民政府办公厅印发《江西省进一步激发商贸消费潜力促进商贸消费升级三年行动方案（2019—2021 年)》。提出要积极优化全省高速路网、高铁网、赣江水运建设。依托南昌航空口岸、九江水运口岸以及赣州港，建设多式联运综合物流中心，提高物流综合效率，稳定开行中欧班列和铁海联运班列。

3. 2 月 14 日，商务部、公安部、交通运输部、国家邮政局、供销合作总社联合下发了《商务部等五部门关于进一步落实城乡高效配送专项行动有关工作的通知》，江西省鹰潭、赣州、宜春 3 市入选首批城乡高效配送试点城市。

4. 2 月 19 日，江西省人民政府办公厅印发《贯彻落实推进运输结构调整三年行动计划（2018—2020 年）的实施方案》。明确主要目标为，到 2020 年，全省货物运输结构明显优化，铁路承担的大宗货物运输量显著提高，港口铁路集疏运量和集装箱多式联运量大幅增长，基本形成与我省经济发展相适应的水运网络，航空货运持续快速发展，重点区域运输结构调整取得突破性进展。

5. 2 月 26 日，江西省人民政府办公厅印发《江西省“2 + 6 + N”产业高质量跨越式发展行动计划（2019—2023 年左右)》。

6. 4 月 3 日，江西省商务厅、江西省发展和改革委员会、江西省交通运输厅、江西省农业农村厅、江西省市场监督管理局联合印发《江西省冷链物流发展规划（2018—2022)》。到 2020 年全省基本建成布局合理、设施先进、标准健全、绿色低碳、上下游衔接有序、功能完善、与江西省农业现代化发展相匹配、与居民需求相适应的冷链物流服务体系。

7. 5 月 6 日，江西省政府省长易炼红赴赣州市的定南、全南和龙南等地调研。易炼红省长指出，要抓住高铁时代到来的机遇，发挥交通和区位优势，加强口岸、园区等平台建设，构建畅通的立体化交通格局，积极融入粤港澳大湾区一体化发展，打造区域商贸物流中心、产业合作中心。

8. 6 月 18 日，江西省召开全省深化收费公路制度改革取消高速公路省界收费站工作部署会，江西省副省长刘强出席并讲话。

9. 6 月 19 日，江西省人民政府办公厅印发《江西省港口资源整合工作方案》。对九江港、南昌港两个全国性主要港口和赣州港、吉安港、宜春港、上饶港、鹰潭港等区域重要港口的货运码头，实施资源整合。

10. 7 月 3 日，南昌国际快件监管中心开通运营，江西省政府副省长吴忠琼出席仪式并宣布开通运营，江西省政府副秘书长刘晓艺主持开通仪式，江西省商务厅党组书记、厅长刘翠兰出席并发言。

11. 8 月 24 日，江西省政府副省长吴晓军在南昌、九江调研港口资源整合工作。

12. 9 月 19 日，江西省人民政府办公厅发布《江西省人民政府印发关于进一步降低企业成本 30 条政策措施的通知》。明确规定要进一步扩大进出口货物运输“三同”试点、扩大高速公路差异化收费试点、进一步降低铁路运输价格、降低生猪运输收费、降低口岸作业成本、提升物流组织效率。

13. 9 月 21 日，第十八届全国高校物流专业教学研讨会暨物流供应链产教融合创新发展高峰论坛在南昌召开。

14. 10 月 8 日，江西省人民政府印发《江西省高铁经济带发展规划（2019—2025 年)》。提出打造南昌综合枢纽、九江水港、赣州内陆港等重要支点，使承接大物流集散、大产业集聚、大商贸活动等平台功能得到有效释放。

15. 11 月 12 日，江西省人民政府办公厅印发《支持邮政业高质量发展的若干措施》。就进一步推动邮政业高质量发展，更好发挥邮政业在搞活城乡流通、促进居民消费、降低物流成本、稳定扩大就业等方面的作用，提出 4 个方面 11 条专项支持措施。

16. 11 月 15 日，南昌国际邮件互换局正式开通运营，江西省政府副省长吴忠琼出席仪式并宣布开通运营。

17. 12 月 10 日，国家邮政局发布《关于“中国快递示范城市”评选结果的公示》，江西省南昌市荣获“中国快递示范城市”称号。

18. 12 月 17 日，江西省商务厅认定第七批江西省重点商贸物流园区（中心）和企业。赣州综合物流园（赣州传化南北公路港物流有限公司）被认定为“江西省重点商贸物流园区（中心)”，九江礼涞生物科技有限公司等 12 家企业被认定为“江西省重点商贸物流企业”。

19. 12 月 24 日，南昌昌北国际机场三期扩建暨昌九客专建设动员大会举行，江西省委书记刘奇出席动员大会，江西省政府省长易炼红出席并讲话。

20. 12 月 29 日，鹰潭港综合货运码头一期工程开工建设。项目共规划建设 19 个码头泊位，年通过能力 980 万吨、21 万 TEU（国际标准箱单位），使用港口岸线 1946 米，项目总占地面积 3389 亩（含物流园 1575 亩）。届时，鹰潭港将成为具备装卸仓储、中转换装、多式联运、运输组织、综合服务等功能完善、安全绿色、港城协调的综合性、现代化内河港口。